Der Tempel

Bauch der Erdgöttin, Halle der Götter

Band 56 der Reihe „Die Götter der Germanen"

Bücher von Harry Eilenstein:

- Astrologie (496 S.)
- Photo-Astrologie (428 S.)
- Horoskop und Seele (120 S.)
- Tarot (104 S.)
- Handbuch für Zauberlehrlinge (408 S.)
- Physik und Magie (184 S.)
- Der Lebenskraftkörper (230 S.)
- Die Chakren (100 S.)
- Meditation (140 S.)
- Drachenfeuer (124 S.)
- Krafttiere – Tiergöttinnen – Tiertänze (112 S.)
- Schwitzhütten (524 S.)
- Totempfähle (440 S.)
- Muttergöttin und Schamanen (168 S.)
- Göbekli Tepe (472 S.)
- Hathor und Re:
    Band 1: Götter und Mythen im Alten Ägypten (432 S.)
    Band 2: Die altägyptische Religion – Ursprünge, Kult und Magie (396 S.)
- Isis (508 S.)
- Die Entwicklung der indogermanischen Religionen (700 S.)
- Wurzeln und Zweige der indogermanischen Religion (224 S.)
- Der Kessel von Gundestrup (220 S.)
- Cernunnos (690 S.)
- Christus (60 S.)
- Odin (300 S.)
- Die Götter der Germanen (Band 1 – 80)
- Dakini (80 S.)
- Kursus der praktischen Kabbala (150 S.)
- Eltern der Erde (450 S.)
- Blüten des Lebensbaumes:
    Band 1: Die Struktur des kabbalistischen Lebensbaumes (370 S.)
    Band 2: Der kabbalistische Lebensbaum als Forschungshilfsmittel (580 S.)
    Band 3: Der kabbalistische Lebensbaum als spirituelle Landkarte (520 S.)
- Über die Freude (100 S.)
- Das Geheimnis des inneren Friedens (252 S.)
- Von innerer Fülle zu äußerem Gedeihen (52 S.)
- Das Beziehungsmandala (52 S.)
- Die Symbolik der Krankheiten (76 S.)

- König Athelstan (104 S.)

Kontakt: www.HarryEilenstein.de / Harry.Eilenstein@web.de
Impressum: Copyright: 2011 by Harry Eilenstein – Alle Rechte, insbesondere auch das der Übersetzung, vorbehalten. Kein Teil des Buches darf ohne schriftliche Genehmigung des Autors und des Verlages (nicht als Fotokopie, Mikrofilm, auf elektronischen Datenträgern oder im Internet) reproduziert, übersetzt, gespeichert oder verbreitet werden.
Herstellung und Verlag: BoD - Books on Demand, Norderstedt
ISBN: 9783743112070

Die Themen der einzelnen Bände der Reihe „Die Götter der Germanen"

1. Die Entwicklung der germanischen Religion	43. Die Symbolik der Raubtiere
2. Lexikon der germanischen Religion	44. Die Symbolik der Wassertiere und sonstigen Tiere
3. Der ursprüngliche Göttervater Tyr	45. Die Symbolik der Pflanzen
4. Tyr in der Unterwelt: der Schmied Wieland	46. Die Symbolik der Farben
5. Tyr in der Unterwelt: der Riesenkönig Teil 1	47. Die Symbolik der Zahlen
6. Tyr in der Unterwelt: der Riesenkönig Teil 2	48. Die Symbolik von Sonne, Mond und Sternen
7. Tyr in der Unterwelt: der Zwergenkönig	49. Das Jenseits
8. Der Himmelswächter Heimdall	50. Seelenvogel, Utiseta und Einweihung
9. Der Sommergott Baldur	51. Wiederzeugung und Wiedergeburt
10. Der Meeresgott: Ägir, Hler und Njörd	52. Elemente der Kosmologie
11. Der Eibengott Ullr	53. Der Weltenbaum
12. Die Zwillingsgötter Alcis	54. Die Symbolik der Himmelsrichtungen und der Jahreszeiten
13. Der neue Göttervater Odin Teil 1	
14. Der neue Göttervater Odin Teil 2	55. Mythologische Motive
15. Der Fruchtbarkeitsgott Freyr	
16. Der Chaos-Gott Loki	56. Der Tempel
17. Der Donnergott Thor	57. Die Einrichtung des Tempels
18. Der Priestergott Hönir	58. Priesterin – Seherin – Zauberin – Hexe
19. Die Göttersöhne	59. Priester – Seher – Zauberer
20. Die unbekannteren Götter	60. Rituelle Kleidung und Schmuck
21. Die Göttermutter Frigg	61. Skalden und Skaldinnen
22. Die Liebesgöttin: Freya und Menglöd	62 Kriegerinnen und Ekstase-Krieger
23. Die Erdgöttinnen	
24. Die Korngöttin Sif	63. Die Symbolik der Körperteile
25. Die Apfel-Göttin Idun	64. Magie und Ritual
26. Die Hügelgrab-Jenseitsgöttin Hel	65. Gestaltwandlungen
27. Die Meeres-Jenseitsgöttin Ran	66. Magische Waffen
28. Die unbekannteren Jenseitsgöttinnen	67. Magische Werkzeuge und Gegenstände
29. Die unbekannteren Göttinnen	68. Zaubersprüche
30. Die Nornen	69. Göttermet
31. Die Walküren	70. Zaubertränke
32. Die Zwerge	71. Träume, Omen und Orakel
33. Der Urriese Ymir	72. Runen
34. Die Riesen	73. Sozial-religiöse Rituale
35. Die Riesinnen	
36. Mythologische Wesen	74. Weisheiten und Sprichworte
37. Mythologische Priester und Priesterinnen	75. Kenningar
38. Sigurd/Siegfried	76. Rätsel
39. Helden und Göttersöhne	
	77. Die vollständige Edda des Snorri Sturluson
40. Die Symbolik der Vögel und Insekten	78. Frühe Skaldenlieder
41. Die Symbolik der Schlangen, Drachen und Ungeheuer	79. Mythologische Sagas
42. Die Symbolik der Herdentiere	80. Hymnen an die germanischen Götter

Inhaltsverzeichnis

I Der Tempel in der germanischen Überlieferung — 13
I 1. Das Wortfeld „Tempel" — 13
  I 1. a) Der germanische Name für „Tempel" — 13
  I 1. b) Das Tempel-Vokabular — 18
I 2. Archäologische Funde — 21
  I 2. a) Der Tempel von Hov — 21
  I 2. b) Der Tempel von Märe — 21
  I 2. c) Der Tempel von Tröndelag — 22
  I 2. d) Der Tempel von Lunda — 22
  I 2. e) Der Tempel von Borg — 22
  I 2. f) Der Tempel von Säbol — 23
  I 2. g) Der Tempel von Tissö — 24
  I 2. h) Der Tempel von Hofstadir — 24
  I 2. i) Der Tempel von Gamla Uppsala — 27
  I 2. j) Der Tempel von Helgö — 40
  I 2. k) Der Kultort von Tröndelag — 41
  I 2. l) Der Tempel von Märe — 42
  I 2. m) Der Tempel von Yeavering — 42
  I 2. n) Der Tempel von Ranheim — 52
  I 2. o) Der Tempel von Lilla Ullevi — 60
  I 2. p) Der Tempel von Uppakra — 64
I 3. Die Stabkirchen — 81
  I 3. a) Stabkirche von Urnes — 82
  I 3. b) Stabkirche von Gol — 83
  I 3. c) Die Stabkirche von Garmo — 84
  I 3. d) Die Stabkirche von Borgund — 85
  I 3. e) Stabkirche von Höre (Hurum) — 87
  I 3. f) Stabkirche von Heddalen — 88
  I 3. g) Stabkirche von Hylestad — 90
  I 3. h) Stabkirche von Oye — 91
  I 3. i) Die Stabkirche von Hopperstad — 91
  I 3. j) Die Stabkirche von Lom — 92
  I 3. k) Die Kirche St. Maria in Sigtuna — 93
  I 3. l) Portal einer Stabkirche — 93
  I 3. m) Die Drachen an den Stabkirchen — 95
  I 3. n) Zusammenfassung der nicht-christlichen Elemente der Stabkirchen — 100

I 4. Die Berichte der Römer — 102
  I 4. a) Tacitus: Germania — 102
  I 4. b) Tacitus: Historiae — 107
  I 4. c) Tacitus: Annales — 108

I 5. nicht näher beschriebene Tempel — 111
  I 5. a) Heidarviga-Saga — 111
  I 5. b) Die Saga über Olaf den Ruhmreichen Tryggva-Sohn — 111
  I 5. c) Landnamabok — 111
  I 5. d) Die Saga über Thrond von Gate — 112
  I 5. e) Landnamanbok — 112
  I 5. f) Vatnsdal-Saga — 112
  I 5. g) Isländer-Buch — 113
  I 5. h) Runenstein von Snoldelev — 113
  I 5. i) Die Saga über Olaf den Ruhmreichen Tryggva-Sohn — 114
  I 5. j) Die Saga über die Siedler von Eyre — 114
  I 5. k) Die Saga über Hedin und Högni — 115
  I 5. l) Die Saga über Egil Skallagrimsson — 115
  I 5. m) Die Saga über die Siedler von Eyre — 115
  I 5. n) Heimskringla — 116
  I 5. o) Heimskringla — 116
  I 5. p) Die Saga über Thrond von Gate — 116
  I 5. q) Landnahme-Buch — 117
  I 5. r) Landnahme-Buch — 117
  I 5. s) Gesta danorum — 117
  I 5. t) Die Saga über Olaf den Ruhmreichen Tryggva-Sohn — 118
  I 5. u) Skaldskaparmal — 120
  I 5. v) Die Saga über Thrond von Gate — 120
  I 5. w) Landnahme-Buch — 122
  I 5. x) Beowulf-Epos — 123
  I 5. y) Eiruksdrapa — 124
  I 5. z) Placitusdrapa — 124

I 6. Odin-Tempel — 125
  I 6. a) Die Styrbjarnar-Geschichte — 125
  I 6. b) Die Saga über Olaf den Ruhmreichen Tryggva-Sohn — 125
  I 6. c) Die Saga über Olaf den Ruhmreichen Tryggva-Sohn — 126

I 7. Thor-Tempel — 127
  I 7. a) Landnahme-Buch — 127
  I 7. b) Vellekla — 128

I 8.　Freyr-Tempel	**130**
I 8. a)　Ynglingasaga	130
I 8. b)　Die Saga über Kampf-Glum	130
I 8. c)　Die Saga über Kampf-Glum	130
I 8. d)　Die Saga über Hrafnkell Freyr-Priester	131
I 8. e)　Die Saga über Hrafnkell Freyr-Priester	131
I 8. f)　Die Saga über Hrafnkell Freyr-Priester	132
I 8. g)　Die Saga über Kampf-Glum	132
I 9.　Baldur-Tempel	**133**
I 9. a)　Saga über Fridthjof den Kühnen	133
I 10.　Njörd-Tempel	**136**
I 10. a)　Wafthrudnir-Lied	136
I 11.　Ullr-Tempel	**136**
I 12.　Sonnen-Tempel	**137**
I 12. a)　Skaldskaparmal	137
I 13.　Freya-Tempel	**138**
I 13. a)　Die Saga über Thorstein Viking-Sohn	138
I 13. b)　Hyndla-Lied	138
I 13. c)　Fiölswin-Lied	139
I 14.　Skadi-Tempel	**141**
I 14. a)　Lokasenna	141
I 15.　Thorgerdr-Tempel	**141**
I 15. a)　Hardar-Saga	141
I 16.　Huldar-Tempel	**142**
I 15. a)　Die jüngere Version der Huldar-Saga	142
I 16. b)　Die ältere Version der Huldar-Saga	142
I 17.　Tempel einer Göttin	**143**
I 17. a)　Die Saga über Hervor und König Heidrek den Weisen	143
I 18.　Tempel für mehrere Gottheiten	**145**
I 18. a)　Die jüngere Version der Huldar-Saga	145
I 18. b)　Njals-Saga	145
I 18. c)　Die ältere Version der Huldar-Saga	146
I 18. d)　Die Saga über Olaf den Ruhmreichen Tryggva-Sohn	147
I 18. e)　Der Ausspruch der Seherin	147
I 18. f)　Der Ausspruch der Seherin	147

I 19.	*Der Turm der Seherinnen*	*148*
I 19. a)	Tacitus	148
I 19. b)	Völsungen-Saga	149
I 19. c)	Hugdietrich	150
I 19. d)	Rapunzel	150
I 19. e)	Dornröschen	154
I 19. f)	Die Saga über Eirek den Fern-Fahrenden	157
I 19. g)	Mord der Niflungen	163
I 19. h)	Gylfis Vision	164
I 19. i)	Gylfis Vision	164
I 19. j)	Adam von Bremen	164
I 20.	*detailliert beschriebene Tempel*	*166*
I 20. a)	Die Saga über Thrond von Gate	166
I 20. b)	Landnamabok	167
I 20. c)	Die Saga der Bewohner von Eyre	167
I 20. d)	Kjalnesinga-Saga	169
I 20. e)	Heimskringla	170
I 20. f)	Die Saga über Sturlaug den Mühen-Beladenen	170
I 20. g)	Die Saga über Olaf den Ruhmreichen Tryggva-Sohn	172
I 20. h)	Die Saga über Olaf den Ruhmreichen Tryggva-Sohn	173
I 21.	*Tempel und Hügelgrab*	*175*
I 21. a)	Die jüngere Version der Huldar-Saga	175
I 21. b)	Die Saga über Bosi und Herraud	175
I 22.	*Das Tempelsäulen-Orakel*	*177*
I 22. a)	Die Lachstal-Saga	177
I 23.	*Mitnahme des Tempels bei der Auswanderung*	*178*
I 23. a)	Landnahme-Buch	178
I 25. b)	Landnahme-Buch	178
I 24.	*Der Kult im Tempel*	*179*
I 24. a)	Egil-Saga	179
I 25.	*Der Tempel-Ring*	*181*
I 25. a)	Landnahme-Buch	181
I 25. b)	Die Saga über Kampf-Glum	182
I 26.	*Der Tempel-Frieden*	*184*
I 26. a)	Gylfis Vision	184
I 26. b)	Inschrift von Oklunda	184
I 26. c)	Völsungen-Saga	185
I 26. d)	Njals-Saga	185

I 27.	*Die Hallen der Götter*	*186*
I 27. a)	Asgard	186
I 27. b)	Skaldskaparmal	186
I 27. c)	Die Vision der Seherin	187
I 27. d)	Grimnir-Lied	187
I 27. e)	Gylfis Vision	188
I 27. f)	Grimnir-Lied	188
I 27. g)	Lied des Skalden Thjodolfi von Hvini	189
I 27. h)	Vers des Skalden Thjodolfr von Hvini	189
I 27. i)	Hymir-Lied	189
I 27. j)	Der Ausspruch der Seherin	190
I 27. k)	Gylfis Vision	190
I 27. l)	Gylfis Vision	190
I 27. m)	Gylfis Vision	191
I 27. n)	Fiölswin-Lied	191
I 27. o)	Gylfis Vision	192
I 27. p)	Grimnir-Lied	193
I 27. q)	Skaldskaparmal	193
I 27. r)	Grimnir-Lied	193
I 27. s)	Gylfis Vision	194
I 27. t)	Grimnir-Lied	194
I 27. u)	Gylfis Vision	194
I 27. v)	Die Vision der Seherin	194
I 28.	*Die Überlieferung in den christlichen Texten*	*196*
I 28. a)	Die Donar-Eiche	196
I 28. b)	Historia ecclesiastica gentis Anglorum	197
I 28. c)	Indiculus superstitionum et paganiarum	197
I 28. d)	Adam von Bremen: Hamburgische Kirchengeschichte	200
I 28. e)	Adam von Bremen: Hamburgische Kirchengeschichte	201
I 28. e)	Adam von Bremen: Hamburgische Kirchengeschichte	203
I 28. f)	Gesta danorum	203
I 29.	*Die bildlichen Darstellungen der Tempel*	*205*
I 29. a)	Das Runenkästchen von Auzon	205
I 30.	*Bilder in den Tempeln*	*210*
I 30.	Beowulf-Epos	210
I 31.	*Wandteppiche*	*211*
I 31. a)	Der Wandteppich aus dem Hügelgrab von Oseberg	211
I 31. b)	Der Wandteppich aus dem Schiffsgrab von Rolfsöy	215
I 31. c)	Der Wandteppich von Skog	218

I 31. d) Die fünf Wandteppiche von Överhogdal	222
I 31. e) Gisli-Saga	229
I 31. f) Der Wandteppich von Bayeux	230
I 31. g) Beowulf-Epos	244
I 32. Kenningar	*245*
I 33. Ortsnamen	*248*
I 34. Personennamen	*254*
I 35. Jakob Grimm: Deutsche Mythologie	*260*
II Zusammenfassung der germanischen Überlieferung	**273**
II 1. Nachweis der Tempel der Germanen	*273*
II 2. Heilige Orte	*274*
II 2. a) Heilige Haine	274
II 2. b) Heilige Bäume	275
II 2. c) Heilige Pfosten, Säulen u.ä.	275
II 2. d) Heilige Quellen	275
II 2. e) Heilige Inseln	275
II 2. f) Sonstige heilige Orte	275
II 2. g) Tempel-Land	276
II 3. Der Aufbau der Tempel	*277*
II 3. a) Die grundlegende Gestalt der Tempel	277
II 3. b) Hölzerne Tempel	278
II 3. c) Zwei Grundarten von Tempeln	278
II 3. d) Der quadratische Tempel	279
II 3. e) Der Langhaus-Tempel	279
II 3. f) Der zweiräumige Tempel	280
II 3. g) Der zweiräumige Tempel: Der vordere „Menschen-Raum"	281
II 3. h) Der zweiräumige Tempel: Der hintere „Götter-Raum"	282
II 3. i) Das kleine Langhaus mit Turm	282
II 3. j) Die „hohe Halle"	282
II 3. k) Die Umhegung	284
II 3. l) Die vier Pfosten	285
II 3. m) Die Außenwände	286
II 3. n) Das Dach	286
II 3. o) Der Vorraum, der Vorplatz und der Umgang	287
II 3. p) Der Eingang und der Eingangsraum	288
II 3. q) Der überdachte Eingangsbereich	288
II 3. r) Die Eingänge	288
II 3. s) Türen	289

II 3. t) Tür-Ringe	289
II 3. u) Die Innenwände	290
II 3. v) Die Fenster	290
II 3. w) Die Statik	291
II 4. Die Ausschmückung der Tempel	***292***
II 4. a) Die Schönheit der Tempel	292
II 4. b) Schnitzereien	292
II 4. c) Einlegearbeiten aus Gold und Silber	293
II 4. d) Die „Goldene Halle"	294
II 4. e) Die kostbaren Tempel	295
II 5. Die Seelenweg-Säulen	***296***
II 5. a) Die beiden Säulen	296
II 5. b) Der Hochsitz	297
II 5. c) Die „Gottesnägel"	299
II 5. d) Das Tempelsäulen-Orakel	299
II 6. Die Feuerstelle im Tempel	***300***
II 6. a) Die Feuerstelle	300
II 7. Der Altar	***301***
II 7. a) Altäre unter freiem Himmel ohne Tempel	301
II 7. b) Altäre unter freiem Himmel vor einem quadratischen Tempel	301
II 7. c) Altäre in Langhäusern	302
II 7. d) Altäre in kleinen Langhaus-Tempeln mit Turm	302
II 7. e) Altäre in Zweiraum-Tempeln	302
II 8. Die Götterstatuen	***304***
II 8. a) Die Statuen	304
II 8. b) Die Sockel für die Statuen	306
II 8. c) Das Götter- und Magie-Podest	307
II 8. d) Die Götter	308
II 8. e) Ahnenkult	319
II 9. Die Geräte auf dem Altar	***320***
II 9. a) Der Eid-Ring	320
II 9. b) Der Blut-Kelch	321
II 9. c) Das Met-Horn	321
II 9. d) Das Tafl-Spiel	322
II 10. Der Wandschmuck der Tempel	***323***
II 10. a) Die Bilder-Schilde und die Kreis-Bilder	323
II 10. b) Die Wandbehänge	325
II 10. c) Die Goldgubber	326

II 11. Gegenstände im Tempel — 327
    II 11. d) Die Einrichtungsgegenstände — 327
    II 11. e) Heilige Gegenstände — 327

II 12. Tierdarstellungen in den Tempeln — 330
    II 12. a) Drachen — 330
    II 12. b) Vögel — 330
    II 12. c) Bären — 331
    II 12. d) Wölfe — 331
    II 12. e) Pferde — 332

II 13. Die Lage der Tempel — 334
    II 13. a) Tempel im Wald — 334
    II 13. b) Tempel am Meer — 334
    II 13. c) Tempel auf einer Insel — 334
    II 13. d) Tempel an einem Fluß — 335
    II 13. e) Tempel auf einer Ebene — 335
    II 13. f)   Tempel oben an einer Felswand — 335
    II 13. g) Tempel auf einem Hügel — 335
    II 13. h) Zusammenfassung — 335

II 14. Die nähere Umgebung des Tempels — 337
    II 14. a) Im Norden des Tempels — 337
    II 14. b) Im Osten des Tempels — 337
    II 14. c) Im Süden des Tempels — 337
    II 14. d) Im Südwesten des Tempels — 338
    II 14. e) Im Westen des Tempels — 338
    II 14. f)   Zusammenfassung — 338

II 15. Der religiöse Umraum des Tempels — 340
    II 15. a) Kultplätze — 340
    II 15. b) Prozessionswege — 340
    II 15. c) Hügelgräber — 341
    II 15. d) Nebengebäude — 341
    II 15. e) Backgruben — 341
    II 15. f)   Mühlsteine — 342

II 16. Vorgängerbauten von Tempel — 343
    II 16. a) Vorgängerbauten — 343

II 17. Hüten des Tempels — 344
    II 17. a) Der geweihte und heilige Ort — 344
    II 17. b) Der bewachte Ort — 344

II 18.	*Die Priesterschaft*	**345**
II 18. a)	Die Priester	345
II 18. b)	Die Priesterinnen	346
II 19.	*Das Opfer*	**348**
II 19. a)	Opfer allgemein	348
II 19. b)	Opferungen vor Statuen o.ä.	348
II 19. c)	Opferungen im Tempel	349
II 19. d)	Opferungen vor dem Tempel	350
II 19. e)	Opferungen in der Nähe des Tempels	350
II 19. f)	Opferungen im heiligen Hain	350
II 19. g)	Opferungen im Tempel-See	351
II 19. h)	Bitten beim Opfern	351
II 19. i)	Opfer-Orakel	351
II 19. j)	Opferungen an Hügelgräbern	351
II 19. k)	Menschenopfer	352
II 20.	*Sonstiges*	**353**
II 20. a)	Die Tempel-Feste	353
II 20. b)	Der Kult-Herr	353
II 20. c)	Haupttempel	354
II 20. d)	Kultgesänge	354
II 20. e)	Bitten um Rat und Hilfe im Tempel	355
II 20. f)	Omen und Orakel im Tempel	355
II 20. g)	Der Unterhalt der Tempel	356
II 20. h)	Der Tempelbann	356
II 20. i)	Die Tempel-Zerstörungen bei der Christianisierung	357
II 20. j)	Kirchen an ehemaligen Tempel-Standorten	358
II 21.	*Zusammenfassung*	**359**
III	**Tempel in der indogermanischen Überlieferung**	**370**
IV	**Tempel in der jungsteinzeitlichen Überlieferung**	**372**
V	**Tempel in der altsteinzeitlichen Überlieferung**	**376**
VI	**Die Geschichte der germanischen Tempel**	**377**
VII	**Im Tempel**	**380**
	Themenverzeichnis	395

I Der Tempel in der germanischen Überlieferung

Der Tempel, also das Kultgebäude, ist ein wesentliches Element der meisten Religionen. Die archäologischen Funde und die schriftlichen Schilderungen dieser Tempel haben bei den Germanen zwar bei weitem keine solche Fülle wie z.B. bei den Griechen oder den Römern, aber sie sind doch so umfassend, daß sich ein detailliertes Bild der Tempel der Germanen rekonstruieren läßt.

Mit dem Tempel sind auch die Themen der folgenden vier Bände eng verbunden, die in dem vorliegenden Band nur kurz skizziert werden:

Band 57 „Die Einrichtung des Tempels"
Band 58 „Priesterin – Seherin – Zauberin – Hexe"
Band 59 „Priester – Seher – Zauberer – Schamane – Heiler"
Band 60 „Rituelle Kleidung und Schmuck"

I 1. Das Wortfeld „Tempel"

Es gibt sowohl für den Tempel als auch für die mit dem Tempel verknüpften Dinge und Tätigkeiten eine Vielzahl von altnordischen Begriffen.

I 1. a) Der germanische Name für „Tempel"

Es gibt im Germanischen und im Altnordischen insgesamt sechs verschiedene Worte für „Tempel" bzw. für „Heiliger Ort".

- hof -

Das germanische Wort „*hof*" bezeichnete ursprünglich eine Halle und später dann auch die dort versammelten Menschen, also den „Hof" eines Königs, was sich im Deutschen noch in Redewendung wie „Hof halten" oder „am Hofe des Königs Artus" erhalten hat.

Im Altnordischen wurden mit „*hof*" ausschließlich Tempel bezeichnet, woraus man schließen kann, daß die Tempel der Nordgermanen Hallen gewesen sind. In den Isländersagas ist „hof" das wichtigste Wort für „Tempel".

Im Althochdeutschen, also der mittelalterlichen germanischen Sprache in Mitteleuropa, findet sich „hof" in der Bedeutung „Tempel" nur selten.

In den Skaldenliedern findet sich das Wort „hof" ebenfalls nur selten. Dort sind eher die fünf im folgenden beschriebenen älteren Tempel-Bezeichnungen zu finden.

Das Wort „hof" hat im Altnordischen zwei Bedeutungen mit zwei verschiedenen Wurzeln, die sich jedoch in den Ansichten der Germanen über den Kult und das rechte Verhalten berührten: der Tempel und das Maßhalten in allen Dingen.

Der Stammbaum des Wortes „hof" zeigt deutlich, daß sich das germanische Langhaus, also der „Hof" des Bauern, einerseits zu der Halle der Fürsten und andererseits zu den Tempel der Götter weiterentwickelt hat. Daraus kann man schließen, daß der Kult bei den Germanen ursprünglich in ihren Langhäusern stattgefunden hat.

Das indogermanische Substantiv „keup" für „Gebogenes" ist nicht nur mit dem deutschen „Hof", sondern auch mit dem deutschen „Kuppe" verwandt und bezeichnete evtl. auch das Hügelgrab („Gewölbtes").

Die Entwicklung des Wortes „hof"		
indogermanisch	*germanisch*	*altnordisch*
keup (biegen, wölben, Biegung, Hügel)	*hufaz* (Höhe, Hof, Gehöft)	*hof* (Halle, Tempel)
		hofprestr (Priester, Bischof)
		hoferan (Hoffahrt, Prunk)
		hofferd (Hoffahrt, Prunk)
		hofdingi (Amt)
	huf (biegen)	*hofinn* (Schwellung)
	hofa (Huf)	*hofr* (Huf)
kap (fassen – mit der „gebogenen" Hand)	*hofa* (Behuf, Nutzen)	*hof* (Gastmahl)
	hoba (rechts Maß, maßhalten)	*hof* (rechts Maß, Geziemendes)

- ve -

Aus dem indogermanischen Wort für „ueik" für „Weihen, Geweihtes" entstand das germanische Wort „wiha, weiha" mit derselben Bedeutung.

Im Altnordischen differenzierte sich dieser Begriff dann in „Tempel" (geweihter

Kult-Ort), Thing-Platz („geweihter Versammlungs-Ort"), „Ve" (Odins Bruder, Gott des Priesterstandes), „Standarte" (heilige Standarte/Fahne) und „Haus" (geschützter, weil geweihter Ort).

Aus dieser letzten Bedeutung ergibt sich, daß es eine Hausweihung gegeben haben könnte, bei der das Gebäude unter den Schutz einer Gottheit gestellt wurde.

Parallel zu dem Wort „*weiha*" für „*weihen*" entwickelte sich im Germanischen aus derselben indogermanischen Wurzel auch das Wort „*waigo*" für „Kraft", das sich mit derselben Bedeutung auch im Altnordischen findet. Das Wort „*veig*" für „starker Trank" könnte sich auf den Göttermet beziehen und das Wort „*veig*" für Frau evtl. auf eine Priesterin-Zauberin. In beiden Fällen hätte das betreffende Wort dann sowohl den Bedeutungshintergrund „stark" als auch „geweiht".

		Die Entwicklung des Wortes „ve"		
indogermanisch	*germanisch*	*altnordisch*		
ueik (aussondern, weihen)	wiha, weiha (weihen, Heiligtum)	ve (Tempel, heiliger Ort)	vear (Götter; die Heiligen)	
			ve-skop (heilige Riten)	
			veurr (heiliger Wächter)	
		ve (Thing-Platz)	ve-bönd (Seil an Stäben um den Thing-Platz)	
			ve-fang (Gerichts-Streit auf dem Thing)	
			vedja (schwören, zusichern wetten	ved-mali (Schwur)
				ved-brodir (Eidbruder)
				ved-fe (Wetteinsatz)
		ve (Heim, Wohnung)		
		ve (Heerfahne)		
		Ve, Vei (Odins Bruder, Gott des Priester-Standes)		
		altenglisch: weoh, wig (Götterstatue)		
		deutsch: weihen		
		gotisch: weihs (heilig)		
	waigo (Kraft, Kampfkraft)	veig (Kraft)	veig (Starker Trank)	
			veig (Frau)	

Es gab die Redewendung *„byggja ve goda"* für „wohnen in den Tempeln der Götter" – gemeint sind entweder die Götter selber oder Menschen, die dort vor Verfolgung Schutz suchen.

- högr -

Ein *„högr"* ist sowohl im Germanischen als auch im Altnordischen und im Angelsächsischen der Teil des Heiligen Ortes, der aus Steinen besteht, also vor allem der Opfer-Altar.

Dieser Begriff hat sich vermutlich spätestens um 300 n.Chr. ausgebildet, als die altnordischen (skandinavische) und die angelsächsischen (holsteinische/dänische) Zweige der Germanen noch ausreichend miteinander verbunden gewesen sind.

Anscheinend wurde der Alter einfach „der Harte" im Sinne von „der Stein" genannt.

Die Entwicklung des Wortes „högr"		
indogermanisch	*germanisch*	*altnordisch*
kar (hart)	*harugaz* (Steinhaufen, Opferstätte, Heiligtum)	*hörgr* (Steinhaufen, Hügelgrab, Opferstätte, Steinaltar)
		angelsächsisch
		hearg (Steinhaufen, Altar, Tempel, Statue, Heiliger Hain)

- lundr -

Der Ursprung des Substantivs *„lund"* für „Hain, Baum" ist unbekannt. Möglicherweise ist dies Wort mit „Linde" verwandt, das im Altnordischen und im Angelsächsischen *„lind"*, im Germanischen *„lend"* und im Indogermanischen *„lento"* lautet.

Dieser Begriff wurde im Altnordischen auch für den Heiligen Hain bei einem Tempel benutzt.

Die Entwicklung des Wortes „lundr"		
indogermanisch	*germanisch*	*altnordisch*
lento (biegsam, nachgiebig)	*lendjon* (Baum, Linde)	*lund* (Hain, Baum)

- vangr -

Dieser Begriff, der mit dem Zusatz eines Gottesnamens o.ä. auch einen heiligen Ort bezeichnen konnte, hat sich aus dem indogermanischen Adjektiv „*ueng*" für „gebogen" vermutlich über ein Wort für „Gras („gebogenen Halme") zu der germanisch-altnordischen Bedeutung „Feld, Wiese" weiterentwickelt.

Die Entwicklung des Wortes „vangr"		
indogermanisch	*germanisch*	*altnordisch*
ueng (gebogen sein)	*wangaz* (Feld, Abhang, Wiese, Acker)	*vangr* (Feld, Acker, Wiese)
	angraz (Bucht, Bogen, Grasland, Acker, Anger)	*deutsch*
		Anger (Feuchtwiese)

- vin -

Ein „vin" ist im altnordischen wie der „*vangr*" eine offene, grasbewachsene Fläche, auf der auch ein Teil des Kultes stattfinden kann.

Dieses Substantiv hat sich von einem indogermanischen Verb für „streben, siegen" anscheinend über einen Begriff für „erobertes Grasland" zu dem germanischen Wort für „Weide" und dann weiter zu dem altnordischen Substantiv für „Wiese, Weide, Aue" entwickelt.

Die Entwicklung des Wortes „vin"		
indogermanisch	*germanisch*	*altnordisch*
uene (streben, wünschen, lieben, erreichen, siegen, gewinnen)	*wenjo* (Weide)	*vinr* (Wiese, Weide, Aue)

- die sechs Worte für „heiliger Ort" -

Die sechs altnordischen Substantive, mit denen man einen heiligen Ort beschreiben konnte, geben im Groben die wesentlichen inneren Bauelemente und die nähere räumliche Umgebung eines Tempels wieder:

hof = Halle, Tempel
ve = geweihter Ort
högr = Stein = Altar
lund = Hain
vangr = Wiese
vin = Wiese

Ein Tempel enthielt einen steinernen Altar und stand an einem geweihten Ort, der meistens eine Wiese war, und in dessen unmittelbarer Nähe sich auch ein Heiliger Hain befand.

I 1. b) Das Tempel-Vokabular

Zunächst einmal gibt es noch einige, meist zusammengesetzte Substantive, die einen Tempel bezeichnen:

hof = Halle = Tempel
blot-hof = Blut-Tempel = Opfer-Tempel = heidnischer Tempel
fjarg-vi = Fjörgyn-Heiligtum = Erdgöttin-Heiligtum = Tempel
goda-hus = Götter-Haus = Tempel
fjarg-hus = Fjörgyn-Haus = Erdgöttin-Haus = Tempel
blot-hus = Blut-Haus = Opfer-Tempel = heidnischer Tempel
helgi-stadr = heiliger Ort = Tempel
mustari = Tempel (von lateinisch „monasterium" für „Kloster")
templ = Tempel (von lateinisch „templum" für „Tempel")

Als nächstes gibt es einige Begriffe, aus denen ersichtlich ist, daß Tempel und auch die Erde, auf der der Tempel stand, heilig waren.
An diesem Ort konnte man Asyl finden, da hier hier kein Mord und ähnliches begangen werden durfte. Das bekannteste Beispiel dafür sind die Asen, die nach dem Mord des Loki/Hödur an Baldurs nicht sofort Rache nehmen konnten, da sie sich an

einem heiligen Ort befanden.

hofs-helgi	= Heiligkeit des Tempels
frid-stadr	= Friedens-Stätte = Asyl-Ort
hofs-mould	= Tempel-Erde, heilige Erde
fjarg-vi	= Fjörgyn-Heiligtum = Erdgöttin-Heiligtum =Tempel
fjarg-hus	= Fjörgyn-Haus = Erdgöttin-Haus =Tempel

Schließlich haben die Tempel noch Türen.

hofs-dyrr	= Tempel-Tore

In den Tempeln befand sich der Altar, auf dem der Eid-Ring lag. Ob die hölzernen Schreine germanische oder christlich oder beides waren, läßt sich nicht sicher sagen.

högr	= Steinhaufen = Altar
hof-stabr	= Tempel-Stein = Altar
baug-eidr	= Ring-Eid = Eid auf den Tempel-Ring
hofs-eidr	= Tempel-Eid = Ring-Eid
tre-skrin	= Baum-Schrein = hölzerner Schrein

In den Tempeln wohnten die Götter, deren Diener die Priester waren. Einige dieser Priester sind zu „Halbgöttern" geworden: Atli (Tyr), Hermod (Odin), Skirnir (Freyr), Thialfi (Thor), Röskwa (Sif) und Franmar (Loki). Der Priester der Götter ist Hönir.
Die Priester leiteten die Tempel-Rituale und die Tempel-Feste und sie waren auch die Wächter des Tempels. Sie werden auch die Heeres-Standarte geweiht haben.

vear	= Geweihte/Weihende = Götter
hofs-godi	= Tempel-Gottesmann = Tempel-Priester
veurr	= heiliger Wächter
ve-skop	= heilige Rituale
hof-helgr	= Tempel-Heiliges = Tempel-Fest
ve	= Heeres-Standarte
hof-prestr	= christlicher Priester, Bischof

Es gibt Haupt-Tempel, was auf eine Struktur innerhalb der Gesamtheit der Tempel und auch der Priesterschaft schließen läßt.

höfud-hof = Haupt-Tempel

Zu den Tempeln gehörte oft noch ein Stück Land sowie ein Heiliger Hain:

vangr = (heiliger) Ort
vinr = (heilige) Wiese
lund = (heiliger) Hain

Die Tempel wurden durch Abgaben finanziert.

hof-tollr = Tempel-Abgaben

> Der germanische Tempel war eine geweihte Halle an einem heiligen Ort, die mit Türen verschlossen waren. In dem Tempel befand sich ein aus Steinen aufgeschichteter Altar, auf dem der Eid-Ring lag. In dem Tempel oder vor ihm wurden den Göttern Tiere geopfert.
> In den Tempeln wohnten die Götter, deren Diener die Priester waren, die die Tempel-Rituale und die Tempel-Feste leiteten und auch die Wächter des Tempels waren.
> Im Bereich des Tempels durfte kein Mord o.ä. begangen werden, weshalb man dort Asyl finden konnte.
> Zu den Tempeln gehörte oft noch ein Stück Land sowie ein Heiliger Hain.
> Es gab Haupt-Tempel, d.h. eine Struktur innerhalb der Tempel und der Priesterschaft. Die Tempel wurden durch Abgaben finanziert.

I 2. Archäologische Funde

Das wichtigste Hilfsmittel bei der Rekonstruktion der Tempel der Germanen sind die Ausgrabungen der Fundamente von germanischen Tempel sowie die Funde in diesen Tempeln. Glücklicherweise sind mehrere solcher Tempel-Fundamente bekannt, sodaß sich durch deren Vergleich die wesentlichen Elemente dieser Tempel erkennen lassen.

I 2. a) Der Tempel von Hov

In Südnorwegen ist in der Nähe des Sees Mjösa bei dem Ort Hov ein 15m langes Langhaus ausgegraben worden, in dem 29 Goldgubber (kleine Goldplättchen, in die das Bild eines Mannes oder einer Frau gestanzt worden waren), 6 Flintsteine zum Entzünden von Feuer und ein Kurzschwert gefunden worden sind. Dieses Langhaus ist den Funden in ihm zufolge nie als Wohnhaus benutzt worden und wird daher in der Zeit von 500-700 n.Chr., zu der dieses Langhaus dort stand, der Tempel der naheliegenden Siedlung gewesen sein.

> **Tempel von Hof (Norwegen; 500-700 n.Chr.):** In der Zeit von 500-700 n.Chr. stand in Hov am Mjösa-See in Südnorwegen ein 15m langes Langhaus, das als Kultgebäude benutzt worden ist. In ihm fanden sich Goldgubber.

I 2. b) Der Tempel von Märe

Unter der mittelalterlichen Steinkirche in Märe in Nord-Tröndelag in Mittelschweden fanden sich Fundamente eines früheren Gebäudes. Die Lage unter der Kirche sowie die geprägten Goldplättchen in den Pfostenlöchern dieses früheren Gebäudes machen es recht wahrscheinlich, daß es sich bei ihm um einen ehemaligen Tempel handelt.

> **Tempel von Märe (Schweden):** Fundamente eines Tempels unter einer späteren Kirche; Goldplättchen in den Pfostenlöchern

I 2. c)   Der Tempel von Tröndelag

Zum Teil wurden die Rituale der Germanen auch im Freien durchgeführt wie z.B. in Hove („Tempel") in der Nähe der norwegischen Stadt Tröndelag. Dort wurden vor einer Reihe von zehn Pfosten, auf denen Götterstatuen gestanden haben werden, Opfer dargebracht. Möglicherweise waren diese Pfosten auch selber solche geschnitzten „Pfahlgötter" („Totempfähle") wie sie u.a. in dem Reisebericht des Arabers Ibn Fadlan beschrieben werden (siehe „Statuen" in Band 57)

> **Opferplatz von Hove (Norwegen):** Opfergaben vor zehn in einer Reihe stehenden Pfosten (mit Götterstatuen?)

I 2. d)   Der Tempel von Lunda

In der Nähe des früheren Ortes Lunda in Södermanland in Südostschweden ist bei Ausgrabungen ein kleines Gebäude von 3x6m Größe an der Nordseite eines Langhauses gefunden wurden, in dem drei kleine Figuren mit großem Penis lagen, die Freyr darstellen könnten, da dieser oft in dieser Weise dargestellt wird. Eine von ihnen ist aus Gold gegossen worden, die beiden anderen bestanden aus vergoldeter Bronze.

Im Norden dieses Tempels fanden sich mehrere Backgruben, Thor-Hämmer, Amulette und Miniatur-Sensen.

200m nach Westen lag ein Hain, in dem ebenfalls geopfert worden ist.

> **Tempel von Lunda (Schweden):** kleines Gebäude an der Nordseite eines Langhauses mit drei Freyr-Statuetten; nördlich davon Backgruben, Thor-Hämmer, Miniatur-Sensen und Amulette; westlich davon ein Opfer-Hain

I 2. e)   Der Tempel von Borg

Aus Östergötland in Südostschweden ist ein aus zwei Räumen bestehendes Langhaus mit je einem kleineren Gebäude an den beiden Längsseiten bekannt. An dem Ende der Halle, das weiter von Eingang entfernt war, befand sich am Ende des Mittelganges ein Steinfundament, das ein kleiner Altar gewesen sein wird.

Bei diesem „Haus-Altar" fanden sich 98 Ringe. In dem gepflasterten Bereich vor dem Eingang des Langhauses lagen ca. 75kg an nicht-verbrannten Knochen, die von

Opfertieren stammen werden.

Um ca. 1050 n.Chr. wurde das Langhaus abgerissen und der Ort mit einer dicken Kiesschicht bedeckt und ca. 100 m entfernt eine Kirche errichtet, die offenbar der religiöse Nachfolger dieses Tempels gewesen ist.

> **Tempel von Borg (Schweden):** ein Altar in der Halle gegenüber dem Eingang, daneben 98 Ringe, vor der Tür Knochen von Opfertieren

I 2. F   Der Tempel von Säbol

Die frühere Verwendung der quadratische Ruinen, die in Island mehrfach gefunden wurden, ist schwierig zu bestimmen, da sie sowohl kleine Tempel als auch Pferdeställe sein könnten. Daher ist jeweils noch ein weiterer Hinweis notwendig, um entscheiden zu können, worum es sich handelt.

Die Ruine von Säbol steht in der Mitte einer Umhegung von 12x12m, was zwar eher für einen Tempel als für einen Pferdestall spricht, aber auch noch kein sicheres Indiz ist.

An der Rückwand der Ruine befand sich ein Steinhaufen, der der Rest eines Altars sein könnte – aber auch dies reicht noch aus, um sich sicher sein zu könne, daß es sich um einen Tempel handelt.

Die beiden folgenden Zeichnungen gehen von der Deutung der Ruine als Tempel aus.

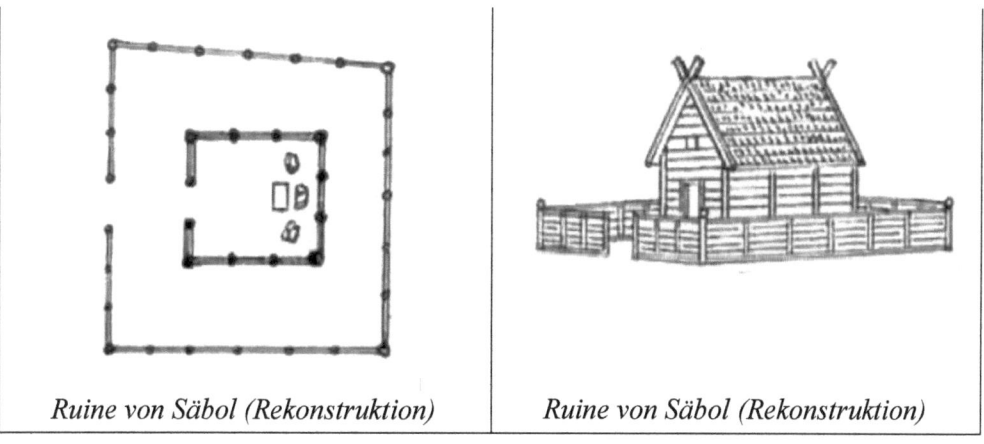

Ruine von Säbol (Rekonstruktion)   *Ruine von Säbol (Rekonstruktion)*

> **Ruine von Säbol (Island):** möglicherweise ein quadratischer Tempel in einer quadratischen Umhegung

I 2. g) Der Tempel von Tissö

Am Ufer des Sees Tissö im Westen der dänischen Insel Seeland wurde ein Gebäude gefunden, dessen dicke Säulen zeigen, daß es recht hoch gewesen sein muß. In seinem großen zentralen Raum wurden viele Tierknochen, Bruchstücke von fränkischen Glasbechern und das Bruchstück eines Saiteninstrumentes gefunden, was auf eine kultische Verwendung des Gebäudes schließen läßt.

Rings um den Tempel herum wurde ein großer Goldring, Amulette mit Mythen-Motiven, Tierknochen, Waffen und Schmuck gefunden, was die Deutung des Gebäudes als Tempel bestätigt.

An die Halle grenzte ein eingeräumter Bereich, dessen Funktion sich jedoch nicht eindeutig feststellen ließ.

Der dritte Hinweis auf die kultische Verwendung dieser hohen Halle ist die nur zeiteilige Verwendung dieses Gebäudes sowie auch der umliegenden Werkstätten und des Marktplatzes.

Dieser Tempel, der von 500-1100 n.Chr. genutzt worden ist, wurde offenbar für bestimmte Feste und Opferungen verwendet.

Der Name des Sees „Tissö" bedeutet „See des Tyr". Es ist daher wahrscheinlich, daß dieser Tempel zumindestens in seiner Gründungszeit dem Tyr geweiht gewesen ist.

> **Tempel von Tissö (Schweden; 500-1100):** ein periodische genutzter Tempel, der aus einer hohen Halle bestand; im Bereich des Tempels wurden u.a. Tierknochen und Waffen (Opfergaben), ein großer Goldring (Tempel-Ring?) und Glasbecher gefunden; der Tempel war anfangs vermutlich Tyr geweiht (Tissö = „See des Tyr")

I 2. h Der Tempel von Hofstadir

Auf Nordisland liegt in der Nähe des Sees Myvatn („Mückengewässer") der Ort „Hofstadir" („Tempel-Stätte") inmitten einer durch Lava geprägten und daher landwirtschaftlich kaum nutzbaren Gegend.

An diesem Ort wurde ein außergewöhnlich großes Langhaus ausgegraben, das von ca. 940-1070 genutzt worden ist.

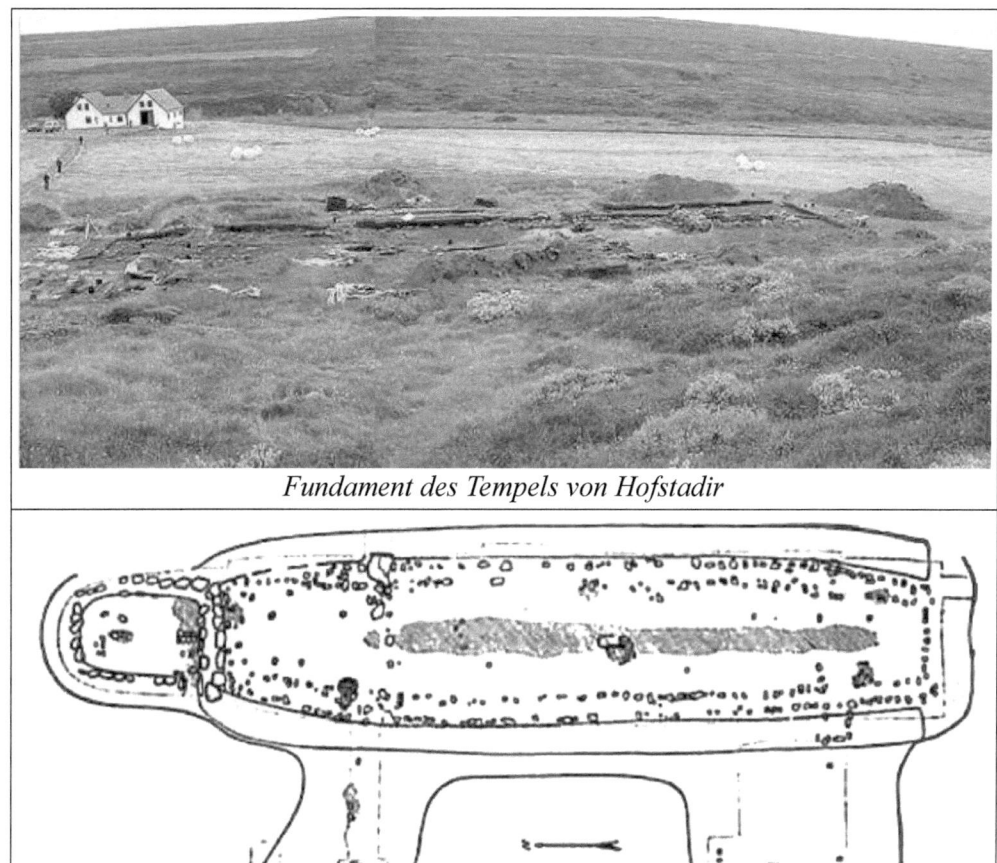

Fundament des Tempels von Hofstadir

Grundriß des Tempels von Hofstadir

Das Langhaus liegt in Nord-Süd-Richtung und ist 42m lang und 8m breit. Im Norden (auf der Skizze links) ist ein kleinerer Raum angefügt worden. Am Südende findet sich an beiden Seiten je eine Ausbuchtung.

Die Halle war durch Stützpfosten in drei Längsteile gegliedert. In der Länge war die Halle in vier ungefähr gleichlange Teile unterteilt – es ist allerdings unklar, ob es an diesen Stellen Wände gegeben hat oder ob diese Unterteilungen nur eine statische Funktion gehabt haben.

Aufgrund des subarktischen Klimas sind die Holzwände mit einer dicken Schicht aus Torfstücken und Grassoden umgeben worden.

In der Mitte der Halle befindet sich ein zentraler Feuerplatz und je ein kleinerer Feuerplatz an den beiden Enden.

Auf Hofstadir wurden nur wenige wertvolle Gegenständen oder Waffen gefunden, jedoch einige Nadeln aus Silber, Kupfer und Knochen, weiterhin Kämme, Kleidungsteile, Spinnrocken, Webstuhlgewichte, Schleifsteine und 23 Messer. Dies spricht für die Nutzung des Langhauses als ein normales Wohnhaus.

Bei dem Fund eines vollständigen Tafl-Spieles und ein Rinderkieferknochens in einem Pfostenloch handelt es sich vermutlich um ein Grundsteinlegungs-Opfer.

In den normalen Küchenabfällen fanden sich Knochen u.ä., die von Rindern, Pferden, Schafen, Schweinen, Ziegen, Vögeln, Fischen, Muscheln, Füchsen, Walen und Seehunden stammen. Es fand sich auch das Skelett einer Hauskatze.

Die Schädel von 23 Rindern sind jedoch deutlich als Opfertiere zu erkennen. Sie wurden im Gegensatz zu der üblichen Schlachtung mit einem Schlag zwischen die Augen getötet und dann enthauptet – dabei muß sehr viel Blut geflossen sein. Diese Schädel wurden anschließend im Freien aufbewahrt, wie ihre Verwitterungsspuren zeigen.

8 dieser Schädel wurden im Südwest-Anbau gefunden. 15 Rinder-Schädel sowie das vollständige Skelett eines Schafes, das ebenfalls mit einem Stirnschlag getötet worden ist, lagen bei dem Vorraum der Nordwest-Tür. Diese 23 Schädel befanden sich allesamt im Bereich der Torf-Wände, was vermuten läßt, daß sie außen am Dachrand oder an den Dachbalken befestigt worden sind. Diese Schädel waren alle ohne Unterkiefer. Soweit erkennbar, handelt es sich bei diesen Rinderopfern um Stiere.

Da die Schädel verschieden stark verwittert sind, hat es bei den Stieropfern anscheinend um einen zyklischen Vorgang über einen längere Zeitspanne hinweg gehandelt. Diese Stiere wurden den Radiokarbon-Untersuchungen zufolge in einem Zeitraum von 50-100 Jahren geopfert, der um ca. 1000 n.Chr. endete. Zu diesem Zeitpunkt wurde 140m von der Halle entfernt eine Kirche gebaut.

In der Nähe dieses Langhauses wurden die Fundamente mehrerer weiterer dazugehörender Gebäude gefunden.

9m vom Südende der Halle entfernt befand sich eine sehr große Backgrube.

Neben der Halle umfaßte eine Mauer ein Gelände von 4,5 Morgen Größe (ca. 10.000m^2).

Dieses Langhaus wird den Funden zufolge der Bauernhof eines Anführers gewesen sein, der auch ein Priester war und an dessen Hof die religiösen Rituale durchgeführt wurden.

Tempel von Hofstadir (Island; 940-1000 n.Chr.): Langhaus; Sitz eines Anführers, der zugleich Priester war und in seiner Halle auch die Rituale für die Menschen in seinem Bereich durchführte; Stier-Opfer

I 2. i) Der Tempel von Gamla Uppsala

Das Gelände von Gamla Uppsala („Alt-Uppsala") ist bisher nur ansatzweise erforscht worden, sodaß nur ein paar Puzzlesteinchen bekannt sind, die lediglich die Komplexität des Geländes ahnen lassen.

Das 60km nördlich des heutigen Stockholm liegende Uppsala war schon in der Jungsteinzeit bewohnt. Vermutlich war es schon damals das Handelszentrum des umliegenden fruchtbaren Landes.

Ab spätestens 200 n.Chr. ist Uppsala das wichtigste religiöse, ökonomische und politische Zentrum in Schweden gewesen. Wahrscheinlich ist das damals schon zu einer großen Siedlung angewachsene Uppsala auch der Ort des jährlichen schwedischen Allthings gewesen. Das Allthing fand zusammen mit dem großen jährlichen Opferfest und einem großen Markt statt.

Uppsala ist bis zur Christianisierung das schwedische Kultzentrum geblieben. Seit der Entstehung des Königtums war Uppsala auch der wichtigste Königssitz. In den Sagas wird der schwedische König manchmal „König in Uppsala" genannt.

Der Ortsname „Uppsala" bedeutet „Ubbos Halle". Ubbo bedeutet „Unfreundlicher, Gegner" im Sinne von „Krieger" und könnte der Gründer von Uppsala oder einer der frühen schwedischen Fürsten gewesen sein.

1. Der Tempel

Am bekanntesten sind die Ausgrabungen unter der alten Kirche von Gamla Uppsala. Dort wurden Pfostenlöcher gefunden, die um ca. 900 n.Chr. gegraben worden sind und die ein kleines Quadrat von 4x4m innerhalb eines größeren Quadrates von 8x8m bilden.

Zu der Rekonstruktion des Tempels von Uppsala anhand dieses archäologischen Fundes gibt es etliche verschiedene Vorschläge. Die vier Pfosten in der Mitte des größeren Quadrates sind bisher auf insgesamt 6 Weisen als Gebäude gedeutet werden:

1. ein kleines, quadratisches Gebäude mit einer Umfassungsmauer;
2. ein kleines, quadratisches Gebäude mit einem Vorbau und einer Umfassungsmauer;
3. ein großes, quadratisches Gebäude, dessen Zentralbereich von vier Pfosten umgeben ist;
4. ein kleines, quadratisches und nach oben hin offenes Gebäude, das von einem überdachten Umgang umgeben wird;

5. ein kleines, quadratisches Gebäude, das von einem offenen äußeren Bereich umgeben ist, der nach außen hin von einem überdachten Gang umgeben ist;

6. ein kleines, rechteckiges Gebäude, das von einem offenen äußeren Bereich umgeben ist, der nach außen hin von einem überdachten Gang umgeben ist;

7. schließlich ist noch die Variante möglich, daß es sich um eine großes, quadratisches Gebäude handelt, dessen Zentralbereich von vier Pfosten umgeben ist, die einen über das übrige Dach hinausragenden Turm tragen.

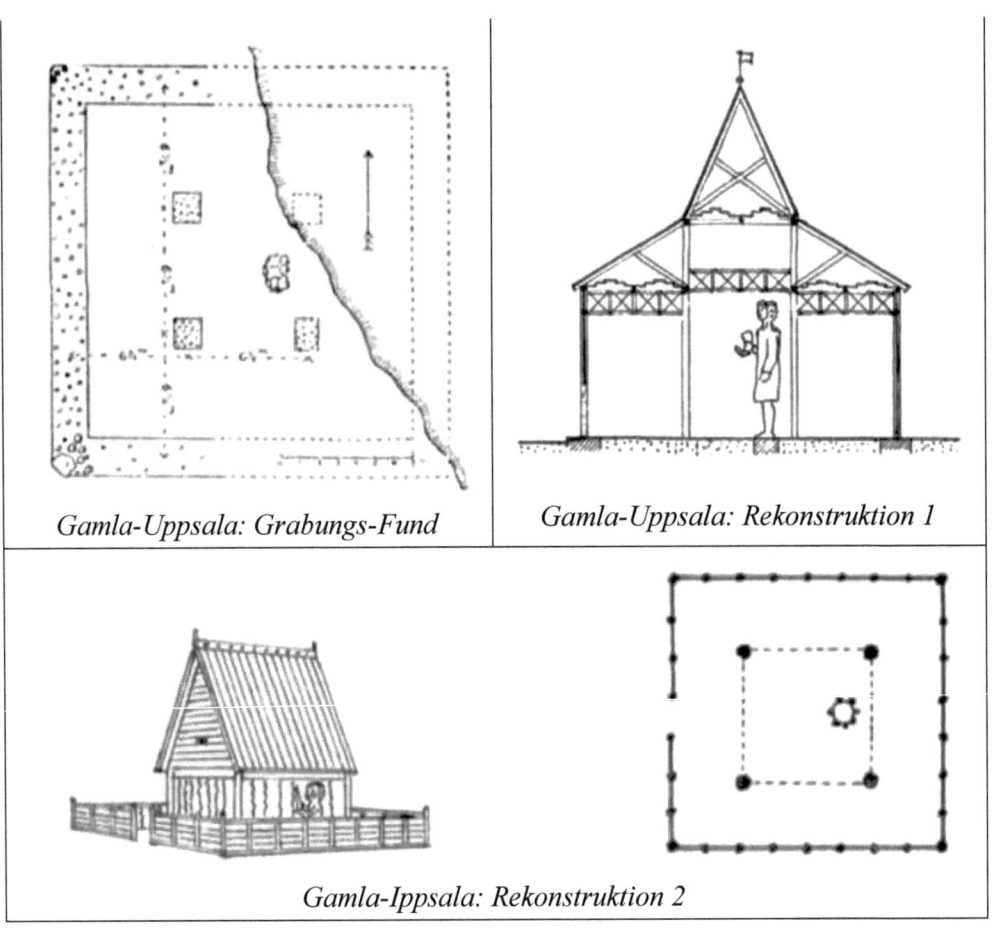

Gamla-Uppsala: Grabungs-Fund *Gamla-Uppsala: Rekonstruktion 1*

Gamla-Ippsala: Rekonstruktion 2

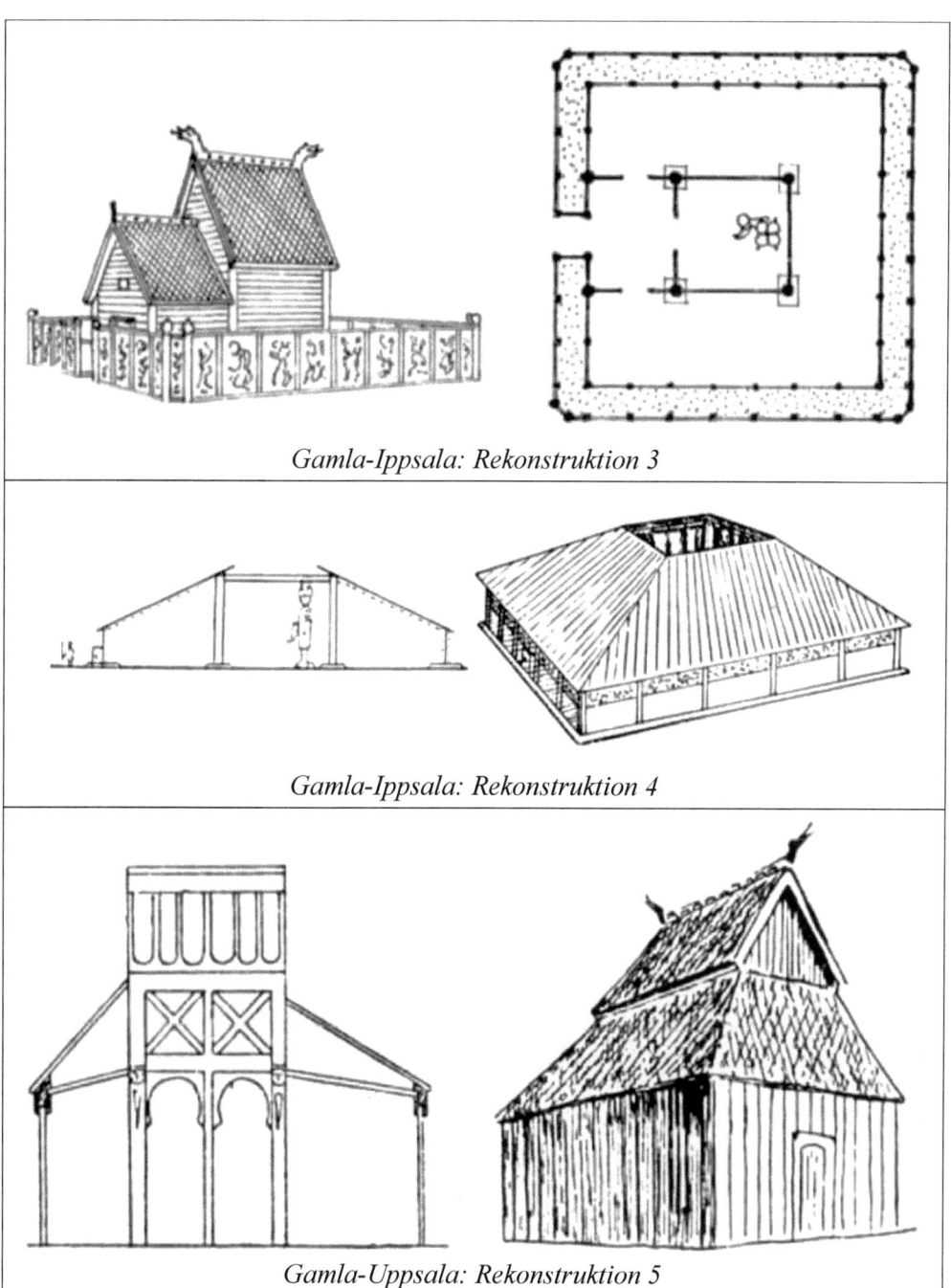

Gamla-Ippsala: Rekonstruktion 3

Gamla-Ippsala: Rekonstruktion 4

Gamla-Uppsala: Rekonstruktion 5

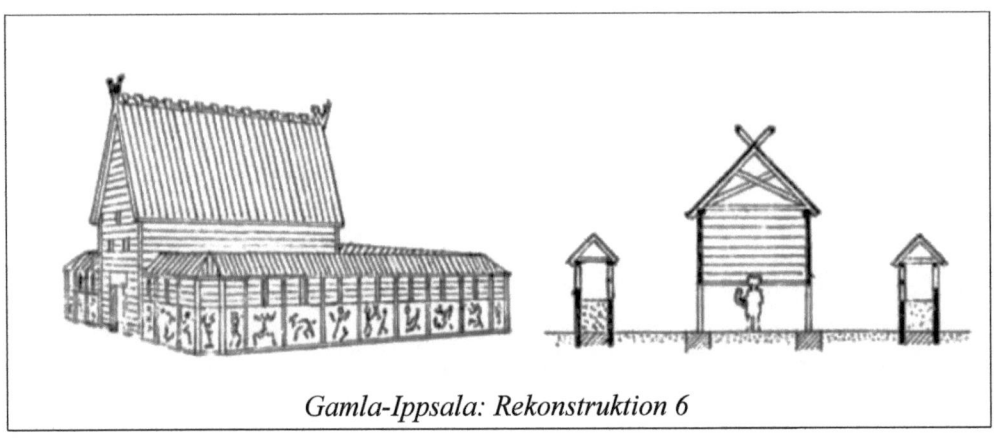

Gamla-Ippsala: Rekonstruktion 6

Die Turm-Variante würde der um 1164 errichteten christlichen Kirche von Gamla Uppsala entsprechen:

*1130 errichtete Stein-Kirche
(beide Kirchen stehen in wenigen Metern Abstand von einander)*

1164 errichtete hölzerne „Turm-Kirche"

Der heidnische Tempel unter der Steinkirche wird spätestens um 1100 n.Chr. abgerissen worden sein, da zu diesem Zeitpunkt mit dem Bau der Kirche begonnen wurde.

2. Der Opferwald und die Quelle

Westlich der Kirche befindet sich eine kleine Senke, in der bis 1650 noch eine Quelle gesprudelt hat. Da die Bäume an dieser Stelle „Offerlunden" („Opferwald") und die Quelle selber „Blotabrunn" („Opferbrunnen") genannt werden, liegt es nahe, hier den Heiligen Hain von Uppsala zu vermuten, über den Bischof Adam von Bremen um 1075 n.Chr. berichtet.

Bei den gerade erst beginnenden Ausgrabungen an diesem Ort ist bisher nur ein alter Herd aus der Wikingerzeit sowie eine Ringfibel aus dem Mittelalter gefunden worden.

In der Nähe dieses vermuteten Opferwaldes befinden sich die drei großen Hügelgräber von Uppsala, einige Schiffsgräber, viele einfache Gräber sowie die Reste vieler Gebäude.

der „Opferbrunnen", im Hintergrund eines der Hügelgräber; um 1926

die Lage des vermuteten Opferwaldes (links) in der Nähe der Kirche (rechts Mitte)

3. Die drei großen Hügelgräber

Südwestlich der Kirche befinden sich drei große Hügelgräber, die zwischen 400 n.Chr. und 600 n.Chr. errichtet worden sind. An sie schließen sich nach Südosten hin drei weitere kleinere Hügelgräber in fast gerader Linie an.

Die häufige Zuordnung der drei Hügelgräber zu den drei frühen schwedischen Königen Aun, Adil und Egil, über die in der Ynglinga-Saga berichtet wird, läßt sich archäologisch nicht bestätigen.

In Uppsala sind heute noch 250 Hügelgräber zu finden – vermutlich wird es einst gut 2000 meist kleinerer solcher Hügelgräber gegeben haben.

die drei großen Hügelgräber

zwei der großen Hügelgräber

4. Die beiden Plateaus

Auf dem südlichen Plateau, das im Norden der Kirche liegt, ist eine 40x12m große Halle aus der Vendelzeit ausgegraben worden. Sie wurde um ca. 600 n.Chr. errichtet und brannte um ca. 800 n.Chr. ab. Da sie innen keine Unterteilungen enthielt, wird sie vermutlich für die periodischen Jahresfest u.ä. gedient haben. Diese Halle wird auch als Königshalle aufgefaßt. Dieser Hügel besaß möglicherweise eine Umfassungsmauer.

Auf dem nördlichen Plateau könnte ein weiteres, gut 50m langes Langhaus gestanden haben. Dieser Platz wird jedoch erst seit kurzem archäologisch untersucht.

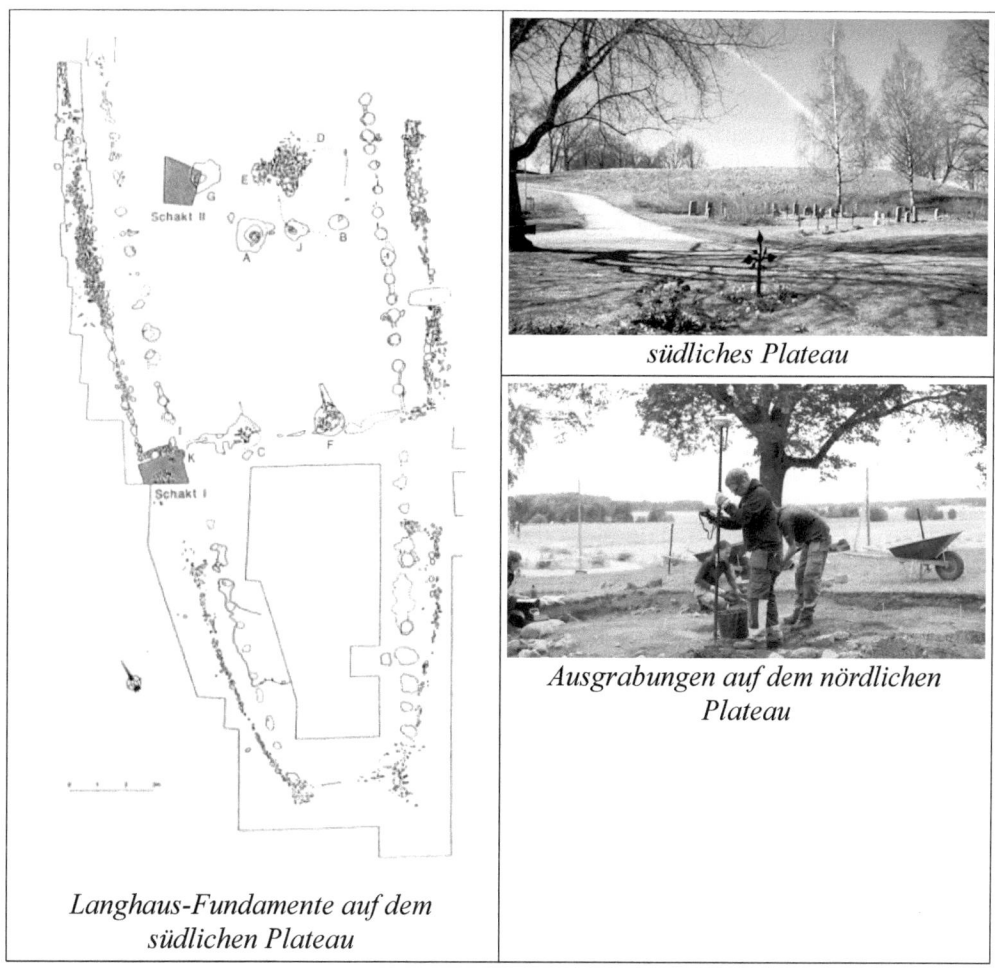

südliches Plateau

Ausgrabungen auf dem nördlichen Plateau

Langhaus-Fundamente auf dem südlichen Plateau

5. Die Umfassungsmauer

50m nördlich des Nord-Plateaus ist ein um ca. 650 n.Chr. errichtetes Steinfundament gefunden worden, das ein Teil einer Umfassungsmauer gewesen sein könnte. Da sie zu schmal für eine militärische Schutzmauer ist, könnte sie die Eingrenzung des heiligen Bezirks gewesen sein.

6. Der „Nornen-Tempel"

Jenseits dieser Mauer fand sich ein Platz mit Pfostenlöchern und Hunderten von Webstuhl-Gewichten aus Ton, von denen eines mit unverständlichen Runen beschriftet worden ist. Diese Funde konnten auf ca. 750 n.Chr. datiert werden.

Da das Spinnen und Weben mit den Nornen assoziiert worden ist, könnte dies ein Opferplatz und evtl. ein Tempel für die Nornen gewesen sein.

Da der Markt und das Thing in Uppsala „Dis-Thing" genannt wurde, könnte es sein, daß die Nornen hier noch als Göttinnen („Disen") aufgefaßt worden sind.

7. Die beiden Pfostenreihen

In der Nähe der Kirche sind zwei Pfostenreihen entdeckt worden, die um ca. 450 n.Chr. errichtet worden ist. Die eine von ihnen besteht aus ca. 170 Pfosten und ist 1000m lang, die andere besteht aus ca. 85 Pfosten und ist 500m lang. Die Pfosten standen in einem Abstand von 6m in einer völlig geraden Linie. Die Pfosten werden ca. 7m hoch gewesen sein.

Die Pfostenlöcher enthalten Steinfundamente. Die Tierknochen in einigen dieser Pfostenlöcher werden von Opfertieren stammen, was auf eine religiöse Bedeutung dieser Pfostenreihen schließen läßt.

Diese beiden Pfostenreihen sind das größte eisenzeitliche Bauwerk in Schweden. Die Regelmäßigkeit und die lange, gerade Linie, in der diese Pfosten aufgestellt worden sind, sind für das damalige Schweden sehr ungewöhnlich.

Es wäre denkbar, daß diese lange gerade Linie eine Pferde-Rennstrecke markiert hat, auf der die Rennen stattfanden, durch die das Pferd ausgewählt wurde, das geopfert werden sollte – aber diese Deutung ist nur eine vage Arbeitshypothese.

Dieser Weg könnte auch den Hel-Weg, d.h. die Verbindung zwischen Diesseits und Jenseits (Hügelgräber) dargestellt haben – so wie die Steinalleen, die zu den Steinkreisen der Megalith-Kultur führen.

Diese beiden Deutungen schließen einander keineswegs aus – die eine ist die Symbolik des Weges und die andere eine Form seiner Nutzung.

Pfostenloch-Reihe

Steinfundamente

8. Archäologische Funde

In Alt-Uppsala sind über 1000 archäologische Funde entdeckt worden. Einer der interessantesten von ihnen ist der gehörnte Mann, der scherzhaft „Batman" getauft worden ist. Seine Ohren oder Hörner sind ein deutlicher Hinweis auf die Identifizierung der Toten mit den für sie geopferten Herdentieren.

Bruchstück einer Gürtelschnalle
Vendelzeit: Ornamente

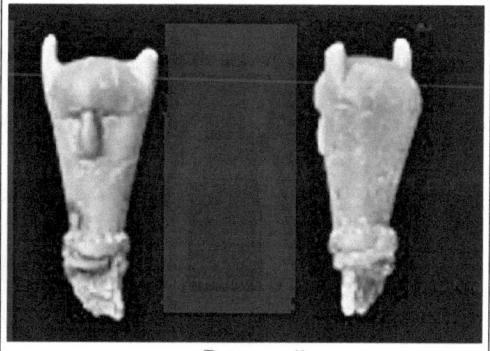
„Batman"
gehörnter Kopf, 7cm hoch

8. Die zeitliche Folge der Funde von Uppsala

---	Opferwald und Quelle
seit früher Zeit	kleine Hügelgräber
450 n.Chr.	zwei Pfostenreihen
ca. 500 n.Chr.:	drei große Hügelgräber
600-800 n.Chr.	Nordplateau, Südplateau
650-800 n.Chr.	Umfassungsmauer
750 n.Chr.	„Nornen-Tempel"
900 n.Chr.	quadratischer Tempel
1100 n.Chr.	christliche Kirche

Das Alter des Opferwaldes und der kultischen Benutzung der Quelle sind (noch) nicht bekannt, da die Ausgrabungen dort erst vor kurzem begonnen haben. Ebenso unklar ist das Alter der frühesten Hügelgräber.

Das älteste sicher datierbare kultische Bauwerk sind die beiden langen Pfosten-Reihen (450 n.Chr.). Sie wurden in etwa zur selben Zeit errichtet wir die drei Hügelgräber, die daher inhaltlich zusammengehören könnten. Die Kombination von Hügelgräbern und Pferderennbahnen ist auch von den Kelten bekannt (z.B. neben Stonehenge).

Von 600 n.Chr. bis um 800 n.Chr. stand auf dem Südplateau und vermutlich auch auf dem Nordplateau jeweils ein Langhaus, das sowohl der „Königspalast" als auch ein Kultgebäude gewesen ist. Zu diesen beiden Gebäuden gehörte vermutlich auch je eine Umfassungsmauer.

Um 750 n.Chr. wurde ein kleines Gebäude errichtet, das vermutlich den Disen/Nornen geweiht gewesen ist. Aufgrund der Benennung des Things, des Opferfestes und des Marktes von Uppsala nach den Disen ist jedoch anzunehmen, daß der Kult der Disen in Uppsala schon deutlich älter ist.

Um 900 n.Chr. wurde der kleine Tempel errichtet, der vermutlich bis zur Einführung des Christentums gestanden hat und der von Adam von Bremen in seiner „Hamburgischen Kirchengeschichte" beschrieben worden ist. An der Stelle dieses Tempels wurde die heutige Kirche errichtet.

Es lassen sich somit 5 Phasen des Kultes der Germanen in Uppsala unterscheiden:

Phasen des Kultes in Uppsala

Phase	Zeit	Bauwerke
1	bis 400 n.Chr. frühe Zeit	Opferwald, Quelle, kleine Hügelgräber
2	400-600 n.Chr. ca. Völkerwanderungszeit	große Hügelgräber, Pfostenreihen
3	600-800 n.Chr. ca. Vendelzeit	zwei Langhäuser für König und Kult
	750 n.Chr.	„Nornen-Tempel"
4	900 (oder früher) – 1100 n.Chr. ca. Wikingerzeit	kleiner Tempel (Adam von Bremen)

Die Lage und die zeitliche Folge dieser verschiedenen Kultbauten ist aus den folgenden fünf Skizzen ersichtlich:

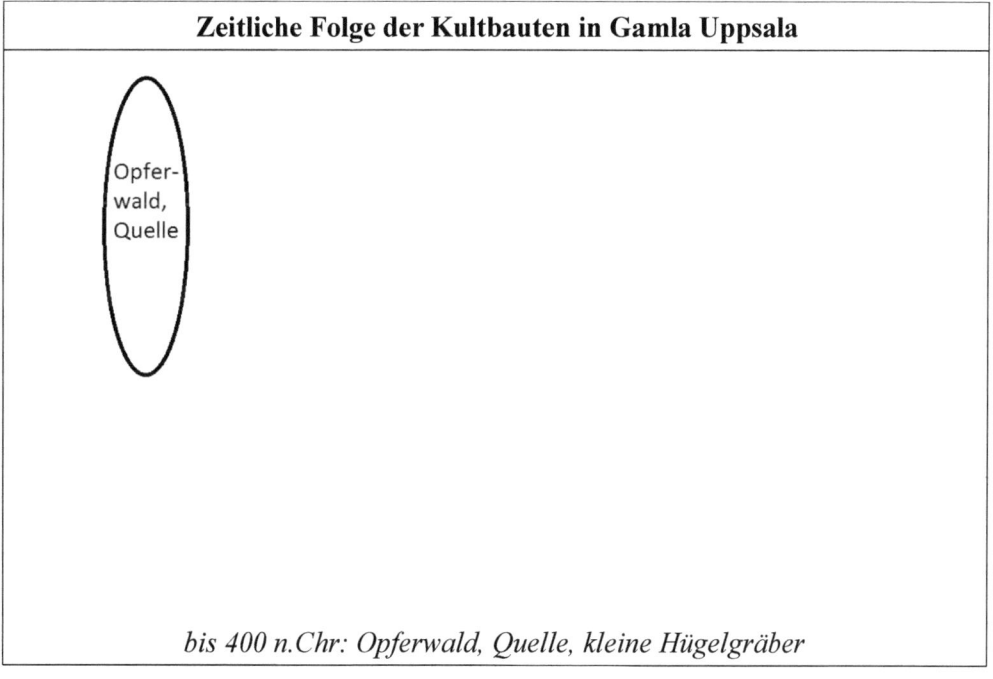

Zeitliche Folge der Kultbauten in Gamla Uppsala

bis 400 n.Chr: Opferwald, Quelle, kleine Hügelgräber

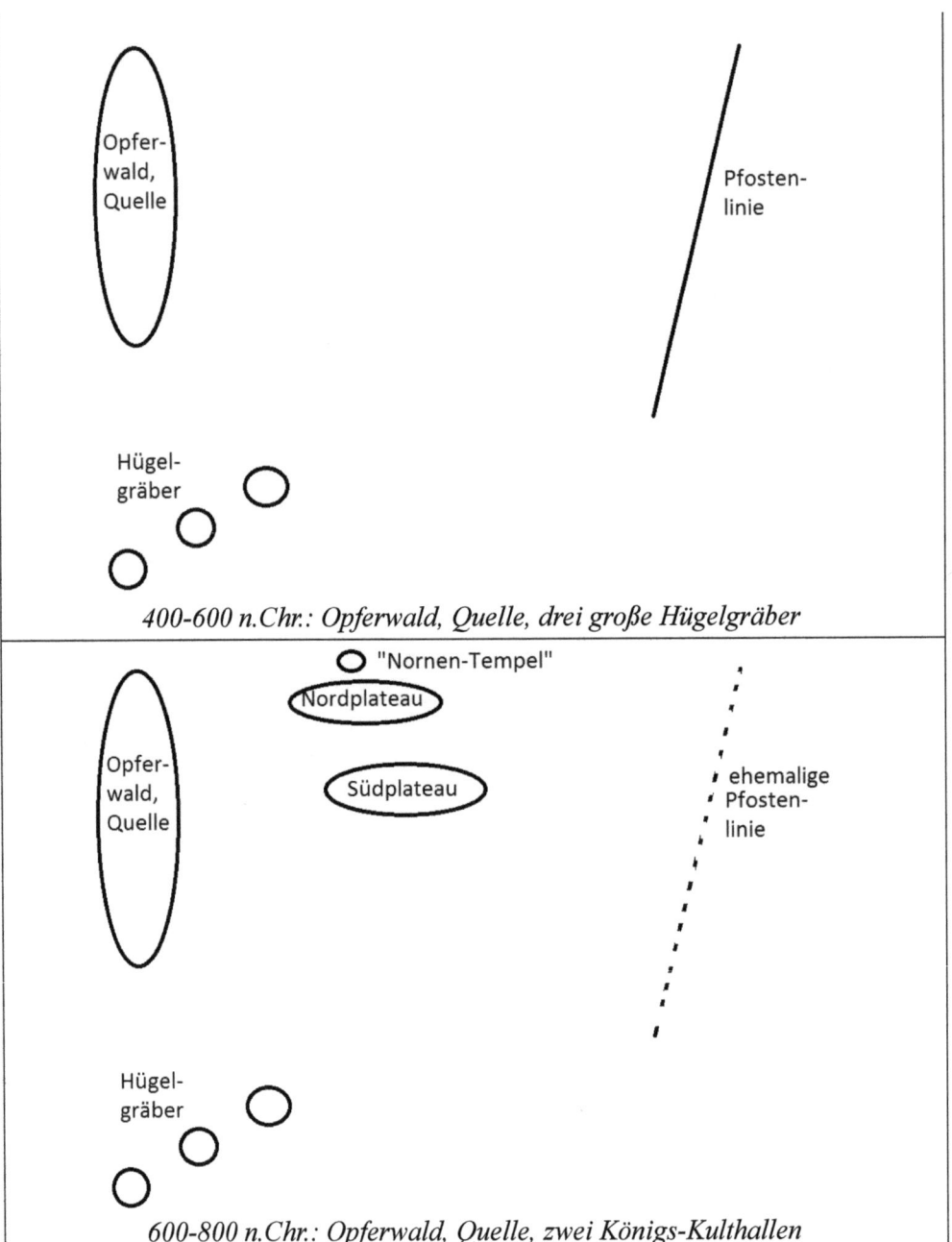

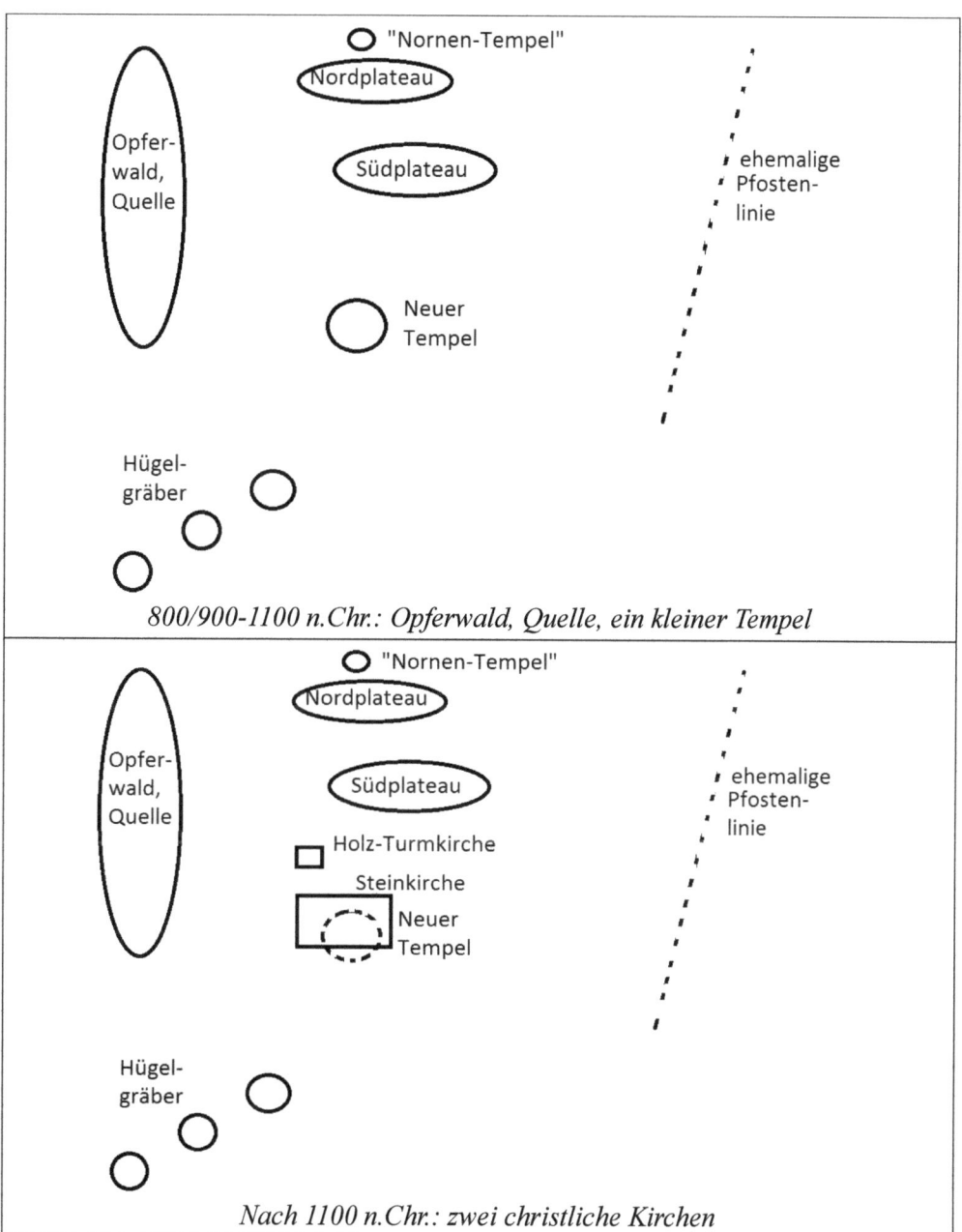

Tempel von Uppsala (Schweden; 400-1100 n.Chr.):

Bis 400 n.Chr. war der Kult eher gemeinschaftlich, da es keinerlei Großbauwerke gab, die auf einen König o.ä. hinweisen. Der Göttervater war in dieser Phase Tyr.

Dies ändert sich um 400 n.Chr. mit dem Beginn der Völkerwanderungszeit, in der die Könige als Heerführer in dieser kriegerischen Zeit deutlich wichtiger wurden. Dies spiegelt sich in den großen Hügelgräbern und in den beiden langen Pfostenreihen wider. In dieser Zeit trat Odin an die Stelle des früheren Göttervaters Tyr.

In der darauffolgenden Vendelzeit (600-800 n.Chr.) fand der Kult in der Königshalle statt, was eine Verbindung zwischen dem König und dem Kult vermuten läßt. Dies entspricht der Vereinigung der militärischen und der religiösen Macht in dem neuen Göttervater Odin. Vorher sind diese beiden Stände getrennt gewesen, was sich u.a. in dem älteren Motiv der drei Götter Odin, Hönir und Loki zeigt, die die drei Stände der Fürsten und Krieger, der Priester und Heiler sowie der Bauern und Handwerker verkörperten.

In der nächsten Phase, die in etwa der Wikingerzeit entspricht (800-1100 n.Chr.) fand der Kult in einem besonderen Tempel mit einen quadratischen Grundriß statt, was vermuten läßt, daß der Kult wieder stärker vom Königtum getrennt wurde. Über diesen Tempel handelt der Bericht des Bischofs Adam von Bremen.

I 2. j) Der Tempel von Helgö

In Helgö („heilige Insel") im schwedischen Uppland sind die Fundamente eines 6m x 20m großen dreischiffiges Langhauses ausgegraben worden, das in eine „Halle" und in einen „Kammer" zweigeteilt worden war. Es stammt aus der Völkerwanderungszeit und bestand bis in die Wikingerzeit hinein (ca. 500-900 n.Chr.). Im Hallen-Bereich haben sich Goldgubber sowie Scherben von wertvollen Glasgefäßen gefunden.
In der unmittelbaren Nähe des Hauses sind zudem eine Buddha-Figur, ein irischer Bischofsstab und ein koptischer Schöpflöffel (Kopten = ägyptische Christen) entdeckt worden, die sicherlich zu den religiösen Gegenständen hinzugerechnet werden können.
Neben dem Haus am Fuße eines Felsens lag ein Ritualplatz, an dem Pfeilspitzen, Keramik und Nahrungsmittel unter einem der für die Wikingerzeit typischen Dreiecke

aus drei Steinen („*treudd*"), die dem Hrungnir-Herzen entsprechen werden, gefunden wurden.

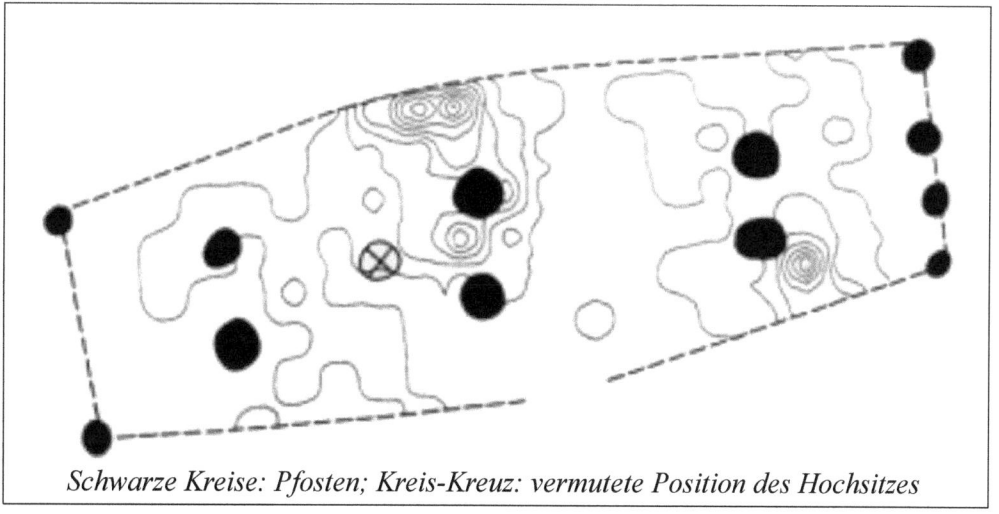

Schwarze Kreise: Pfosten; Kreis-Kreuz: vermutete Position des Hochsitzes

Tempel von Helgö (Schweden; 500-900 n.Chr.): kombinierte Wohn- und Kulthalle; in der Nähe ein weiterer Ritualplatz

I 2. k) Der Kultort von Tröndelag

Zum Teil wurden die Rituale der Germanen auch im Freien durchgeführt wie z.B. in Hove („Tempel") in der Nähe der norwegischen Stadt Tröndelag. Dort wurden vor einer Reihe von zehn Pfosten, auf denen Götterstatuen gestanden haben werden, Opfer dargebracht. Möglicherweise waren diese Pfosten auch selber solche geschnitzten „Pfahlgötter" wie sie von Ibn Fadlan beschrieben werden (siehe „Statuen" in Band 57). Es ist auch nicht auszuschließen, daß es einen Zusammenhang mit den beiden Pfostenreihen von Uppsala gibt.

Kultort von Tröndelag (Mittelnorwegen): eine Reihe zehn Pfosten oder zehn „Pfahlgöttern" („Totempfähle"), vor denen geopfert wurde

I 2. l) Der Tempel von Märe

Von diesem Tempel sind nur vier Pfostenlöcher erhalten geblieben, die die zentralen Pfosten des hohen Teils eines größeren Tempels oder die vier Eckpfeiler eines kleineren Tempels sein könnten. Auf die Verwendung als Tempel weisen die Funde von Goldgubber hin.
Über diesen Fundamenten ist eine christliche Kirche errichtet worden.

> **Tempel von Märe (Mittelnorwegen):** quadratischer Tempel; später auf diesem Platz eine Kirche

I 2. m) Der Tempel von Yeavering

Der einzige germanische Tempel, der aus England bekannt ist, liegt in Yeavering in Northumberland (Nordostengland). Yeavering wurde zur Zeit der Angelsachsen „Ad Gefrin" („Ziegenhügel") genannt und war die Residenz der angelsächsischen Könige von Northumberland. An diesem Ort gab es eine keltisch-angelsächsische Mischkultur.

Diese Fundstelle besteht aus einer Haupthalle, einem „Amphitheater", acht Gebäuden, der „Großen Einfriedung", der Umfassungsmauer sowie einigen älteren kultischen Bauwerken.

Der Hügel „Yeavering Bell", auf dem sich dieser Fundort befindet, liegt nur 15km von der Nordsee entfernt. Dort befindet sich die Halbinsel „Holy Island" („Heilige Insel"), auf der das berühmte Kloster Lindisfarne steht.

Am Fuße des Yeavering Bell fließt der Fluß Glen Richtung Osten zur Küste und hat früher einen großen Teil des fruchtbaren Flachlandes in weite Sümpfe verwandelt.

Das markanteste Merkmal dieses 361m hohen Hügels ist die alte Schutzmauer auf seiner ovalen Kuppe.

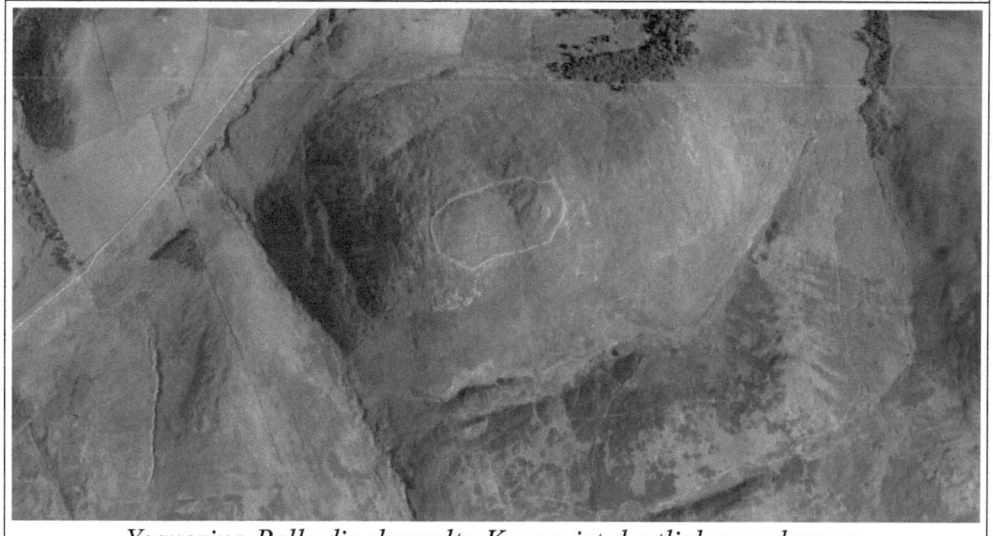

der Hügel „Yeavering Bell"; rechts und unten davon der Fluß Glen

Yeavering Bell; die doppelte Kuppe ist deutlich zu erkennen

Die Geschichte der religiösen Nutzung des Yeavering Bells ist sehr lang ...

In der Jungsteinzeit lebten die Menschen nach dem Ende der Eiszeit um 10.000 v.Chr. wieder in Nordengland, aber erst seit 4.000 v.Chr. gab es eine dichtere Besiedlung.

Die ersten bekannten Kultbauten in der Gegend von Yeavering sind mehrere jungsteinzeitliche Stein- oder Pfahlkreise, von denen sich einer auch auf dem Hügel von Yeavering befindet. Er wurde um ca. 3.500 v.Chr. erbaut. Rings um diesen Kreis finden sich vier in einem Quadrat angeordnete Pfostenlöcher. Die Pfosten, die in ihren gestanden haben, werden wie die Kreise selber ebenfalls eine religiöse Bedeutung gehabt haben. Es sind Totempfähle, Pfahlgötter und Pfosten mit Ziegenschädeln auf ihrer Spitze denkbar – der Hügel hieß in früher Zeit „Ziegenhügel".

In der Nähe des Hügels findet sich auch ein Menhir aus der frühen Bronzezeit (2000-1300 v.Chr.). Schon in dieser Zeit wurde der Hügel auch für Bestattungen genutzt, was zeigt, daß dieser Ort in den damaligen religiösen Vorstellungen mit dem Jenseits in Verbindung gestanden hat. Die auffälligste Bestattung aus dieser Zeit ist das Hügelgrab auf der Ostkuppe des Yeavering Bells.

Zu dieser Zeit ist der Hügel bewohnt gewesen, d.h. er hatte sowohl eine religiöse als auch eine gemeinschaftliche Funktion. Die damaligen Bewohner des Hügels erbauten auf ihm ca. 130 hölzerne Rundhütten von verschiedener Größe. Zwischen dem Yeavering Bell und dem benachbarten Whitelaw-Hügel gibt es viele weitere Hütten-Reste sowie kleinere Hügelgräber.

Aus der verschiedenen Größe der Hütten und der Gräber kann man schließen, daß es damals schon Anfänge einer Schichtenbildung innerhalb der Gemeinschaft gegeben zu haben scheint.

Um ca. 1000 v.Chr. wurde auf der Ostkuppe die „Große Einfriedung" errichtet, innerhalb derer das große Hügelgrab lag, das zu dieser Zeit schon gut 2000 Jahre alt gewesen ist. Diese Einfriedung besteht aus einer Doppelpalisade und wurde evtl. als Pferch für Rinder oder als Versammlungsort genutzt.

Vor dem Eingang dieser Einfriedung fanden sich viele Pferdeknochen – meistens vollständige Skelette. Sie könnten Pferdeopfer sein, aber ihre Deutung ist nicht sicher.

Der Pfosten auf der Spitze des Hügelgrabes stammt vermutlich aus dieser Zeit, was vermuten läßt, daß dieses Hügelgrab den Vorstellungen der damaligen Bewohner des Yeavering Bells eine religiöse Bedeutung gehabt hat.

Vermutlich um ungefähr 300 v.Chr. wurde das markanteste Merkmal auf dem Hügel errichtet: die 3m dicke und 2,5m hohe Schutzmauer aus aufgeschichteten Steinen. Sie war die größte Hügelfestung in den Cheviot Hills. Die Mauer umschließt eine Fläche von knapp 5 Hektar und hatte vier Eingänge, von denen einer ein Wachhaus besaß.

Die Zeiten waren offenbar so kriegerisch geworden, daß der Bau von solchen Festungen notwendig geworden war.

Die Erbauer dieser Mauer ist sehr wahrscheinlich der Keltenstamm der Votadini gewesen, die um diese Zeit Nordengland und Südschottland erobert hatten. Der Ringwall auf dem Yeavering Bell ist somit eine typische keltische Fluchtburg.

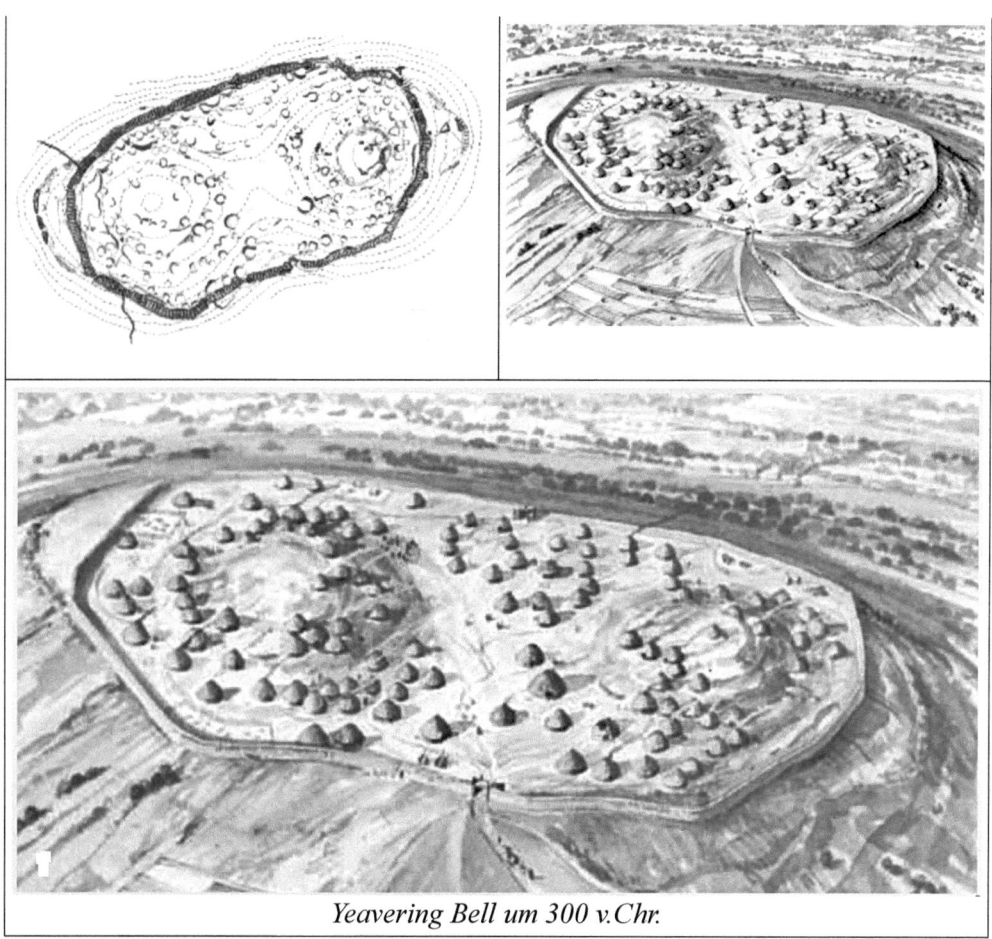

Yeavering Bell um 300 v.Chr.

Es ist anzunehmen, daß die Römer auf ihren Zug nach Schottland auch den Yeavering Bell als militärischen Stützpunkt verwendet haben werden. Nach der Aufgabe des Planes der Eroberung Schottlands und der Errichtung des Hadrianswalls um

122 n.Chr. lag Yeavering wieder in der von den Römern nicht besetzten Zone, die recht dicht besiedelt gewesen ist. Aus dieser Zeit stammen zwei römische Münzen und zwei romano-britische Bestattungen.

Nach dem Rückzug der Römer hinter den Hadrianswall ist der Hügel nur in geringem Maße von dem damals dort siedelnden Keltenstamm der Votadini bewohnt gewesen.

Auf die steinzeitliche Bevölkerung folgten nach den keltischen und den römischen Eroberern um ab 250 n.Chr. die germanischen Angelsachsen, die jedoch erst ab 450 n.Chr. in größerem Maße einwanderten und ab dieser Zeit die Herrscherschicht bildeten.

Die für die Betrachtung der germanischen Tempel relevante Phase der Funde auf dem Yeavering Bell beginnt somit erst um 450 mit den Angelsachsen.

Aus dieser Zeit stammen die typischen Langhäuser der Germanen auf dem Hügel von Yeavering. Die folgende Skizze zeigt eine Übersicht über die Gebäude auf den beiden Hügelkuppen des Yeavering Bell.

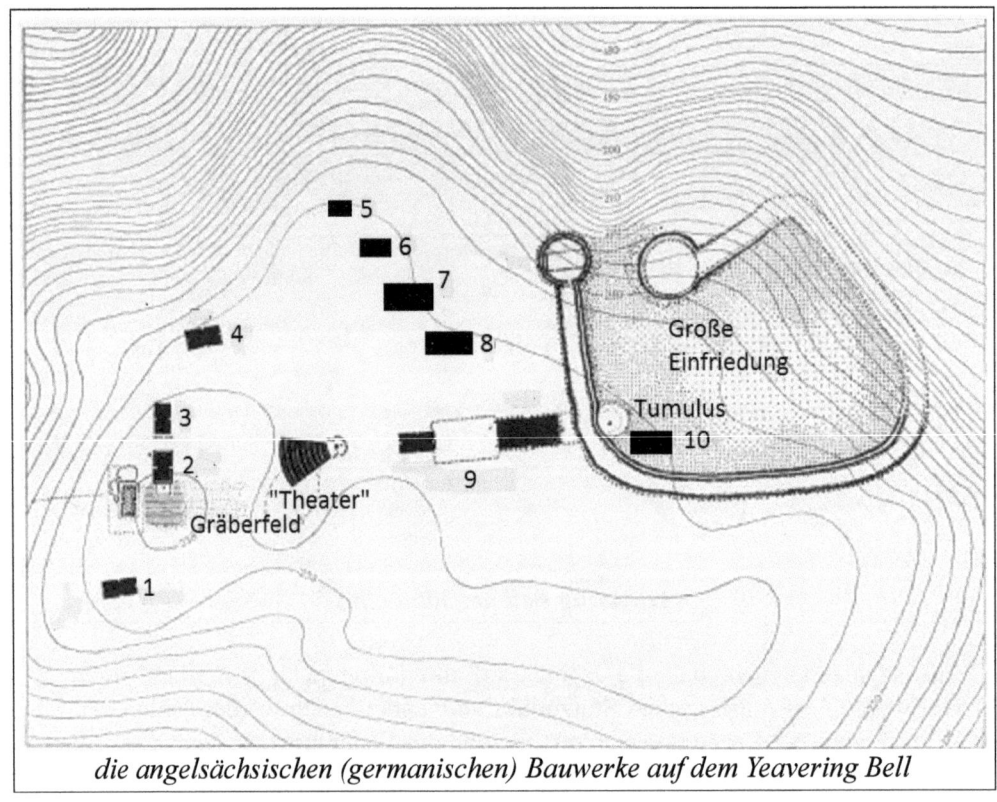

die angelsächsischen (germanischen) Bauwerke auf dem Yeavering Bell

Yeavering stand ab 548 n.Chr. unter angelsächsischer Herrschaft.

Zwischen 592 n.Chr. und 616 n.Chr. wurden zunächst die Gebäude 2 und 3 errichtet, zu denen auch das im Süden an sie angrenzende Gräberfeld gehört. Da das Gebäude 2 viele Tierknochen und insbesondere Stierschädel enthielt und keinerlei Wohnspuren aufwies, wird es ein Tempel gewesen sein. In Bezug auf die Rinderschädel hat dieses Gebäude und der Kult in ihm anscheinend Ähnlichkeit mit dem Tempel von Hofstadir auf Island gehabt.

In dem Gebäude 2 fanden sich drei Gruben von freistehende Pfosten, die keine architektonische Funktion gehabt haben können. Da dieses Gebäude einen Eingang im Osten hatte, was bei christlichen Kirchen nie vorkommt, könnten diese drei Pfosten drei Pfahlgötter oder Sockel für Götterstatuen gewesen sein. Auch die Dreizahl paßt gut zu dieser Deutung, da von den Germanen viele Dreiheiten von Göttern bzw. Götterstatuen bekannt sind. Diese drei Pfosten sind vor der Zerstörung des Gebäude entfernt worden, was eher für Pfahlgötter als für Sockel für Götterstatuen spricht.

Vor der Nordwest-Ecke des Gebäudes 2 befindet sich 1,2m tiefes Pfostenloch, das mit Ton gefüllt wurde, der nicht von dem Hügel von Yeavering stammt und der mit zerstoßenen Schafszähnen vermischt wurde. In den Ton wurden viele dünne, spitze Stäbe gesteckt. Es scheint sich also um einen ganz besonderen Pfosten gehandelt zu haben, was darauf schließen läßt, daß es sich um einen Pfahlgott gehandelt hat, der vor dem Tempel verehrt worden ist.

Im Norden der beiden Gebäude 2 und 3 befinden sich 16 Gräber. Die Köpfe der Toten sind allesamt nach Westen gerichtet, wo man anscheinend den Eingang in das Jenseits vermutete (untergehende Sonne).

Kurz nach diesem Tempel wurde die „Große Halle" (Gebäude 9) errichtet, die 25m lang und 11m breit war („Tempel"). Dieses Gebäude diente vermutlich sowohl als zeitweilige Residenz des Königs, als Versammlungs- und Festsaal sowie als Kultgebäude – ähnlich wie die beiden Langhäuser in Uppsala aus dieser Epoche. Das Fehlen von Keramik und normalen Haushaltsgegenständen in diesem Gebäude läßt auf eine vorwiegend kultische Verwendung schließen. Es handelt sich bei ihm sozusagen um den „Tempel des Königs".

Das kleine Gebäude links neben der „Großen Halle" ist vermutlich die zu diesem Tempel gehörige Küche gewesen. Beide Gebäude waren durch zwei Flechtzäune miteinander verbunden.

Zu dieser Zeit wurde auch die „Große Einfriedung" wiederhergestellt und möglicherweise als Pferch für Pferde benutzt. Vermutlich stammen auch die beiden „Torhäuser" (Gebäude 11 und 12) am Eingang der Einfriedung aus dieser Zeit.

„Große Halle", umzäunter Bereich und „Küche" – Gebäude 9 (Rekonstruktion)

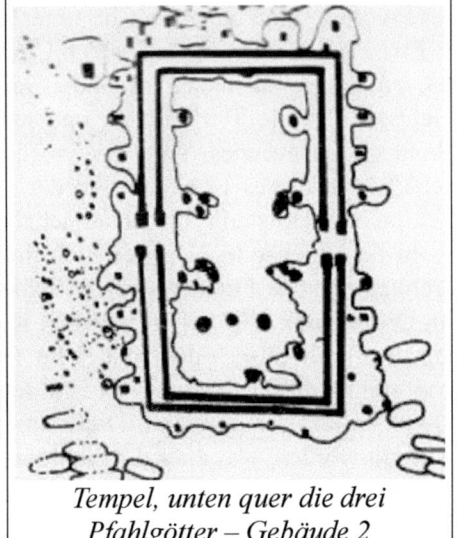

Tempel, unten quer die drei Pfahlgötter – Gebäude 2

In der Zeit von 616 n.Chr. bis 633 n.Chr. herrschte König Edwin in Northumbrien. Er ließ die „Große Halle" erweitern und die beiden Gebäude 1 und 4 errichten. Vermutlich stammen auch die beiden kleinen Gebäude in den kreisförmigen Enden der Palisade der „Großen Umfriedung" aus dieser Bauphase.

„Große Halle" und Küche (Rekonstruktion)

„Große Halle"; davor die „Große Einfriedung" (Rekonstruktion)

Die „Große Einfriedung" mit den beiden „Torhäusern"; oben rechts die „Große Halle"; oben Mitte das alte Hügelgrab (Rekonstruktion)

die „Große Halle" und das Küchenhaus (Rekonstruktion)

Im Jahr 627 n.Chr. predigte Paulinus auf Einladung des Königs Edwin und seiner Frau Ethelburga 36 Tage lang in Yeavering und taufte viele Bewohner in dem Fluß Glen.

Möglicherweise wurde das „Amphietheater" westlich der „Großen Halle" für die Predigten des Paulinus erbaut. Dieses „Theater" besteht aus einer keilförmigen Anordnung von allmählich ansteigenden, konzentrischen Sitzreihen, auf denen ca. 300 Menschen Platz finden konnten. Im Zentrum dieses „Theaters", d.h. vor der Spitze des Keiles, befand sich ein Thron, hinter dem mehrere Holzplatten aufgerichtet wurden, die vermutlich der Verbesserung der Akustik dienten.

Diese Konstruktion, die einmalig in England ist, ist vermutlich durch die römischen Theater inspiriert worden.

„Amphietheater"   „Amphietheater" (Rekonstruktion)

Große Einfriedung, Große Halle, Küche, Amphietheater, ganz hinten der Tempel (Rekonstruktion)

Große Halle, Küche und Amphietheater (Rekonstruktion)

Amphietheater, Küche, Große Halle, Große Einfriedung (Rekonstruktion)

Nach König Edwins Tod in der Schlacht gegen Penda von Mercia und Cadwallon von Wales im Jahr 633 n.Chr. wurden die Hallen auf Yeavering Bell von den Siegern verbrannt.

der Brand auf Yeavering Bell: die Große Halle, links das Küchenhaus, rechts die Große Einfriedung (Rekonstruktion)

In den Jahren 633-640 n.Chr. wurde eine neue Halle (Gebäude 8) sowie einige kleinere Gebäude (6 und 7) auf Yeavering Bell errichtet – vermutlich für König Oswald. Der Hügel wurde in dieser Zeit weiterhin als Friedhof genutzt.

In den Jahren 641-671 n.Chr. wurde eine weitere Halle, vermutlich von König Oswiu, innerhalb der Großen Umfriedung errichtet (Gebäude 10).

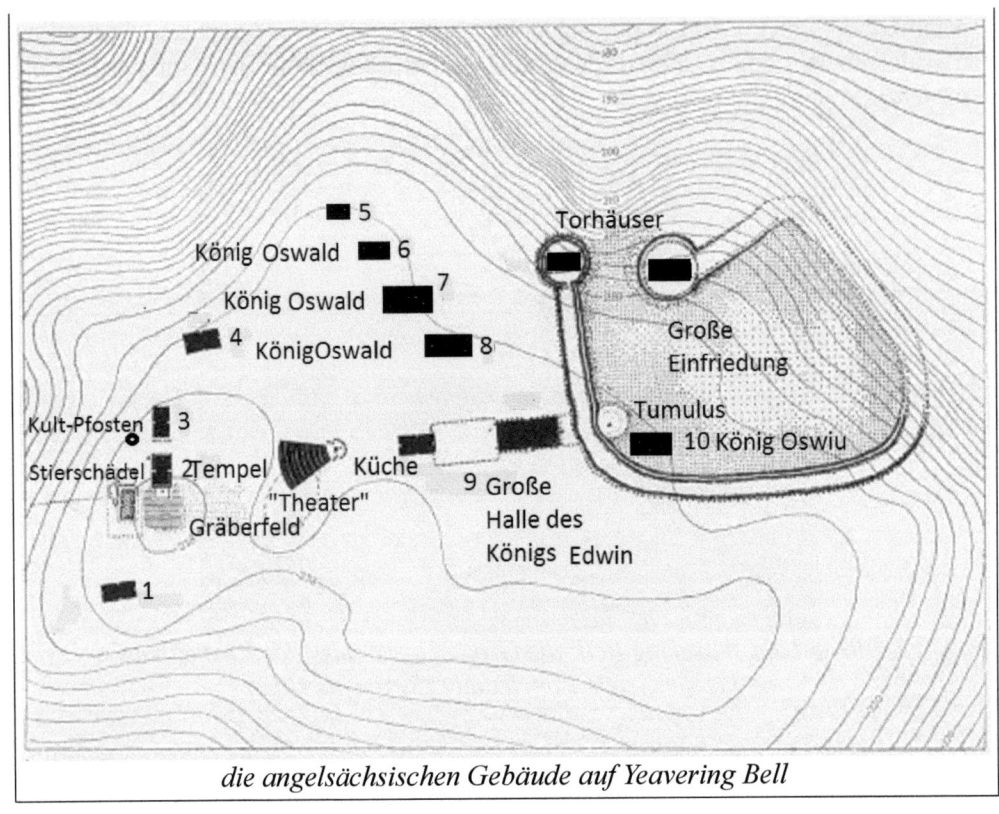
die angelsächsischen Gebäude auf Yeavering Bell

Der Tempel von Yeavering (Nordengland, 592-633 n.Chr.): ein kleiner Tempel mit Stierschädeln, drei Pfahlgöttern im Inneren, einem Pfahlgott außen in der Nordwest-Ecke; eine auch kultisch genutzter Königshalle

I 2. n) Der Tempel von Ranheim

In Ranheim, das 10km östlich von Trondheim in Norwegen nah am Meer liegt, wurde eine kleine Tempelanlage ausgegraben, die aus einem Gebäude, einem Opferaltar, einem Podest (?) und einem Prozessionsweg besteht.

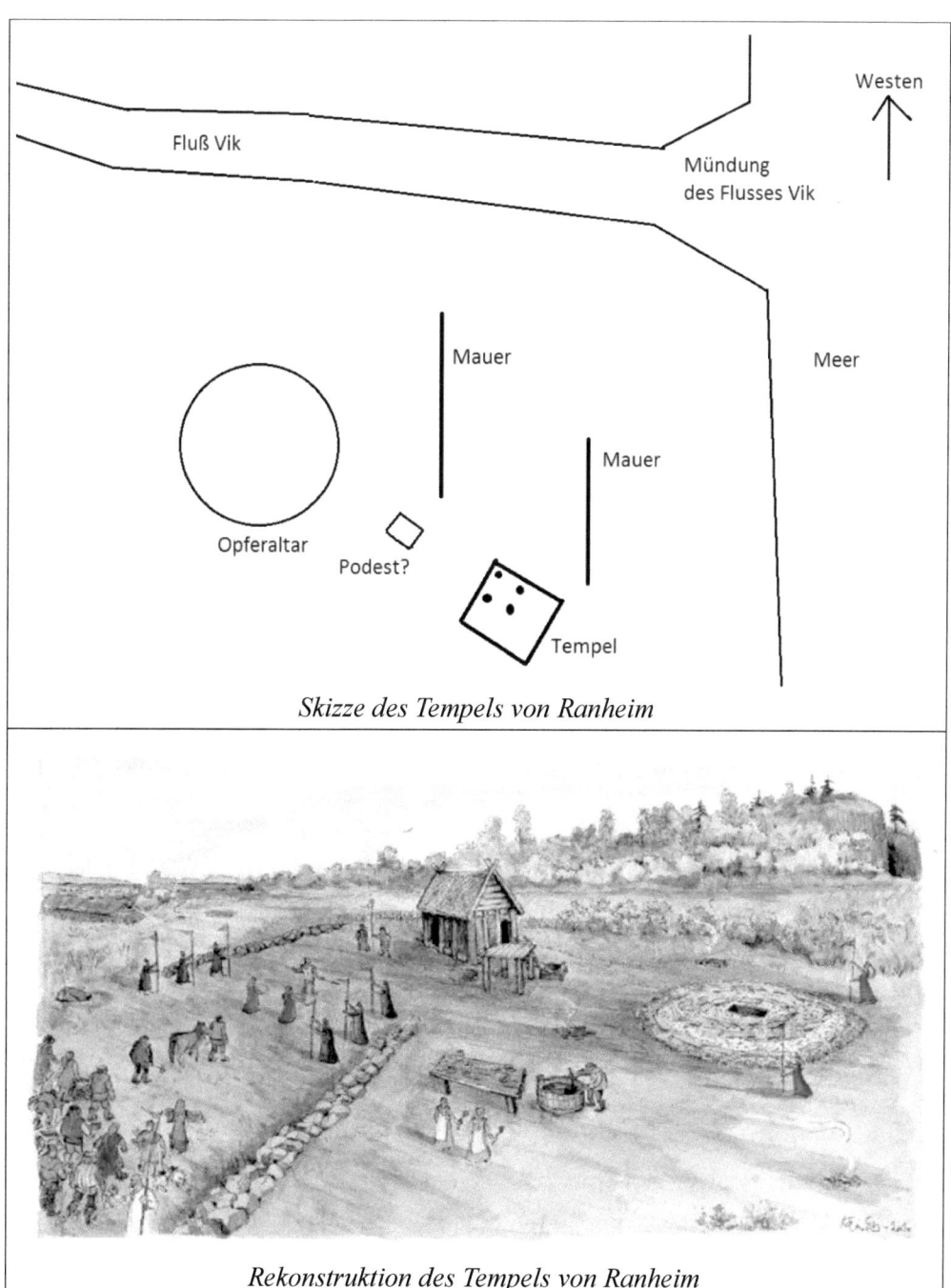

Skizze des Tempels von Ranheim

Rekonstruktion des Tempels von Ranheim

Die Gegend von Trondheim ist schon in vorgeschichtlicher Zeit bewohnt gewesen, wie u.a. die vielen Hügelgräber am Ufer des Trondheimfjords zeigen.

Das Tempel-Gebäude von Ranheim war 5,3m x 4,5m groß. Es hatte vier Eckpfosten und dazwischen jeweils zwei weitere Pfosten, also insgesamt zwölf Pfosten, die allesamt auf Steinfundamenten ruhten – eine sehr stabile Bauweise.

Da sich in diesem einräumigen Gebäude weder eine Feuerstelle noch der übliche „Hausmüll" fand, muß es sich um einen Tempel handeln.

Im Inneren befinden sich vier im Abstand von genau 1,8m im Quadrat angeordnete Pfostenlöcher, die keine architektonische Funktion haben. Die Pfosten stehen in der Nordecke des Raumes. Sie werden entweder ein Podest gewesen sein, auf dem die Götterstatuen gestanden haben, oder Sockel für diese Statuen oder die Statuen selber („Pfahlgötter", „Totempfähle").

Diese dieser drei letzte Möglichkeiten würde jedoch bedeuten, daß einer der Götter hinter den drei anderen in der Ecke gestanden hätte. Ein solches Arrangement gäbe nur dann einen Sinn, wenn die Statue in der Ecke am größten und der Urahn, der Göttervater o.ä. gewesen ist – dann wäre die „Gottheit in der Ecke" die Quelle und der Ursprung der anderen drei gewesen. Eine ähnliche Anordnung von Pfahlgöttern wird von Ibn Fadlan beschrieben: die große Statue des Hauptgottes in der Mitte und um ihn herum die kleineren Statuen seiner Frauen und Kinder (siehe „Statuen" in Band 57).

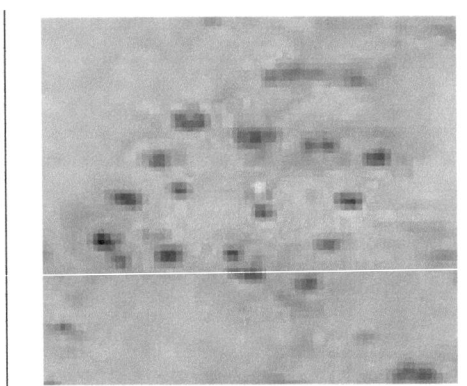

Pfostenlöcher des Tempels; links ist Norden

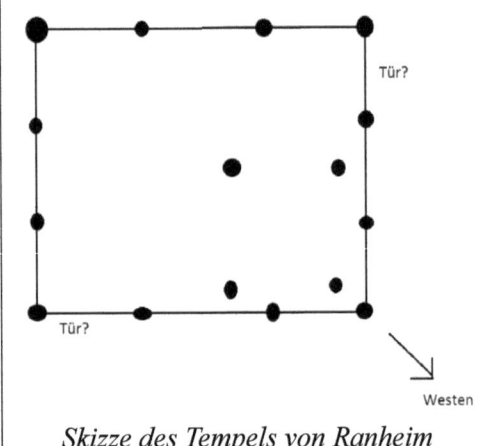

Skizze des Tempels von Ranheim

Der Tempel wurde um ca. 400 n.Chr. erbaut und ist nicht regelmäßig erneuert worden, sondern stand sehr lange Zeit unverändert an diesem Ort. (Das Holz einiger Stabkirchen ist über 800 Jahre alt.)

Das Alter von Holzkohlestückchen, die in die Pfostenlöcher gefallen sind, nachdem die Pfosten bei der Aufgabe des Tempels aus ihren Löchern entfernt worden sind, konnten auf 895-995 n.Chr. datiert werden. Das bedeutet, daß der Tempel nach 995 n.Chr., also ab der Christianisierung Skandinaviens, nicht mehr gestanden hat.

Vor einer der Ecken des Tempels stand eine kleine Plattform oder ein kleines Podest, von dem die vier Pfostenlöchern, die jeweils 2,5m voneinander entfernt stehen, erhalten geblieben sind.

Da sie die Form der vier Pfosten im Inneren des Tempels wiederholen, liegt die Vermutung nahe, daß beides Podeste waren, auf denen die Götterstatuen gestanden haben – während der Rituale auf dem Podest im Freien und ansonsten auf dem Podest im Inneren des Tempels.

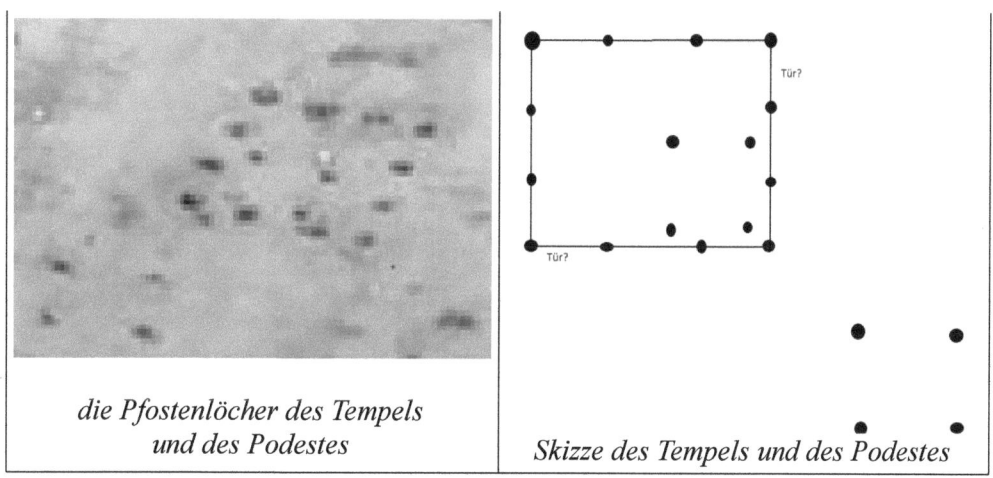

die Pfostenlöcher des Tempels und des Podestes

Skizze des Tempels und des Podestes

Das nächste Element dieses Kultortes ist der runde Opferaltar („*högr*"), der 15m im Durchmesser mißt und 1m hoch ist. Er liegt mit dem Tempel und dem Podest in einer Linie und ist das größte Element in dieser Kultanlage.

*rechts oben: Tempel
links unten: Opferaltar
dazwischen: Podest*

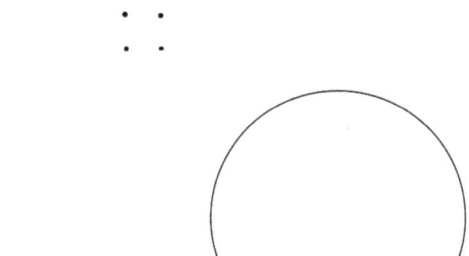

Skizze des Tempels von Ranheim; vom Tempel aus blickt man über das Podest und den Opferaltar genau nach Westen Richtung „Jenseitstor" (Ort des Sonnenuntergangs)

Dieser flache Steinzylinder ist aufgrund der vielen Tierblut-Spuren sicher als Opferaltar identifizierbar. Seine oberste Schicht ist nach 400 n.Chr. errichtet worden.

Seine oberste Schicht besteht aus flachen Steinen, die an einem ca. 1km entfernten Ort aus dem Fels gebrochen und z.T. passend zugeschlagen worden sind. Sie sind in konzentrischen Kreisen angeordnet worden. Innerhalb des äußersten Kreises befindet sich ein Kreis aus Steinen, die sehr viel weißen Quarz enthalten und somit einen breiten weißen Ring bilden.

In der obersten Schicht fanden sich zwei Glasperlen, die auf 400-1000 n.Chr. datiert werden konnten. Sie werden daher wohl in dieser Zeit auf dem Altar geopfert worden sein.

die beiden auf dem Opferaltar gefundenen Glasperlen

Unter der obersten Schicht lagen viele verbrannte Knochen, die aus der Zeit von 400-380 v.Chr. stammen. Über ihnen lag nur noch eine einzige Steinschicht.

Im Zentrum des Opferaltars lag eine hölzerne Kiste, die 1,3m lang, 1m breit und 0,55m hoch war und aus 2cm dicken Brettern bestand. Sie war mit mit rotem Sand und Kies und vielen durch Feuer gebrochenen Steinen („Kochsteine") gefüllt. In den unteren 35cm der Kiste lagen viele verbrannte Knochen. Ganz unten, wo sich die meisten Knochen befanden, lag eine Schicht von 5cm Holzkohle und Holzkohlenstaub.

Unter den Knochen befand sich ein Stück eines menschlichen Schädels sowie einige Zähne eines Menschen. Sie stammen von einem Erwachsenen und einem Kind, die um ca. 395-375 v.Chr. gestorben sind.

In der Kiste befand sich weiterhin eine eiserne „gekröpfte Spatenkopfnadel", die einer Ahle ähnelt, wie sie vor allem um 450 v.Chr. in Norddeutschland üblich gewesen sind.

Ganz unten in dem Opferaltar lag eine dünne Schicht, die Holzkohle, verbrannte Knochen und einen Menschenzahn enthielt und von einer Brandbestattung stammt, die zwischen 760 v.Chr. und 415 v.Chr. stattgefunden haben muß. Diese Bestattung ist mit einer dünnen Schicht Steine, sozusagen einem sehr flachen Hügelgrab, bedeckt worden.

Fast genau im Zentrum des Opferaltars lag ein Stein, den die Gletscher der Eiszeit dort zurückgelassen haben.

Der Opferaltar bestand somit aus 5 Elementen:

    1. unten in der Mitte der Gletscher-Stein;

    2. daneben die Brandbestattung von ca. 580 v.Chr., darüber eine flache Schicht aus Steinen;

    3. darüber in der Mitte eine hölzerne Kiste mit der Brandbestattung eines Erwachsenen und eines Kindes von ca. 380 v.Chr. und einer Spatenkopfnadel, die in rotem Sand lagen (Blutsymbol? = Leben?);

    4. darauf und darum herum eine Schicht aus verbrannten Knochen (ca. 450 n.Chr.), die von einer Schicht aus flachen Steinen bedeckt war, außen lag ein Ring aus weißen Quarz-Steinen;

    5. obenauf fand sich das Blut von vielen Opfertieren.

Der Kern dieses Altars ist der Gletscherstein, der möglicherweise bereits bis ca. 580 v.Chr. als Altar gedient hat.

Um ca. 580 v.Chr. wurde neben dem Stein eine Brandbestattung vorgenommen und die Reste der Leiche mit einer Schicht Steine bedeckt. Dies muß eine besonderer Toter gewesen sein, da man ihn sonst nicht bei dem Altarstein bestattet hätte. Falls der Gletscherstein vor dieser Bestattung noch kein Altarstein gewesen sein sollte, scheint er durch diese Bestattung zu einem solchen Stein geworden zu sein – was wiederum die Wichtigkeit des Toten bezeugt. Es scheint sich anfangs bei diesem Ort um einen Ahnenkult-Platz gehandelt zu haben.

Um ca. 380 v.Chr. wurden noch einmal die verbrannten Knochen eines Erwachsenen und eines Kindes in einer mit rotem Sand (Lebenssymbol?) gefüllten hölzernen Kiste in die Mitte des Altars gelegt, der bei dieser Gelegenheit mit Steinen erhöht worden ist, um die Kiste zu umgeben und zu bedecken.

Darauf folgten dann ca. 1000 Jahre, in denen auf diesem Altar Tieropfer verbrannt worden sind.

Um ca. 450 n.Chr. ist der bisherige Brandaltar mit einer Schicht von konzentrischen Ringen aus flachen Steinen bedeckt worden, deren Außenring aus weißem Quarz bestand.

In der Zeit von 450-995 n.Chr. hat man auf diesem Altar dann Blutopfer vollzogen.

Die Geschichte des Opferaltars

-600 bis -500	-500 bis -400	-400 bis -300	-300 bis -200	-200 bis -100	-100 bis 0	0 bis +100	+100 bis +200	+200 bis +300	+300 bis +400	+400 bis +500	+500 bis +600	+600 bis +700	+700 bis +800	+800 bis +900	+900 bis +995
1. Bestattung	2. Bestattung									Steinschicht; Quarz					Ende des Kultes
Ahnenkult	Brand-Tieropfer									Blut-Tieropfer					

Der Altar ist wie folgt aufgebaut:

		Blut von Tieropfern			
Stein-ring	Quarz-Ring	Konzentrische Steinkreise		Quarz-Ring	Stein-Ring
		Reste von Brandopfern			
Steine		Kiste mit Knochen eines Erwachsenen und eines Kindes in rotem Sand		Steine	
Brandbestattung 580 v.Chr.		Gletscherstein		Brandbestattung 580 v.Chr.	

Ein weiteres Element des Kultplatzes von Ranheim sind die beiden Steinmauern, die von dem Tempel nach Nordwesten hin bis zu dem damaligen Strand in einem sanften Gefälle hinabführten. Der Boden an der norwegischen Küste hat sich in den letzten 2000 Jahren um mehrere Meter gehoben. Auch die skandinavischen Felsritzungen aus der Zeit zwischen 1800 v.Chr. und 500 v.Chr., die direkt diesem Kultplatz vorausging, lagen an der damaligen Küstenlinie.

Diese beiden Steinmauern sind 25m bzw. 15m lang und wurden um ca. 400 n.Chr. oder später angelegt. Sie wurden zum größten Teil aus Steinen errichtet, die nicht von einem einzelnen Mann bewegt werden konnten.

Die Mauer war so flach, daß sie keinerlei praktischen Nutzen haben konnten – selbst Rinder, Ziegen u.ä. hätten mühelos über diese Mauer steigen können. Sie muß also eine kultische Bedeutung gehabt haben – vermutlich als Prozessionsweg zwischen dem Tempel und dem Meer. Dies läßt vermuten, daß der Name „Ranheim" dieses Ortes schon sehr alt sein könnte, da Ran die Göttin/Riesin des Meeres ist. Sie ist wie Hel eine Jenseitsgöttin – Ran ist die Herrin der Hügelgräber an Land, Ran ist die Herrin der Wasserunterwelt im Meer.

Der Weg zwischen den beiden Flachen Steinmauern könnte demnach ein „Ran-Weg" gewesen sein – so wie die Pfosten-Reihe in Gamla Uppsala ein „Hel-Weg" gewesen sein könnte.

Zu der Zeit des Königs Harald Haarschön (872-933 n.Chr.), der Norwegen mit Gewalt christianisierte, wanderten viele Norweger, die ihren alten Glauben nicht aufgeben und sich auch nicht der Herrschaft des Königs unterwerfen wollten, nach Island oder nach anderen Inseln im Nordatlantik aus. Dabei nahmen sie oft die Pfosten ihrer Tempel und Erde von dem Boden des Tempels mit in ihre neue Heimat, um den Tempel dort neu zu errichten.

Vermutlich gehörten auch die Bewohner von Ranheim zu diesen Auswanderern, da die Pfosten des Tempels von Ranheim um ca. 950 n.Chr. entfernt worden sind und die Reste des Tempels sorgfältig mit Torf, Kies und Lehm bedeckt worden sind, damit dieser Ort nicht von den Christen zerstört werden konnte.

Es ergibt sich somit folgende Geschichte dieses Kultortes:

bis 580 v.Chr.	der Gletscherstein in dem späteren Opferaltar diente evtl. bereits als Altar
580 v.Chr.	eine Brandbestattung neben dem Gletscherstein, sehr flaches Hügelgrab (Steinschicht)
580-380 v.Chr.	Ahnenkult (und evtl. Götterkult); Brandopfer von Tieren
380 v.Chr.	zwei Brandbestattungen in einer Kiste in der Mitte des Altars, Erhöhung mit Steinen
380 v.Chr. bis 400 n.Chr.	Ahnenkult (und evtl. Götterkult); Brandopfer von Tieren
400 n.Chr.	Bau des Tempels, des Podestes und des Prozessionsweges; Bedeckung des alten Altars mit einer Schicht aus konzentrischen Steinen
400-950 n.Chr.	Götterkult (und evtl. Ahnenkult); Blutopfer von Tieren
ca. 950 n.Chr.	Abbau des Tempels und vermutlich Wiederaufbau des Tempels in Island

Tempel von Ranheim (Norwegen; 580 v.Chr. - 950 n.Chr.): Kultplatz seit 580 v.Chr. oder früher; seit 400 n.Chr. quadratischer Tempel und quadratisches Podest in und vor dem Tempel; kreisförmiger Opferaltar mit Bestattungen im Zentrum („Hügelgrab-Opferaltar"); Prozessionsweg zum Meer

I 2. o) Der Tempel von Lilla Ullevi

In dem Ort Bro nördlich von Stockholm liegt ein Platz mit dem Namen „Lilla Ullevi". Dieser Name bedeutet „Kleines Heiligtum des Ullr". In diesem Ort wurde ein germanisches Heiligtum gefunden, das das mit Abstand am besten erhaltene in Skandinavien ist. Dieser Tempel stammt aus der Zeit zwischen 450 n.Chr. und 800 n.Chr.

Ausgrabungsbereich von Lilla Ullevi: der gefüllte Bereich des „U" unten war der eigentliche Tempel, der Bereich darüber war ein Vorbau

Fundament des Tempels (das „U" steht hier andersherum als auf dem Bild links)

Das Heiligtum hatte die Gestalt einer U-förmigen Plattform mit zwei „Armen" an den beiden Ecken. Diese Plattform und die Arme bestanden aus bis zu einem halben Meter großen Steinen.

Die Fläche zwischen den beiden „Armen" des Tempels ist ca. 12m lang und 6m breit. In ihr standen vier senkrechte Pfosten. Ob sie ein Podest, ein Dach oder noch etwas anders trugen, ist leider unbekannt.

Die gesamte Konstruktion war vermutlich eher ein Platz als ein Gebäude, da weder Mauerfundamente noch in größerer Anzahl Pfostenlöcher gefunden worden sind.

Bei den Ausgrabungen in dem Ullr-Tempel von Lilla Ullevi wurden 65 Ringe aus der Zeit zwischen 650 n.Chr. und 750 n.Chr. entdeckt. Bei ihnen handelt es sich um Fingerringe, Armreifen und Halsreifen – die Symbolik dieser verschiedenen „Ringe" scheint gleich gewesen zu sein. Die Größe mancher Ringe scheint zum Tragen an Fingern, Handgelenk oder Hals allerdings unpassend gewesen zu sein, sodaß sie wohl keine Schmuckstücke, sondern vor allem eben Kreise, d.h. vermutlich sehr einfache Abbilder des Sonne gewesen sein werden.

Einige der „Halsreifen" sind geschlossene Ringe, die man daher gar nicht am Hals tragen konnte. Die Ringe sind sehr einfach geschmiedet und nicht poliert worden. Sie werden vermutlich die „Ringe des Ullr" sein, auf die in dem Atli-Lied geschworen wurde.

Vermutlich wurden die Ringe, nachdem auf sie ein Eid abgelegt worden war, in dem Tempel des Tyr-Ullr aufbewahrt.

Ein Typ von Ring ist besonders interessant, da er aus mehreren ineinanderhängenden Ringen besteht. Er tritt in verschiedenen Varianten auf.

Die Ringe von Lilla Ullevi

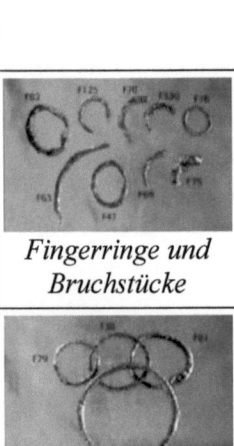

Fingerringe und Bruchstücke

Fingerringe und Bruchstücke

Ringe und Armreifen

Ringe und Armreifen

Ringe und Armreifen

Halsreif mit Verschluß

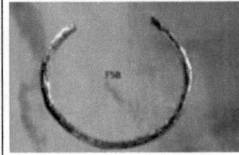

offener Halsreif („Torque")

Bruchstücke

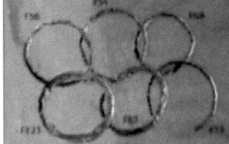

z.T ineinanderhängende Ringe

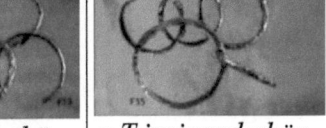

z.T ineinanderhängende Ringe

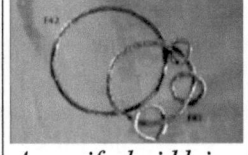

Armreif; drei kleine Ringe an einem großen Ring

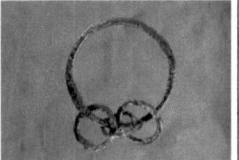

drei ineinanderhängende Ringe an einem großen Ring

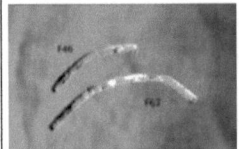

Bruchstücke

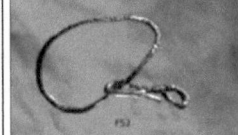

Halsreif mit Anhänger (?)

Halsreif mit Anhänger

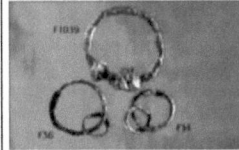

Ring mit Verdickungen; ineinanderhängende Ringe

drei Ringe mit je drei kleinen Ringen, die bei dem rechten ineianderhängen

Die 65 Ringe und Ringfragmente von Lilla Ullevi treten in zehn Varianten auf. Da bei den Fragmenten nicht zu sehen ist, ob sie vielleicht auch einmal ineinandergehangen haben, ist die Anzahl der „kombinierten Ringe" möglicherweise größer gewesen als es die folgende Übersicht zeigt. Die Zuordnung zu den Größen ist z.T. etwas unsicher.

	Ringe von Lilla Ullevi						
	ein-fach	*mit Ver-dickung/ Anhänger*	*mit einem Ring*	*mit zwei Ringen*	*mit drei Ringen*	*mit drei ineinanderhängenden Ringen*	*Summe*
Fingerring	7						7
Zwischengröße	18	1	2				21
Armreif	14		2		3		19
Halsreif	12	2				2	16
Summe	51	3	4	-	3	2	63

Diese Übersicht zeigt, daß 81% der Ringe einfache Ringe waren. Dieser einfache Ring wird demnach die „Urform" gewesen sein: ein Abbild der Sonne. Man wird vermutlich „bei Tyr", „bei Ullr" und „bei der Sonne" geschworen haben – was letztlich alles dasselbe gewesen ist.

Es fällt auf, daß es keine Ringe gibt, an denen zwei Ringe angehängt waren, sondern nur solche mit einem oder mit drei anhängenden Ringen. Die Anzahl der anhängenden Ringe war offensichtlich nicht beliebig. Die Anzahl dieser beiden Varianten ist in etwa gleich: 3 bzw. 4 Exemplare (4% bzw. 6%).

Lediglich einer der anhängenden Ringe war genausogroß wie der Ring, an dem er hing – alle anderen 18 anhängenden Ringe sind deutlich kleiner. Es gibt in den Kombinationen folglich einen „Großen Ring" an dem ein oder drei „Kleine Ringe" hängen. Der „Große Ring" scheint daher die „Kleinen Ringe" zu halten.

Die auffällige Dreizahl der anhängenden Kleinen Ringe erinnert an die Symbolik der „3" bei den Germanen, die auf die Wiedergeburt und auf das Jenseits hinweist, die beide auch mit der nächtlichen bzw. winterlichen Jenseitsreise der Sonne verbunden sind. Diese Deutung würde daher sowohl zu der Symbolik der Ringe als auch zu der Symbolik der „3" und der Symbolik der Sonne passen – und alle drei zu Ullr als einem Gott, der aus einem Beinamen des ehemaligen Sonnengott-Göttervaters „Tyr in der Unterwelt" entstanden ist.

Wenn man die drei Ringe symmetrisch anordnet, erhält man eine der Formen des Hrungnir-Herzens. Hrungnir ist einer der vielen Namen für den ehemaligen Göttervater Tyr im Jenseits. Auch der Gott Ullr ist vermutlich „Tyr im Winter-Jenseits".

> **Tempel von Lilla Ullevi**: Tempelgröße: 12m x 12m; Vorraum oder Vorplatz: 12m x 6m; der Ortsname weist auf einen Tempel des Ullr (Tyr im Jenseits) hin; 65 Ringe in dem Tempel

I 2. p) Der Tempel von Uppakra

Der Tempel ist 13m x 6,5m groß, d.h. daß er gemessen an den übrigen Bauten der Eisenzeit recht klein ist.

Die Wände des Tempels waren leicht nach außen gewölbt oder mehrfach abgewinkelt.

Er hat zwei Türen nach Süden hin und eine nach Norden. An den Seiten der Türen standen dickere Pfosten. Vor der Tür im Südwesten befand sich ein kleiner „Eingangs-Vorbau", der diese Tür als den Haupteingang kennzeichnet. Der Fund von zwei eisernen Tür-Ringen bezeugt, daß dieser Tempel solche Ringe („Türklinken") an den Türen gehabt haben wird.

In dem Tempel befinden sich vier in etwa quadratisch angeordnete Pfosten, die die beachtliche Dicke von 70cm Durchmesser haben. Diese Pfosten werden entweder ein erhöhtes Dach oder einen Turm getragen haben.

Die Tiefe der Pfostenlöcher von 2m läßt vermuten, daß der Tempel 10-13m hoch gewesen ist.

An den vier Ecken befanden sich recht dicke Eckpfosten.

Auch die Gräben für die Mauerpfosten (Palisade aus senkrecht nebeneinander stehenden Pfosten) sind ungewöhnlich tief. Vermutlich waren diese Mauern ca. 4m hoch.

Das ganze Gebäude war zwar kleiner als zu dieser Zeit sonst üblich, aber es wird höher als breit und lang gewesen sein, sodaß es ein wenig wie ein Turm gewirkt haben könnte, der alle anderen Gebäude überragt.

Das Dach bestand aus Holzschindeln, was auf ein relativ steiles Dach hinweist.

Das Aussehen dieses Tempels wird den späteren Stabkirchen recht ähnlich gewesen sein.

Innen im Zentrum des Tempels befand sich eine Feuerstelle.

Die folgenden Skizzen zeigt links die Pfostenlöcher des Tempels, woraus sich der rechts dargestellte Grundriß ergibt.

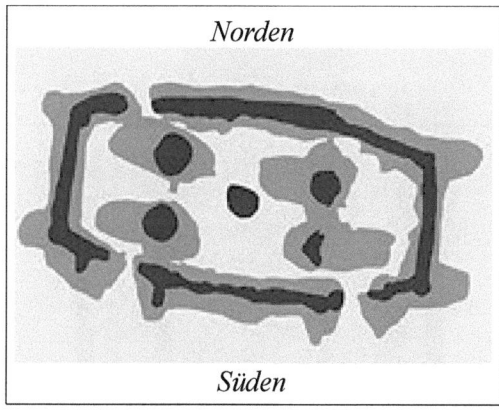

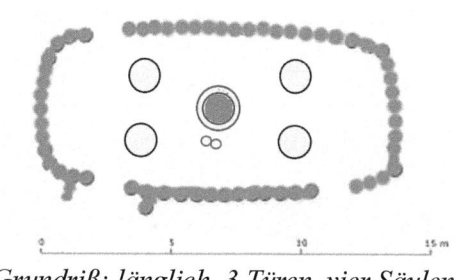

Grundriß: länglich, 3 Türen, vier Säulen, Feuerplatz im Zentrum; davor in der Erde ein Kelch und eine Schale

Der Tempel könnte in etwa wie auf den folgenden Bildern ausgesehen haben:

Tempel von Uppakra (Rekonstruktion 1)

Tempel von Uppakra (Rekonstruktion 2)

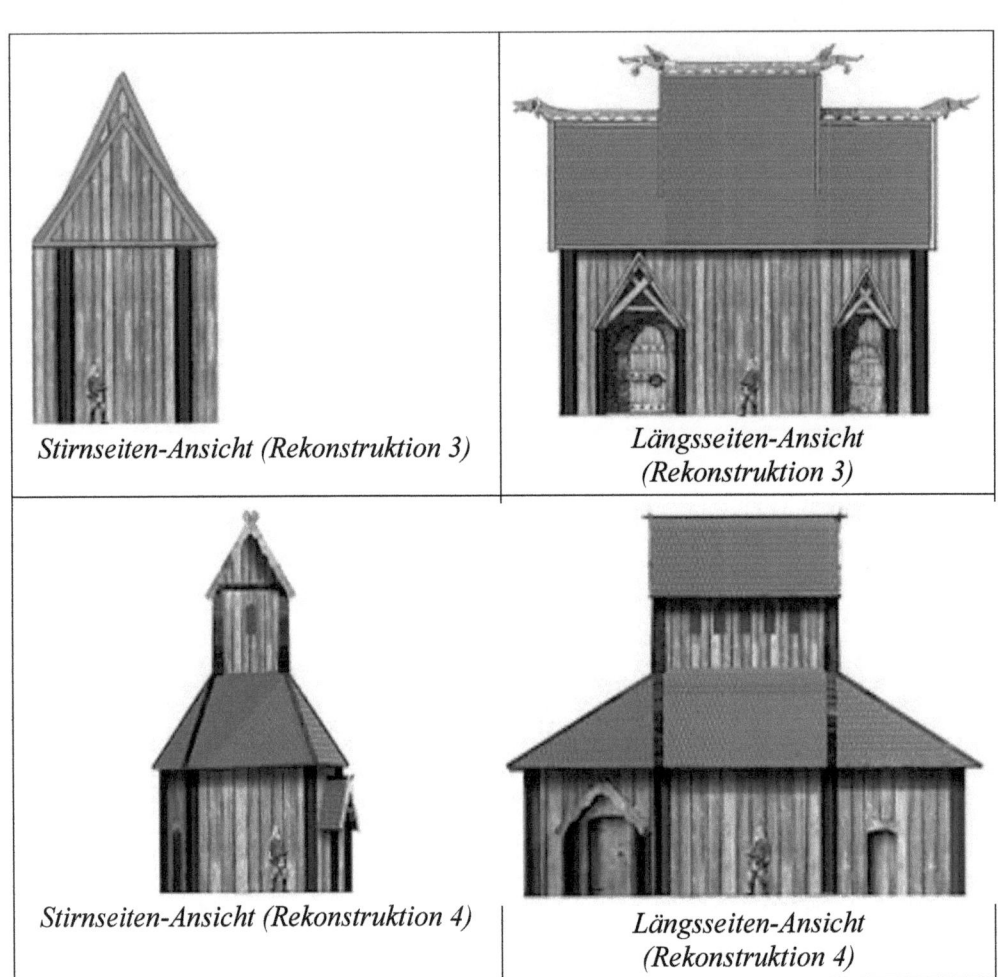

Stirnseiten-Ansicht (Rekonstruktion 3) *Längsseiten-Ansicht (Rekonstruktion 3)*

Stirnseiten-Ansicht (Rekonstruktion 4) *Längsseiten-Ansicht (Rekonstruktion 4)*

Für das Innere des Tempels ergibt sich in etwa das folgende Aussehen:

Uppakra (Rekonstruktion) *Tempel von Uppakra (Rekonstruktion)*

Der Tempel wurde um ca. 200 n.Chr. erbaut und wurde mindestens sechs Mal ohne eine Veränderung des Grundrisses erneuert, bis er dann bei der Christianisierung um ca. 1050 n.Chr. abgerissen wurde. An dem Ort, an dieser Tempel errichtet wurde, stand zuvor ein ungewöhnlich großes Langhaus, in dem wahrscheinlich der Anführer der Siedlung von Uppakra gewohnt hat und in dessen Halle die Rituale durchgeführt worden sind, bevor die Götter um 200 n.Chr. ein eigenständiges Gebäude erhielten.

Dies bedeutet, daß der Tempel zu der Zeit, als Tyr noch der Göttervater gewesen ist und gerade die Runen in Skandinavien bekannt wurden, errichtet worden ist, dann dessen Ablösung durch Odin in der Völkerwanderungszeit erlebt hat und schließlich durch die Verbreitung des Christentums in Schweden endete.

Die großen Mengen an Mäusekot, die innerhalb des Tempels gefunden wurden, sind ein weiterer Hinweis darauf, daß es sich nicht um ein Wohngebäude handelt, sondern um einen Tempel, in dem die meiste Zeit niemand anwesend war.

Die Funde rings um den Tempel zeigen, welche Aktivitäten dort stattgefunden haben:

- Im Norden und Westen des Tempels liegen vier Hügelgräber, die aus der Frühzeit des Tempels (Übergang von der Bronzezeit zur Eisenzeit) stammen.
- Im Norden lagen über 100 zerbrochene Waffen, insbesondere Speerspitzen und Schilde, sowie Tier- und Menschenknochen. Hier lag demnach der Opferplatz des Tempels.

- Im Osten des Tempels fanden sich mehrere teils zerschlagene Mühlsteine in einer Reihe, die möglicherweise am Boden der Löcher für Säulen gelegen haben.
- Im Osten fanden sich weiterhin die Fundamente mehrerer Langhäuser sowie einige Feuerstellen.
- Im Süden fanden sich einige meist zerbrochene Waffen (Opfergaben).
- Im Südwesten, südlich der Feuerstelle, befand sich ein gepflasterter Bereich in der Nähe des Haupteinganges, der möglicherweise für Versammlungen unter freiem Himmel gedient hat.
- Etwas westlich davon befand sich ein kleines Gebäude. Da sich in ihm eine Goldbrakteate gefunden hat, gehörte es möglicherweise zu dem Tempel dazu.
- Vor der Westseite des Tempels fanden sich viele Steine, die durch Feuer geplatzt sind, sowie Tierknochen, was auf Feuerstellen und Tieropfer hinweist.

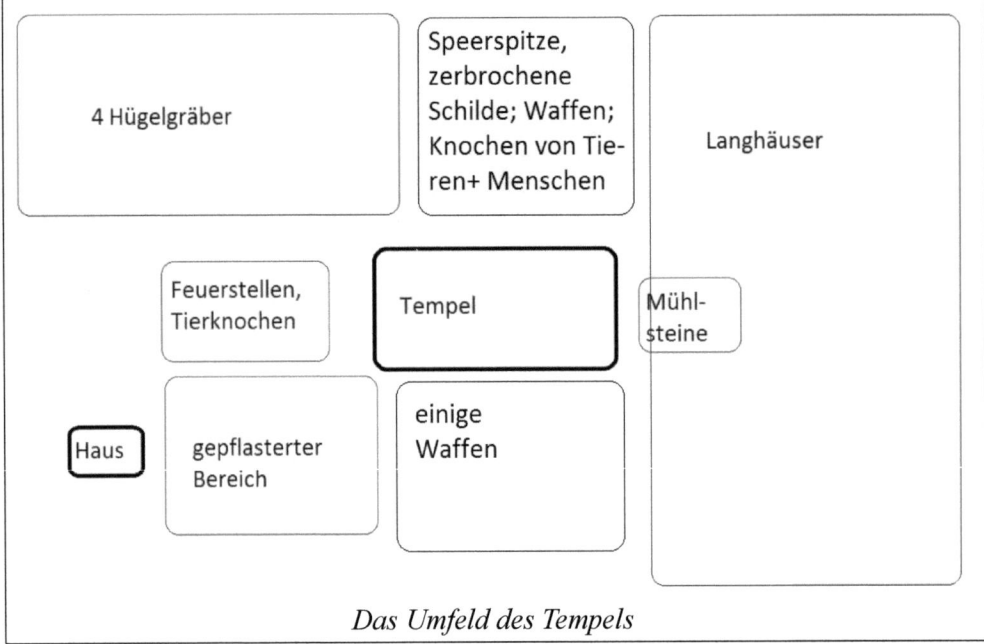

Das Umfeld des Tempels

Der Tempel und sein näheres Umfeld könnten in etwa wie folgt ausgesehen haben:

Tempel von Uppakra (Rekonstruktion 5)

Um den Tempel her hat sich eine reiche Siedlung befunden, deren Bewohner Handwerk und Handel betrieben haben.

Uppakra liegt in etwa zwischen Lund und Malmö, ca. 5km von der Küste entfernt. Da gleich gegenüber von Malmö auf der dänischen Seite des schmalen Meerarmes Kopenhagen liegt, wird Uppakra schon lange Zeit ein Handelsplatz gewesen sein, da an dieser Stelle die kürzeste Überfahrt zwischen Schweden und Dänemark möglich war und auch die Schiffsroute zwischen Nord- und Ostsee durch die Meerenge führte.

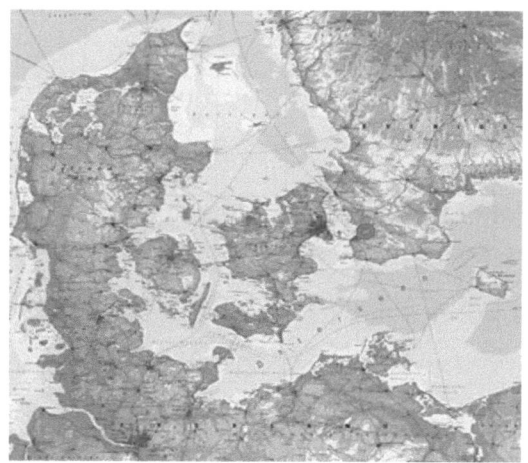
die Lage von Uppakra im Südwest-Schweden (Kreis)

In dem Tempel und in seiner Umgebung sowie in dem ehemaligen Ort Uppakra sind die verschiedensten archäologischen Kleinfunde entdeckt worden.

Für den Tempel sind die beiden neben der Feuerstelle vergrabenen Gefäße am wichtigsten: ein Kelch und eine Schale. Sie wurden um ca. 500 n.Chr. hergestellt, was bedeutet, daß sie nicht bei der Errichtung des Tempels dort vergraben worden sein können, sondern erst ca. 300 Jahre später.

Kelch und Schale am Fundort

Kelch und Schale

Im Bereich des Tempels wurden weiterhin eine große Menge an Fiebeln, Perlen, Topfscherben, Goldfragmente, Nägeln u.ä. gefunden, die zum größten Teil Opfergaben an die Götter in diesem Tempel sein werden.

Unter diesen Funden sind die „Kleeblätter" recht interessant, da sie Vorläufer des Hrungnir-Herzens zu sein scheinen. Auf einem dieser „Kleeblätter" befindet sich sogar ein Hrungnir-Herz im Zentrum. Da Hrungnir der ehemalige Göttervater Tyr als Riese im Jenseits ist, könnten diese „Kleeblätter" Opfergaben an den Gott Tyr sein, der bis ca. 500 n.Chr. der Göttervater gewesen ist.

Kleeblatt-Brosche mit drei stilisierten Menschen (Kopf außen)

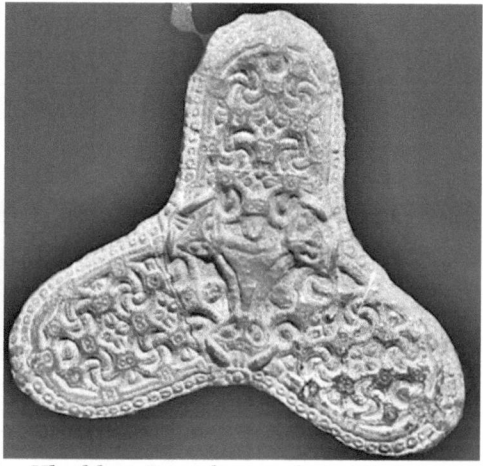

Kleeblatt-Brosche mit drei stilisierten Menschen (Kopf zur Mitte hin)

Kleeblatt mit Hrungnir-Herz (Dreieck) im Zentrum

Kleeblatt mit Hrungnir-Herz im Zentrum

Die Figuren von Tieren oder Tierköpfen waren vermutlich ein Ersatz für tatsächliche Tieropfer.

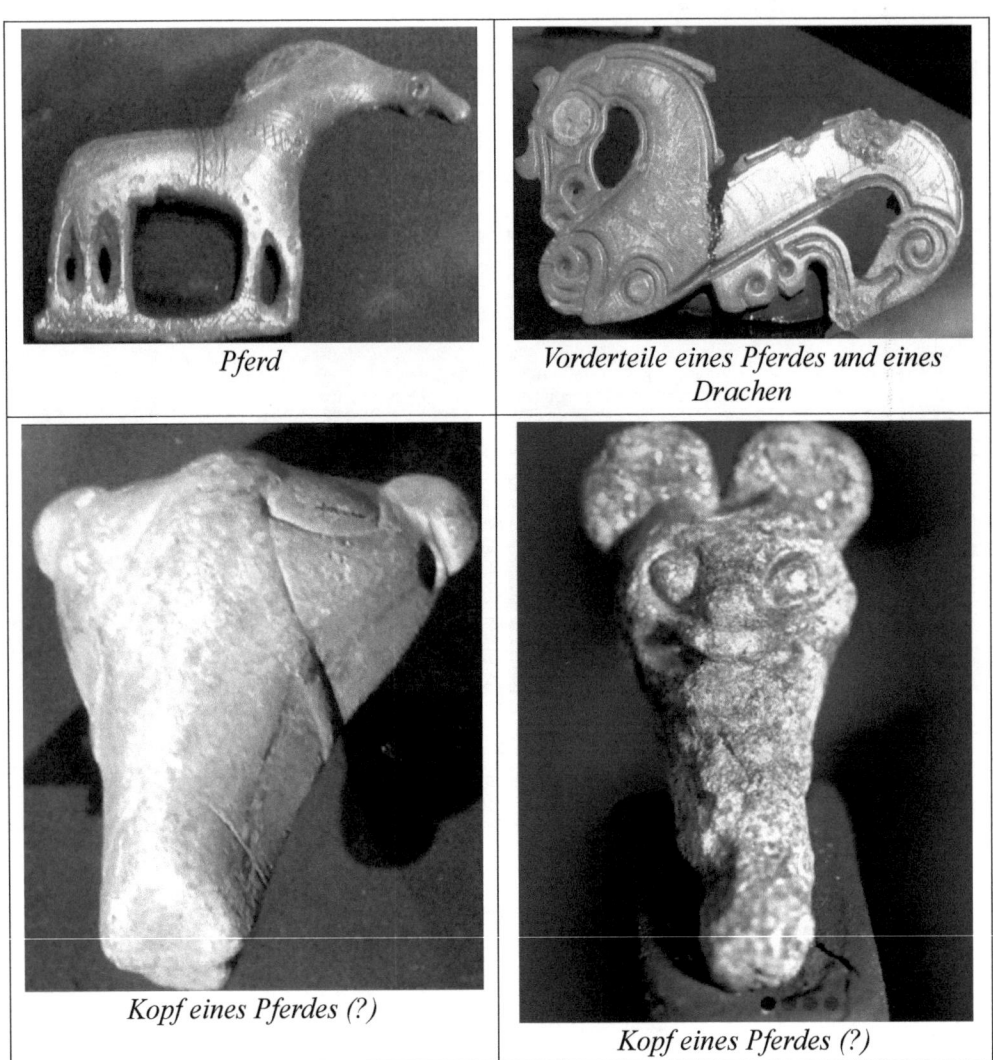

Pferd

Vorderteile eines Pferdes und eines Drachen

Kopf eines Pferdes (?)

Kopf eines Pferdes (?)

Die Schlangen und Drachen werden der damaligen Symbolik zufolge noch die Ahnen dargestellt haben und noch nicht zu Ungeheuern, die auf Schätzen hocken (Totengeister auf dem Grabschatz), geworden sein.

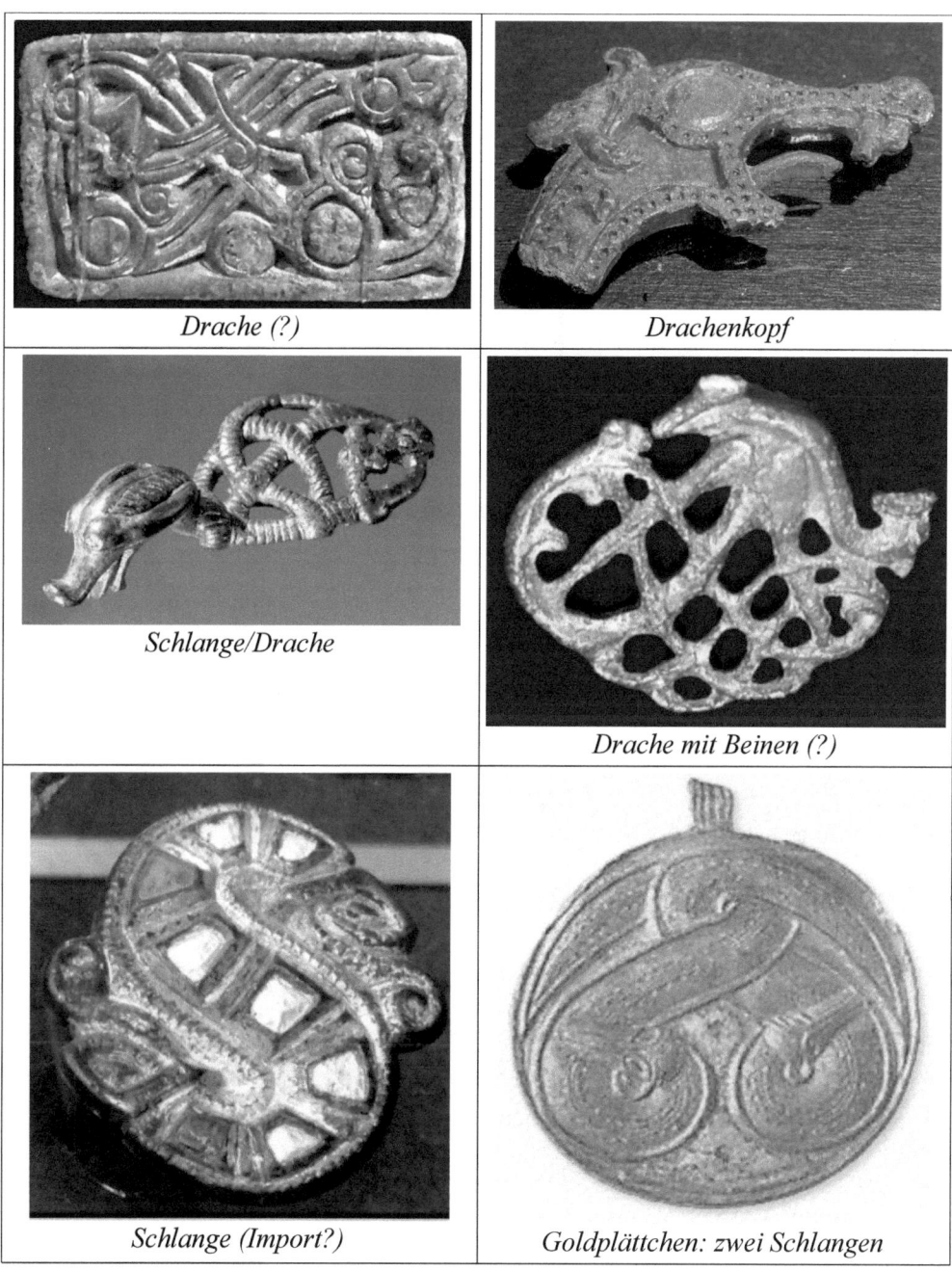

Die Vogel-Figuren sind offensichtlich Seelenvögel, da sich unter ihnen auch ein Vogel mit Menschenkopf bzw. ein Mann mit Flügeln (Wieland) befindet.

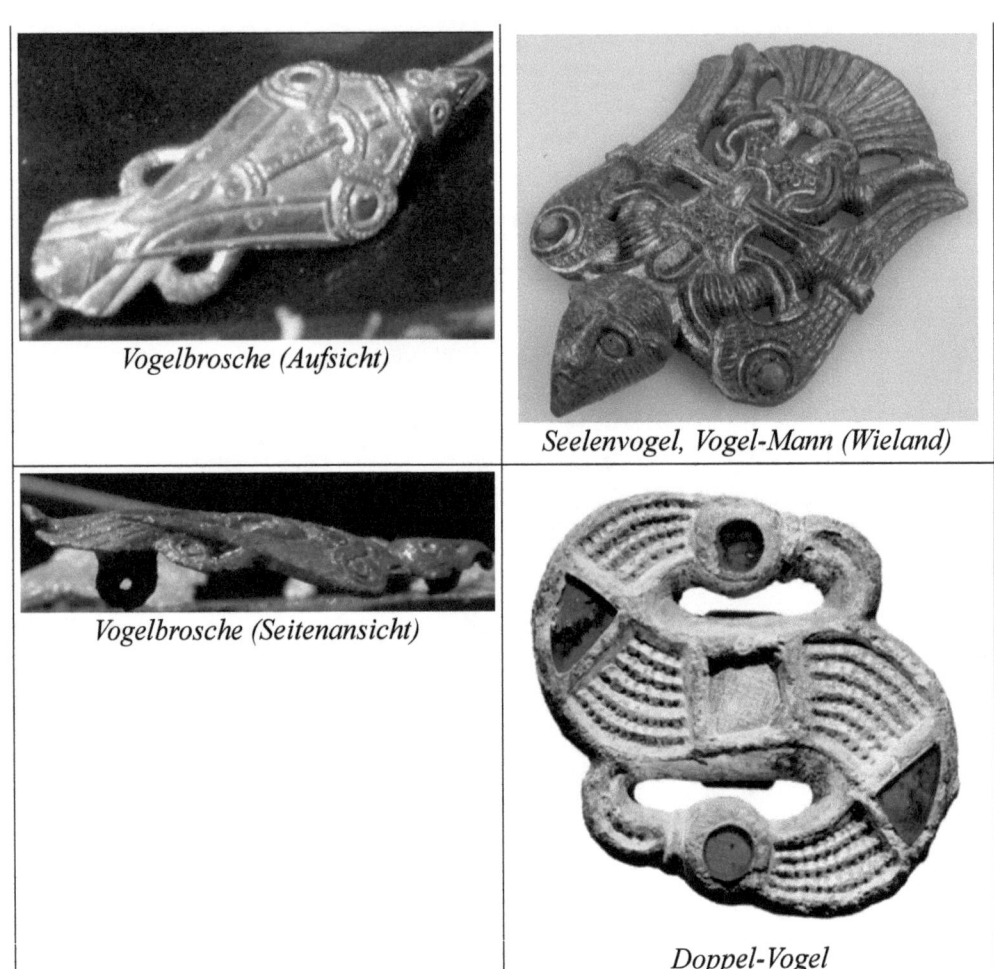

| Vogelbrosche (Aufsicht) | Seelenvogel, Vogel-Mann (Wieland) |
| Vogelbrosche (Seitenansicht) | Doppel-Vogel |

Unter den Opfergaben befanden sich auch zwei Statuetten:

Odin (nur sein rechtes Auge hat eine Pupille)

Mann mit Vogelkopf (?) und Trinkhorn

Einige der gefundenen Gegenständen werden vermutlich aufgrund ihres Wertes und nicht wegen ihrer Symbolik geopfert worden sein:

Metall-Kamm

Schlüssel mit zwei Pferden oder Hindinnen

Brosche (Import?)

Form (?) mit Menschengesicht

Signal-Horn

Brakteaten und Speerspitzen

Weiterhin fanden sich in dem Tempel ca. 200 Goldgubber. Dies sind dünne Goldblättchen von der Größe einer Briefmarke, in die meistens das Bild eines Mannes, seltener einer Frau und in wenigen Fällen das Bild eines Mannes und einer Frau eingeprägt worden sind. Sie ähneln daher den Goldbrakteaten, die etwas größer waren und als Amulett getragen werden konnten. Die Goldgubber wird man wohl als eine Art „Briefe an die Götter" ansehen können, die ihren Fundorten im Tempel zufolge vermutlich innen an den Wänden des Tempels befestigt worden sind. Sie könnten dieselbe Funktion gehabt haben wie die späteren christlichen Votivkerzen.

		Mann mir Schwert	*Goldgubber-Matrix*
Mann	*Mann*		
Mann mir Schwert (?)	*Mann*	*Mann*	*Mann mit Speer oder Stab (Seher?)*

Die Knochenfunde im Norden des Tempels belegen auch Tier- und Menschenopfer.

> Der **Tempel von Uppakra** in der Nähe von Malmö gegenüber von Kopenhagen ist 13m x 6,5m groß und 10-13m hoch; seine Längsachse liegt in Ost-West-Richtung. Die Wände des Tempels sind leicht nach außen gewölbt. In der Mitte hat er ein erhöhtes Dach oder einen Turm. Er ähnelt insgesamt den späteren Stabkirchen. Die Haupttür weist nach Südwesten, zwei weitere nach Norden und nach Südosten. An den Türen befanden sich Türringe.
>
> Der Innenraum wurde durch die vier dicken „Turmpfosten" geprägt. In der Mitte befand sich eine Feuerstelle, vor der im Süden ein wertvoller Kelch und eine Schale vergraben lagen.
>
> Der Tempel wurde um ca. 200 n.Chr. an einer Stelle errichtet, an dem vorher ein ungewöhnlich großes Langhaus gestanden hat, in dem vermutlich zuvor der Kult der Bewohner dieser Siedlung stattgefunden hat.
>
> Im Norden und Westen des Tempels lagen vier alte Hügelgräber; im Norden war der Hauptopferplatz (Waffen, Tiere, Menschen), im Osten lagen in einer Reihe Mühlsteine in der Erde (Opfer oder Pfostensockel), weiter entfernt im Osten lagen mehrere Wohnhäuser, im Süden fanden sich einige geopferte Waffen, im Südwesten lag ein gepflasterter Bereich, im Westen neben dem Pflasterstein-Platz stand ein kleines Gebäude (Lager?), und im Westen befanden sich Feuerstellen und Tierknochen (Bestattungsplatz?).
>
> Uppakra war damals eine reiche Handels- und Handwerkssiedlung.
>
> Im Bereich des Tempels fanden sich viele Opfergaben: Fiebeln, Perlen, Topfscherben, Goldfragmente, Nägel, „Kleeblätter" (Vorläufer des Hrungnir-Herzens), Reliefs und Statuetten von Pferden, Darstellungen von Schlangen und Drachen (Totengeister) sowie Vögeln (Seelenvögel), eine Odin-Statuette, das Relief eines Mannes mit Trinkhorn sowie diverse wertvolle Gegenstände.
>
> An den Innenwänden des Tempels waren ca. 200 Goldgubber befestigt, die wahrscheinlich „Briefe an die Götter" gewesen sind.

I 3. Die Stabkirchen

Da die skandinavischen Stabkirchen eine große Ähnlichkeit mit den früheren germanischen Tempeln haben, ist es sinnvoll, die Betrachtung der Stabkirchen in diese Untersuchung der germanischen Tempel miteinzubeziehen, da die Stabkirchen architektonische und andere Elemente der germanischen Tempel enthalten könnten.

Ein deutlicher Hinweis für den Ursprung der Stabkirchen in den germanischen Tempeln liegt darin begründet, daß es vor den ersten Stabkirchen keine ihnen ähnliche christliche Bauten gegeben hat, aber bereits die ersten Stabkirchen mit offensichtlich großer Sachkenntnis errichtet worden sind, was nur denkbar ist, wenn die Erbauer dieser Kirchen auf eine lange Bautradition zurückgreifen konnten.

So wie die christlichen Runensteine eine kaum veränderte stilistische Fortführung der früheren „heidnischen" Runensteine sind, so führen auch die Stabkirchen den Stil der früheren germanischen Tempel weiter.

Zu den auffälligen Elementen der Stabkirchen gehören:

- das Streben nach Höhe (das erst in der späteren Gotik auch in die christliche Architektur prägte),
- der zentrale hohe Turm bzw. das erhobene Dachteil in der Mitte, das sich in den Tempeln als die vier dicken Pfosten im Innenraum findet,
- der (zu einem Rechteck ausgeweitete) quadratische Grundriß (statt der sonst bei Kirchen üblichen Kreuzform),
- der überdachte Umgang um die Kirche, der dem Umgang um den Tempel entspricht,
- die diagonalen, gekreuzten Balken im Innenraum, die der Stabilisierung des hölzernen Gebäudes dienen (und bei den steinernen christlichen Kirchen überflüssig sind)
- Drachenköpfe an den Giebel-Enden, sowie
- die kreisförmigen Gemälde an den Kirchendecken, die auf die bemalten Schilde in den Fürsten-Hallen und vermutlich auch in den Tempeln der Germanen zurückgehen.

Diese sechs Bau- und Gestaltungs-Elemente sind von den meisten germanischen Tempeln gut bekannt.

I 3. a) Stabkirche von Urnes

Diese Stabkirche wurde um 1100 n.Chr. errichtet und ist somit die älteste erhaltene Stabkirche. Sie sollte daher die Bauweise der germanischen Tempel am deutlichsten bewahrt haben.

Blick von Norden

Blick von Westen

Innenraum von Westen her gesehen; die gekreuzten diagonalen Balken dienten der Stabilisierung

ein altes Tor (eines Tempels?), das in die Nordseite der Kirche eingebaut wurde (Detail)

das alte Tor

I 3. b) Stabkirche von Gol

Eine der Säulen in der norwegischen Stabkirche von Gol, die um ca. 1250 n.Chr. errichtet worden ist, gibt vermutlich einen guten Eindruck einer solchen Hochsitz-Säule wie der in der Halle des Hymir wieder.

Vermutlich ist das Gesicht auf dieser Säule der ehemalige Göttervater Tyr (siehe „Hochsitz und Hochsitz-Säulen" in Band 57).

*Stabkirche von Gol;
Drachenköpfe an den Giebel-Enden*

Innenraum der Stabkirche von Gol

Säule in der Stabkirche von Gol

I 3. c)   **Die Stabkirche von Garmo**

Auch in der um 1190 n.Chr. errichteten Stabkirche von Garmo findet sich solch ein Männergesicht auf einer Säule.

Stabkirche von Garmo

„Göttergesicht-Säule"

I 3. d) Die Stabkirche von Borgund

Das Innere dieser um 1281 errichteten Kirche ist eindeutig ein „Turm" und kein „Raum" wie sonst in den christlichen Kirchen. Sie enthält ein reich geschnitztes Portal und einige Tierfiguren.

Stabkirche von Borgund

Blick nach oben im Inneren

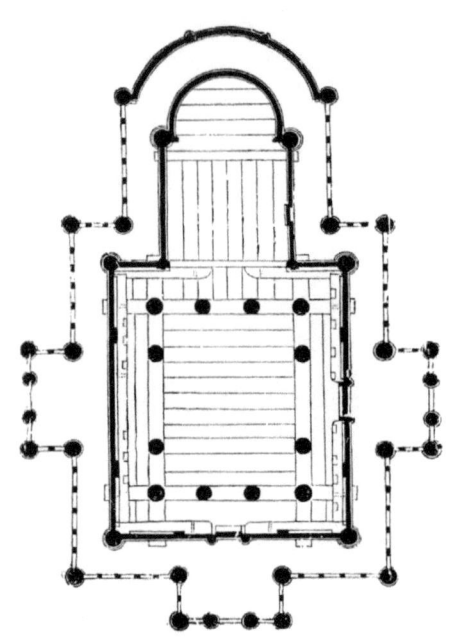

Grundriß: Innenraum, Altarraum und überdachter Umgang

der Umgang läßt den Blick nach außen frei

Portal

Portal (Umzeichnung)

Tierkopf-Säulensockel (Bär?)

Giebel-Drache

I 3. e) Stabkirche von Höre (Hurum)

An der Tür der um 1181 n.Chr. errichteten Stabkirche von Höre findet sich ein „Drachenkreuz" als Befestigung des Tür-Ringes:

Stabkirche von Höre

Tür-Ring

I 3. f) Stabkirche von Heddalen

Die um ca. 1240 n.Chr. in Norwegen errichtete Stabkirche von Heddal hat einen Umgang und ein reicht geschnitztes Portal und enthält einige Tierfiguren sowie einen Bischofsstuhl mit Szenen, die möglicherweise aus der Sigurdsaga stammen.

Stabkirche von Heddalen

Detail des Südportals

Südportal mit „Kreuz"

Portal mit „Wächter"

Bischofsstuhl mit Szene aus der Sigurdsage (?)

Stabkirche mit äußerem Umgang

Südportal

Portal

I 3. g) Stabkirche von Hylestad

Die Stabkirche von Hylestad wurde ca. 1200 n.Chr. erbaut und um ca. 1750 n.Chr. zerstört. Die beiden geschnitzten Portalseiten, die Szenen aus der Sigurd-Saga zeigen, wurden jedoch gerettet.

linke Portalseite
oben: Gunnar in der Schlangengrube
Mitte: Sigurd tötet Regin
unten: Sigurd ißt das Drachenherz

rechte Portalseite
oben: Sigurd tötet den Drachen
Mitte: Sigurd bringt Regin das zerbrochene Schwert seines Vaters
unten: Regin schmiedet Sigurds Schwert

I 3. h) Stabkirche von Oye

Diese um ca. 1280 n.Chr. errichtete westnorwegische Stabkirche hat einen fast quadratischen Grundriß und einen Umgang sowie ein geschnitztes Portal.

Stabkirche von Oye

Blick auf den Altar

I 3. i) Die Stabkirche von Hopperstad

In dieser um ca. 1130 n.Chr. erbauten Stabkirche wurden an die Decke runde Bilder gemalt, die die Tradition der mit Szenen aus den Mythen und Sagen bemalten Schilde in den Fürsten-Hallen und vermutlich auch in den Tempeln der Germanen fortführen.

Stabkirche von Hopperstad

Szenen aus Heiligengeschichten
Stabkirche von Hopperstad

I 3. j) Die Stabkirche von Lom

Auch in dieser um 1158 n.Chr. erbauten Stabkirche finden sich runde Deckenbilder.

Stabkirche von Lom

Stabkirche von Lom

„Schild-Bilder" in der Stabkirche von Lom

I 3. k)   Die Kirche St. Maria in Sigtuna

Die Kirche „St. Maria" in Sigtuna hat als Grundriß ein zu einem Kreuz erweitertes Quadrat. Es wäre denkbar, daß dieser Grundriß durch die quadratischen Tempelformen der Germanen mitinspiriert worden ist, aber ähnliche Ansätze gibt es auch in der mitteleuropäischen Romanik.

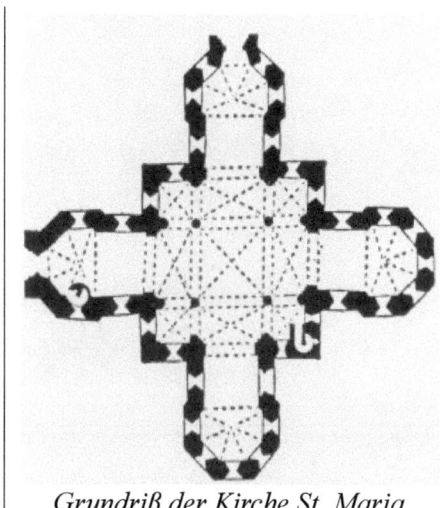
Grundriß der Kirche St. Maria

die Kirche St. Maria

I 3. l)   Portal einer Stabkirche

Im Museum von Oslo ist das Portal einer Stabkirche ausgestellt. Derartige Schnitzereien mit Drachen und Vögeln sind offensichtlich nicht christlichen Ursprungs, sondern stammen aus der Tradition germanischen Tempel.

Portal einer Stabkirche

Portal einer Stabkirche (Detail)

I 3. m)   Die Drachen an den Stabkirchen

Eines der markanten Elemente an den norwegischen Stabkirchen, die von den früheren germanischen Tempeln übernommen worden sind, sind die Drachen an den Ecken der Dächer. Diese Drachen erscheinen jedoch auch an anderen zum Schutz strategischen wichtigen Stellen wie z.B. den Türrahmen.

Die folgenden Bilder stellen nur eine kleine Auswahl dieser Dach-Drachen dar.

Stabkirche von Hopperstad

Stabkirche von Hopperstad (Detail)

Stabkirche von Lom

Stabkirche von Fantoft

Stabkirche von Gamo

Dach-Flügeldrachen; Stabkirche von Hopperstad

Dach-Drachen; Stabkirche von Fantoft

Dach-Drachen; Stabkirche von Lom

Dach-Drachen; Stabkirche von Borgund

Dach-Drachen; Stabkirche von Borgund

Drachentor; Stabkirche von Heddalen

Drachentor; Stabkirche von Heddalen

Drachentor (Detail); Stabkirche von Heddalen

Drachentor (Detail); Stabkirche von Heddalen

Drachentor; Stabkirche von Lom

Drachentor; Stabkirche von Urnes

Drachentor; Stabkirche von Urnes

Drachen-Portal-Ring; Stabkirche von Hurum

Drachen-Schrein; Stabkirche von Haltdalen

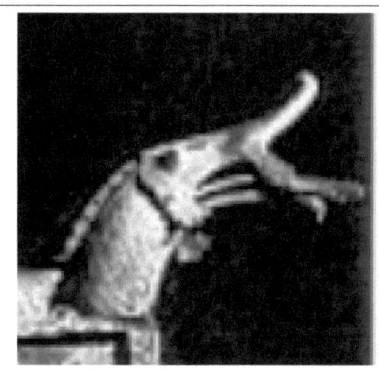

Drachenschrein (Detail); Stabkirche von Haltdalen

Drachen-Deckengemälde; Kirche von Lye

Drachen-Deckengemälde; Kirche von Gothem

Die Drachen finden sich hauptsächlich an den Dachgiebel-Enden, aber auch an den Giebel-Enden von Schreinen, an den Kirchentüren und an der Deckenbemalung.

Meistens wird nur der Kopf und der Hals dargestellt. In einigen wenigen Fällen ist der Drache als Flügeldrache erkennbar.

Aus der Position der Drachen ergibt sich, daß es sich um Beschützer handelt – vermutlich um Ahnen in Drachengestalt.

I 3. n) Zusammenfassung der nicht-christlichen Elemente der Stabkirchen

In den Stabkirchen finden sich insgesamt 13 Elemente, die aus der germanischen Tempelbau-Tradition stammen:

A. Grundriß

- ein quadratischer oder annähernd quadratischer Grundriß
- eine im Verhältnis zur Grundfläche hohe Bauweise, d.h. ein „Turm" ähnlich den „Türmen der Seherinnen", über die Tacitus berichtet
- ein zentraler Turm oder ein in der Mitte aufgestocktes Dach (die vier dicken Pfosten im Innenraum der germanischen Tempel)
- zu einem Kreuz erweiterter quadratischer Grundriß, z.T. mit kleineren Türmen an den Enden der Arme des Kreuzes
- ein überdachter Umgang mit Blick nach außen hin

B. Bauweise

- diagonal gekreuzte senkrechte Balken (Stabilisierung der Statik)

C. Details an der äußeren Kirche

- ein reich geschnitztes Portal, in dem oft Drachen (Totenseelen) und Vögel (Seelenvögel) enthalten sind
- Drachen am Giebel-Ende (Drachen als Beschützer)
- ein Drachen-Kreuz als Halter des Tür-Ringes (Drachen als Beschützer)

D. Details im Inneren der Kirche

- Männergesichter an den Pfosten (Pfahlgottheiten, Totempfähle, Tyr-Abbildung, Thor-Hochsitzpfosten)
- kreisförmige Bilder an der Decke (bemalte Schilde der Germanen)
- Tierfiguren
- gemalte Drachen an der Decke

E. Einrichtung der Kirche

- Szenen aus der Sigurd-Saga an einem Portal und an der Lehne eines Bischofs-Stuhls

F. Zusammenfassung

Der Grundriß der germanischen Tempel war annähernd quadratisch. Diese Tempel waren recht hoch („Türme") und besaßen einen überdachten Umgang rings um den Tempel, der den Blick nach außen hin freiließ.

Zwischen den vier dicken Pfosten im Inneren des Tempels, die den Turm bzw. das in der Mitte erhöhte Dach trugen, befanden sich bei den größeren Tempeln gekreuzte senkrecht-diagonale Balken zur Stabilisierung des Gebäudes.

Das Portal des Tempels war reich im „Flechtmuster-Stil" oder „Ranken-Stil" geschnitzt und enthielt u.a. Drachen (Totengeister), Vögel (Seelenvögel) und Motive aus den Mythen und Sagen. Auch an den Giebel-Enden, an den Portalen, an den Tür-Ringen und an den Hallen-Decken befanden sich Drachen. Die Drachen stellten die Ahnen dar, die den Tempel und die Menschen in ihm beschützten.

Im Tempel befanden sich Pfosten mit den Gesichtern von Tyr und Thor und evtl. auch noch anderen Gottheiten. An den Wänden hingen Schilde mit Motiven aus den Mythen und den Sagen.

I 4. Die Berichte der Römer

Die römischen Berichte über die Tempel der Germanen stammen alle von dem Historiker Tacitus, der um 100 n.Chr. die Lebensweise der damaligen Germanen beschrieben hat. Er berichtet zwar hauptsächlich über die heiligen Haine der Germanen, aber an einigen Stellen auch über Kultgebäude.

I 4. a) Tacitus: „Germania"

1.

Die bekannteste Darstellung eines heiligen Haines ist die von Tacitus in seiner Beschreibung der Prozession der Nerthus.

Die Langobarden dagegen adelt ihre kleine Zahl: Von recht vielen und gar starken Nationen umschlossen, sind sie nicht durch Unterwürfigkeit geschützt, sondern durch Schlachten und durch das Bestehen der Gefahren. Auf sie folgen die Reudigner und die Avionen, die Anglier und Variner, die Eudosen, Suardonen und Nuitonen – sie sind alle durch Flüsse und Wälder geschützt.

Nichts ist bemerkenswert an all den Einzelnen, als daß sie vereint die Nerthus verehren, d.h. die Mutter Erde, des Glaubens, daß diese eingreife in der Menschen Leben und in der Völker Mitte fahre. Auf einer Insel im Ozean steht der heilige Hain, der „der Reine" genannt wird; in ihm befindet sich ein der Göttin geweihter, mit einem Tuch bedeckter Wagen, den zu berühren nur dem Priester gestattet ist.

Dieser erkennt genau, wenn die Göttin im Heiligtum gegenwärtig ist, und beobachtet die Bewegungen des Wagens, der stets von Kühen im Joch gezogen wird, mit tiefer Verehrung.

Darauf folgen stets Tage der Freude, und an jeglichen Orten, an denen sie sich niederläßt und die sie mit ihrem Besuch und ihrer Gegenwart ehrt, werden Feste gefeiert und alle Arbeit ruht.

Sie beginnen keine Kriege, sie berühren keine Waffen; fest verschlossen ist jedes feindliche Eisen; dann sind nur Friede und Ruhe bekannt und überall geliebt, bis derselbe Priester die Göttin, wenn sie des Umgangs mit den Sterblichen satt ist, wieder zurückbegleitet.

Hierauf wird der Wagen in dem geheimen Teich gereinigt, und auch die Tücher und sogar die Gottheit selber, wenn Du dies glauben willst.

Diesen Dienst führen Sklaven durch und sie sind dazu bestimmt, sofort ebenfalls von dem See verschlungen zu werden. Daher werden alle Menschen von einem geheimnisvollen Schauer erfaßt und ebenso von einer heiligen Unwissenheit über das, was niemand sieht außer denen, die sofort danach sterben müssen.

Man wird davon ausgehen können, daß es ein Gebäude gegeben haben wird, in dem der Wagen und die Statue der Nerthus zwischen zwei Prozessionen aufbewahrt worden sein wird. Dieses Gebäude wird mehr oder weniger den Charakter eines Tempels gehabt haben.

Die heiligen Haine der Germanen werden von Tacitus auch noch an anderen Stellen in der „Germania" erwähnt:

2.

Civilis versammelte unter dem Vorwand eines Festmahls in einem der heiligen Haine die Anführer des Volkes und die kühnsten Geister der unteren Klassen.

Es war offenbar üblich, sich in den heiligen Hainen zu versammeln, sich dort zu beraten und dort an einem Festessen teilzunehmen.

3.

Hier waren die Standarten der Veteranen-Kohorten – dort die Bilder der wilden Tiere, die aus den Wäldern und heiligen Hainen herbeigebracht worden waren. Sie hatten die verschiedenen Gestalten, mit denen die verschiedenen Stämme in die Schlacht zu gehen gewohnt waren. Diese vermischten Feldzeichen des Civilis und der fremdländischen Kriegsführung verwirrten die Belagerten vollständig.

Civilis hatte sich mit seinen ihm unterstellten römischen Legionen mit den Bataviern verbündet.

Die Germanen scheinen ihre Stammeszeichen, die sie bei ihren Kämpfen mit sich führten, in ihren heiligen Hainen aufbewahrt zu haben. Man wird wahrscheinlich davon ausgehen können, daß diese Stammeszeichen dort nicht einfach im Freien herumlagen, sondern in irgendeiner Weise durch ein Gebäude geschützt gewesen sind.

4.

Dieser Brauch wird noch an einer weiteren Stelle beschrieben:

Daher nehmen sie, wenn sie in den Kampf ziehen, gewisse Bilder und Figuren aus ihren heiligen Hainen mit sich.

5.

Von allen Sueben behaupten die Semnonen von sich selber, der älteste und edelste Stamm zu sein. Ihr Glaube an ihr Alter wird durch ihre religiösen Mysterien bestätigt.
Zu einer festgelegten Zeit im Jahr versammeln sich durch Gesandte all die Menschen, die von derselben Wurzel abstammen, in einem Wald, der durch den Götzendienst ihrer Vorfahren und durch die abergläubische Ehrfurcht in alten Zeiten geweiht worden war.
Dann beginnen sie dort ihre schreckliche, ernste, barbarische Gottesverehrung, indem sie einen Menschen opfern.
Diesem Wald wird noch auf eine andere Weise Ehrfurcht erwiesen. Niemand betritt ihn ungefesselt, wodurch sie ihre Unterwerfung unter die Macht der dort wohnenden Gottheit bekunden. Falls jemand stürzt, so ist es ihm nicht erlaubt, sich wieder zu erheben oder aufgehoben zu werden, sondern er muß auf dem Boden wieder hinauskriechen.
Dieser ganze Kult ist darauf ausgerichtet, daß von hier ihr ganzes Volk seinen Ursprung hat und hier ihr Gott, der Herrscher-König von ihnen allen sei, dem alles untertan ist und zur Verfügung steht.

Der von den Sueben verehrte Göttervater könnte Tyr gewesen sein, da dieser die germanische Form des ursprünglichen indogermanischen Göttervaters Dhyaus gewesen ist.

Das Gebundenwerden während der Kulthandlung in dem heiligen Hain ist vermutlich ein Vorläufer des Hängens des Odin am Weltenbaum und der späteren Bestattungssitte, bei der man den Toten an einen Baumstamm band.

6.

Von allen Göttern verehren sie am meisten den Merkur. Ihm dürfen an bestimmten festgelegten Tagen sogar Menschen geopfert werden. Herkules und Mars besänftigen sie mit Tieren, die die üblichen Opfer sind.

Einige der Sueben opfern in derselben Weise auch der Isis. Ich habe wenig über den Grund und die Entstehung dieses nicht-einheimischen Brauches herausfinden können – falls nicht ihr Kultsymbol, das wie ein Liburnerschiff gestaltet ist, darauf hinweist, daß dieser Kult aus dem Ausland zu ihnen gekommen ist.

Für die übrigen Götter finden sie es vollkommen unpassend, sie innerhalb geschlossener Mauer oder in der Gestalt von Menschen zu verehren, da sie himmlische Wesen sind.

Sie weihen ganze Wälder und Haine den Gottheiten und nennen sie den Wohnort der betreffenden Gottheit. Diese Gottheiten können in der Kontemplation und in der inneren Verehrung gesehen werden.

Die genannten römischen Gottheiten sowie die ägyptische Isis werden wahrscheinlich die folgenden ihnen entsprechenden germanischen Gottheiten gewesen sein: Merkur – Odin (Jenseitsführer), Herkules – Thor (Hammergott/Keulengott), Mars – Tyr (Schwertgott) und Freya/Frigg – Isis (Muttergöttin).

Die von den Wikingern berichteten Tieropfer finden sich auch schon zu dieser Zeit. Die Menschenopfer könnten wörtlich gemeint sein; es ist aber auch denkbar, daß es sich hier um den symbolischen Tod von Jenseitsreisenden handelt. Dazu würde auch das im vorigen Zitat berichtete Binden der Ritualteilnehmer passen.

Tacitus sagt hier, daß die Göttin („Isis") im Gegensatz zu den anderen Gottheiten Tempel besaß.

7.

Von den Naharvaliern ist ein Hain bekannt, der der Verehrung dient und besonders alt ist.

Ihm steht ein Priester vor, der wie eine Frau gekleidet ist. Den Erklärungen der Römer zufolge sind es Kastor und Pollux, die hier verehrt werden. Diese Gottheiten werden Alcis genannt. Dort gibt es jedoch keine Götterbilder und keinen hinzugefügten Aberglauben. Ihre Verehrung bezieht sich auf junge Männer und Brüder.

Die beiden Alcis, deren Name „Elch, Hirsch" bedeutet, sind die beiden von den meisten Indogermanen gut bekannten Pferdezwillinge, die den Streitwagen des Göttervaters ziehen. Sie werden meist als seine Söhne angesehen. Aus ihnen ist in der Zeit der Edda Odins Doppelpferd Sleipnir geworden, da Odin, der Nachfolger des früheren Göttervaters Tyr, das Reiten dem Fahren auf einem zweispännigen Streitwagen vorgezogen hat.

8.

Dieses Volk (Germanen) hat den besonderen Brauch, daß sie Weissagungen und göttliche Warnungen auch durch Pferde erlangen. Diese werden von der Gemeinschaft in denselben heiligen Hainen gehalten und ernährt – alle sind milchweiß und verrichten keinerlei irdische Arbeit.

Sie werden vor den heiligen Streitwagen gespannt und von dem Priester und dem König oder dem Führer der Gemeinschaft begleitet, die beide sorgfältig auf seine Bewegungen und sein Wiehern achten.

Diese Schimmel werden den beiden Alcis entsprechen, die als die Rosse des Göttervaters auch dessen Willen vermitteln konnten. Die Trinkhörner dieser beiden Pferdezwillinge werden bei den Nordgermanen später nach ihren Besitzern auch „Hvitings" („Weiße") genannt und auch bei anderen indogermanischen Völkern werden sie als Schimmel geschildert (siehe auch den Band 12 über die „Alcis").

Man kann zumindestens vermuten, daß auch Odins Sleipnir ein Schimmel gewesen ist. Auch für die Pferde wird es zumindestens eine umzäunte Weide gegeben haben.

- - -

Aus den Schriften des Tacitus ergibt sich, daß die Germanen heilige Haine hatten, in denen sie ihre Götter verehrten, Tiere und evtl. Menschen opferten sowie Festessen abhielten und dabei vermutlich das Fleisch der Opfertiere aßen.

In diesen Hainen trafen sie sich auch zu Thing-Versammlungen und dort verwahrten sie die Stammeszeichen, die Standarten waren, auf denen sich oben das Bild eines wilden Tieres befand. Diese Standarten trugen die Germanen im Krieg mit sich und vermutlich auch bei Prozessionen.

Manche heiligen Haine befanden sich auf einer Insel und andere durfte man nur gefesselt betreten. Zu diesen Hainen gehörte in der Regel ein oder mehrere Priester, die die dort stattfindenden Rituale leiteten.

In manchen heiligen Hainen wurden zudem Schimmel gehalten, deren Verhalten als Orakel diente. Diese Schimmel sind auch gut von anderen Indogermanen wie z.B. den Kelten, Balten und den Griechen bekannt – sie sind die Zwillingssöhne des Göttervaters.

Aus diesen Pferden und aus den erwähnten Göttern sowie ihrer Funktion kann man schließen, daß der Göttervater Tyr, dessen Streitwagen von zwei Schimmeln gezogen wurde, die wichtigste Gottheit gewesen ist, die in diesen Hainen verehrt wurde.

Die Menschenopfer, die Fesselung und der Kult des Göttervaters könnten auf rituelle Jenseitsreisen in diesen Hainen hinweisen, da in den späteren Ritualen sowohl der Germanen als auch der Kelten die Einzuweihenden an einen Baumstamm gefesselt durch einen symbolischen Tod in das Jenseits zu dem Göttervater reisten.

I 4. b) Tacitus: „Historiae"

Tacitus berichtet jedoch auch über eine Seherin in einem Turm, die um 70 n.Chr., d.h. zu seinen Lebzeiten einen großen Einfluß hatte. Dies ist die einzige Erwähnung eines solchen Turmes, aber es wird vermutlich kein Einzelfall gewesen sein, da die Symbolik des Turmes gut zu den Seherinnen paßt, die gewissermaßen dem Sonnengott-Göttervater Tyr im Himmel nahe waren.

Die „Seherin im Turm" gehört vermutlich zu dem „Tempel der Isis", den Tacitus zuvor schon erwähnt hat. Es hat also den Anschein, als ob die Tempel damals der Göttin geweiht und von einer Priesterin-Seherin geleitet worden wären.

1.

Der in dem Text erwähnte Römer Civilis leitete den Aufstand der westgermanischen Bataver während der politischen Unruhen im Römischen Reich nach dem Tod Kaiser Neros im Jahr 69 n.Chr. „Veleda" bedeutet „Stabträgerin" und ist der Name der Seherin der Germanen.

Munius Lupercus, der Legat einer der Legionen, wurde mit noch anderen Geschenken zur Veleda gesandt, einer jungen Frau vom Stamm der Bructerer, die einen sehr großen Einfluß besaß, denn die Germanen glaubten aufgrund ihrer sehr alten Tradition, daß viele ihrer Frauen prophetische Kräfte besaßen und, als der Aberglaube immer mehr zunahm, daß sie sogar göttlicher Natur waren. Die Autorität der Veleda war auf ihrem Höhepunkt angekommen, denn sie hatte den Erfolg der Germanen und die Vernichtung der Legionen vorhergesagt.

... ...

Da einerseits den Bewohner der (belagerten) *Niederlassung ihre Furcht vor ihrem zukünftigen Schicksal es ihnen unmöglich machte, die gestellten Bedingungen anzunehmen und ihre derzeitige Verfassung es ihnen andererseits unmöglich machte, offen und verächtlich zu antworten, nahmen sie sich viel Zeit für ihre Beratungen und antworten schließlich folgendes: „... ... ... Als Schlichter zwischen uns wollen wir Civilis und Veleda haben. Unter ihrer Obhut soll der Vertrag unterzeichnet werden."*

Die Tencterer waren damit zufrieden und Boten wurden mit Geschenken zu Civilis und Veleda gesandt, die alle Angelegenheiten zu der Zufriedenheit der Bewohner der Niederlassung regelten.

Ihnen wurde jedoch nicht erlaubt, sich selber an die Veleda zu wenden. Um ihnen noch mehr Respekt vor ihr einzuflößen, wurde ihnen nicht erlaubt, sie zu sehen.

Sie lebte in einem hohen Turm und einer ihrer Verwandten, der für diese Aufgabe ausgewählt wurde, trug wie ein Götterbote die Fragen und Antworten hin und her.

... ...

Die Feinde (Germanen) *ruderten am hellen Tageslicht mit den* (von den Römern) *eroberten Schiffen zurück. Die praetorische Trireme* (Segelschiff mit drei Reihen von Rudern übereinander) *vertäuten sie weiter oben an dem Fluß Lupia als Geschenk für die Veleda.*

Man kann sich nun die Frage stellen, was man sich unter dem „Turm" dieser Seherin vorstellen muß. Es wird zumindestens ein hohes Gebäude gewesen sein – aber lebte die Seherin oben im fünften Stock? Hatte das Gebäude überhaupt mehrere Stockwerke? Oder lebte sie unten in einem sehr hohen Raum? Hatte der Turm eine kleine oder eine große Grundfläche? War er Teil eines komplexeren Gebäudes oder einer Kultanlage?

Der fragliche Satz heißt bei Tacitus „ipsa edite in turre". Dies bedeutet „Sie selbst (lebt) erhaben in einem Turm" und nicht, wie oft übersetzt wird „Sie lebte in einem hohen Turm" – obwohl auch das „erhaben in einem Turm wohnen" wohl als Hinweis auf einen hohen Turm aufgefaßt werden darf. Das lateinische Substantiv „turris" bedeutet zunächst einmal „Turm", kann jedoch im erweiterten Sinne auch „Burg, Kastell, Schloß, Palast, Zwinger" bedeuten – aber die Grundbedeutung ist unzweifelhaft ein Turm.

Leider sind von den Germanen aus dieser Zeit keinerlei Türme näher bekannt, sodaß man über den genauen Charakter dieses Turmes weder aus sprachlicher Sicht („turris") noch aus archäologischer Sicht etwas genaueres sagen läßt.

Immerhin ist bekannt, daß Weleda eine Seherin und/oder Priesterin gewesen ist. Daraus läßt sich schließen, daß ihr Turm ein religiöses Gebäude gewesen sein sollte. Dieser Turm, in dem die Weleda wohnt, könnte auch der früheste Vorläufer der in den Sagas mehrfach beschriebenen „Gerüste" sein, auf denen man Magie ausübte.

I 4. c) Tacitus: „Annales"

1.

In seinen „Annales" berichtet Tacitus über „Altäre" der Germanen, über „heilige Stätten" und über den Tempel der Göttin Tamfana:

Germanicus ließ eine Strecke von fünfzig Meilen mit Feuer und Schwert verwüsten. Kein Altar, kein Geschlecht fand Erbarmen. Profane und heilige Stätten, darunter auch bei jenen Stämmen (der Marsen) *hochberühmte Tempel, den sie das Heiligtum der Tamfana nennen, wurde dem Erdboden gleichgemacht.*

Der hier genannte Tempel wird ein Heiliger Hain und ein Holzbau für die Statue der Göttin gewesen sein. Tacitus nennt den Tempel der Tamfana ausdrücklich „templum", sodaß man von einem Sakral-Gebäude ausgehen kann.

Der Tamfana-Tempel bestätigt den bisherigen Befund, daß die Germanen damals nur Göttinnen-Tempel besaßen, die von Priesterinnen geleitet wurden – zumindestens waren Tacitus nur solche Tempel bekannt.

Der Tamfana-Tempel lag zwischen der Ruhr und der oberen Lippe.

Die Endung des Göttinnen-Namens gleicht dem der Hludana, Bertana, Rapana, Madana usw. und ist vermutlich einfach eine Feminin-Endung gewesen. Die Bedeutung des ersten Namensteiles ist unbekannt – es gibt allerdings eine große Fülle an Deutungsversuchen.

germanische Kultort aus der Sicht des Tacitus (100 n.Chr.):

a) insgesamt 8 Erwähnungen eines Heiligen Haines:
- Kultort (3x)
- Wohnort der Götter (3x)
- Wohnort der Göttin Nerthus auf einer Insel im Meer (1x)
- „Wohnort" der heiligen Pferde (1x)
- Tieropfer-Platz (1x)
- Menschenopfer-Platz (1x)
- Aufbewahrungsort der Tier-Standarte (2x)
- der Heilige Hain war der Versammlungsort (2x)

b) heilige Stätten der Germanen
c) Altäre der Germanen
d) der Turm der Seherin-Priesterin Weleda
e) der Tempel der „Isis" genannten Göttin
f) der Tempel der Göttin Tamfana

Tacitus zufolge verehrten die Germanen ihre Götter vor allem unter freiem Himmel in Heiligen Hainen, was zu den späteren, im Freien aufgestellten Pfahlgöttern (siehe Reisebericht des Ibn Fadlan) paßt.

Die Erwähnung von Altären, von Tier- und Menschenopfern weist jedoch zumindestens daraufhin, daß in diesen Hainen ein Altar stand. Die Existenz von Altären macht wiederum die Existenz von Pfahlgötter, vor denen diese Altäre standen, recht wahrscheinlich.

Die Aufbewahrung des Wagens der Göttin Nerthus und der Standarten in diesen Heiligen Hainen läßt jedoch auch kleine Gebäude vermuten. Zudem sollte es für die heiligen Pferde zumindestens eine Weide geben.

Der Turm der Priesterin-Seherin, der Tempel der „Isis" genannten Göttin und der Tempel der Göttin Tamfana wird vermutlich in der Nähe oder innerhalb eines solchen Heiligen Haines gestanden haben, da beides zum Kult gehörte.

Somit ergeben sich als Heiligtum der damaligen Germanen Heilige Haine, in denen sich ein Altar und evtl. ein Tempel oder eine kleine Hütte für die Prozessions-Wagen, die Standarten u.ä. befanden.

Diese Beschreibung stimmt mit den Opferaltären der Germanen wie z.B. dem in Ranheim überein. Der kleine Tempel, der zu Beginn der Völkerwanderungszeit in Ranheim hinzukam, könnte bei den Südgermanen, die von Tacitus beschrieben worden sind, durchaus schon üblich gewesen sein.

Es wäre daher gut denkbar, daß die Tempel um 400-500 n.Chr. zusammen mit dem Kult des Odin, der den früheren nordgermanischen Göttervater Tyr um diese Zeit absetzte, in den Norden gelangt sind. Das muß aber keineswegs bedeuten, daß die Nordgermanen damals keine Tempel gehabt haben.

I 5. nicht näher beschriebene Tempel

Eine weitere wichtige Quelle über die germanischen Tempel sind die Schilderungen aus den Sagas der Wikinger.

Die Zeiten in den Zusammenfassungen der einzelnen Texte geben (soweit dies erschlossen werden kann) die vermutliche Entstehungszeit an und nicht den Zeitpunkt der ersten Niederschrift.

I 5. a) Heidarviga-Saga

Die Heiden kümmern sich um ihre Tempel.

Heidarviga-Saga (Island, 1130 n.Chr.): die Germanen besaßen Tempel

I 5. b) Die Saga über Olaf den Ruhmreichen Tryggva-Sohn

Den Brauch der Blutopfer abzuschaffen, alle heidnischen Tempel zu zerstören und die Verehrung der heidnischen Götter durch die Predigt des Evangeliums Christi zu ersetzen – das sollte Olafs Lebenswerk werden.

Saga über Olaf den Ruhmreichen Tryggva-Sohn (Norwegen, 990 n.Chr.): Es gab viele Tempel der Germanen.

I 5 c) Landnahme-Buch

Jorund der Priester, der Sohn des Rabe der Narr, siedelte im Westen der Bucht an einem Ort, der Sverting-Statt genannt wurde. Dort errichtete er einen großen Tempel. Im Osten der Bucht lag ein dreieckiges Stück Land, das noch herrenlos war. Um dieses Stück Land ging Jorund mit Feuer rings herum und bestimmte es für den Tempel.

Lamdnahme-Buch (Island, 900 n.Chr.): Ein großer Tempel stand auf einem dreieckigen Stück Land im Osten einer Bucht.

I 5. d) Die Saga über Thrond von Gate

Hafgrim lebte in Southrey auf einem Bauernhof, der Tempel genannt wurde. Er war ein großer Opferer, denn in jenen Tagen waren all die Färey-Leute Heiden.

Die Saga über Thrond von Gate (Island, 1210 n.Chr.): ein Bauernhof, der auch als Tempel diente und in dem geopfert wurde

I 5. e) Landnahme-Buch

Bodvar der Weiße war der Sohn von Thorleif dem Mittleren, einem Sohn des Bodvar Schneedonner, dem Sohn des Thorleif Wal-Wender, dem Sohn des An, dem Sohn des Königs Orn Hornhaut, dem Sohn des Königs Thorir, dem Sohn von Schweine-Bodvar, dem Sohn des Königs Kaun, dem Sohn des Königs Solgi, dem Sohn des Hrolf vom Berg.
Bodvar der Weiße und Brandon, sein Verwandter, zogen von Vors nach Island und kamen ganz im Süden zum Schwanfjord. Bodvar machte das Land beim Sumpf-Bach und alle angrenzenden Täler und das Land zur anderen Seite hinüber bis Muli sein eigen und lebte in Hof. Dort errichtete er einen großen Tempel.

Landnahme-Buch (Island, 900 n.Chr.): Der Tempel war das Zentrum des Landbesitzes und der Haupt-Bauernhof wurde manchmal nach ihm benannt („Hof").

I 5. f) Vatnsdal-Saga

„Es ist wirklich wahr, wie man sagt, daß man nicht gegen das Schicksal ankämpfen kann – und daher können wir uns hier auch wohlgemut niederlassen. Dieser Bauernhof wird 'Tempel' heißen."

Vatnsdal-Saga (Island, 920 n.Chr.): Ein Bauernhof heißt „Tempel" – vermutlich, weil er auch der Kultort war.

I 5. g) Isländer-Buch

Aber es wird erzählt, daß Grimr Ziegen-Haar, der auf seinen Rat hin ganz Island erforschte, bevor das All-Thing eingerichtet worden war, sein Ziehbruder gewesen ist. Er erhielt von jedem eine Münze dafür, daß er dort Land erhielt, und dieses Geld gab er später den Tempeln.

> **Isländer-Buch (Island, 900 n.Chr.):** Land verkauft, um das Geld dafür den Tempeln zu geben

I 5. h) Runenstein von Snoldelev

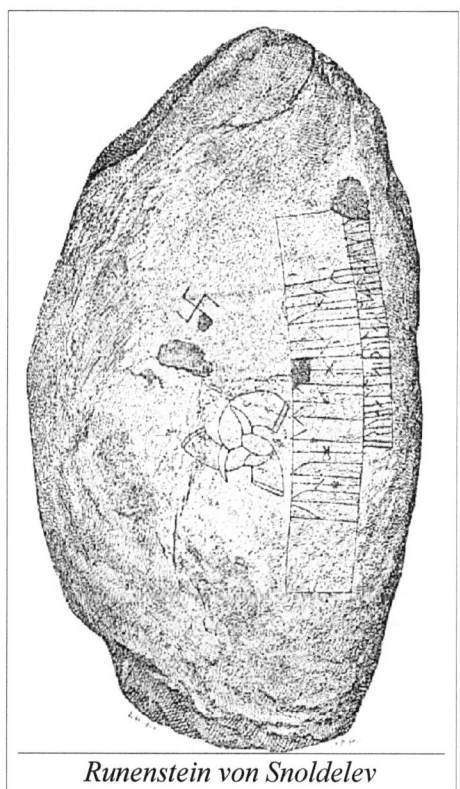
Runenstein von Snoldelev

Dieser Stein ist vermutlich zwischen 300 und 400 n.Chr. als Bildstein errichtet worden. Auf ihm ist eine grob gearbeitete linksläufige Svastika, also ein (Sonnen-)Rad eingemeißelt worden ist. Aus dieser Zeit sind etliche weitere Sonnenrad-Steine bekannt.

Um ca. 850 n.Chr. wurde unter der Swastika ein sehr sorgfältig gemeißeltes Hrungnir-Herz, das aus drei ineinander verschlungenen Trinkhörnern besteht, hinzugefügt. Die Runeninschrift wurde vermutlich gleichzeitig mit dem Hrungnir-Herzen angefertigt.

Die Erschaffung des Steines hat somit zwei Phasen:

1. die Errichtung des Steines mit dem Sonnenrad um 300-400 n.Chr. in der Zeit, in der Tyr der Sonnengott-Göttervater gewesen ist, und

2. die Ergänzung des Hrungnir-Herzens und der Runeninschrift um ca. 850 n.Chr, als Odin der Göttervater gewesen ist.

Der Ort Snoldelev liegt südlich des heutigen Röskilde, das früher einmal das

Zentrum der dänischen Insel Seeland gewesen ist.

Die Inschrift lautet:

Stein des Gunnvaldr Hroald-Sohn, Kult-Redner in Salhaugar

Der Ortsname „Salhaugar" wurde zu dem heutigen Namen der Stadt „Sallöv", in deren Nähe der Runenstein steht. Dieser Name setzt sich aus *„sal"* für „Saal, Halle" und *„haugr"* für „Hügel, Hügelgrab, Steinaltar" zusammen und bezeichnet daher wohl eine „Halle mit Altar", d.h. einen Tempel. Die Berufsbezeichnung des Gunnvaldr lautet *„thulur"*, womit man generell einen Weisen und spezieller einen Priester, der im Kult die heiligen Texte vorträgt, bezeichnet.

Gunnvaldr ist somit ein Priester in einem Tempel gewesen. Dieser Tempel stand in der Stadt Sallöv oder in ihrer Nähe.

Runenstein von Snoldelev (Dänemark, 850 n.Chr.): ein Priester im Tempel von Sallöv

I 5. i) Die Saga über Olaf den Ruhmreichen Tryggva-Sohn

Olaf war noch nicht viele Tage zurück in Nidaros, als er hörte, daß die Leute von Thrand ihre Tempel wiederaufgebaut und ihre Götterstatuen wiederhergestellt hatten und ihren Göttern wieder Blutopfer darbrachten.

Die Saga über Olaf den Ruhmreichen (Norwegen 990 n.Chr.): In den Tempeln standen Statuen und man brachte dort den Göttern Blutopfer dar.

I 5. j) Die Saga über die Siedler von Eyre

Er war dort der Tempelwächter und wurde daher Snorri der Priester genannt. Er wurde ein großer Anführer.

Die Saga über die Siedler von Eyre (Island, 1000 n.Chr.): Der Priester eines Tempels wurde auch Tempelwächter oder Tempelwärter genannt.

I 5. k) Die Saga über Hedin und Högni

Im Osten von Vanakvisl in Asien war ein Ort, der Asien-Land oder Asien-Heim genannt wurde. Das Volk, das dort lebte, wurde Asen genannt und ihre Hauptstadt war Asgard.

Der Name des Königs, der dort herrschte, war Odin. Dort gab es einen großen Tempel. Odin bestimmte Njörd und Freyr zu Hohepriestern. Njörds Tochter wurde Freya genannt. Sie begleitete Odin und war seine Geliebte.

In der Einleitung zu dieser Geschichte sind die Asen zu „Asiaten" umgedeutet worden. Entsprechend wurden alle Götter als Vorzeit-Könige aufgefaßt.

> **Die Saga über Hedin und Högni (Skandinavien, 800 n.Chr.):** Die Tempel hatten einen oder mehrere Hohepriester.

I 5. l) Die Saga über Egil Skallagrimsson

Odd war zu der Zeit der Häuptling am Borgar-Fjord südlich des Weißen Flusses. Er war der Tempel-Priester und er leitete den Tempel, an den alle, die auf der Skard-Heide wohnten, Abgaben zahlten.

> **Egil-Saga (Norwegen, 950 n.Chr.):** Der Tempel wurde von einem Priester geleitet und alle mußten gemeinsam für den Unterhalt des Tempels aufkommen.

I 5. m) Saga über die Siedler von Eyre

Alle Männer in diesem Bezirk mußten Abgaben an den Tempel zahlen und waren verpflichtet, dem Tempel-Priester in allem als seine Gefolgsleute zu folgen. Und der Anführer, also der Tempel-Priester, war verpflichtet, den Tempel zu erhalten und zu reparieren und außerdem in ihm die heiligen Feste zu leiten.

> **Die Saga über die Siedler von Eyre (Island, 1000 n.Chr.):**
> - Der Tempel wurde durch Abgaben unterhalten.
> - Der Priester trug die Verantwortung für den Tempel als Bauwerk.

- Der Priester leitete die Feste.
- Die Leute seines Bezirkes mußten seinen Anweisungen folgen.

I 5. n) Heimskringla

Gunnhild nahmen in England das Christentum an, wie zuvor erzählt worden ist, doch als sie nach Norwegen kamen, um dort zu herrschen, machten sie keinerlei Fortschritte damit, dort das Christentum zu verbreiten – sie rissen lediglich die Tempel der Götzenbilder nieder und verboten die Opferungen, wo dies in ihrer Macht lag und weckten dadurch unter den Leuten eine große Feindschaft ihnen gegenüber.

Heimskringla (England, 960 n.Chr.): Es gab Tempel mit Götterbildern in ihnen.

I 5. o) Heimskringla

Als das Thing sich gesetzt hatte, erhob sich der König und sagte, daß die Leute in Lesjar, Loaf und Vagar das Christentum angenommen und ihre Opfer-Häuser niedergebrochen hatten und nun an den wahren Gott glaubten, der den Himmel und die Erde und alle bekannten Dinge erschaffen hat.

Heimskringla (Norwegen, 995 n.Chr.): Die Tempel wurden „Opferhäuser" genannt.

I 5. p) Die Saga über Thrond von Gate

Hafgrim lebte in Southrey in einer Heimstatt, die „Tempel" genannt wurde. Er war ein großer Opferer, denn in jenen Tagen waren alle Menschen auf den Faröer-Inseln Heiden.

Saga über Thrond von Gate (Faröer-Inseln, 920 n.Chr.): In einem Langhaus, das auch als Tempel diente, wurden Opfer dargebracht.

I 5. q) Landnahme-Buch

Audun der Rote kaufte von Hrollaug Land westlich von Hamrar und auf der anderen Seite des Vidbord. Er lebte in Tempelhügel und errichtete dort einen großen Tempel. Von ihm stammen die Tempelhügel-Leute ab.

> **Landnahme-Buch (Island, 900 n.Chr.):** Ein großer Tempel stand auf einem Hügel.

I 5. r) Landnahme-Buch

Weise Männer erzählen, daß etliche der Landnahme-Männer, die nach Westen hin über das Meer gekommen waren und sich in Island niederließen, getauft gewesen sind – es sind tatsächlich fast alle gewesen. Unter diesen waren Helgi der Hagere, Orlyg der Alte, Helgi Bjola, Jorund der Christ, Aud der Tiefsinnige, Ketil der Narr und noch einige andere, die nach Westen hin über das Meer gekommen waren.

Einige von ihnen hielten bis an ihren Tod jedoch treu an ihrem (heidnischen) Glauben fest und in einigen Fällen wurde dieser von den Eltern an die Nachkommen weitergegeben, denn die Söhne einiger dieser Männer errichteten Tempel und brachten Opfer dar und das ganze Land blieb für fast hundert Jahre vollständig heidnisch.

> **Landnahme-Buch (Island, 900 n.Chr.):** In Island wurden Tempel errichtet.

I 5. s) Gesta danorum

Die Alten hatten das Orakel der Nornen in Bezug auf ihre Kinder befragt. In dieser Weise wollte Fridleif das Schicksal seines Sohnes Olaf erfahren.

Nachdem er feierlich seine Eide abgelegt hatte, ging er zu dem Haus der Götter, um die Göttern um Hilfe zu bitten. Dort sah er, als er in die Halle blickte, drei junge Frauen auf Stühlen sitzen.

Die erste von ihnen hatte ein freundliches Wesen und verlieh dem Jungen reichlich Gunst in den Augen der Männer.

Die zweite gewährte ihm die Gabe unübertroffener Großzügigkeit.

Doch die dritte, die eine Frau von hinterhältigem und bösem Wesen war und die wütend über die liebevolle Großzügigkeit ihrer Schwestern war, versah die Zukunft des Jungen mit dem Makel des Geizes.

Auf diese Weise wurden die Segnungen der anderen durch das Gift eines beklagenswerten Schicksals verdorben. Aufgrund der zweifachen Natur dieser Geschenke erhielt Olaf den Beinamen „mit Gemeinheit vermischte Großzügigkeit".

> **Gesta danorum (Dänemark, 1000 n.Chr.):** Seherinnen verkünden in einem „Götter-Haus" den Eltern von Neugeborenen deren Schicksal.

I 5. t) Die Saga über Olaf den Ruhmreichen Tryggva-Sohn

Bei einer solchen Gelegenheit antwortete ihm einer der Häuptlinge mit dem Namen Gudbrand wie folgt: „Wir wissen nicht, worüber Du redest, o König. Wie nennst Du den einen Gott, den weder Du noch irgendein anderer Mann sehen kann? Wir haben einen Gott, den wir jeden Tag sehen können, aber er ist heute nicht draußen, da das Wetter so regnerisch ist. Er wird schrecklich und gewaltig für Dich sein und Furcht wird in Deine Brust kriechen, wenn er zu der Versammlung unseres Volkes kommt!"

Der König frug daraufhin, wie ihr Gott erschaffen worden sei, und Gudbrand antwortete, daß er in der Gestalt des Thor erschaffen worden sei, daß er seinen Hammer in seiner Hand hielte, daß er sehr groß und innen hohl sei und daß für ihn eine Plattform bereitet worden ist, auf der er steht, wenn er außerhalb des Tempels war.

Diese Thor-Plattform könnte der vermuteten Plattform vor dem Tempel von Ranheim entsprechen.

Olaf sagte: „Ich würde diesen Gott sehr gerne sehen. Aber ich für meinen Teil habe mich entschlossen, niemals an Steine oder Holzbalken zu glauben, auch wenn sie die Gestalt von Teufeln oder Menschen haben, deren Macht ich nicht verstehe. Und auch wenn mir erzählt worden ist, daß sie große Macht haben, scheint mir das doch sehr unwahrscheinlich zu sein, denn ich finde, daß diese Gestalten, die Götter genannt werden, in jeder Hinsicht häßlicher und weniger machtvoll sind als ich selber. Und um wieviel weniger machtvoll sind sie daher noch als der große Gott, der die ganze Welt beherrscht, der den Regen fallen und die Sonne scheinen läßt!"

„Wenn Dein Gott so machtvoll ist, wie Du sagst, dann laß ihn morgen die Sonne scheinen und laß ihn es nicht regnen wie heute," sprach Gudbrand.

Am nächsten Tag begab es sich, daß es nicht regnete und daß die Leute sich alle in der frühen Morgendämmerung versammelten, als Bischof Sigurd sich in seinem Gewand, mit einer Mitra auf seinem Haupt und einem Krummstab in seiner Hand erhob und den Bauern predigte und ihnen von vielen Zeichen berichtete, die Gott gesandt hatte.

Da sah König Olaf eine Gruppe von Männern nahen, die eine große Statue trugen, die über und über mit Gold und Silber verziert war. Alle Leute erhoben sich und verneigten sich vor dem Ungeheuer, das in die Mitte des Versammlungsplatzes gestellt wurde.

Da erhob sich Gudbrand und wandte sich an den König und schrie: „Wo ist nun Dein Gott, o König? Mir scheint, daß Deine Angeberei und die des gehörnten Mannes, den ihr euren Bischof nennt, sehr viel kleiner geworden ist als gestern. Das liegt daran, daß unser Gott, der über alles herrscht, gekommen ist und Dich mit scharfem Blick anschaut! Und ich sehe, daß Du voller Furcht vor seinem Anblick bist! Werfe nun diesen neuen Aberglauben, dem Du anhängst, fort – diesen Glauben an einen Gott, den man nicht sehen kann – und erkenne die Größe des Thor an!"

Der Bischof ist ein „gehörnter Mann", weil die „Mitra" genannte Bischofsmütze zwei Enden wie zwei Hörner hat.

König Olaf flüsterte zu Kolbjörn an seiner Seite: „Wenn während meiner Rede die Leute von ihrem Götzenbild fortschauen," sagte er, „dann geh zu ihm hinüber und gib ihm einen herzhaften Schlag mit Deiner Keule."

Und er sprach laut: „Der Gott, mit dem ihr uns bedroht habt, ist blind und taub und kann weder sich selber noch anderen helfen und er kann nirgendwo von diesem Platz aus hingehen, wenn er nicht getragen wird. Von welchem Nutzen ist solch ein Gott? Nun blickt nach Osten!" ergänzte er und zeigte auf die aufgehende Sonne, „Seht! Dort kommt der Bote unseres Gottes und bringt Licht und Wärme in die Welt."

Alle Menschen wandten ihre Gesichter der Sonne zu. In diesem Augenblick erhob Kolbjörn seine Keule und schlug ihren Gott so heftig, daß er in Stücke zerbrach, und es wird gesagt, daß Vipern und Ratten und Mäuse aus ihm herauskamen und daß sich die Bauern fürchteten.

„Da seht ihr, was aus eurem Gott geworden ist!" schrie König Olaf, „Welche Narrheit ist es, an solche Dinge zu glauben! Ein einziger Schlag hat euren Thor in Splitter zerschlagen. Ich verlange nun von euch, daß ihr nie wieder Bildnisse aus Stein oder Holz erschafft und daß ihr keinen anderen als den einen wahren Gott verehrt. Und ich biete euch zwei Möglichkeiten: Entweder ihr nehmt auf der Stelle das Christentum an oder ihr kämpft heute eine Schlacht gegen mich!"

Saga über Olaf Tryggva-Sohn (Norwegen, 990 n.Chr.): Die Statuen standen nachts und bei Regen im Tempel und an Sonnentagen auf einem Podest vor dem Tempel.

I 5. u)   Skaldskaparmal

Die folgende Szene ist eine drastisch-ironische Umdeutung des Hochsitzes des Geirröd, neben dem normalerweise seine beiden Töchter saßen – also der ehemalige Göttervater Tyr mit seinen beiden Frauen, den Göttinnen Frigg und Freya.

Als Thor und Odin um 500 n.Chr. den Gott Tyr, der bis dahin der Göttervater gewesen war, absetzten, wurden alle Tyr-Mythen umgedeutet und die Einzelteile dieser Mythen in die Mythen des Thor und des Odin eingebaut.

Als Thor dann zu Geirröd kam, wurden die Gefährten zunächst zu ihrer Unterhaltung in den Ziegenstall gebracht, wo sich ein Stuhl für Thor befand, auf den er sich dann setzte.

Dann bemerkte er, daß sich der Stuhl unter ihm aufwärts zur Decke bewegte. Da stieß er Grids Stab gegen die Dachbalken und drückte den Stuhl wieder hart nach unten. Da gab es ein lautes Krachen und es folgte ein lautes Geschrei. Unter dem Stuhl hatten Geirröds Töchter Gjalp und Greip gewartet, deren Rückgrat Thor nun zerbrochen hatte.

> **Skaldskaparmal (Island, 1220 n.Chr.):** Der Hochsitz (der Gottheiten) war ein wichtiges Element in den Tempeln (nicht nur des Thor).

I 5. v)   Die Saga über Thrond von Gate

In dem folgenden Bericht einer Totenbeschwörung wird ein Wohnhaus vorübergehend zu einem Tempel umfunktioniert.

Thrond ließ ein großes Feuer in dem Feuerhaus (Wohnhalle) *entfachen und ließ vier Latten aufstellen, eine in jeder Ecke; er zeichnete weiterhin von den Latten ausgehend neun Quadrate* (auf den Boden). *Dann setzte er sich auf einen Hocker zwischen das Feuer und die Latten und befahl den Männern, daß keiner von ihnen zu ihm sprechen sollte, und sie taten wie ihnen geheißen wurde.*

So saß er einige Zeit und nach einer Weile kam ein Mann in das Feuerhaus gegangen; er war triefnaß; sie erkannten ihn als Einar den Southrey-Mann. Er trat an das Feuer und streckte eine kurze Zeitlang seine Hände zu ihm aus, dann drehte er sich um und ging wieder hinaus.

Nach einer Weile kam ein weiterer Mann in das Feuerhaus; er ging ebenfalls zu dem Feuer, streckte seine Hände zu ihm aus und ging dann wieder hinaus. Sie er-

kannten, daß es Thore war.

Kurz danach kam ein dritter Mann in das Feuerhaus; er war ein großer Mann, ganz voller Blut, und er trug seinen Kopf in seiner Hand; sie alle sahen, daß es Sigmund Brestesson war. Er stand eine Weile an der Feuerstelle und ging dann wieder hinaus.

Danach erhob sich Thrond von seinem Hocker und tat einen tiefen Atemzug und sagte: „Ihr könnt nun sehen, was das Schicksal dieser Männer gewesen ist. Einar verlor als erster sein Leben, zu Tode erfroren oder ertrunken, denn er war der schwächste von ihnen. Und Thore muß als nächster sein Leben verloren haben – und Sigmund muß ihn durchs Wasser gezogen haben, was ihn am stärksten von allen geschwächt haben muß. Aber er muß es völlig erschöpft bis an Land geschafft haben und diese Männer hier müssen ihn erschlagen haben, denn er hat sich uns blutig und kopflos gezeigt."

Thronds Begleiter fanden, daß er wahr gesprochen hatte und daß sich die Dinge so ereignet haben mußten wie er sagte.

Das „Feuerhaus" ist der große Wohnraum an einem Ende der germanischen Langhäuser. Das „große Feuer" wird wohl das Feuer in der Mitte des Wohnraumes sein. Die „Latten" in den vier Ecken müssen zusammen mit dem Feuer folglich in etwa wie die Punkte der „5" auf einem Würfel angeordnet gewesen sein.

Diese Latten haben möglicherweise die vier Himmelsrichtungen dargestellt. Vielleicht haben sie auch den vier Zwergen Austri, Westri, Nordri und Sudri entsprochen, die den Schädel des Urriesen Ymir, also die Himmelskuppel, in den vier Himmelsrichtungen trugen. Da die vier Himmelsrichtungen allgemein mit der Sonne und dem Sonnengott verbunden waren, da man vor der Erfindung des Kompasses die Himmelsrichtungen nur anhand des Sonnenstandes erkennen konnte, könnten diese vier Latten ein Hinweis auf die Hilfe des Sonnengott-Göttervaters Tyr bei dieser Zeremonie sein – was allerdings eine eher vage Vermutung ist. Diese vier Latten könnten auch den vier Säulen in den germanischen Tempeln entsprochen haben, auf denen der Turm bzw. das erhöhte Dach ruhte.

Die in der Saga beschriebenen neun Quadrate können eigentlich nur ein Gitter von drei Reihen und drei Zeilen gewesen sein. Die „3" war bei den Germanen und allgemein bei den Indogermanen die Zahl des Sonnenzyklus und daher auch des Weges zwischen den beiden Welten. Die „9" war die Zahl der Unterwelt selber. Dieses „magische Quadrat" war somit ein passendes Symbol für die Beschwörung von Toten.

Das in der Thrond-Saga beschriebene Arrangement für die Totenbeschwörung könnte wie in der folgenden Graphik ausgesehen haben. Links befindet sich der Wohnraum, in der Mitte die Diele und rechts die Ställe und die Lagerräume.

Das Feuer befindet sich auch in den Tempeln in der Mitte zwischen den vier dicken

Pfosten.

germanisches Langhaus

		Eingang					
● Latte	● Latte						
☐ Hochsitz	○ Feuer	Diele	Ställe, Lagerräume				Eingang
● Latte	● Latte						
		Eingang					

In der Saga beschwor Thrond die Toten, die seine Freunde gewesen und bei einem Seeunglück gestorben waren. Thrond beschwor sie, um die Wahrheit über die Todesumstände der Männer herauszufinden, da es den Verdacht gab, daß einer von ihnen ermordet worden war, nachdem er bereits das Land erreicht hatte.

Diese Totenbeschwörung ist weitaus weniger dramatisch als z.B. die Beschwörung des Angantyr in der Hervor-Saga. Sie hat eher den ruhigen Stil einer Traumreise, also einer absichtlich herbeigeführten Vision. Es muß sich aber um eine richtige Totenbeschwörung gehandelt haben, da sonst die anderen Männer in dem Raum die Toten nicht ebenfalls hätten sehen können.

Der tiefe Atemzug des Thrond am Ende der Beschwörung ist sehr typisch für den Anfang und das Ende einer Traumreise bzw. Vision. Er wird auch an anderen Stellen in der germanischen Überlieferung bei Traumreisen u.ä. berichtet.

> **Die Saga über Thrond von Gate (Faröer, 1000 n.Chr.):** Die Halle eines Wohnhauses wird mithilfe von vier in einem Quadrat aufgestellten Latten und einem Feuer in ihrer Mitte vorübergehend zu einem Tempel, in dem die Geister von drei Toten beschworen werden. Die Fläche innerhalb der vier Latten wurde in neun Quadrate aufgeteilt.

I 5. w) Landnahme-Buch

Der Sohn des Hrolf war Illugi der Rote, der zuerst in Hraunas lebte und Sigrid, die Tochter Thorarin des Bösen, eine Schwester des Musa-Bosheit, zur Frau hatte. Diese Heimstatt in Hraunas gab Illugi dem Musa, während er, Illugi, sich in dem Hof in Hofstatt in Raykdale niederließ, denn die Geitländer hatten sich zu gleichen Teilen mit Tungu Speerspitze um den Tempel zu kümmern.

Danach wohnte Illugi auf der inneren Insel bei Akraness, denn er hatte mit Holm-Starri sowohl das Land als auch die Frauen und das Vieh getauscht. Dann heiratete Illugi Jorun, die Tochter des Thormod, den Sohn des Thyjostar von Alftness, aber Sigrid erhängte sich im Tempel, denn sie wollte nichts mit dem Tausch der Ehemänner zu tun haben.

Über derartige Frauen-Tauschhandel ist ansonsten nichts bekannt.

Landnahme-Buch (Island, 900 n.Chr.): Eine Frau erhängt sich in einem Tempel.

I 5. x) Beowulf-Epos

… … … / *Häufig saßen*
Die Mächt'gen im Rate, / auf Mittel sinnend,
Wie am wirksamsten / die wackern Helden
Dem Wüten des Feindes / wehren könnten.
Oft gelobten sie / Opferspenden
In den Häusern der Götzen, / um Hilfe flehend,
Die der Seelenmörder / senden mochte
In der großen Not. /
… … …

Der „Seelenmörder" ist eine Umschreibung für den Teufel, dem hier aus christlicher Sicht die germanischen Götter gleichgesetzt werden.

Beowulf-Epos (England, 700 n.Chr.):
 - Die Angelsachsen besaßen Tempel.
 - Die Angelsachsen opferten in ihren Tempeln, um Hilfe zu erhalten.

I 5. y) Eiriksdrapa

Die Horden aus den Heiden-Tempeln verteidigten sich in ihren Festungen;
der Heeres-Vormarsch wurde rasch dorthin gelenkt;
kühne Krieger drängten vorwärts in der Schlacht,
das Banner wehte neben dem starken Fürsten.
Eirik sandte Schauer von Pfeilspitzen,
Schneiden zerstörten das Leben von Männern;
Klingen sangen und Krieger starben,
Blut floß auf Leichen-Haufen.

> **Eiriksdrapa des Markus Skeggjason (Norwegen, 1103 n.Chr.):** Die Heiden hatten Tempel.

I 5. z) Placitusdrapa

Der starke Fürst gebot dem weisen Placitus
mit ihm in den Tempel zu gehen,
doch der ruhmreiche Unterwerfer der Sünden
blieb draußen.
„Opfer," sprach der kühne König,
„und Freude über den Sieg in der Schlacht."

Placitus ist der Heilige Eustachius. Er ist der „Unterwerfer der Sünden".

> **Placitusdrapa (Island, 1150 n.Chr.):** Die Heiden hatten Tempel, in denen auch der König opferte.

I 6. Odin-Tempel

I 6. a) Die Styrbjarnar-Geschichte

In der selben Nacht ging Erik in den Odinstempel und gab ihm sich selbst für den Sieg, so daß er nach einer Frist von zehn Jahren sterben sollte. Zuvor hatte er viel geopfert, weil er seine Siegeschancen schlechter einschätzte. Wenig später sah er einen großen Mann mit einer langen Kapuze. Dieser gab ihm einen Rohrstengel in die Hand und forderte ihn auf, diesen über Styrbjörns Heer zu werfen. Er solle dabei sagen: „Dem Odin gehört ihr alle."

Als er den Rohrstengel geworfen hatte, schien er ihm in der Luft zu einem Wurfspeer zu werden. Er flog über Styrbjörns Leute. Das Heer und danach Styrbjörn selbst wurden sofort von Blindheit getroffen. Danach geschah etwas sehr Ungewöhnliches, nämlich daß ein Erdrutsch oben vom Berg herunterkam und sich von oben über Styrbjörns Heer wälzte und alle seine Leute tötete. Als König Harald das sah, wendeten er und alle Dänen sich zur Flucht. Sie konnten wieder sehen, sobald sie von dem Bereich wegkamen, über den der Speer geflogen war. Sie kamen bis nach Dänemark.

Styrbjarnar-Saga (Island, 1300 n.Chr.): Ein Heerführer bittet in einem Odinstempel Odin um den Sieg.

I 6. b) Die Saga über Olaf den Ruhmreichen Tryggva-Sohn

Um Olafs Abreise von den Inseln zu verzögern, veranlaßten ihn die Leute, ihnen dabei zu helfen, einen großen Tempel an dem Ufer eines ihrer Seen zu errichten, und schlugen ihm vor, als der Tempel beendet und in angemessener Weise dem Odin geweiht worden war, daß Olaf eine Fahrt hinüber nach Norwegen leiten sollte.

Die Insel, auf der dieser Tempel errichtet worden ist, ist eine der Orkney-Inseln an der Nordost-Spitze von Schottland. Der See, an dem der Tempel stand, ist vermutlich der Loch of Stenness oder evtl. auch der weiter im Landesinneren liegende Loch of Harray auf der Hauptinsel.

Saga über Olaf den Ruhmreichen Tryggva-Sohn (Norwegen, 990 n.Chr.): Auf einer der Orkney-Inseln stand an einem See ein dem Odin geweihter Tempel –

vermutlich am Loch of Stenness auf der Hauptinsel.

I 6. c) Die Saga über Olaf den Ruhmreichen Tryggva-Sohn

Nachdem die Schiffe sicher im Hafen vertäut, ihre Masten niedergelegt und ihre geschnitzten Köpfe abgenommen worden waren, sandte Olaf seine Zelte an das Ufer und ließ ein Lager am Ufer des Flusses und im Schutz des Buchenwaldes errichten. Seine Waffenschmieden bauten ihre Essen auf und seine Pferdeleute ihre Koppeln.
Aus schweren Steinen wurde ein kleiner Tempel errichtet und dem Odin geweiht.
So bereiteten die Nordmänner ihr Winterquartier vor und gingen ihren täglichen Beschäftigungen nach so wie es damals üblich gewesen ist.

Der aus großen Steinen errichtete „Tempel" des Odin wir ein einfacher Steinaltar („högr") gewesen sein.

Saga über Olaf den Ruhmreichen Tryggva-Sohn (Norwegen, 990 n.Chr.): ein einfacher Stein-Altar als „Freiluft-Tempel" für Odin

I 7. Thor-Tempel

I 7. a) Landnahme-Buch

Thorolf Groß-Bart siedelte um 884 nach Island über, also zehn Jahre nach Ingolf, dem ersten Siedler auf Island.

Thorolf Ornulf-Sohn lebte auf der Groß-Insel. Er wurde „Groß-Bart" genannt. Er opferte oft den Göttern und vertraute auf Thor.

Er wanderte wegen der Tyrannei des Harald Haarschön nach Island aus und gelangte an die Südseite der Landes. Als er an die Westseite in die Nähe von Breitfjord kam, warf er seine Hochsitz-Pfosten, in die Thor geschnitzt worden war, über Bord. Und er betete über ihnen, daß Thor, denn so nannte er seine Pfosten, dort an Land kommen möge, wo dieser Gott wünschte, daß er siedeln solle, und er versprach, daß er das ganze Land, daß er in Besitz nehmen würde, dem Thor weihen und nach ihm benennen werde.

Dann segelte Thorolf zu dem Fjord und gab ihm den Namen Breitfjord. Er ließ sich auf der Südseite nahe der Mitte des Fjordes nieder. Dort fand er Thor, der dort an einer Stelle an Land gespült worden war, die deshalb nun Thor-Landzunge genannt wird.

Sie waren etwas weiter landeinwärts in einer Bucht an Land geschwemmt worden, die nun Tempel-Bucht genannt wird. Dort errichtete er seine Halle und dort erbaute er einen großen Tempel und weihte ihn dem Thor. Dieser Ort wird nun Tempel-Platz genannt.

... ...

Auf der Landzunge, wo die Thor-Pfosten an Land geschwemmt worden waren, hielt Thorolf alle Gerichts-Sitzungen und dort versammelte sich auch der Bezirks-Rat aller Männer dieser Gegend, d.h. der von Thorolf Abhängigen, die den Tempel-Bezirk bildeten, dessen Priester Thorolf war.

Landnahme-Buch (Island, 900 n.Chr.):
- Ein Thor-Tempel wurde auf Island dort errichtet, wo die Hochsitz-Pfosten an Land geschwemmt wurden.
- Sein Erbauer war auch der Tempel-Priester.

I 7. b) Vellekla

Dieses Loblied hat der Skalde Einarr Klingel-Waage für Jarl Hakon verfaßt. Eine Strophe aus ihm wird auch in der Saga über König Olaf Tryggva-Sohn zitiert.

Das Folgenden ist die Übersetzung von einmal 4 Strophen und einmal 2 Strophen aus der Vellekla, die insgesamt 37 Strophen lang ist.

Jarl Hakon war ein überzeugter Anhänger der alten germanischen Religion. Er ließ die zuvor zerstörten germanischen Tempel wieder aufbauen.

Jarls Hakon der Gute und Weise,
erbaute all die Tempel,
er erbaute Thors Tempel aus neue,
die überall im Land zerstört worden waren.

Seine kühnen Krieger, die auf dem Schlachtfeld
in der Ebene starben,
können nun Thor dem Donnergott berichten,
daß nun für die Götter alles wieder gut wird.

Der starke Krieger opfert nun wieder
das Blut-Opfer;
der Schild-Träger ruft nun wieder
in Lokis Spiel Odins Namen an.

Die grüne Jörd gibt wieder ihre Gaben
so wie es in den alten Zeiten gewesen ist,
da der tapfere Speer-Brecher
die heilgen Schreine neu errichtet hat.

... ...

Der Feind derer, die flohen,
frug die Götter auf der Ebene um Rat
und erhielt die Antwort,
daß der Tag schlachten-günstig war.

Da sah der Schlachten-Lenker,
wie mächtig die Stark-Rippen waren:
die Götter des Tempels
verminderten die Leben in Gotland.

„Starker Krieger" = König
„Schild-Träger" = Krieger
„Lokis Spiel" = Kampf
„Jörd" = Erdgöttin
„Speer-Brecher" = Krieger = König
„Feind der Fliehenden" = König
„Schlachten-Lenker" = König
„Stark-Rippen" = unklare Kenning für „Götter" („die mit dem starken Atem"?)

Vellekla (Norwegen, 990 n.Chr.):
- Der König opfert den Göttern im Tempel und fragt sie um Rat.
- mehrere Thor-Tempel in Norwegen; sie sind die wichtigsten Tempel
- Blut-Opfer in den Tempeln

I 8. Freyr-Tempel

I 8. a) Ynglingasaga

Freyr errichtete einen großen „Hof" in Uppsala und machte ihn zu seiner Hauptresidenz.

Der Hof ist ein Tempel. Da Freyr in diesem halbhistorischen Bericht als Vorzeit-König aufgefaßt wird, ist dieser Tempel zugleich seine Residenz.

Ynglingasaga (Schweden, 1220 n.Chr.): in Uppsala stand ein Freyr-Tempel

I 8. b) Die Saga über Kampf-Glum

Der Tempel des Freyr lag auf der Südseite des Flusses bei Hripkelstad.

Die Saga über Kampf-Glum (Island, 1200 n.Chr.): Ein Freyr-Tempel lag an einem Flußufer.

I 8. c) Die Saga über Kampf-Glum

Bevor Thorkel Thvera verließ, ging er zu dem Tempel des Freyr und nahm einen alten Stier mit dorthin und sprach folgendes: „Du, Freyr," sagte er, „bist lange Zeit mein Beschützer gewesen und Du hast aus meinen Händen viele Opfergaben -, die mir gute Früchte getragen haben. Nun bringe ich Dir diesen Stier, weil ich hoffe, daß Glum danach mit Gewalt aus diesem Land getrieben wird – so wie ich vertrieben worden bin. Und ich bitte Dich, gibt mir ein Zeichen, ob Du dieses Opfer annimmst oder nicht."

Da wurde der Stier in solch einer Weise geschlagen, daß er laut aufbrüllte und tot niederfiel, was Thorkel als ein günstiges Omen ansah.

Die Saga über Kampf-Glum (Island, 1200 n.Chr.): ein Tempel des Freyr; Freyr ist die Schutzgottheit des Thorkel; ihm wird ein Stier geopfert; die Vorgänge beim

> Opfern dienen als Omen für die Erfüllung der Wünsche des Opfernden

I 8. d)   Die Saga über Hrafnkell Freyr-Priester

Hrafnkell erfuhr ostwärts im Fljötsdalr, daß die Söhne Thjöstarr's Freyfaxi getötet und seinen Tempel verbrannt hatten.
Da sprach er: „Ich halte es für Torheit, an einen Gott zu glauben", und fügte hinzu, daß er von jetzt an nie mehr an einen Gott glauben werde.
Und daran hielt er seither fest, sodaß er nie mehr opferte.

> **Die Saga über Hrafnkell Freysgodi (Island, 950 n.Chr.):** ein hölzerner Freyr-Tempel (hölzern = er wurde verbrannt)

I 8. e)   Die Saga über Hrafnkell Freyr-Priester

Die Brüder ließen hierauf nach Freyfaxi und seiner Schar senden und sagten, sie wollten diese Tiere sehen, von welchen so großes Gerede ging. Da wurden die Rosse heim gebracht. Die Brüder betrachteten dieselben.
Thorgeirr sprach: „Diese Pferde scheinen mir zum Hofe notwendig; mein Rat ist, daß sie so viel, als sie können, zum Nutzen der Leute arbeiten sollen, bis sie infolge Alters nicht länger leben können; aber dieser Hengst scheint mir nicht besser als andere Pferde, eher um so viel schlechter, als viel Unheil durch ihn verursacht worden ist. Ich will nicht, daß noch mehr Totschläge durch ihn veranlaßt werden, als schon seinetwegen geschehen sind; es wird daher billig sein, daß der ihn in Empfang nehme, dem er gehört (d.h. Freyr).*"*
Sie führten nun den Hengst zum Tal hinab. Eine schroffe Felswand erhebt sich unten beim Flusse, aber unter derselben eine tiefe Höhlung; dorthin führen sie den Hengst die Felswand hinauf. Darauf zogen die Brüder einen Sack über des Hengstes Kopf, banden einen Stein an seinen Hals, nahmen sodann lange Stangen, stießen den Hengst hinunter und töteten ihn so. Hier heißt es seither Freyfaxahamarr.
Dort oberhalb stand der Tempel, welchen Hrafnkell dem Gotte Freyr errichtet hatte. Thorkell ging dahin, ließ alle Götterbilder entkleiden, darauf im Tempel Feuer anlegen und alles zusammen verbrennen.

Steht der Tempel oben an der Felswand oder evtl. ein Stück flußaufwärts?

> **Die Saga über Hrafnkell Freysgodi (Island, 950 n.Chr.):** ein Freyr-Tempel aus Holz steht oben an einer Felswand (Lagebeschreibung nicht ganz sicher)

I 8. f)   Die Saga über Hrafnkell Freyr-Priester

Als aber Hrafnkell das Land zu Adalbol in Besitz genommen hatte, da veranstaltete er ein großes Opfer; er ließ einen großen Tempel erbauen. Hrafnkell liebte keinen Gott mehr als Freyr und ihm gab er von allen seinen besten Kostbarkeiten die Hälfte. Er besiedelte das ganze Tal und gab den Männern Land, wollte aber doch deren Obermann sein und eignete sich die Godenwürde über dieselben an. Infolge dessen wurde sein Name verlängert und er wurde der Freysgode genannt.

> **Die Saga über Hrafnkell Freysgodi (Island, 950 n.Chr.):** Ein Mann erbaut einen Freyr-Tempel. Er gibt ihm die Hälfte seines Besitzes. Er wird der Gode (Priester) der Gegend.

I 8. g)   Die Saga über Kampf-Glum

Da wurde er vollständig verbannt und Glum verbarg ihn, aber verbannte Männer durften dort nicht leben, denn Freyr, dem der Tempel gehörte, verbot dies.

> **Die Saga über Kampf-Glum (Island, 1200 n.Chr.):** ein Freyr-Tempel, der nicht von Verbannten betreten werden darf

I 9.   Baldur-Tempel

I 9. a)   Die Saga über Fridthjof den Kühnen

Der Anfang dieser Saga ist, das König Bele über die Gegend von Sogn herrschte. Er hatte drei Kinder: einen Sohn, der Helge hieß, einen zweiten mit dem Namen Halfdan und eine Tochter, die Ingeborg genannt wurde, eine schöne junge Frau mit großer Weisheit und die erste der Kinder des Königs.

Die Namen dieser vier Personen zeigen, daß diese Saga zumindestens teilweise auf die Mythen des ehemaligen Sonnengott-Göttervaters Tyr zurückgehen:

„Bele" ist ein sehr alter Name des Sonnengottes, der in den germanischen Mythen auch als „Beli" erscheint. Bele/Beli ist einst sehr wahrscheinlich mit Baldur identisch gewesen.

„Helge" ist ebenfalls ein Beiname des ehemaligen Sonnengott-Göttervaters Tyr. Er bedeutet „Heiler, Heiliger".

„Halfdan" tritt in sehr vielen Sagas auf, die einen Bezug zu den alten Tyr-Mythen haben.

„Ingeborg" ist der mit Abstand häufigste Name, den die Jenseitsgöttin bei ihrer Übertragung von der Mythe in die Saga erhalten hat.

An der Küste, die im Westen an den Fjord grenzte, war ein großer umhegter Bereich, der Baldurs-Hag genannt wurde. Innerhalb der Umzäunung lag ein Friedens-Platz und ein großer Tempel, der von einer hohen Palisade umgeben war.

Dort waren viele Götter, doch keiner war so beliebt wie Baldur. Und den Heiden waren dieser Ort so heilig, das darin keine Verletzung geschehen durfte – weder an einem Tier noch an einem Menschen. Und dort durften Männer und Frauen auch nicht miteinander verkehren.

... ...

Da bereitete Fridthjof sich auf die Reise vor und wählte seine Männer nach ihrem Mut und ihren Fähigkeiten aus. Die Mannschaft bestand aus achtzehn Männern.

Fridthjofs Männer frugen ihn, ob er nicht vor seinem Aufbruch zu Helgi gehen und mit ihm Frieden schließen und Baldur darum bitten wolle, das er seinen Zorn von ihm nehme.

Fridthjof sagte: „Ich habe einen feierlichen Eid geschworen, das ich König Helge niemals um Frieden bitten werde."

... ...

Aber ich werde Dir dennoch mit einer Strophe antworten:

*"Das habe ich für mich zu sagen:
Mit den acht jungen Frauen
der Ingeborg habe ich, nicht Du,
erfolgreich verhandelt.
In Baldurs-Hag legten wir
glänzende Ringe zusammen;
Nicht fern war da
der Wächter von Halfdans Land."*

Der „Wächter von Halfdans Land" ist Baldur, der in dem Tempel im Land des Halfdan Bele-Sohn verehrt worden ist. Fridthjof und Ingeborg haben also mit dem Segen des Baldur vereint.

... ...

Danach ruderten sie mit dem Boot hinüber und kamen nach Syrstrand. Da erfuhren sie, das die Könige (im Tempel) *in Baldurs-Hag waren und dort den Disen* (Göttinnen) *opferten.*

... ...

Da ging Fridthjof hinein und sah, das nur wenige Leute in der Halle der Disen waren: Die Könige waren zu dieser Zeit dort am opfern und saßen und tranken. Feuer brannten auf dem Fußboden und die Frauen des Königs saßen an den Feuern und wärmten die Götter, während andere Frauen die Götter ölten und sie mit Tüchern abwischten.

... ...

Es waren nur wenige Männer in dem Raum, denn es wurde in einem anderen Ort noch weiter getrunken. Als Fridthjof über den Boden zu der Tür gingen, sah er einen wertvollen Ring am Handgelenk der Frau des Helgi, wahrend sie den Baldur am Feuer wärmte. Fridthjof griff nach dem Ring, aber er steckte an ihrem Handgelenk fest, sodaß er sie über den Boden schleifte und Baldur ins Feuer fiel.

Als ihr Halfdans Frau hinterherlief, fiel der Gott, den sie wärmte, ebenfalls ins Feuer. Das Feuer loderte nun um die beiden Götter herum in die Höhe, da sie zuvor geölt worden waren, und schlug bis zum Dach empor, sodaß das ganze Haus in Flammen stand. Fridthjof hatte den Ring erlangt, als er hinaus lief.

Björn frug, was geschehen war, als er in dem Haus war.

Da hielt Fridthjof den Ring empor und sang diese Strophe:

*„Helge erhielt einen Schlag,
ich warf den Geldbeutel gegen die Nase des Schurken,
Halfdans Bruder stürzte nieder
auf seinem Hochsitz.
Baldur mußte verbrennen,
aber zuvor errang ich den Ring.
Dann lief ich von dem Feuerplatz
furchtlos fort."*

... ...

König Halfdan ließ sich in Framness nieder und erbaute den Tempel neu, der niedergebrannt worden war. Und in gleicher Weise errichteten sie den ganzen Baldurs-Hag neu, aber es dauerte lange, bis sie die Feuer gelöscht hatten.

Das, was Helges Herz am meisten bedrückte, war, das die Götter verbrannt waren. Und es hatte viel gekostet, Baldurs-Hag wieder so wie zuvor neu zu errichten.

Die Saga über Fridthjof den Kühnen (Norwegen, 900 n.Chr.)
- Am Sogne-Fjord in Norwegen stand ein Baldur-Tempel, der von einer hohen Palisade umgeben war. Vermutlich ist er einst ein Tyr-Tempel gewesen.
- Innerhalb dieser Umzäunung war keine Art von Verletzung und auch keine Begegnung zwischen Männern und Frauen erlaubt.
- In dem Tempel wurde Baldur als Hauptgott neben vielen anderen Göttern verehrt.
- Der König opfert in dem Tempel u.a. den Disen (Göttinnen).
- Acht Frauen scheinen „Tempel-Dienerinnen" zu sein.
- Der Tempel hat eine Tür.
- In dem Tempel brennt ein Feuer.
- Baldur ist der Land-Wächter des Königs.
- In dem Tempel werden auch die Disen verehrt.
- Der Bau eines Tempels ist teuer.

I 10. Njörd-Tempel

I 10. a) Wafthrudnismal

Sage mir dies als zehntes, Wafthrudnir,
wenn Du die Ursprünge aller Götter weißt:
Woher kam Njörd zu den Asen-Söhnen?
Über hunderte von Schreinen und Tempeln herrscht er,
obwohl er nicht Asen-geboren ist.

Wafthrudnir-Lied (Island, 1100 n.Chr.):
- Der Wanen-Gott Njörd besaß viele Tempel.

I 11. Ullr-Tempel

Die Existenz von Ullr-Tempel ist zwar nicht schriftlich überliefert worden, aber sie ist durch die Ausgrabung des Ullr-Tempels von Lilla Ullevi nachgewiesen

I 12. Sonnen-Tempel

I 12. a) Skaldskaparmal

*Die Gottes-frohe Bettgenossin des Glen
betritt strahlend ihr Heiligtum;
danach erscheint das gute Licht
des graugekleideten Mondes.*

Glen ist der Ehemann der Sonne, die seine Bettgenossin ist.
Das Sonnen-Heiligtum („ve") ist das Meer, d.h. ihr Tempel im Jenseits.
In dieser Strophe wird ein Sonnenuntergang beschrieben, der zeitlich in der Nähe des Vollmonds liegt (der Mond steigt auf, wenn die Sonne untergeht).

> **Skaldskparmal (Island, 1220 n.Chr.):**
> - Es waren Tempel der Sonne bzw. der Sonnengöttin bekannt. Das nächtliche Jenseits der Sonne wurde als ein solcher Tempel aufgefaßt.

I 13. Freya-Tempel

I 13. a) Die Saga über Thorstein Viking-Sohn

Thorstein hatte eine Tochter mit dem Namen Vefreya, die zu dem Zeitpunkt unserer Saga erwachsen geworden war – sie war in der Höhle von Skellinefa gezeugt worden und sie war dort auch geboren worden. An Weisheit glich sie ihrer Mutter.

Vefreya ist eine weise Frau, die in einer Höhle gezeugt und geboren wurde. Ihr Name bedeutet „Freya-Priesterin". Sie wird daher eine Saga-Variante der Göttin Freya sein. Aus dem Namen dieser weisen Frau und aus ihrem Charakter ergibt sich, daß es Freya-Tempel gegeben hat – und daß Freya als Göttin der Wiederzeugung und der Wiedergeburt auch mit Höhlen, d.h. mit Hügelgräbern assoziiert wurde, da die Wiederzeugung den Vorstellungen der Germanen zufolge dort stattfand.

> **Die Saga über Thorstein Viking-Sohn (Skandinavien, 650 n.Chr.):** es hat Freya-Tempel gegeben

I 13. b) Hyndla-Lied

Freya:
„Er hat mir einen Opferplatz errichtet,
aus Steinen gebaut;
oft waren sie vom Opferblut gerötet:
Ottar vertraute vertraute stets den Asinnen."

> **Hyndla-Lied (Island, 1100 n.Chr.):**
> - Freya besaß einen Opferaltar („*högr*") oder einen Tempel. Dort wurden ihr Blutopfer gebracht. Freya ist offenbar eine der Disen.

I 13. c) Fiölswin-Lied

Windkald (Tyr-Svipdag):
„*Sage mir, Fiölswinn, was ich Dich fragen will*
Und zu wissen wünsche:
Wie heißt der Berg, wo ich die Braut,
Die wunderschöne, schaue?"

Fiölswinn (Odin):
„*Hyfiaberg heißt er, Heilung und Trost*
erhalten die Lahmen und Siechen.
Gesund ward jeder, wie verjährt war das Übel,
Der den Steilen erstieg."

Windkald:
„*Sage mir, Fiölswinn, was ich Dich fragen will*
Und zu wissen wünsche:
Wie heißen die Mädchen, die vor Menglöds Knien
Einig beisammen sitzen?"

Fiölswinn:
„*Hlif heißt eine, die andere Hlifthursa,*
Die dritte Dietwarta,
Biört und Blid, Blidur und Frid,
Eir und Örboda."

Windkald:
„*Sage mir, Fiölswinn, was ich Dich fragen will*
Und zu wissen wünsche:
Schirmen sie alle, die ihnen opfern,
Wenn sie dessen bedürfen?"

Fiölswinn:
„*Jeglichen Sommer, so ihnen geschlachtet*
Wird an geweihtem Orte,
Welche Krankheit überkommt die Menschenkinder,
Jeden nehmen sie aus Nöten."

„Menglöd" bedeutet „die Halsband-Frohe" und ist ein Beiname der Freya, deren wichtigster Besitz ihr Halsreif „Brisingamen" („strahlendes Schmuckstück") ist.

Fiölswin-Lied (Island, 1150 n.Chr.):
- Die Germanen opferten jeden Sommer an einem „heiligen Ort" (Tempel) der Freya-Menglöd, damit sie sie vor Krankheiten bewahrte.

I 14. Skadi-Tempel

I 14. a) Lokasenna

Skadi an Loki:
*"Aus meinen Tempeln und Tempelfluren
wird Dir allezeit kalter* (übler) *Rat kommen."*

> **Lokasenna (Island, 1150 n.Chr.):** Es gab Tempel der Göttin-Riesin Skadi.

I 15. Huldar-Tempel

I 15. a) Die ältere Version der Huldar-Saga

Zunächst kehrten die beiden Bundbrüder zu Thorvid Jarl zurück, der auch seinerseits mit ihrem Vorhaben einverstanden war, aber dem Hildibrand rät, zunächst noch die alte Hleidr zu besuchen.

Diese beschenkte ihn mit einem Zauberhemd, das sie aus der Wolle von Widdern bereitet hatte, welche im Tempel der Huld im Bjarinalandseydi-Wald geopfert worden waren und welches Huld selbst besprochen hatte.

> **Huldar-Saga (Skandinavien, 1000 n.Chr.):** im Huld-Tempel werden Widder geopfert; der Tempel steht in einem Wald

I 16. Thorgerdr-Tempel

I 16. a) Die jüngere Version der Huldar-Saga

Als Vedrhallr sein zwölftes Jahr vollendet hatte, zog er westwärts auf Heerfahrt. In einem Kampf mit dem Wikinger Sotrudr, einem Neffen des Riesen Helreginn, gerät er in schwere Gefahr, wird aber nach Anrufen der Thorgerdr durch deren Hilfe errettet.

Sie aber wurde Holga-Braut genannt oder auch Hórga-Braut und ihr Tempel hieß „Steinaltar". Der Tempel der Göttin hieß deshalb „Steinaltar", weil dort die Anrufungs-Priesterin die Göttin herbeirief. Einige aber nannten sie auch Holgatröll.

> **Huldar-Saga (Skandinavien, 1000 n.Chr.):** ein Tempel der Thorgerdr wurde „Steinaltar" genannt

I 16. b) Hardar-Saga

Grimkell Bjarnarson, ein mit Jarl Hakon nah verwandter Gode, ging einst zu dem Tempel der Thorgerdr Hörgabrudr um für eine erfolgreiche Heirat für seine Tochter zu bitten. Als er ankam, bereiten die Götter sich gerade darauf vor, den Tempel zu verlassen. Nach einem hitzigen Wortwechsel mit Thorgerdr, die ihm erzählt, daß er nicht mehr lange zu leben hatte, verbrannte Grimkell den ganzen Tempel mit all den Göttern in ihm.

Später an diesem Tag brach Grimkell bei einem Festessen tot zusammen.

Thorgerdr ist offensichtlich nicht nur für Kämpfe zuständig gewesen, sondern konnte in vielerlei Situationen um Hilfe gebeten werden. Und mit ihrer Rache ist nicht zu spaßen ...

> **Hardar-Saga (Island, 1475 n.Chr.):** In dieser Saga wird ein Tempel erwähnt, der der Göttin Thorgerdr und einigen anderen Göttern geweiht war.

I 17.   Tempel einer Göttin

I 17. a)   Die Saga über Hervor und König Heidrek den Weisen

Zu dieser Zeit kam eine große Hungernot über Reitgotaland, sodaß es zu einem Ödland zu werden schien.

Da wurden von den Wahrsagern Lose geworfen und es fiel das Opfer-Losholz, wodurch sie erfuhren, daß das Gedeihen nicht zum Reitgotaland zurückkehren würde, bevor nicht der edelste Jüngling im Reitgotaland geopfert wurde. König Harald sagte, daß Heidreks Sohn die höchste Stellung habe, und Heidrek sagte, daß Haralds Sohn der edelste sei. Darüber konnten sie sich nicht einigen außer dadurch, daß sie zu dem Mann gingen, dessen Rat alle vertrauen konnten: König Hofund.

Heidrek wurde als Anführer für diese Fahrt ausgewählt und mit ihm zogen viele angesehene Männer. Als Heidrek zu seinen Vater kam, wurde er gut aufgenommen. Er legte ihm die ganze Angelegenheit dar und bat ihn um ein Urteil. Und Hofund sagte, daß Heidreks Sohn der höchste im ganzen Land sei.

Heidrek sprach: „Mir scheint, daß Du das Todesurteil meines Sohnes sprichst – was willst Du also tun, um mir meinen Verlust auszugleichen?"

Da sprach König Hofund: „Du mußt verlangen, daß sich jeder vierte Mann von denen, die bei dem Opfer zugegen sind, Deinem Befehl unterwirft und daß Du sonst Deinen Sohn nicht opfern wirst. Du brauchst ihnen nicht zu sagen, was Du dann tun wirst."

Daher wurde, als Heidrek heim nach Reitgotaland kam, ein Rat einberufen. Da hub Heidrek wie folgt zu sprechen ab: „Es ist die Entscheidung meines Vaters König Hofund, daß mein Sohn der edelste im ganzen Land ist und daß daher er für das Opfer auserwählt wird. Als Ausgleich dafür will ich die Befehlsgewalt über jeden vierten Mann haben, der zu diesem Rat gekommen ist, und ich will, daß ihr mir dies gewährt."

So geschah es – sie wurden seinen Truppen beigefügt. Danach ließ er seine Truppen versammeln und das Banner erheben und griff König Harald an. Da kam es zu einer großen Schlacht, bei der König Harald zusammen mit seinen Männern fiel. Da übernahm Heidrek das Land, das König Harald gehört hatte, und machte sich selbst zum König dieses Landes.

Heidrek sagte, daß all die Krieger, die getötet worden waren, ein Opfer anstelle seines Sohnes waren, und gab die Toten dem Odin.

Seine Frau war so wütend über den Tod ihres Vaters, daß sie sich in dem Tempel der Göttin erhängte.

Die Saga über Hervor und König Heidrek den Weisen (Skandinavien, 400 n.Chr.):
- der Tempel einer Göttin
- eine Königin erhängt sich im Tempel einer Göttin, nachdem ihr Mann ihren Vater getötet hat

I 18. Tempel für mehrere Gottheiten

I 18. a) Die jüngere Version der Huldar-Saga

Dagr fand bei seiner Heimkehr seinen Vater nicht mehr am Leben und erschlug, um ihn zu rächen, zunächst den Heidning und elf andere Dienstleute Domars. Als er dann aber von Domarr mit Übermacht überfallen wurde, rief er in der höchsten Not die Huld mit ihren beiden Töchtern an und gelobte ihnen einen Tempel zu bauen, wenn sie ihm helfen würden.

Wirklich unterstützten sie ihn durch ein Zauberwetter und ihr persönliches Eingreifen. Domarr mußte weichen, Dagr baute seinen Tempel und versöhnte sich hinterher auch mit Domarr.

> **Huldar-Saga (Skandinavien, 1000 n.Chr.):** Ein König baut der Göttin Huldar und ihren beiden Töchtern Thorgerdr und Irpa einen Tempel aus Dank für den ihm von ihnen verliehenen Sieg.

I 18. b) Njals-Saga

In demselben Sommer, als die Nialsöhne nach Drontheim kamen, besuchte der Jarl Hakon seinen Freund Gudbrand im Thal. Dieser hatte vor drei Wintern einen Isländer namens Hrap aufgenommen, der wegen eines Mordes von Island geflohen war. Hrap aber hatte seine Tochter Gudrun betört und seinen Werkführer Asvard erschlagen, welcher den Auftrag hatte, heimliche Zusammenkünfte zwischen ihm und Gudrun zu verhindern.

Gudbrand hatte sich an Hrap zu rächen gesucht, konnte ihn aber niemals in seine Gewalt bekommen, so daß er endlich dem Jarl seine Not klagte, und dieser hatte Hrap für vogelfrei erklärt und einen Preis auf seinen Kopf gesetzt.

Während nun der Jarl Gudbrand's Gast bei einem Fest war, kam Hrup zur Nachtzeit zu einem Tempel, den Gudbrand gemeinschaftlich mit dem Jarl Haakon besaß.

Hrap beraubte eine sitzende Statue der Thorgerdr und nahm ihr einen großen Goldring und die leinene Haube, die sie trug. Als nächstes entdeckte er eine Statue des Thor und Thors Wagen. Er nahm auch von der Statue des Thor einen Goldring und drittens nahm er einen Goldring von der Statue der Irpa, die sich dort befand. Daraufhin schleppte alle Statuen aus dem Tempel hinaus, nahm ihnen alles ab und zündete dann den Tempel an und verließ den Ort bei der Morgendämmerung.

> **Njals-Saga (Island, 1280 n.Chr.):** Ein Tempel des Gottes Thor und der beiden Göttinnen Thorgerdr und Irpa gehörte mehreren Männern gemeinsam.

I 18. c)   Die ältere Version der Huldar-Saga

Da berief Huld alle Riesen und Unholde in den Nordlanden auf 12 Monate hinaus zu einer Versammlung nach den Hallmundarheidir in Jötunheim, und an diesem Alljahres-Thing wollte sie ihren Spruch tun.

Den Odinn aber, sprach die Erzählerin, habe sie zu sich gelockt, um seiner zu genießen, wofür sie ihm aber auch die Ehre antun wolle, ihm die Fällung des Spruches den Unholden gegenüber zu übertragen.

Zugleich empfiehlt sie ihm ihre beiden Töchter, Thorgerd und Yrpa. Dann zog sie tatsächlich mit Odinn zu der Versammlung der Unholde, er auf seinem Rosse, sie aber in dem alten Drachengewand. Dort gab Odinn seinen Schiedspruch dahin ab, dass Huld die Oberkönigin aller Unholde im Norden sein solle.

Ihr und ihm selbst zu Ehren sollte in Trölladyngja („Frauenhaus der Trolle") ein Tempel gebaut werden, dem sie mit ihren Töchtern vorzustehen habe und zu welchem eine jährliche Abgabe zu entrichten sei. Der Riese Svadi aber solle mit den übrigen bei der Tötung des Gigas Beteiligten das Syrgis-Tal verlassen. Dabei hatte es sein Bewenden.

Thorgerdr, die ältere und angesehenere der beiden Schwestern, erhielt den Beinamen Hörga-Braut oder Huldar-Troll. In alten Sagen und Büchern wird die Unholdin Huld mit ihren Töchtern vielfach als Schutzgeist ihrer Freunde erwählt.

Der Riese Svadi aber ließ sich damals auf Asathors Rat hin im Thors-Tal nieder, wie oben schon berichtet wurde.

Dem Odinn schenkte Huld damals seine zwei Raben, welche ihn seitdem begleiteten und ihm alle Neuigkeiten zutragen.

> **Huldar-Saga (1350 n.Chr.):** Die Göttinnen (Seherinnen) Huldar und ihre beiden Töchter Thorgerdr Hölgabrudr und Irpa erhalten einen Tempel an dem Ort „Frauenhaus der Trolle" (= Hügelgrab).

I 18. d)　Die Saga über Olaf den Ruhmreichen Tryggva-Sohn

Er ging jeden Tag in den Tempel, um sich ehrfürchtig vor den heidnischen Göttern zu verneigen, an den Ritualen und Zeremonien seines Glaubens teilzunehmen und sogar dem Thor und dem Odin zu opfern. Das geschnitzte Bildnis des Odin war für ihn wie für die meisten Nordmänner ein heiliger und geweihter Gegenstand. Wenn er einen Eid ablegte, schwur er bei dem Hammer des Thor, und er kannte die Namen und die Fähigkeiten aller Götter in Asgard, und Walhalla war der Himmel, in den er nach seinem Tod zu gelangen hoffte.

Saga über Olaf den Ruhmreichen Tryggva-Sohn (Norwegen, 990 n.Chr.):
- Opferungen und Verneigungen im Tempel des Thor und des Odin

I 18. e)　Der Ausspruch der Seherin

*Auf dem Idafeld trafen sich die mächtigen Götter
und errichteten hohe hölzerne Schreine und Tempel.*

Der Ausspruch der Seherin (Island, 1000 n.Chr.):
- Die Tempel waren aus Holz und sehr hoch.

I 18. f)　Der Ausspruch der Seherin

*Sie warfen im Hofe heiter mit Würfeln
Und darbten goldener Dinge noch nicht.
Bis drei der Thursen-Töchter kamen
Reich an Macht, aus Riesenheim.*

„Sie" sind die Asen. Ein „Hof" ist ist ein Tempel. Das „Würfel-Werfen" bezieht sich daher möglicherweise auf das Tafl-Orakel im Tempel.

Der Ausspruch der Seherin (Island, 1000 n.Chr.):
- Im Tempel wurde das Tafl-Orakel benutzt.

I 19. Der Turm der Seherinnen

Der Turm ist wie der „Hochsitz" der Seherinnen ein architektonisches Symbol, das sich zwischen dem Diesseits und dem Jenseits befindet.

Einige germanische Seherinnen lebten in einem solchen Turm, den man sicherlich als ein Symbol des Weltenbaumes oder der Weltensäule ansehen kann und der ihre Verbindung zu den Göttern in Asgard darstellte.

Dieser die Götter und Ahnen im Himmel mit den Menschen auf der Erde verbindende Baum ist auch der Ursprung aller Zauberstäbe und Szepter. Der Weltenbaum Yggdrasil wird in Band 53 dieser Reihe dargestellt.

Weitere Varianten dieser Verbindung von oben und unten sind der Götterberg, der Rauch des Opferfeuers, die zentrale Zeltstange, der Totempfahl, die Säule und ähnliche senkrechte Dinge. Von ihnen spielt jedoch bei den Germanen lediglich die Säule noch eine kleine Rolle.

Dieses Motiv hat sich bis in die Grimm'schen Märchen hinein gehalten, in denen die „weise Frau im Turm" z.B. in den beiden Märchen „Rapunzel" und „Dornröschen" auftritt.

Das Motiv ist sehr alt, da sich die „in einem Turm gefangene schöne Jungfrau" bereits in den altägyptischen Märchen findet.

I 19. a) Tacitus

Der römische Geschichtsschreiber Tacitus (28 – 120 n.Chr.) berichtet über eine Seherin in einem Turm, die um 70 n.Chr., d.h. zu seinen Lebzeiten, einen großen Einfluß hatte. Dies ist die einzige Erwähnung eines solchen Turmes, aber es wird vermutlich kein Einzelfall gewesen sein, da die Symbolik des Turmes gut zu den Seherinnen paßt, die gewissermaßen dem Sonnengott-Göttervater Tyr im Himmel nahe waren.

Diese drei Texte sind bereits angeführt worden.

Munius Lupercus, der Legat einer der Legionen wurde mit noch anderen Geschenken zur Veleda gesandt, einer jungen Frau vom Stamm der Bructerer, die einen sehr großen Einfluß besaß, denn die Germanen glaubten aufgrund ihrer sehr alten Tradition, daß viele ihrer Frauen prophetische Kräfte besaßen und, als der Aberglaube immer mehr zunahm, daß sie sogar göttlicher Natur waren. Die Autorität der Veleda war auf ihrem Höhepunkt angekommen, denn sie hatte den Erfolg der Germanen und die Vernichtung der Legionen vorhergesagt.

... ...

Da einerseits den Bewohner der (belagerten) *Niederlassung ihre Furcht vor ihrem zukünftigen Schicksal es ihnen unmöglich machte, die gestellten Bedingungen anzunehmen und ihre derzeitige Verfassung es ihnen andererseits unmöglich machte, offen und verächtlich zu antworten, nahmen sich viel Zeit für ihre Beratungen und antworten schließlich folgendes: „... ... ... Als Schlichter zwischen uns wollen wir Civilis und Veleda haben. Unter ihrer Obhut soll der Vertrag unterzeichnet werden."*

Die Tencterer waren damit zufrieden und Boten wurden mit Geschenken zu Civilis und Veleda gesandt, die alle Angelegenheiten zu der Zufriedenheit der Bewohner der Niederlassung regelten.

Ihnen wurde jedoch nicht erlaubt, sich selber an die Veleda zu wenden. Um ihnen noch mehr Respekt vor ihr einzuflößen, wurde ihnen nicht erlaubt, sie zu sehen.

Sie lebte in einem hohen Turm und einer ihrer Verwandten, der für diese Aufgabe ausgewählt wurde, trug wie ein Götterbote die Fragen und Antworten hin und her.

... ...

Die Feinde (Germanen) *ruderten am hellen Tageslicht mit den* (von den Römern) *eroberten Schiffen zurück. Die praetorische Trireme* (Segelschiff mit drei Reihen von Rudern übereinander) *vertäuten sie weiter oben an dem Fluß Lupia als Geschenk für die Veleda.*

<u>I 19. b) **Völsungen-Saga**</u>

In dieser Saga findet sich möglicherweise noch eine Erinnerung an diese Seherinnen-Türme. Es läßt sich allerdings nicht mehr erkennen, ob hier das Motiv „Seherin im Turm", „Walküre im Turm" oder „Königstochter im Turm" vorliegt, da zum einen Brünhilde sowohl eine Seherin als auch eine Walküre und eine Königstochter ist und zum andern nichts genaueres über den Turm gesagt wird, der vermutlich schon zu dem Bergfried einer Burg geworden ist.

Nun berichtet die Geschichte, daß Sigurd eines Tages mit seinem Falken und seinem Hund und einer Schar Männer in den Wald ritt. Und als er heimkam, flog sein Falke auf einen hohen Turm und setzte sich auf einem bestimmten Fenstersims nieder. Da ging Sigurd, um seinen Falken zu holen und sah dort eine schöne Jungfrau sitzen und wußte, daß sie Brünhilde war.

I 19. c) Hugdietrich

Das Motiv der „Frau im Turm" findet sich auch den frühen Sagen, in denen die Frau jedoch schon zu der „schönen Königstochter" geworden ist:

Hildeburg die Schöne / ist die Magd genannt.
Ihresgleichen fände niemand, / durchführ er alles Land,
Weder Königstocher / noch irgend andre Magd,
Die zu des Landes Frauen / Dir billig besser behagt.

Sie ist wohl edeln Königen / von Geschlechte gleich.
Sie wohnt bei Zucht und Ehre, / fürwahr das sag ich euch,
Scham, Maß und Sitte, / dazu Bescheidenheit,
Tugend und Schöne / trägt die herrliche Maid.

Auf einem Turm verschlossen / ist die werte Magd:
Allen Männern hat ihr Vater / sie verschworen und versagt
Bis an sein Ende, / so lang ihm währt das Leben:
Und bät um sie ein Kaiser, / dem wollt er sie nicht geben.

Ein Wächter sie zu pflegen / ist allezeit bedacht,
Und auch ein Torwächter, / wenn ihr Essen wird gebracht;
Dazu eine Jungfrau, / die ihr zum Dienst behagt:
So ist gar wohl behütet / diese kaiserliche Magd.

Was hilft Dir, lieber Herre, / was ich Dir hab gesagt?
Du musst doch fahren lassen / die wonnigliche Magd.
Man mag sie nicht gewinnen, / wie klug sich einer stellt,
Sie muss zu Salneck bleiben, / ob es Dir übel gefällt."

I 19. d) Rapunzel

Das Motiv des Turmes der Seherin („Fee") findet sich noch in den von den Gebrüdern Grimm aufgezeichneten Märchen:

Es war einmal ein Mann und eine Frau, die wünschten sich schon lange vergeblich ein Kind, endlich machte sich die Frau Hoffnung, der liebe Gott werde ihren Wunsch erfüllen.
Die Leute hatte in ihrem Hinterhaus ein kleines Fenster, daraus konnte man in einen prächtigen Garten sehen, der voll der schönsten Blumen und Kräuter stand; er

war aber von einer hohen Mauer umgeben, und niemand wagte hineinzugehen, weil er einer Zauberin gehörte, die große Macht hatte und von aller Welt gefürchtet ward.

Eines Tags stand die Frau an diesem Fenster und sah in den Garten hinab. Da erblickte sie ein Beet, das mit den schönsten Rapunzeln (Feldsalat) bepflanzt war, und sie sahen so frisch und grün aus, daß sie lüstern ward und das größte Verlangen empfand, von den Rapunzeln zu essen. Das Verlangen nahm jeden Tag zu, und da sie wußte, daß sie keine davon bekommen konnte, so fiel sie ganz ab, sah blaß und elend aus.

Da erschrak der Mann und frug: „Was fehlt Dir, liebe Frau?"

„Ach", antwortete sie, „wenn ich keine Rapunzeln aus dem Garten hinter unserm Hause zu essen kriege so sterbe ich."

Der Mann, der sie lieb hatte, dachte: Eh du deine Frau sterben läßest holst du ihr von den Rapunzeln, es mag kosten, was es will.

In der Abenddämmerung stieg er also über die Mauer in den Garten der Zauberin, stach in aller Eile eine Handvoll Rapunzeln und brachte sie seiner Frau. Sie machte sich sogleich Salat daraus und aß sie in voller Begierde auf.

Sie hatten ihr aber so gut geschmeckt, daß sie den andern Tag noch dreimal soviel Lust bekam. Sollte sie Ruhe haben, so mußte der Mann noch einmal in den Garten steigen. Er machte sich also in der Abenddämmerung wieder hinab.

Als er aber die Mauer herabgeklettert war, erschrak er gewaltig, denn er sah die Zauberin vor sich stehen.

„Wie kannst Du es wagen", sprach sie mit zornigem Blick, „in meinen Garten zu steigen und wie ein Dieb mir meine Rapunzeln zu stehlen? Das soll Dir schlecht bekommen!"

„Ach", antwortete er, „laßt Gnade für Recht ergehen, ich habe mich nur aus Not dazu entschlossen. Meine Frau hat Eure Rapunzeln aus dem Fenster erblickt und empfindet ein so großes Gelüsten, daß sie sterben würde, wenn sie nicht davon zu essen bekommt."

Da ließ die Zauberin in ihrem Zorne nach und sprach zu ihm: „Verhält es sich so, wie Du sagst, so will ich Dir gestatten, Rapunzeln mitzunehmen, soviel Du willst; allein ich mache eine Bedingung: Du mußt mir das Kind geben, das Deine Frau zur Welt bringen wird. Es soll ihm gut gehen, und ich will für es sorgen wie eine Mutter."

Der Mann sagte in der Angst alles zu, und als die Frau in Wochen kam, so erschien sogleich die Zauberin, gab dem Kinde den Namen Rapunzel und nahm es mit sich fort.

Rapunzel ward das schönste Kind unter der Sonne. Als es zwölf Jahre alt war, schloß es die Zauberin in einen Turm, der in einem Walde lag und weder Treppe noch Türe hatte; nur ganz oben war ein kleines Fensterchen.

Diese „Zauberin in einem Turm" ist offenbar eine sehr späte Nachfahrin der

„Veleda im Turm".

Wenn die Zauberin hinein wollte, so stellte sie sich unten hin und rief:

*"Rapunzel, Rapunzel,
Laß mir dein Haar herunter!"*

Rapunzel hatte lange, prächtige Haare, fein wie gesponnen Gold. Wenn sie nun die Stimme der Zauberin vernahm, so band sie ihre Zöpfe los, wickelte sie oben um einen Fensterhaken, und dann fielen die Haare zwanzig Ellen tief herunter, und die Zauberin stieg daran hinauf.

Nach ein paar Jahren trug es sich zu, daß der Sohn des Königs durch den Wald ritt und an dem Turm vorüberkam. Da hörte er einen Gesang, der war so lieblich, daß er stillhielt und horchte. Das war Rapunzel, die in ihrer Einsamkeit sich die Zeit damit vertrieb, ihre süße Stimme erschallen zu lassen. Der Königssohn wollte zu ihr hinaufsteigen und suchte nach einer Türe des Turms: aber es war keine zu finden. Er ritt heim. Doch der Gesang hatte ihm so sehr das Herz gerührt, daß er jeden Tag hinaus in den Wald ging und zuhörte.

Als er einmal so hinter einem Baum stand, sah er, daß eine Zauberin herankam, und hörte, wie sie hinaufrief:

*"Rapunzel, Rapunzel,
Laß mir dein Haar herunter!"*

*Da ließ Rapunzel die Haarflechten herab, und die Zauberin stieg zu ihr hinauf.
"Ist das die Leiter, auf welcher man hinaufkommt, so will ich auch einmal mein Glück versuchen."*

Und den folgenden Tag, als es anfing dunkel zu werden, ging er zu dem Turme und rief:

*"Rapunzel, Rapunzel,
Laß mir dein Haar herunter!"*

*Alsbald fielen die Haare herab, und der Königssohn stieg hinauf.
Anfangs erschrak Rapunzel gewaltig, als ein Mann zu ihr hereinkam, wie ihre Augen noch nie einen erblickt hatten. Doch der Königssohn fing an, ganz freundlich mit ihr zu reden, und erzählte ihr, daß von ihrem Gesang sein Herz so sehr sei bewegt worden, daß es ihm keine Ruhe gelassen und er sie selbst habe sehen müssen. Da verlor Rapunzel ihre Angst, und als er sie fragte, ob sie ihn zum Manne nehmen wollte, und sie sah, daß er jung und schön war, so dachte sie: Der wird mich lieber*

haben als die alte Frau Gotel, und sagte „Ja", und legte ihre Hand in seine Hand.

„Gotel" bzw. „Gothel" ist hessisch und bedeutet „Patin". Die Zauberin als Patin der Rapunzel ist eine Variante der Seherin als spirituelle Lehrerin der Seherinnen-Anwärterinnen.

Sie sprach: „Ich will gerne mit dir gehen, aber ich weiß nicht, wie ich herabkommen kann. Wenn Du kommst, so bring jedesmal einen Strang Seide mit, daraus will ich eine Leiter flechten, und wenn die fertig ist, so steige ich herunter, und Du nimmst mich auf Dein Pferd."
Sie verabredeten, daß er bis dahin alle Abende zu ihr kommen sollte, denn bei Tag kam die Alte.
Die Zauberin merkte auch nichts davon, bis einmal Rapunzel anfing und zu ihr sagte: „Sag Sie mir doch, Frau Gotel, wie kommt es nur, Sie wird mir viel schwerer heraufzuziehen als den jungen Königssohn, der ist in einem Augenblick bei mir?"
„Ach du gottloses Kind!" rief die Zauberin, „was muß ich von Dir hören; ich dachte, ich hätte Dich von aller Welt geschieden, und Du hast mich doch betrogen!"
In ihrem Zorn packte sie die schönen Haare der Rapunzel, schlug sie ein paarmal um ihre linke Hand, griff eine Schere mit der rechten, und, ritsch, ratsch, waren sie abgeschnitten, und die schönen Flechten lagen auf der Erde. Und sie war so unbarmherzig, daß sie die arme Rapunzel in eine Wüstenei brachte, wo sie in großem Jammer und Elend leben mußte.

Diese Szene scheint auf die beiden Bilder der Jenseitsgöttin zurückzugehen: die Wiederzeugungs-Geliebte (Freya, Rapunzel mit langem Haar im Turm) und die Totenreich-Herrin (Hel, Rapunzel mit kurzem Haar in der Einöde).

Denselben Tag aber, wo sie Rapunzel verstoßen hatte, machte abends die Zauberin die abgeschnittenen Flechten oben am Fensterhaken fest, und als der Königssohn kam und rief:

„Rapunzel, Rapunzel,
Laß mir dein Haar herunter!"

so ließ sie die Haare hinab. Der Königssohn stieg hinauf, aber er fand oben nicht seine liebste Rapunzel, sondern die Zauberin, die ihn mit bösen und giftigen Blicken ansah.
„Aha", rief sie höhnisch, „Du willst die Frau Liebste holen, aber der schöne Vogel sitzt nicht mehr im Nest und singt nicht mehr, die Katze hat ihn geholt und wird Dir auch noch die Augen auskratzen. Für Dich ist Rapunzel verloren, Du wirst sie nie

wieder erblicken!"

Der Königssohn geriet außer sich vor Schmerzen, und in der Verzweiflung sprang er den Turm herab. Das Leben brachte er davon, aber die Dornen, in die er fiel, zerstachen ihm die Augen.

Da irrte er blind im Wald umher, aß nichts als Wurzeln und Beeren und tat nichts als jammern und weinen über den Verlust seiner liebsten Frau.

Blindheit ist bei den Germanen ein häufiges Symbol für die Nacht und das Jenseits gewesen. Der Königssohn, der die Saga-Variante des ehemaligen Sonnengott-Göttervaters Tyr ist, befindet sich nun auf seiner nächtlichen bzw. winterlichen Jenseitsreise.

So wanderte er einige Jahre im Elend umher und geriet endlich in die Wüstenei wo Rapunzel mit den Zwillingen, die sie geboren hatte, einem Knaben und einem Mädchen, kümmerlich lebte. Er vernahm eine Stimme, und sie deuchte ihm so bekannt.

Da ging er darauf zu und wie er herankam, erkannte ihn Rapunzel und fiel ihm um den Hals und weinte. Zwei von ihren Tränen aber benetzten seine Augen, da wurden sie wieder klar, und er konnte damit sehen wie sonst.

Der Königssohn kann wieder sehen, d.h. er ist wiedergeboren worden.

Er führte sie in sein Reich, wo er mit Freude empfangen ward, und sie lebten noch lange glücklich und vergnügt.

I 19. e) Dornröschen

Dasselbe Motiv findet sich auch in dem Märchen „Dornröschen" in dem der Turm ebenfalls zu einer Seherin gehört:

Vor Zeiten war ein König und eine Königin, die sprachen jeden Tag: „Ach, wenn wir doch ein Kind hätten!" und kriegten immer keins.

Da trug es sich zu, als die Königin einmal im Bade saß, daß ein Frosch aus dem Wasser ans Land kroch und zu ihr sprach: „Dein Wunsch wird erfüllt werden, ehe ein Jahr vergeht, wirst Du eine Tochter zur Welt bringen."

Was der Frosch gesagt hatte, das geschah, und die Königin gebar ein Mädchen, das war so schön, daß der König vor Freude sich nicht zu fassen wußte und ein großes Fest anstellte.

Er lod nicht bloß seine Verwandten, Freunde und Bekannten, sondern auch die weisen Frauen dazu ein, damit sie dem Kind hold und gewogen wären. Es waren ihrer dreizehn in seinem Reiche, weil er aber nur zwölf goldene Teller hatte, von welchen sie essen sollten, so mußte eine von ihnen daheim bleiben.

Diese „weisen Frauen" gehen auf die Priesterinnen-Seherinnen-Zauberinnen der Germanen zurück.

Das Fest ward mit aller Pracht gefeiert, und als es zu Ende war, beschenkten die weisen Frauen das Kind mit ihren Wundergaben: die eine mit Tugend, die andere mit Schönheit, die dritte mit Reichtum und so mit allem, was auf der Welt zu wünschen ist.
Als elfe ihre Sprüche eben getan hatten, trat plötzlich die dreizehnte herein. Sie wollte sich dafür rächen, daß sie nicht eingeladen war, und ohne jemand zu grüßen oder nur anzusehen, rief sie mit lauter Stimme: „Die Königstochter soll sich in ihrem fünfzehnten Jahr an einer Spindel stechen und tot hinfallen."
Und ohne ein Wort weiter zu sprechen kehrte sie sich um und verließ den Saal.
Alle waren erschrocken, da trat die zwölfte hervor, die ihren Wunsch noch übrig hatte, und weil sie den bösen Spruch nicht aufheben, sondern ihn nur mildern konnte, so sagte sie: „Es soll aber kein Tod sein, sondern ein hundertjähriger tiefer Schlaf, in welchen die Königstochter fällt."

Diese Szene findet sich auch in der germanischen Überlieferung als Streit zwischen den drei Nornen z.B. in der Saga über Norna-Gest.

Der König, der sein liebes Kind vor dem Unglück gern bewahren wollte, ließ den Befehl ausgehen, daß alle Spindeln im ganzen Königreiche sollten verbrannt werden.
An dem Mädchen aber wurden die Gaben der weisen Frauen sämtlich erfüllt, denn es war so schön, sittsam, freundlich und verständig daß es jedermann, der es ansah, liebhaben mußte. Es geschah, daß an dem Tage, wo es gerade fünfzehn Jahre alt ward, der König und die Königin nicht zu Haus waren und das Mädchen ganz allein im Schloß zurückblieb.
Da ging es allerorten herum, besah Stuben und Kammern, wie es Lust hatte, und kam endlich auch an einen alten Turm. Es stieg die enge Wendeltreppe hinauf und gelangte zu einer kleinen Türe. In dem Schloß steckte ein verrosteter Schlüssel, und als es ihn umdrehte, sprang die Türe auf, und da saß in einem kleinen Stübchen eine alte Frau mit einer Spindel und spann emsig ihren Flachs.
„Guten Tag, Du altes Mütterchen", sprach die Königstochter, „was machst Du da?"
„Ich spinne", sagte die Alte und nickte mit dem Kopf.
„Was ist das für ein Ding, das so lustig herumspringt?" sprach das Mädchen, nahm

die Spindel und wollte auch spinnen.

Kaum hatte sie aber die Spindel angerührt so ging der Zauberspruch in Erfüllung, und sie stach sich damit in den Finger.

Auch die Nornen sind Spinnerinnen, die den Lebensfaden spinnen. Die „Alte in dem Turm" wird daher wie die Zauberin in „Rapunzel" eine Seherin sein. Auch der „Dornröschen-Turm" wird folglich eine späte Variante des „Turms der Veleda" sein.

In dem Augenblick aber, wo sie den Stich empfand, fiel sie auf das Bett nieder, das da stand, und lag in einem tiefen Schlaf. Und dieser Schlaf verbreitete sich über das ganze Schloß, der König und die Königin, die eben heimgekommen waren und in den Saal getreten waren, fingen an einzuschlafen und der ganze Hofstaat mit ihnen. Da schliefen auch die Pferde im Stall, die Hunde im Hof, die Tauben auf dem Dache, die Fliegen an der Wand, ja, das Feuer, das auf dem Herde flackerte, ward still und schlief ein, und der Braten hörte auf zu brutzeln, und der Koch, der den Küchenjungen, weil er etwas versehen hatte, an den Haaren ziehen wollte, ließ ihn los und schlief. Und der Wind legte sich, und auf den Bäumen vor dem Schloß regte sich kein Blättchen mehr.

Rings um das Schloß aber begann eine Dornenhecke zu wachsen, die jedes Jahr höher ward und endlich das ganze Schloß umzog und darüber hinauswuchs, daß gar nichts mehr davon zu sehen war, selbst nicht die Fahne auf dem Dach.

Es ging aber die Sage in dem Land von dem schönen, schlafenden Dornröschen, denn so ward die Königstochter genannt, also daß von Zeit zu Zeit Königssöhne kamen und durch die Hecke in das Schloß dringen wollten.

Dieses Motiv entspricht ganz dem Tyr-Svipdag, der im Fiölswin-Lied in die von einem hohen Wall und einer Waberlohe umgebene Halle der Freya-Menglöd eindringen will.

Es war ihnen aber nicht möglich, denn die Dornen, als hätten sie Hände, hielten fest zusammen, und die Jünglinge blieben darin hängen, konnten sich nicht wieder losmachen und starben eines jämmerlichen Todes.

Nach langen, langen Jahren kam wieder einmal ein Königssohn in das Land und hörte, wie ein alter Mann von der Dornenhecke erzählte, es sollte ein Schloß dahinter stehen, in welchem eine wunderschöne Königstochter, Dornröschen genannt, schon seit hundert Jahren schliefe, und mit ihr schliefe der König und die Königin und der ganze Hofstaat. Er wußte auch von seinem Großvater, daß schon viele Königssöhne gekommen wären und versucht hätten, durch die Dornenhecke zu dringen, aber sie wären darin hängengeblieben und eines traurigen Todes gestorben.

Da sprach der Jüngling: „Ich fürchte mich nicht, ich will hinaus und das schöne

Dornröschen sehen!"

Der gute Alte mochte ihm abraten, wie er wollte, er hörte nicht auf seine Worte. Nun waren aber gerade die hundert Jahre verflossen, und der Tag war gekommen, wo Dornröschen wieder erwachen sollte.

Als der Königssohn sich der Dornenhecke näherte, waren es lauter große, schöne Blumen, die taten sich von selbst auseinander und ließen ihn unbeschädigt hindurch, und hinter ihm taten sie sich wieder als eine Hecke zusammen.

Im Schloßhof sah er die Pferde und scheckigen Jagdhunde liegen und schlafen, auf dem Dache saßen die Tauben und hatten das Köpfchen unter den Flügel gesteckt. Und als er ins Haus kam, schliefen die Fliegen an der Wand, der Koch in der Küche hielt noch die Hand, als wollte er den Jungen anpacken, und die Magd saß vor dem schwarzen Huhn, das sollte gerupft werden.

Da ging er weiter und sah im Saale den ganzen Hofstaat liegen und schlafen, und oben bei dem Throne lagen der König und die Königin. Da ging er noch weiter, und alles war so still, daß er seinen Atem hören konnte, und endlich kam er zu dem Turm und öffnete die Türe zu der kleinen Stube, in welcher Dornröschen schlief. Da lag es und war so schön, daß er die Augen nicht abwenden konnte, und er bückte sich und gab ihm einen Kuß.

Wie er es mit dem Kuß berührt hatte, schlug Dornröschen die Augen auf, erwachte und blickte ihn ganz freundlich an.

Da gingen sie zusammen herab, und der König erwachte und die Königin und der ganze Hofstaat und sahen einander mit großen Augen an. Und die Pferde im Hof standen auf und rüttelten sich, die Jagdhunde sprangen und wedelten, die Tauben auf dem Dache zogen das Köpfchen unterm Flügel hervor, sahen umher und flogen ins Feld, die Fliegen an den Wänden krochen weiter, das Feuer in der Küche erhob sich, flackerte und kochte das Essen, der Braten fing wieder an zu brutzeln, und der Koch gab dem Jungen eine Ohrfeige, daß er schrie, und die Magd rupfte das Huhn fertig.

Und da wurde die Hochzeit des Königssohns mit dem Dornröschen in aller Pracht gefeiert, und sie lebten vergnügt bis an ihr Ende.

I 19. f)   Die Saga über Eirek den Fern-Fahrenden

Diese Saga ist die ausführlichste Beschreibung einer Jenseitsreise, die von den Germanen bekannt ist. Sie ist zwar keine Mythe mehr und schon gar keine Beschreibung einer Vision, sondern eben eine Heldensage, aber in ihr werden sehr viele Vorstellungen der Germanen über das Jenseits beschrieben.

In dieser Saga wird ein Turm geschildert, der im Jenseits steht und sicherlich auf den Turm als die Verbindung zum Jenseits zurückgeht.

Thrand ist der Name des ersten Königs, der je über Throndheim herrschte. Er hatte einen Sohn, der wurde Eirek genannt, ein Mann, der schon in seiner Jugend sehr beliebt gewesen ist. Er hatte einen starken Körper, war mutig und in allen Dingen hervorragend und er wuchs zu einer stattlichen Größe auf.

Es wird erzählt, daß Eirek an einem Julabend den Eid ablegte, durch die ganze Welt zu reisen, um den Ort zu finden, den die Heiden „das Todlose Feld" und die Christen „das Land der Lebenden" oder Paradies nennen. Dieser Schwur wurde in ganz Norwegen berühmt.

Es war bei den Germanen die Sitte, am Julabend Schwüre für das abzulegen, was sie zu tun vorhatten. Die heutigen guten Vorsätze in der Sylvesternacht sind ein Überbleibsel von diesem Brauch.

… … …

Eirek frug den König der Griechen: „Wo ist der Ort, der 'das Todlose Feld' genannt wird?"

Er antwortete: „Wir nennen es das Paradies oder das 'Land der Lebenden'."

Eirek frug: „Wo liegt es?"

Der König sprach: „Dieses Land liegt östlich des fernsten Indiens."

Eirek frug: „Kann ich dort hingelangen?"

„Darüber weiß ich nichts," sprach da der König, „eine Wand aus Feuer steht davor, die bis zum Himmel hinaufreicht."

Die Waberlohe gehörte offensichtlich fest zu den Vorstellungen der Germanen über den Weg, der ins Jenseits führte.

… … …

Und nachdem sie vierundvierzig Meilen durch die Landschaften Indiens gereist waren, kamen sie schließlich zu dunklen Gegenden, in denen sie am Tag die Sterne des Himmels so klar sehen konnten als ob es tiefe Nacht wäre. Überall in diesem Land lagen große Klumpen aus Gold. Sie sahen noch viele weitere Wunder in diesem Land.

Und nachdem sie eine lange Zeit durch dichte Wälder gewandert waren, deren Bäume unvorstellbar hoch waren, kamen sie schließlich wieder aus dem Wald heraus.

Da wurde es wieder strahlend hell und sie sahen vor sich einen großen Fluß. Über ihn führte ein steinerne Brücke hinüber. Am anderen Ufer sahen sie ein wunderschönes Land mit hohen Blumen und Honig im Überfluß, und von dort drüben wehte ein süßer Duft zu ihnen herüber. Diese Landschaft war angenehm zu betrachten. Sie sahen weder Hügel noch Anhöhen noch Berge in diesem Land.

Zusammen mit der Waberlohe erscheinen in dieser Saga insgesamt fünf der germanischen Jenseitsweg-Bilder:
    1. die Waberlohe,
    2. die Nacht,
    3. der dichte Wald, der in anderen Texten „Myrkwiduz" („Mirkwood, Düsterwald") genannt wird,
    4. die Dunkelheit und
    5. die Brücke, die aus der Edda als „Gjallrbru", also „Brücke über den Fluß mit dem Namen 'Lärmender'" genannt wird.

Eirek erkannte, daß dies das Land sein mußte, von dem der König der Griechen gesprochen hatte. Es wurde ihm langsam deutlich, daß dies der Fluß Phison sein mußte, der aus dem Paradies herausfloß. Aber als sie sich der Brücke näherten, sahen sie dort einen schrecklichen Drachen mit weit aufgerissenem Maul liegen, der ein fürchterliches Gebrüll ausstieß.

In dieser Geschichte liegt der Drache („Ahnen-Geist") genau auf der Grenze zwischen dem Diesseits und dem Jenseits.

Da ging Eirek auf den Drachen zu, denn er war entschlossen vor, irgendwie über den Fluß hinüber zu gelangen. Als aber Eirek der Däne dies sah, rief er seinem Namensvetter zu, daß er hierbleiben solle, denn sonst würde der Drache ihn im Nu verschlingen.
Aber Eirek der Norweger sagte, daß er sich nicht vor dem Drachen fürchten wolle und daß er sich von dem Drache nicht von seiner Suche abhalten lasse.
Eirek der Däne sprach: „Ich bitte Dich, bester Freund, wirf Dein Leben nicht fort; komm stattdessen lieber mit uns zurück, denn Du wirst mit Sicherheit sterben, wenn Du weitergehst!"
Eirek antwortete, daß er nicht umkehren werde, und sie beiden wünschten sich gegenseitig viel Glück. Eirek der Norweger zog nun sein Schwert und nahm es fest in seine rechte Hand, während er mit seiner linken Hand einen seiner Begleiter ergriff.
Sie liefen los und sprangen in das Maul des Drachen und es sah für Eirek den Dänen so aus, als ob der Drache beide verschluckt hätte.
Er ging mit seinen Begleitern fort und nahm den Weg, den sie gekommen waren, und nach vielen Jahren kam er zurück in sein Heimatland. Dort berichtete er, was das Letzte gewesen war, was er von Eirek dem Norweger gesehen hatte und was ihm geschehen war – so wie er es wahrgenommen hatte. Dieser Mann wurde wegen seiner fernen Fahrten berühmt und er galt als großartiger Mann – und das ist das Ende

seiner Geschichte.

Als aber Eirek der Norweger und sein Begleiter in das Maul des Drachen gesprungen waren, schien es ihnen, als ob sie durch Rauch waten würden. Als sie schließlich aus dem Rauch herauskamen, sahen sie ein Land, das satt und glänzend wie Satin aussah, voller süßer Düfte und hoher Blumen; Flüsse von Honig flossen in jeder Richtung durch das Land.

Dieses Land war weit und flach. Dort schien ohne Unterbrechung die Sonne, sodaß es niemals dunkel wurde und nichts warf dort einen Schatten. Die Luft war kühl, aber nur ein leiser Hauch wehte über das Land und sie rochen den süßen Duft noch mehr als zuvor.

In diesem Teil der Saga erscheinen drei weitere germanische Jenseitsweg-Bilder: 1. der Drache, 2. das Feuer (Rauch) und 3. der Met (Honig). Das Rauch und somit auch das Feuer befinden sich in dem Drachen – hier beginnt sich das Motiv des Drachen als Jenseitsweg mit dem Motiv des Feuers als Jenseitstor zu dem feuerspeienden Drachen zu verbinden.

Vermutlich war auch die ewig scheinende Sonne und die fehlenden Schatten ein damals bekanntes Merkmal des Jenseits – vielleicht war es eine Erinnerung daran, daß früher einmal der Sonnengott-Göttervater Tyr auch der Gott des Jenseits gewesen ist.

Auch in Traumreisen und in Visionen sieht man normalerweise keine Schatten.

Sie gingen eine lange Zeit und frugen sich, ob sie wohl irgendwelche Behausungen oder bewohnte Gegenden sehen würden oder wie weit sich das Land wohl erstrecken würde.

Da sahen sie etwas, das zu ihrer größten Verwunderung so aussah wie eine Säule, die mitten in der Luft schwebte, obwohl sie von nichts gestützt wurde. Als sie näherkamen, sahen sie, daß es ein Turm war, der ganz ohne Stützen im Himmel hing.

An der Südseite des Turmes stand eine Leiter. Sie waren tief erstaunt über die große Macht, die dies möglich gemacht hatte. Dies erschien ihnen alles sehr seltsam.

Sie stiegen die Leiter in den Turm hinauf. Sie sahen, daß er mit dem schönste Samt und dem wertvollsten Satin aufs üppigste ausgekleidet war. In dem Turm stand ein Tisch, der aufs Schönste gedeckt war, und auf ihm stand eine silberne Schale. Auf ihm lagen die erlesensten Leckereien und es war mit süßem Brot beladen. Auf ihm stand auch ein Krug, der mit Gold und Edelsteinen verziert war. Daneben stand ein mit Wein gefüllter Kelch. In dem Turm standen auch Betten, gut zugerichtet und mit Decken aus goldenem Stoff und feinem Samt bedeckt.

Die Saga klingt hier ein wenig wie eine Geschichte aus „Tausendundeine Nacht", aber sie enthält doch wieder eins der germanischen Jenseitsreisesymbole. Die Säule ist offensichtlich keine normale Säule, sondern eine „Himmelsleiter". Solch eine

Säule ist auch die Irminsul, die eins der zentralen Heiligtümer der Sachsen gewesen ist.

Sie war eine hölzerne Säule, die symbolisch am Nordpol stand. Sie ist mit dem Weltenbaum Yggdrasil identisch, an dem entlang Odin ins Jenseits reiste als er an diesem Baum hing, wodurch er die Geheimnisse der Runen erkannte.

Da sprach Eirek: „Schau, hier ist das 'Totlose Feld', für das wir auf so vielen Wegen gewandert sind und für das wir uns so vielen Prüfungen und Gefahren gestellt haben."

Sie priesen Gott und sagten: „Groß und gut ist Gott, daß er uns das hat sehen lassen."

Und nachdem sie die Speisen genossen hatten, legten sie sich schlafen.

Als Eirek schlief, erschien ihm ein junger Mann, strahlend und schön von Angesicht, der sprach zu ihm: „Groß ist Deine Standfestigkeit, Eirek. Sag mir, wie gefällt Dir dieses Land?"

„Ausgezeichnet – es ist alles, was ich mir nur wünschen könnte. Von allen Ländern, die ich je gesehen habe, gefällt mir dies am besten. Aber wer bist Du? Und es scheint mir einen großen Unterschied zwischen Deinem Wissen und meinem zu geben, denn Du kennst mich und nennst mich bei meinem Namen, aber ich weiß nicht, wer Du bist."

Da lächelte der junge Mann und sprach: „Ich bin Gottes Engel und einer von denen, die die Pforte zum Paradies bewachen. Ich stand in der Nähe, als Du Deinen Eid, das Totlose Feld zu suchen, abgelegt hast. Und ich habe Dir eingegeben, nach Miklagard (Konstantinopel) zu segeln. Und durch Gottes Vorhersicht und meinen Willen hast Du Dich taufen lassen. Und ich heiße Dich gesegnet, denn Du hast den guten Rat und die Warnungen des Königs der Griechen beherzigt und hast sein Siegel genommen und im Heiligen Jordan gebadet.

Mich selber hat Gott zu Dir gesandt. Ich bin Dein Schutzengel und ich habe Dich auf Land und auf See vor allen Gefahren auf Deiner Reise und vor allen üblen Dingen beschützt."

Der Jordan ist in dieser Saga eine Mischung aus Taufe und aus dem Jenseitsfluß, der von den Germanen Gjallar genannt wurde.

Der Engel entspricht als Bote des obersten Gottes, der das Paradies bewacht, den Walküren, die die Boten des Odin sind und diejenigen auswählen, die nach Walhalla dürfen.

Als Schutzengel entspricht der Engel den germanischen Fylgjas, die die Seele eines Menschen ist. Diese Seele wird, solange man sie nicht bewußt als die eigene Mitte und Quelle erkannt hat, als etwas im außen erlebt, von dem man beschützt wird. Die germanische Vorstellung über die Fylgja enthält auch das Krafttier, das die eigenen

Instinkte sowie die körperlichen und magischen Fähigkeiten verkörpert.

Der Engel sprach weiter: „Wir sind keine Menschen, sondern eher Geister, die in unserer himmlischen Heimat wohnen. Aber der Ort, den Du hier siehst, ist wie eine Wildnis im Vergleich zum Paradies, das nicht weit von hier liegt. Von dort kommt der Fluß, den Du gesehen hast. Niemand gelangt lebend dorthin. Dort leben nur die Seelen der Rechtschaffenen. Dieser Ort hier, den Du gefunden hast, wird das 'Land der Lebenden' genannt. Bevor Du eintrafst, sandte uns Gott, auf diesen Ort zu achten und Dir das 'Land der Lebenden' zu zeigen und für Dich ein Fest auszurichten und Dich für Deine Mühen zu belohnen."
   Da frug Eirek den Engel: „Wo lebst Du?"
   Der Engel sprach: „Wir leben im Himmel, wo wir auf das Angesicht Gottes blicken, aber aus Notwendigkeit werden wir auf die Erde gesandt, um den Menschen zu helfen wie Du sicher leicht glauben kannst."
   Eirek sprach: „Was hält diesen Turm, der in der Luft zu hängen scheint?"
   Der Engel antwortete: „Es ist alleine Gottes Macht, die ihn oben hält. Durch Zeichen wie diese solltest Du keine Zweifel daran haben, daß Gott die Welt aus dem Nichts erschaffen hat."
   Eirek sagte: „Daran habe ich keinen Zweifel."

   Dieses Gespräch zwischen Eirek und dem Engel gleicht von seinem Stil her ganz dem Gespräch zwischen Gylfi und den Götter in der Prosa-Edda: Der Mensch fragt und die Götter antworten. Diese Form könnte von ihrem Stil her aus der Verschmelzung von Visions-Berichten und Wissens-Merkliedern entstanden sein.

   Der Engel frug Eirek: „Was möchtest Du lieber: Hier bleiben oder zurück in Dein eigenes Land gehen?"
   Eirek antwortete: „Ich möchte zurückgehen."
   Der Engel sprach: „Warum?"
   Eirek sagte: „Weil ich den Menschen berichten möchte, daß ich dieses ruhmvolle Zeugnis von Gottes Macht gesehen habe, und weil sie, wenn ich nicht zurückkomme, sicher sein werden, daß ich einen schrecklichen Tod gestorben bin."
   Der Engel sprach: „Auch wenn jetzt noch in den nördlichen Ländern die Heidengötter verehrt werden, wird eine Zeit kommen, in der diese Menschen frei von diesen Täuschungen sein werden und Gott sie zu seinem Glauben rufen wird. Nun lasse ich Dich in Dein eigenes Land ziehen und dort Dich dort Deinen Freunden über Gottes Gnade berichten und darüber, was Du gesehen und gehört hast, denn sie werden an Gottes Wort und seine Gebote schneller glauben, wenn sie solche Geschichten wie diese hören. Bete oft. Ich werde in einigen Jahren zu Dir kommen und Deine Seele in die Seligkeit tragen und Deine Knochen an dem Ort, an dem sie das Letzte Gericht

erwarten, bewachen. Bleibe noch sechs Tage hier, ruhe Dich aus und nimm dann genug Proviant für die Deine Rückreise mit und ziehe dann zurück in den Norden."

Da verschwand der Engel aus seinen Augen. Eirek tat genau, wie der Engel ihm in Bezug auf sein Bleiben und seine Abreise geheißen hatte.

Nachdem sie sich solange, wie der Engel es ihm gesagt hatte, ausgeruht hatten, stiegen sie wieder von dem Turm hinab und gingen den Weg zurück bis sie wieder an den Fluß gelangten. Dort fiel eine große Dunkelheit über sie. Sie kamen wieder aus dem Maul des Drachen heraus und nahmen ihre Wanderung wieder auf und sahen viele Wunder. Ihnen geschah jedoch kein Schaden und sie kamen von viel Weisheit erleuchtet wieder in Miklagard an.

Eirek berichtete dem König von seinen Reisen und der König war sehr verwundert, daß er zurückgekehrt war und er behielt ihn drei Jahre lang bei sich.

Danach machte sich Eirek reisefertig und verließ Miklagard und kehrte nach Norwegen zurück und jeder freute sich dort, ihn wieder zu sehen. Dort lebte er zehn Jahre lang.

Und im elften Winter kam ein Tag, an dem er früh zum Beten ging. Da nahm ihn der Geist Gottes und als sie nach Eirek zu suchen begannen, konnten sie ihn nicht finden.

Eirek hatte seinem Begleiter seinen Traum, den er in dem Turm gehabt hatte, erzählt und dieser Mann erzählte ihn nun weiter und sie glaubten, daß ein Engel Gottes Eirek geholt haben mußte und ihn beschützte.

Das ist das Ende von Eirek dem Fernfahrenden.

Dieses Abgeholtwerden von einem Engel hat große Ähnlichkeit Moses' leiblicher Entrückung bei seinem Tod und auch mit dem Abgeholtwerden der Krieger durch eine Walküre – nur das die Szene mit dem Engel friedlich ist und die mit der Walküre in der Schlacht stattfindet.

I 19. g) Mord der Niflungen

In der folgenden Szene aus der Skaldskaparmal, die u.a. auch im Nibelungenlied berichtet wird, wird zwar auch über einen Turm berichtet, aber es handelt sich bei ihm um ein Mißverständnis, da es sich bei ihm ursprünglich um eine „Schlangengrube" und nicht um einen „Schlangenturm" gehandelt hat. Der Ursprung dieses Motivs ist das Hügelgrab, in dem der Totengeist in der Gestalt einer Schlange wohnt.

Allerdings sind sowohl das Hügelgrab als auch der Turm „Wege ins Jenseits" – aus mythologischer Sicht ist das Ersetzen des Hügelgrabes durch einen Turm also kein Fehler.

Dem Högni ward das Herz ausgeschnitten und Gunnar in den Schlangenturm geworfen. Er schlug die Harfe und sang die Schlangen in den Schlaf; aber eine Natter durchbohrte ihn bis zur Leber.

I 19. h)   Gylfis Vision

Als ehemaliger Schamane besitzt auch Odin die Sehergabe und verfügt daher zwar nicht über einen Turm, aber über einen „Hochsitz", d.h. eine Art Thron, der dieselbe Funktion und Symbolik wie der Turm der Seherin hat.

In der Burg ist ein Ort, der Hlidskialf heißt, und wenn Odin sich da auf den Hochsitz setzt, so übersieht er alle Welten und aller Menschen Tun und weiß alle Dinge, die da geschehen.

I 19. i)   Gylfis Vision

An einer Stelle in der Edda wird der Ort, an dem sich Odins Seher-Thron Hlidskialf befindet, näher beschrieben:

Da ist ferner ein großer Saal, der Valaskialf heißt: das ist Odins Saal. Ihn schufen die Götter und deckten ihn mit schierem Silber.
In diesem Saal ist der Hochsitz, der Hlidskialf heißt, und wenn Allvater auf diesem Hochsitz sitzt, so übersieht er die ganze Welt.

I 19. j)   Adam von Bremen

Die Säule als Symbol der Verbindung von Himmel und Erde findet sich nur in der „Hamburgischen Kirchengeschichte" des Bischofs Adam von Bremen aus dem Jahr 1075 n.Chr.
Da die Indogermanen jedoch die Vorstellung gehabt haben, daß der Weltenbaum am Nordpol genau unter dem Polarstern stand und dort die Achse bildet, an der sich der Himmel dreht, kann man davon ausgehen, daß diese Erdachse bzw. Himmels-Achse ein sehr altes Motiv gewesen ist.

Auch verehrten sie (die Germanen) *einen hölzernen Pfahl von nicht geringer Höhe, der unter freiem Himmel aufgerichtet war, und den sie in ihrer Landessprache Irminsul nannten, das heißt Allsäule, welche gleichsam alles trägt.*

„Irminsul" bedeutet „Gewaltige Säule".

Der Turm ist die Verbindung der Seherinnen und Seher und insbesondere des Odin mit dem Himmel, d.h. mit den Göttern und den Ahnen im Jenseits. Dieser Turm ist eine Variante des Weltenbaumes und der Himmelssäule.

Von dem Motiv des Turm hat sich der „Hochsitz" der Seher und Seherinnen abgeleitet (siehe „Seherinnen-Sitz" in Band 57).

I 20. Detailliert beschriebene Tempel

I 20. a) Die Saga über Thrond von Gate

Sie gingen einen bestimmten Pfad entlang zum Wald hin und dort dann einen kleinen Seitenpfad in den Wald hinein, bis sie zu einer Lichtung kamen, auf der ein Haus mit einem Zaun ringsherum stand. Das Haus war sehr schön und seine Schnitzereien waren mit Gold und Silber eingelegt.

Sie betraten das Haus gemeinsam – Hakon und Sigmund und noch einige Männer mit ihnen.

In ihm waren sehr viele Gottheiten.

In dem Haus gab es sehr viele gläserne Dachfenster, sodaß nirgendwo Schatten waren.

Gegenüber dem Eingang war eine Frau, die sehr schön geschmückt war.

Der Jarl warf sich vor ihren Füßen nieder und lag dort sehr lange Zeit und als er sich wieder erhob, sagte er, daß Sigmund ihr eine Opfergabe geben solle und daß das er das Silber dann vor ihr auf den Altar legen solle, „und wir werden ein Zeichen für das, was sie denkt, erhalten: Wenn sie das tun will, was ich wünsche, wird sie den Ring loslassen, den sie in ihrer Hand hält. Denn Du, Sigmund, sollst durch diesen Ring Glück erhalten."

Der Jarl ergriff den Ring und es schien Sigmund, als ob sie ihre Hand über dem Ring schließen würde, sodaß der Jarl den Ring nicht nehmen konnte.

Der Jarl warf sich ein zweites Mal vor ihr nieder und Sigmund sah, daß der Jarl weinte. Dann erhob er sich wieder und ergriff den Ring und siehe: Nun war er lose! Er nahm ihn und gab ihn Sigmund.

> **Die Saga über Thrond von Gate (Faröer, 1000 n.Chr.):**
> - Der Tempel stand auf einer Waldlichtung.
> - Er war von einem Zaun umgeben.
> - Der Tempel war „sehr schön" und war durch mit Gold und Silber eingelegte Schnitzereien geschmückt.
> - viele Götterstatuen, im Zentrum eine Göttinnenstatue
> - ein Opferaltar vor einer Göttin
> - gläserne Dachfenster, überall hell

I 20. b) Landnamabok

Dort errichtete Thorolf Großbart einen Tempel und es wurde ein mächtiges Gebäude.

Innerhalb der Türen des Tempels standen die Säulen seines Hochsitzes und in ihnen waren Nägel, die man Gottesnägel nannte.

Aber an das Haupthaus schloß sich ein weiteres Haus an, das von seiner Lage wie der Chor einer Kirche war und in dem sich ein Podest in der Mitte des Fußbodens befand, der wie ein Altar war und auf dem ein Ring ohne Öffnung lag, der 20 Unzen wog und auf den die Männer ihre Eide vor Gericht ablegen mußten. Und diesen Ring mußte der Anführer bei allen Männer-Treffen stets an seinem Arm tragen.

Auf diesem Podest stand der Blut-Kelch, aus dem heraus das Blut verspritzt wurde, das „hlaut" genannt wird und das von den Tieren stammt, die den Göttern geopfert worden waren.

Und rings um dieses Podest hatten die Götter an diesem heiligen Ort ihren Platz.

Die wörtliche Bedeutung des Substantivs „hlaut", mit dem man das Opferblut bezeichnete, ist „Los, Anteil". Damit ist wohl der Anteil der Götter an den Tieren, also die Opfergaben an die Götter, gemeint.

Der Ring wog 20 Unzen, d.h. ca. 600gr. Bei dem spezifischen Gewicht des Goldes von 19gr macht dies ca. 31cm³ Gold. Bei einem Armreif-Durchmesser von ca. 10cm kommt man auf einen Umfang von ca. 32cm. Das bedeutet, daß der Armreif, wenn er im Querschnitt in etwa kreisförmig war, eine Dicke von ca. 1cm gehabt hat.

Landnahme-Buch (Island, 900 n.Chr.):
- Es gab große und kleine Tempel.
- In ihnen gab es einen angrenzenden Raum („Chor"), in dem der Altar mit dem Eid-Ring und dem Blut-Kelch sowie um den Altar herum die Götterstatuen standen.
- Innerhalb der Eingangstür standen manchmal die Hochsitz-Säulen, in denen sich die Götternägel befanden.

I 20. c) Die Saga über die Siedler von Eyre

In dieser Saga wird dieselbe Geschichte ganz ähnlich erzählt wie im Landnahme-Buch und noch durch ein Orakel ergänzt, das Thorolf befragt hat, um von Thor zu erfahren, ob er in Norwegen bleiben oder nach Island auswandern solle.

In dieser Saga werden noch ein paar weitere kleine Details berichtet.

Dort ließ er einen Tempel erbauen und es wurde ein gewaltiges Haus mit Türen nahe bei den Giebelwänden.

Innerhalb des Tempel-Tores standen die Säulen seines Hochsitzes. In sie waren Nägel geschlagen worden, die Gottesnägel („regin-nagler") genannt wurden. Ab dieser Stelle war der Tempel ein heiliger Ort.

Am hinteren Ende war ein Anbau ähnlich dem Chor in den heutigen Kirchen und in ihm war eine erhobene Plattform in der Mitte des Fußbodens wie ein Altar, auf dem ein Ring lag, der 20 Unzen wog und ohne ohne Öffnung gefertigt worden war. Auf diesen Ring mußten alle Eide abgelegt werden. Er mußte auf allen öffentlichen Versammlungen getragen werden.

Ein Blut-Kelch stand auf der Plattform und in ihm ein Blut-Zweig – wie der Weihwasserwedel eines Priesters – für das Versprühen des Blutes aus dem Kelch. Dieses Blut, das „hlaut" genannt wurde, war das Blut der Tiere, die den Göttern geopfert wurden.

Die Götter hatten ihren Platz rings um die Plattform in dem Chor-artigen Anbau in dem Tempel.

... ...

Alle Bauern mußten an den Tempel Abgaben zahlen.

... ...

Der Tempel-Priester war für die Erhaltung und Pflege des Tempels sowie für die Leitung der Opferfeste in ihm verantwortlich.

Die Saga der Bewohner von Eyre (Island, 1000 n.Chr.):
- ein großer Tempel
- Innerhalb des Tores standen die Hochsitz-Säulen, in denen „Gottesnägel" steckten.
- Die beiden Türen waren nahe bei einer der beiden Giebelwände.
- In ihm gab es einen angrenzenden Raum („Chor"), in dem der Altar mit dem Eid-Ring und dem Blut-Kelch mit dem Blut-Zeig in ihm stand.
- Um den Altar herum standen die Götterstatuen.
- Der Tempel wurde durch die Abgaben der Bauern in dem betreffenden Bezirk unterhalten.
- Der Priester leitete die Opferfeste und war für die Erhaltung des Tempels verantwortlich.

I 20. d) Kjalnesinga-Saga

Dieselbe Schilderung findet sich ein drittes Mal in der Kjalnesinga-Saga. Die Beschreibung eines „ewigen Feuers" auf dem Altar läßt allerdings vermuten, daß derjenige, der diese Saga niedergeschrieben hat, selber nur noch wenig über die germanische Religion wußte und dieses vermutlich römisch-griechische Motiv miteingefügt hat. Auch die Beschreibung des Tempels als „innen abgerundet" und „wie ein Gewölbe" paßt nicht zu der eckigen Bauweise der germanischen Tempel, sondern eher zu romanischen oder gotischen Kirchen.

Er ließ einen großen Tempel auf seiner Heuwiese bauen – hundert Fuß lang und sechzig breit.
Alle mußte eine Tempel-Abgabe zahlen.
Thor war dort der am meisten verehrte Gott.
Der Tempel war innen abgerundet wie ein Gewölbe und es gab überall Fenster und Wandbehänge.
Das Bildnis des Thor stand in der Mitte zusammen mit anderen Göttern auf seinen beiden Seiten.
Vor ihnen stand ein Altar, der mit großem Geschick hergestellt und obenauf mit Eisen bedeckt war. Auf diesem brannte ein Feuer, das niemals verlöschte – sie nannten es ein heiliges Feuer.
Auf dem Altar lag ein großer Armreif aus Silber. Der Tempel-Priester mußte es bei allen Versammlungen tragen und jedermann mußte auf diesen Ring Eide schwören, wenn vor Gericht verhandelt wurde.
Ein großer Kupferkelch stand auf dem Altar und in ihn wurde alles Blut von den Tieren gefüllt, die die Menschen dem Thor opferten. Dieses Opfer-Blut nannten sie „hlaut" und den Opferkelch nannten sie Hlaut-Kelch. Dieses Blut wurde über die Menschen und über die Tiere versprüht. Die Tiere, die als Opfer gegeben wurden, wurde für das Fest benutzt, wenn man Opfer-Feste abhielt.
Menschen, die sie opferten, wurden in einen Teich vor der Tür geworfen. Sie nannten ihn die Blut-Quelle.

Kjalnesinga-Saga (Island, 1250 n.Chr.):
- Ein Tempel ist 30m lang und 18m breit.
- Der Tempel ist Thor als Hauptgott (er steht in der Mitte) und weiteren Göttern geweiht.
- Der Tempel wurde durch allgemeine Abgaben unterhalten.
- Er war innen wie ein Gewölbe abgerundet.
- Er hatte viele Fenster.

- Er war innen mit Wandbehängen geschmückt.
- Der Altar hatte eine Eisenplatte, auf der ein ewiges Feuer brennt.
- Auf dem Altar liegt ein Eid-Ring.
- Auf dem Altar steht ein Blutkelch.

I 20. e) Heimskringla

Mit dem Blut-Zweig wurden die Sockel der Statuen und ebenso die Wände des Tempels innen und außen bestrichen und ebenso wurden die Menschen dort mit Blut besprüht.
Das Fleisch der Tiere wurde jedoch gekocht und diente bei den Festen als Speise. In der Mitte des Tempels wurden Feuer entfacht, über die man Kessel hing. Der Opfer-Kelch wurde um das Feuer herum getragen.

Heimskringla (Island, 1220 n.Chr.):
- Die Statuen standen auf Sockeln.
- Die Statuen-Sockel sowie die Innen- und Außenwände des Tempel wurden mit Opferblut bestrichen.
- In der Tempelmitte brannte ein Feuer, über dem man auch das Fleisch der Opfertiere kochte.
- Der Opferkelch wurde um das Feuer herum getragen.

I 20. f) Die Saga über Sturlaug den Mühen-Beladenen

Sie sagte: „Zunächst einmal gibt es einen Tempel in Bjarmaland. Er ist dem Thor und dem Odin, der Frigg und der Freya geweiht und mit großem Geschick aus den wertvollsten Hölzern hergestellt worden. Der Tempel hat eine Tür nach Nordwesten und eine nach Südwesten. Dort drinnen ist lediglich Thor. Das Auerochsen-Horn liegt vor ihm auf einem Tisch und es ist so schön wie Gold anzusehen."
... ...
Sie segelten, bis sie nach Bjarmaland kamen und dann weiter in den Fluß Dvina hinein. Dort sahen sie im Westen des Flusses eine flache Ebene und auf ihr einen prächtigen Tempel, der so glänzte, daß er einen Lichtschein über die ganze Ebene warf, denn er war mit Gold und edlen Steinen geschmückt.
... ...

Als sie zu dem Tempel kamen, waren die Türen in ihm genau so, wie es ihnen beschrieben worden war. Sie gingen zu dem Tor an der Nordwestseite des Tempels, da dies das einzige war, dessen Türflügel offen standen.

Da sahen sie, daß gleich im Inneren hinter der Türschwelle eine Grube voller Gift war und gleich hinter ihm ein großer Querbalken, der vor dem Eingang befestigt worden war. Und in dem Eingangs-Raum waren Wände ringsum und rings um die Grube, damit das Ganze nicht von dem Gift zerstört wurde.

… … …

Er blickte in den Tempel und sah dort (die Statue des) *Thor auf dem Ehrenplatz* (in der Mitte) *sitzen. Vor ihm stand ein schöner, mit Silber überzogener Tisch. Er sah das Auerochsen-Horn auf dem Tisch vor Thor stehen. Es war schön wie Gold und voller Gift. Dort waren auch ein Tafl-Spiel und Tafl-Spielsteine zu sehen, die alle aus Gold geschaffen worden waren. Dort befanden sich Pfosten, an denen Kleider und goldene Ringe hingen.*

… … …

In dem Tempel standen drei Felsen, die so hoch wie die Rippen eines Mannes reichten und zwischen denen tiefe Gruben voller Gift waren, sodaß Sturlaug über sie springen mußte, um zu dem Platz zu gelangen, an dem sich das Auerochsen-Horn befand.

„Bjarma-Land": Baltikum

„Gift-Grube" Dies ist eine Ergänzung, die den Vorgang dramatischer werden läßt. Diese Gefahr beim Betreten des Tempels ist von den Gefahren beim Betreten eines Hügelgrabes übernommen worden – dieselbe Vermischung von Tempel und Hügelgrab findet sich auch in der Saga über Bosi und Herraud bei der Plünderung eines Tempels.

„Pfosten mit Kleidern und Goldringen": Möglicherweise sind Götterstatuen aus Holz gemeint, da ansonsten kleine „Kleiderschränke" für die Götter bekannt sind – obwohl so etwas natürlich denkbar ist.

„drei Felsen mit Gruben": Dies ist vermutlich eine weitere Umdeutung, die Assoziationen zu den Hügelgrab-Grabhöhlen und zu den Opfersteinen haben können.

Die Saga über Sturlaug den Mühen-Beladenen (Skandinavien, 1350 n.Chr.):
- ein Tempel im Baltikum
- Er ist dem Thor und dem Odin, der Frigg und der Freya geweiht.
- Er ist mit großem Geschick aus wertvollen Hölzern hergestellt worden (Schnitzarbeiten?).
- ein Tor im Nordwesten, eins im Südwesten
- Tore mit zwei Türflügeln

- In ihm steht die Statue des Thor in der Mitte und die der anderen zu seinen beiden Seiten.
- Er steht auf einer Ebene auf der Westseite des Flusses Dvina.
- Er ist mit Gold und Edelsteinen geschmückt und glänzt weithin.
- Er hat einen Eingangs-Raum.
- Vor den Statuen stehen Silber-überzogene Tische.
- Auf dem Tisch des Thor steht ein Trinkhorn.
- Im Tempel befindet sich ein Tafl-Spielbrett mit goldenen Tafl-Figuren.
- In ihm befinden sich Holzpfosten, an denen Kleider und goldene Ringe hingen (Statuen?).

I 20. g) Die Saga über Olaf Tryggva-Sohn

Dann fuhr König Olaf mit allen seinen Männern nach Trondheim und als er in Märin ankam, fand er dort alle Häuptlinge aus Trondheim versammelt – all die, die dem Christentum am stärksten widerstanden hatten. Bei ihnen waren auch die wohlhabenden Freibauern, die bis dahin an diesem Ort die Blut-Opfer weitergeführt hatten. Es war eine beachtliche Versammlung von Männern, ganz wie zuvor auf dem Frosta-Thing.

Der König gebot, daß sich alle zum Thing versammelten. Beide Seiten gingen hin und sie waren alle voll bewaffnet.

Als dann das Thing eröffnet worden war, sprach der König und bot den Männern das Christentum an.

Dann antwortete Eisenbart für die Bauern und sagte nun wie zuvor, daß sie nicht erdulden würden, daß der König ihre Gesetze brach: „Wir verlangen, König, daß Du Opfer durchführst so wie es die Könige in diesem Land vor Dir getan haben."

Dieser Rede spendeten die Bauern reichlich Beifall und sie riefen, daß alles so sein müsse, wie Skeggi es sagte.

Da gab der König zur Antwort, daß er zu dem Tempel gehen und ihren Kult beiwohnen würde, wenn sie opferten. Darüber waren die Bauern sehr zufrieden und beide Seiten begaben sich daraufhin zu dem Tempel.

Als König Olaf den Tempel betrat, begleiteten ihn einige seiner Männern und einige der Bauern.

Als der König zu dem Platz der Götter kam, an dem Thor ganz mit Silber und Gold geschmückt saß, erhob König Olaf einen aus Gold geschmiedeten Spitzstab und schlug mit ihm den Thor so heftig, daß er von seinem Podest stürzte. Daraufhin liefen der König und seine Männer hinüber und warfen alle Götterstatuen von ihren

Podesten herab.

Während sie noch im Inneren des Tempels waren, wurden Eisenbart vor der Eingangstür von den Männern des Königs erschlagen.

Als der König wieder hinaus zu dem Volk kam, gebot er den Bauern zwischen zwei Möglichkeiten zu wählen und diese beiden Möglichkeiten waren, daß sie entweder den Glauben Christi annahmen oder sich ihm in einer Schlacht engegenstellten. Da Eisenbart bereits erschlagen worden war, gab es nun keinen Mann mehr, der es wagte, das Banner gegen König Olaf zu erheben, sodaß sie die Bedingung annahmen, sich dem König zu unterwerfen und zu tun, was er ihnen befahl.

Saga über Olaf Tryggva-Sohn (Norwegen, 990 n.Chr.):
- Im Tempel wurden Blutopfer durchgeführt.
- Im Tempel gibt es einen „Platz der Götter(-Statuen)".
- Im Tempel steht eine Thorstatue sowie weitere Götterstatuen.
- Die Thor-Statue ist mit Silber und Gold geschmückt (Ringe?).
- Die Statuen stehen alle auf Sockeln.
- Der Tempel hat eine Eingangstür.

I 20. h) Die Saga über Olaf den Ruhmreichen Tryggva-Sohn

Über diese Begebenheit gibt es noch einen zweiten Bericht, der noch einige zusätzlich Details enthält.

König Olaf hörte dieser Rede geduldig zu und erklärte sich bereit, sein Versprechen zu halten. Daher betrat er, von vielen seiner Männer begleitet, den Tempel, der ein großes und prächtiges Gebäude war. Seine Türe war aus geschnitzter Eiche und der Türgriff an ihr hatte die Form eines großen goldenen Ringes, den Jarl Hakon dort angebracht hatte.

Im Inneren waren zwei große Räume. Der erste oder äußere von ihnen war der Raum, in dem die Opferfeste gefeiert wurden; der innere war der heiligere, denn dort standen die heidnischen Götter auf ihren Podesten. Die Wände waren mit Wandteppichen behangen und mit wertvollen Metallen und mit Edelsteinen geschmückt. Selbst das Dach war mit Goldplatten bedeckt.

Alle, die eintraten, waren ohne Waffen, denn niemand durfte durch diese Tür treten, wenn er ein Schwert oder eine andere Waffe bei sich trug. Der König jedoch trug einen Stock mit einem schweren goldenen Knauf.

Er sah den Bauern dabei zu, wie sie das Feuer für das Opfer bereiteten, aber bevor sie damit fertig waren, ging er in den inneren Raum und betrachtete die Statuen der Götter. Dort saß die Gestalt des Thor mit seinem Hammer in seiner Hand und mit goldenen und silbernen Ringen an ihm. Er war in einem Streitwagen aus Gold, vor den ein Paar Ziegen gespannt war, die aus Holz und Silber gefertigt worden waren.

„Welcher Gott ist das?" frug Olaf die Bauern, die nahe bei ihm standen.

„Das ist unser Gott Thor," antwortete einer der Häuptlinge, „er ist der am meisten verehrte der Götter außer Odin. Das Flammen seiner Augen sind die Blitze, das Rumpeln der Räder seines Wagens ist der Donner und die Schläge seines Hammers ertönen laut im Erdbeben. Er ist der machtvollste aller Götter."

„Und dennoch," sprach Olaf, „scheint er mir aus nichts Stärkerem als Holz gemacht zu sein. Ihr nennt ihn machtvoll, doch ich meine, daß selbst ich machtvoller bin als er!"

Als er diese Worte sprach, erhob er seinen Goldknauf-Stab und während sie alle auf ihn blickten, schlug er Thor mit einem so heftigen Schlag, daß er von seinem Sitz stürzte und auf dem Boden in Stücke zerbrach. Zugleich zerschlugen Olafs Männer all die anderen Statuen in dem Raum, während an der Tempeltür Eisenbart angegriffen und getötet wurde.

Olaf raubte viele der Schätze dieses Tempels und ließ dann das Gebäude bis auf die Grundfesten niederreißen. Keiner der Bauern wagte ihm Widerstand zu leisten. Nach Eisenbarts Tod hatten sie keinen Anführer mehr, der kühn genug war, um sich dem König zu widersetzen. Daher schworen sie am Ende alle ihren heidnischen Bräuchen ab und unterwarfen sich dem Gebot des Königs, das Christentum anzunehmen.

Der „hov" des Hakon Jarl stand in dem heutigen Ort Lade, der nur 7km nordwestlich von Ranheim liegt, an dessen Strand ein Tempel gefunden worden ist.

Saga über Olaf Tryggva-Sohn (Norwegen, 990 n.Chr.):
- In Norwegen steht ein großer und prächtiger Tempel.
- Er hat eine Tür aus geschnitzter Eiche mit einem Goldring-Türgriff.
- Er hatte zwei Räume: der erste diente den Opferfesten, der zweite und heiligere enthielt die Götterstatuen.
- An den Wänden hingen Wandteppiche.
- Die Wände waren mit wertvollen Metallen und Edelsteinen geschmückt.
- Das Dach war mit Goldplatten bedeckt.
- Der Tempel mußte ohne Waffen betreten werden.
- Im ersten Raum befandet sich das Opferfeuer.
- Die Statuen standen auf Sockeln.
- Der Tempel enthielt viele Schätze.

I 21. Tempel und Hügelgrab

I 21. a)   Die jüngere Version der Huldar-Saga

Damals herrschte in den Nordlanden das Brandalter. Doch zogen noch manche, zumal in Norwegen und Halogaland, vor, sich nach älterem Brauche in einen Hügel legen zu lassen.

So tat auch Hölgi. Als er sich dem Tode nahe fühlte, verlangte er, in voller Bewaffnung in einem großen Hügel gesetzt zu werden, der aus abwechselnden Lagen von Erde und von Gold und Silber aufgeschüttet werden sollte. Den Leuten aber solle man sagen, daß er nach Godheim gefahren sei und daß sie ihn nach wie vor in allen ihren Angelegenheiten anrufen könnten.

> **Huldar-Saga (Skandinavien, 1000 n.Chr.):** Ein Hügelgrab hat eine Tempelähnliche Funktion, da man dort von einem toten König Rat erhält.

I 20. b)   Die Saga über Bosi und Herraud

„Dort in dem Wald steht ein großer Tempel, der König Harek gehört, der über Bjarmaland herrscht. Der Gott, der dort verehrt wird, heißt Jomali. Dort gibt es viel Gold und Schätze. Die Mutter des Königs, die Kolfrosta heißt, ist die Leiterin des Tempels."

… … …

Sie kamen dorthin, wo Jomali saß. Sie nahmen ihm seine goldene Krone, in die zwölf Edelsteine eingelassen worden waren, und eine Kette, die dreihundert Mark wert war, und von seinen Knien nahmen sie einen silbernen Kelch, der so groß war, daß ihn selbst vier Männer nicht leeren konnten. Er war voller rotem Gold.

Aber der wertvolle Baldachin, der über Jomali hing, war mehr wert als die Ladung von drei der reichsten Schiffe, die das Mittelmeer befuhren.

Dies alles nahmen sie für sich selber.

Dann fanden sie einen geheimen Seitenraum in dem Tempel. Vor ihm war eine Steintür, der stark befestigt worden war, und zu deren Aufbrechen sie einen ganzen Tag benötigten, bevor sie hineingehen konnten.

Dort saß eine Frau auf einem Stuhl. Sie hatten noch nie eine schönere Frau gesehen. Ihr Haar, das so schön wie gedroschenes Stroh oder Goldfäden war, war an die Pfosten gebunden worden. Um ihre Hüfte lag ein eisernes Band, das fest verschlossen war.

... ...

Danach trugen sie alles Gold und alle Schätze aus dem Tempel und legten dann Feuer an ihn und verbrannten ihn zu Asche, sodaß keine Spuren außer der Asche mehr von ihm zu sehen waren.

Jomali ist der Name des baltisch-finnischen Göttervaters. Da es sich hier um eine Wikinger-Saga handelt, wird die Beschreibung des Jomali-Tempels wahrscheinlich weitgehend den Vorstellungen der Wikinger über ihre eigenen Tempel entsprechen.

Die gefangene Frau ist die Schwester des Königs Godmund, der die Saga-Variante des ehemaligen Göttervaters Tyr ist. Diese Frau ist daher die Jenseitsgöttin (siehe „Inzest" in Band 51).

Die geheime Kammer, in der sie sich befindet, ist ursprünglich vermutlich ein Hügelgrab gewesen. Dazu paßt auch die steinerne Tür vor ihrer Kammer.

Die Saga über Bosi und Herraud (Schweden, 1300 n.Chr.):
- Der Tempel ist in dieser Saga zum Teil die Umdeutung eines Hügelgrabes.
- Der Tempel steht im Wald.
- Der Tempel besteht fast nur aus Holz (er wurde verbrannt).
- In dem Tempel liegen viel Schätze.

I 22.   Das Tempelsäulen-Orakel

I 20. a)   Die Lachstal-Saga

Björn fand die Säulen seines Tempels, die an einem bestimmten Bach angeschwemmt worden waren, und er war der Meinung, daß dies zeigte, wo er sein Haus bauen sollte.

Manchmal waren es auch die Säulen aus dem Tempel, die für das Siedlungsplatz-Orakel benutzt wurden. Da die Hochsitz-Säulen auch in den Tempel gestellt wurden (siehe Thorolf Groß-Bart), wird man davon ausgehen können, daß die Hochsitz-Säulen und die Tempel-Säulen von ihrer Beschaffenheit und ihrer Symbolik her identisch waren: eine Verbindung der Menschen zu den Göttern.

> **Lachstal-Saga (Island, 980 n.Chr.):** Tempelsäulen-Orakel für den Bau des neuen Hauses in Island

Siehe zu diesem Brauch auch die vielen Beispiele in dem Kapitel „Hochsitz" in Band 57.

I 23.   Mitnahme des Tempels bei der Auswanderung

I 23. a)   Landnahme-Buch

Thorhadd der Alte war der Tempel-Priester von Thrandheim in Märi. Er wollte nach Island auswandern und bevor er fortzog, baute er den Tempel ab und nahm das Holz des Tempels und die Hochsitz-Säulen mit sich.

> **Landnahme-Buch (Island, 900 n.Chr.):** Die Priester der norwegischen Tempeln nahmen beim Auswandern nach Island manchmal das Holz des Tempels und die Tempel-Erde mit.

I 23. b)   Landnahme-Buch

Dasselbe wird auch über Thorolf Großbart berichtet.

Thorolf Ornolf-Sohn wohnte auf der Insel „Groß". Er wurde „Großbart" genannt. Er brachte den Göttern oft Opfer dar und vertraute auf Thor.

Thorolf Groß-Bart veranstaltete ein großes Opfer und frug Thor, seinen geliebten Freund, ob er mit dem König Frieden schließen oder das Land verlassen und an einem anderen Ort sein Glück versuchen solle. Die Worte wiesen Thorolf nach Island.

Daraufhin beschaffte er sich ein großes Schiff, das alle seine Habe aufnehmen konnte, und bereitete es für die Island-Fahrt vor. Er nahm seine Sippe und alles Gerät aus seinem Haushalt mit sich und es entschlossen sich auch viele seiner Freunde mit ihm zu ziehen.

Thorolf zerlegte den Tempel des Thor und nahm fast das gesamte Holz mit sich auf seiner Fahrt nach Island und ebenso die Erde unter dem Sitz, an dem Thor saß.

I 24. Der Kult im Tempel

I 24. a) Egil-Saga

Im Frühjahr wurde ein großes Opferfest für den Sommer in Gaular beschlossen Dort war der bekannteste der Haupttempel. Dorthin zogen alle in Scharen von den Bergen und den Fjorden und von Sogn und fast alle großen Männer kamen. Auch König Erik zog dorthin.

Da sprach Königin Gunnhilda zu ihren Brüdern: „Ich will, daß ihr beide die Dinge so lenkt, daß ihr einen der beiden Söhne des Skallagrim oder am besten beide tötet."

Sie sagten, daß dies geschehen solle.

Thorir machte sich bereit um dorthin zu gehen. Er rief Arinbjörn zu sich, um mit ihm zu sprechen. „Ich gehe nun," sagte er, „zu dem Opferfest, aber Egil soll nicht dorthin gehen. Ich kenne die Künste der Gunnhilda, den Jähzorn des Egil, die Macht des Königs – es wäre nicht leicht, sie alle gleichzeitig im Auge zu behalten. Aber Egil wird sich nicht zurückhalten lassen, wenn Du nicht auch hier bleibst. Thorolf und seine Gefährten sollen mit mir gehen und Thorolf soll für seinen Bruder genauso wie für sich selber opfern und für Glück beten."

Daraufhin ging Arinbjorn zu Egil und sagte ihm, daß er zuhause bleiben solle, „und ich werde hier bei Dir bleiben," sagte er.

Egil stimmte zu, daß es so sein solle.

Aber Thoirir und die anderen gingen zu dem Opferfest und dort waren sehr viele Leute und es wurde viel getrunken. Thorolf ging wo auch immer Thorir hinging und sie trennten sich weder am Tage noch in der Nacht.

Eyvind sagte Gunnhilda, daß er keine Gelegenheit finden könne, an Thorolf heranzukommen. Sie befahl ihm, lieber einen von Thorolfs Männer zu töten als gar nichts zu erreichen.

Eines Abends, als der König und auch Thorir und Thorolf bereits zur Nachtruhe gegangen waren, aber Thorfid und Thorvald noch wach dasaßen, kamen die Brüder Eyvind und Alf und setzten sich zu ihnen und waren sehr fröhlich. Zunächst tranken sie als eine Trinkgemeinschaft, aber dann beschlossen sie, daß jeder ein halbes Horn trinken sollte – Eyvind und Thorvald als Paar zusammen und Alf und Thorfid.

Als der Abend vorgerückt war, kam es zu ungleichem Trinken, dann folgten Wortstreite, dann beleidigende Worte. Da sprang Eyvind auf, zog sein Schwert und stieß es in Thorvald und fügte ihm eine Wunde zu, die sein Tod war. Da sprangen auf der einen Seite des Königs Männer und auf der anderen Thorirs Haus-Genossen auf. Aber alle Männer waren ohne Waffen, da es ein heiliger Ort war. Andere Männer gingen dazwischen und trennten die, die am wütendsten waren. Mehr geschah nicht *an diesem Abend.*

Eyvind hatte einen Mann auf heiligem Boden getötet; deshalb wurde er verbannt und mußte sofort das Land verlassen. Der König bot ein Wergeld für den Mann an, aber Thorolf und Thorfid sagten, daß sie noch nie ein Wergeld angenommen hätten und auch dies nicht nehmen würden.

Damit trennten sie sich. Thorir und seine Gefährten gingen heim.

König Erik und Gunnhilda sandten Eyvind nach Süden zu König Harald Gormson, da er nicht mehr auf norwegischer Erde bleiben durfte. Der König empfing ihn und seine Gefährten gut: Eyvind kam in einem großen Kriegsschiff nach Dänemark. Er ernannte Eyvind zu seinem Küstenwächter gegen die Seeräuber, denn Eyvind war ein sehr guter Krieger.

Egil-Saga (Norwegen, 950 n.Chr.):
- auf Sommeropferfest im Tempel opfern und für sich sich selber und für andere für Glück beten
- auf Mord an dem heiligen Ort steht Verbannung
- Betonung der „heiligen Erde"

I 25.   Der Tempel-Ring

I 25. a)   Landnahme-Buch

Auf dem Altar eines jeden Haupttempels sollte ein Ring liegen, der zwei Unzen oder mehr wog, und diesen Ring sollte jeder Anführer oder Gode bei jedem öffentlichen Log-Thing, dessen Vorsitz er hat, an seinem Arm tragen, nachdem er ihn in dem Blut eines Rindes gerötet hat, das er selber dort geopfert hat.

Ein jeder, der dort etwas zu verhandeln hatte, mußte dem Thing-Gesetz zufolge zunächst einen Eid auf diesen Ring schwören und für diesen Zweck zwei oder mehr Zeugen bestimmen.

Dann mußte er sagen: „Ich schwöre auf diesen Ring einen Lög-Eid. Mögen mir Freyr und Niörd und der allmächtige Ase helfen, damit ich bei diesem Thing entsprechend dem, was ich als als das richtigste und wahrste und dem Gesetz am meisten entsprechende kenne, anklage oder verteidige oder eine Zeugenaussage mache oder ein Urteil fälle, und daß ich mit allen rechtlichen Dingen so umgehen werde wie ich es hier auf diesem Thing tue."

Eine Unze sind ca. 28gr. „Unze" bedeutet ein „Zwölftel" und bezieht sich auf das alte Pfund, das ca. 350gr. (und nicht wie heute 250gr) wog.

Ein Gode ist ein Priester – ähnlich den Druiden der Kelten. Der Tätigkeitsbereich der Priester der Indogermanen war allerdings nicht auf die religiösen Themen beschränkt, sondern umfaßte auch die Rechtsprechung, die Geschichtsschreibung, das Heilwesen, die Dichtkunst sowie auch die meisten anderen sozialen, öffentlichen und intellektuellen Bereiche.

Das „*Log-Thing*" ist vermutlich ein „Lög-Thing", also ein „Rechtsprechung-Thing".

Das Opfer-Blut, in das der Gode den Ring taucht, könnte als ein abgekürztes Jenseitsreise-Ritual aufgefaßt worden sein, durch das der Gode die Verbindung zu den Göttern aufnimmt. Ein wichtiges Element der Jenseitsreise-Rituale war das Opfern eines Herdentieres, in dessen Fell der Jenseitsreisende manchmal gehüllt wurde und dessen Zeugungskraft auf den Jenseitsreisenden für dessen Wiederzeugung übertragen wurde.

Der Ring ist bei den West-Indogermanen, also den Kelten, Römern und Germanen sowie evtl. noch bei den Skythen das Symbol der erfolgreichen Jenseitsreise und somit der Verbindung zu den Göttern gewesen.

Der Ring, das Opferblut und das Feuer scheinen somit alle zu bedeuten, daß die Teilnehmer des Things und insbesondere der Gode, der das Thing leitete, mit den

Göttern verbunden und durch diese inspiriert waren. Das Anziehen des Rings durch den Goden wäre somit eine Kurzform des Utiseta (Jenseitsreise auf einem Fell), die vor allem von den Druiden als ihre wichtigste Methode bekannt ist, um zu den Göttern und Ahnen zu reisen und von ihnen Rat zu erhalten und die Zukunft zu erfahren.

Wer der „allmächtige Ase" ist, ist naturgemäß ein heftig umstrittenes Thema. Es käme sowohl der christliche Gott Vater als auch Odin in Frage. Es könnten auch Tyr, Heimdall und verschiedene Riesen wie Thiazi (=Tyr) sein und ebenso die „Allherrscher" („Öwaldi, Iwaldi") genannten Riesen, die wahrscheinlich ursprünglich wie Thiazi der Gott Tyr im Jenseits gewesen sind. Schließlich gibt es noch die Möglichkeit, daß nicht ein über Freyr und Niörd stehender Gott, sondern der dritte Gott in einer Götterdreiheit, die die drei Stände verkörpert hat, gemeint gewesen ist. In dieser Dreiheit wäre Freyr der Vertreter der Bauern und Handwerker, der „allmächtige Gott" vermutlich der Vertreter der Fürsten und Krieger, sodaß Niörd der Vertreter der Priester und Heiler wäre.

> **Landnahme-Buch (Island, 900 n.Chr.):** In jedem Haupttempel liegt ein Ring, auf den Eide geschworen wurden und den der Anführer oder Gode bei jedem Thing am Arm trug.

I 25. b) Die Saga über Kampf-Glum

Nachdem die Männer verhandelt hatten, regelten sie die Angelegenheit auf diese Weise: Glum sollte schwören, daß er ihn nicht erschlagen hatte. Die Zeit, an der dieser Eid abgelegt werden sollte, sollte der Herbst sein, fünf Wochen vor dem Winter.

Sie betrieben die Verhandlungen mit großem Eifer, da sie entschlossen waren, ihn zu Fall zu bringen, wenn er nicht die notwendigen Eide in drei Tempeln im Eyja-Fjord ablegte, und daß er, wenn er sich nicht in der vorgeschriebenen Zeit durch den Eid von seiner Schuld freisprach, sein Leben verwirkt war.

Es gab viel Gerede über diese Angelegenheit und darüber, wie Glums Eide lauten würden und wie er damit umgehen würde.

… …… …

Thorarin beeilte sich und brachte hundertzwanzig Männer zusammen. Als sie zum Tempel kamen, gingen sechs Männer hinein – dies waren Gizor mit Asgrim und Glum, dann Einar und Hlenni der Alte sowie Thorarin.

Jeder, der einen Tempel-Eid ablegen wollte, mußte seine Hand auf den silbernen Ring legen, der nicht weniger als drei Unzen wiegen durfte und der ganz rot von dem Blut der Opfertiere war.

Dann sprach Glum Wort für Wort wie folgt: „Ich ernenne Asgrim zum Zeugen und Gizor als den zweiten Zeugen dafür, daß ich den Tempel-Eid auf diesen Ring ablege und daß ich ihn zu dem Gott sage.

Als Thorvald der Krumme seinen Todesstoß erhielt, bin ich dort gewesen und habe ich daran teilgenommen und habe ich Spitze und Schneide gerötet.

Nun laßt die Männer, die in solchen Dingen geübt sind und hier dabeistehen, meinen Eid betrachten."

Thorarin und seine Freunde konnten keinen Fehler finden, aber sie sagten, daß sie noch nie zuvor diese Form der Worte gehört hätten.

Auf dieselbe Weise legte Glum seine Eide in Gnipafell und Thera ab.

Die Saga über Kampf-Glum (Island, 1200 n.Chr.): Besonders wichtige Eide wurden nacheinander in drei verschiedenen Tempeln auf den Eid-Ring abgelegt.

I 26. Der Tempel-Frieden

I 26. a) Gylfis Vision

Loki nahm den Mistelzweig, riß ihn aus und ging zur Versammlung. Hödur stand zuäußerst im Kreise der Männer, denn er war blind.
Da sprach Loki zu ihm: „Warum schießt Du nicht nach Baldur?"
Er antwortete: „Weil ich nicht sehe, wo Baldur steht; zum anderen hab ich auch keine Waffe."
Da sprach Loki: „Tu doch wie andere Männer und biete Baldur Ehre wie alle tun. Ich will Dich dahin weisen wo er steht: So schieße nach ihm mit diesem Reis."
Hödur nahm den Mistelzweig und schoß nach Baldur nach Lokis Anweisung. Der Schuß flog und durchbohrte ihn, daß er tot zur Erde fiel, und das war das größte Unglück, das Menschen und Götter je traf.
Als Baldur gefallen war, standen die Asen alle wie sprachlos und gedachten nicht einmal, ihn aufzuheben. Einer sah den anderen an; ihr aller Gedanke war wider den gerichtet, der diese Tat vollbracht hatte; aber sie durften es nicht rächen: denn es war eine so große Friedensstätte. Als aber die Asen die Sprache wieder erlangten, da war das erste, daß sie so heftig zu weinen anfingen, daß keiner mit Worten dem anderen seinen Gram zu sagen vermochte.

Der Ort, an dem Baldur getötet wurde, heißt im Original „*gridastadur*", was wörtlich „Friedensstätte" bedeutet und nur ein Kultplatz sein kann. Auch dort galt das Verletzungs- und Tötungsverbot.

> **Gylfis Vision (Island, 1220 n.Chr.):** Baldur wurde durch Loki/Hödur an einer Friedensstätte getötet, an der dieser Mord nicht gerächt werden durfte.

I 26. b) Inschrift von Oklunda

Gunnar ritzte diese Runen
und floh schuldig,
suchte hier Schutz
und fand hier einen sicheren Ort.
Vifinn hat dies geritzt.

Gunnar hat ein Verbrechen begannen (Mord?), wegen dem er verfolgt wurde und hat Asyl in einem „ve" (heiliger Ort, Tempel) gesucht.

Dies ist eine recht seltsame Inschrift: Ein Mörder (?) beauftragt einen Runenmeister mit einem Stein, der aussagt, daß der Mörder hier Schutz gefunden hat.

Dieser Stein könnte evtl. ein Dank an den Gott des betreffenden Tempels sein.

Runenstein von Oklunda (Schweden, 850 n.Chr.): Ein Mann findet an einem Tempel oder einem anderen heiligen Ort („ve") Asyl, nachdem er ein Verbrechen begangen hat.

I 26. c) Völsungen-Saga

Da wurde offenkundig, daß Sigi den Sklaven erschlagen und ermordet hatte. Daher wurde er als Wolf von den heiligen Orten verbannt und wurde aus dem Land seines Vaters verwiesen.

„Wolf" = Ausgestoßener, Verbannter

Völsungen-Saga (Mitteleuropa, 500 n.Chr.): Ein Verbannter darf keine heiligen Orte mehr betreten.

I 26. d) Njals-Saga

„Das ist nicht von den Göttern getan worden," sprach Jarl Hakon, „Es muß ein Mann gewesen sein, der den Tempel verbrannt und die Götterstatuen fortgetragen hat. Die Götter werden sich nicht sofort rächen, aber der Mann, der dies getan hat, wird von Walhalla verbannt werden und niemals dort eintreten."

Njals-Saga (Island, 1280 n.Chr.): Wer einen Tempel oder Götterstatuen verbrennt, gelangt nicht nach Walhalla.

I 27. Die Hallen der Götter

Es ist recht wahrscheinlich, daß sich auch in der Beschreibung der Hallen der Götter Elemente der germanischen Tempel wiederfinden. Diese Hallen werden ausführlich in dem Kapitel „Asgard" in Band 52 beschrieben.

Im folgenden sind nur die für das Verständnis der Tempel relevanten Texte aufgeführt worden.

I 27. a) Asgard

Der Name „Asgard" bedeutet „geschützter Bereich der Asen". Ein *„gard"* war ein umfriedeter Bereich, der durch einen Zaun oder eine Mauer geschützt war. „Gard" ist daher auch zu einer Bezeichnung für „Stadt" geworden wie in wie „Stuttgard" oder in „Miklagard" (germanisch für „Große Stadt" = „Konstaninopel").

Solche Umhegungen (*„gard"*) befanden sich auch rings um die Tempel.

Auch die Göttin selber konnte als *„gard"*, also als „die in dem geschützten Bereich" oder als „Beschützerin" bezeichnet werden: „Gerdr" und „Thorgerdr".

I 27. b) Skaldskaparmal

Es geschah früh bei der ersten Niederlassung der Götter, als sie Midgard erschaffen und Walhall gebaut hatten, daß ein Baumeister kam und sich erbot, eine Burg zu bauen in drei Halbjahren, die den Göttern zum Schutz und Schirm wäre wider Bergriesen und Hrimthursen, wenn sie gleich über Midgard eindrängen.

Das meistens mit „Burg" übersetzte altnordische Wort *„borg"* bezeichnet im wesentlichen eine Mauer mit einem Tor rings um den Ort, der geschützt werden sollte. Die klassische mittelalterliche Burg mit Türmen, Vorwerk, Zwinger usw. wurde erst zur Zeit von Snorri, also zwischen 1200 und 1250 n.Chr. erfunden. Möglicherweise hat sich Snorri zwar eine derartige „moderne" Festung vorgestellt, aber die Wikinger werden im großen und ganzen wohl an eine einfache Mauer gedacht haben – ähnlich wie bei einem befestigten römischen Lager.

Später in diesem Text wird diese Mauer noch näher beschrieben:

Als der Winter zu Ende ging, ward der Bau der Burg sehr beschleunigt, und schon war sie hoch und stark, daß ihr kein Angriff mehr schaden konnte. Und als noch drei Tage blieben bis zum Sommer, war es schon bis zum Burgtor gekommen.

Aus der gesamten Mythe über den Bau der Mauer rings um Asgard ergibt sich, daß der Riesenbaumeister der ehemalige Göttervater Tyr ist – so ist z.B. der Hengst des Riesenbaumeisters (Tyr) der Vater des Sleipnir, der das Roß des Göttervater-Nachfolger des Tyr (Odin) gewesen ist.

Die Baumeister-Mythe ist somit die Umdeutung einer älteren Mythe, in der der Göttervater Tyr Asgard mit einer Mauer umgibt. Man kann zumindestens vermuten, daß Tyr auch als der Gründer von Asgard angesehen worden ist. Für diese Annahme spricht auch, daß diese Schutzmauer schon „früh", gleich nach der Erschaffung von Midgard, errichtet worden ist.

I 27. c) Die Vision der Seherin

Die Tempel waren aus Holz, denn sie wurden „gezimmert":

Auf dem Idafeld trafen sich die mächtigen Götter:
Heiligtümer und Tempel zimmerten sie dort,
Essen errichteten sie und sie schmiedeten dort,
Zangen schufen sie und sie formten Werkzeuge.

I 27. d) Grimnir-Lied

Gladsheim heißt die fünfte, wo golden schimmert
Walhalls weite Halle:
Da kiest sich Odin alle Tage
Vom Schwert erschlagene Männer.

Leicht erkennen können, die zu Odin kommen,
Den Saal, wenn sie ihn sehen:
Aus Schäften ist das Dach gefügt und mit Schilden bedeckt,
Mit Brünnen die Bänke bestreut.

Leicht erkennen können, die zu Odin kommen,
Den Saal, wenn sie ihn sehen:
Ein Wolf hängt vor dem westlichen Tor,
Über ihm dräut ein Aar.

Fünfhundert Türen und viermal zehn
Wähn ich in Walhall.
Achthundert Einherier ziehen aus je einer,
Wenn es dem Wolf zu wehren gilt.

Odins Halle „Walhalla" schimmert golden, ist mit Schilden statt Schindeln bedeckt, hat 540 Türen und über seinem West-Tor sind ein Wolf und ein Adler befestigt.

I 27. e) Gylfis Vision

Da ist ferner ein großer Saal, der Walaskialf heißt: das ist Odins Saal. Ihn schufen die Götter und deckten ihn mit schierem Silber. In diesem Saal ist der Hochsitz, der Hlidskialf heißt, und wenn Allvater auf diesem Hochsitz sitzt, so überschaut er die ganze Welt.

Odins Saal ist mit Silber bedeckt. In ihm steht Odins Hochsitz.

I 27. f) Grimnir-Lied

Die dritte Halle hebt sich, wo die heitern Götter
Den Saal mit Silber deckten.
Walaskialf, heißt sie, die sich erwählte
Der As in alter Zeit.

Odins Halle ist mit Silber gedeckt.

I 27. g)   Lied des Skalden Thjodolfi von Hvini

Snorri zitiert in seiner Edda zwei Doppelverse aus einem um ca. 890 n.Chr. verfaßten Lied dieses Skalden, in denen gesagt wird, daß Odins Halle statt mit Schindeln mit Schilden bedeckt ist.

Sie ließen auf ihren Rücken   /   – denn sie wurden mit Steinen beworfen –
Svafnirs Hallen-Schindeln leuchten   /   ... diese klugen Männer.

„*Svafnir*" ist ein Beiname des Odin.
Hier wird gesagt, daß Odins Saal Walhalla mit Schilden bedeckt ist und daß Schilde leuchten. Dem liegt das Bild des Sonnenschildes zugrunde. Die Schilde auf dem Dach von Walhalla sind der vervielfältige Sonnenschild des Tyr, den Odin um 500 n.Chr. als Göttervater abgesetzt hat und dessen Schild er als Dachschindeln zweckentfremdet hat.

I 27. h)   Vers des Skalden Thjodolfr von Hvini

Hier wird noch einmal gesagt, daß Odins Halle mit goldenen Schilden gedeckt ist.

Das Dach deckten denkende Künstler,
Steinschilde schimmerten über dem Saale Odins.

I 27. i)   Hymir-Lied

Der übel Gesinnte spät abends kam,
Der hartgemute Hymir, heim von der Jagd.
Er ging in den Saal, die Gletscher dröhnten;
Ihm war, als er kam, der Kinnwald gefroren.

... ...

„Du siehst sie sitzen an des Saales Ende,
So bangen sie, daß die Säule sie birgt".
Die Säule zersprang von des Riesen Blick,
Und entzweigebrochen sah man den Balken.

... ...
Als der dem Hlorridi zu Händen kam,
Zerstückt er den starrenden Stein damit:
Sitzend schleudert er durch Säulen den Kelch;
In Hymirs Hand doch kehrt er heil.

Der Riese Hymir, der Tyrs Vater, d.h. Tyr als Reise im Jenseits ist, besaß einen Saal, in dem es steinerne Säulen gab.

I 27. j)   Der Ausspruch der Seherin

Einen Saal sah ich heller als die Sonne,
Mit Gold gedeckt, auf Gimles Höhn.
Da werden die rechtschaffenen Menschen wohnen,
Und alle Tage Glück genießen.

Diese Halle ist mit Gold bedeckt und strahlt heller als die Sonne.

I 27. k)   Gylfis Vision

Ein guter Saal ist auch jener, der Sindri heißt und auf den Nidabergen steht, ganz aus rotem Gold gebaut.

Diese Halle ist vollständig aus Gold erbaut worden.

I 27. l)   Gylfis Vision

Da frug Gangleri: „Was tat Allvater, als Asgard gebaut war?"
Har antwortete: „Zuvörderst setzte er Richter ein, die über das Schicksal der Leute entscheiden und die Einrichtungen in der Burg bewahren sollten. Das war an dem Orte, der Idafeld heißt, mitten in der Burg. Ihr erstes Geschäft war, einen Hof zu bauen, worin ihre Stühle standen, zwölf an der Zahl und überdies ein Hochsitz für Allvater.

Es ist das beste und größte Gebäude der Welt, außen sowohl als innen von lauterem Gold. Diese Stätte nennt man Gladsheim."

Auch diese Halle besteht ganz aus Gold.

I 27. m) Gylfis Vision

Freyjas Saal Sessrumnir ist groß und schön.

Diese Aussage ist nicht allzu präzise ...

I 27. n) Fiölswin-Lied

Im Fiölswin-Lied wird geschildert, wie der junge Sonnengott Svipdag (Tyr) zu dem gut bewachten Haus der Menglöd (Freya) kommt und dort mit dem Wächter Fiölswin (Odin) spricht, um eingelassen zu werden. Odin ist in diesem Lied nicht der Mann, sondern der Wächter der Freya.
Die Halle der Menglöd-Freya wird an mehreren Stellen in diesem Lied beschrieben.

Außerhalb der Mauern
sah er von unten her einen Fremdling,
der sich dem Riesen-Heim näherte.

... ...

„Welches Ungetüm ist's, das vor dem Eingang steht,
Die Waberlohe umwandelnd?"

Die „Waberlohe", also der Kreis aus Flammen, ist ein beliebtes Bild der Germanen für das Tor zwischen Diesseits und Jenseits. Es erscheint u.a. auch im Skirnir-Lied, in dem Freyrs Bote Skirnir durch eine Flammenwand reiten muß um zu der Riesin Gerdr zu gelangen. Auch in der Siegfried-Sage muß Siegfried durch eine Waberlohe treten, um zu der Walküre Brünhilde zu kommen. In der Isländersaga über die Wikinger-Anführerin Hervor, aber auch in anderen Isländersagas wird beschrieben, daß aus den Hügelgräbern, in denen noch der Geist eines Toten wohnt, des Nachts Flammen herauslodern.

Eine solche Waberlohe lodert auch rings um den „Hindarfjall" der Walküre Brünhilde. Dieser „Hindinhügel" ist das Hügelgrab, in dem sich der Tote in Hirschgestalt mit der Göttin in Hindingestalt bei der Wiederzeugung vereint.

Welch Ungetüm ist's, das vor dem Eingang steht,
Und weigert dem Wanderer Gastrecht?

Die Mauer rings um den Wohnort der Menglöd besitzt ein Tor, durch das man ins Innere gelangen kann.

Zu diesen Mauern magst Du nicht eingeh'n.

Die Mauern sind gut bewacht und undurchdringlich.

Die Gürtung scheint zu glühen um gold'ne Säle.

Der Saal selber ist golden. Die „Gürtung" ist die Waberlohe, die den Saal wie ein Gürtel umgibt.

... ...

Wie heißt das Gitter? Nie sah'n bei den Göttern
So üble List die Leute.

Die Halle der Freya-Menglöd ist von einer Mauer umgeben, in der sich ein Tor befindet, das mit einem Gitter verschlossen ist.

I 27. o)   Gylfis Vision

Frigg ist die vornehmste: Ihr gehört der Palast, der Fensal heißt, und überaus schön ist.

Auch diese Beschreibung ist nicht allzu aufschlußreich … Vermutlich ist sie reich beschnitzt und mit Gold und Silber eingelegt worden.

I 27. p) Grimnir-Lied

Die Halle des Njörd ist „hoch".

Noatun ist die elfte: da hat Niördr
Sich den Saal erbaut.
Ohne Fehl und Makel der Männerfürst
Waltet des hohen Hauses.

I 27 q) Skaldskaparmal

Die Halle des Ägir scheint ein Langhaus gewesen zu sein, in dem es dunkel war, wenn es nicht durch ein Feuer erleuchtet wurde.

Als die Götter sich auf ihren Plätzen niedergelassen hatten, ließ Ägir sofort Gold hereinbringen und auf den Boden der Halle legen und das Gold strahlte Licht aus und erleuchtete die Halle wie Feuer: und das Gold wurde bei diesem Festessen als Beleuchtung benutzt – so wie in Walhalla Schwerter anstelle von Feuern benutzt wurden.

Sowohl das Gold als auch die Goldschwerter sind der Sonnenschild und das Sonnenschwert des abgesetzten Tyr.

I 27. r) Grimnir-Lied

Heilig ist das Land, das ich liegen sehe
Den Asen nah und den Alfen.
Dort in Thrudheim soll Thor wohnen
Bis die Götter vergehen.

Fünfhundert und viermal
zehn Tore weiß ich in Bilskirnirs Bau.
Von allen Häusern, die Dächer haben,
Glaub ich meines Sohns das größte.

Thor wohnt in der größten Halle. Sie hat 540 Tore.

I 27. s)   Gylfis Vision

Auch Baldurs Halle wird lediglich mit „schön" umschrieben:

Da ist auch eine Wohnung, die Breidablick heißt, und das ist die schönste von allen.

I 27. t)   Grimnir-Lied

Glitnir, ist die zehnte; auf goldnen Säulen ruht
Des Saales Silberdach.
Da thront Forseti den langen Tag
Und schlichtet allen Streit.

Forsetis Halle hat ein silbernes Dach und goldene Säulen.

I 27. u)   Gylfis Vision

Diese Beschreibung von Forsetis Halle Glitnir findet sich noch an einer zweiten Stelle in Gylfis Vision:

Ein anderes Gebäude heißt Glitnir: dessen Wände, Säulen und Balken sind von rotem Gold und das Dach von Silber.

I 27. v)   Die Vision der Seherin

Nördlich stand an den Nidabergen
Ein Saal aus Gold für Sindris Sippe.

Die „goldene Halle" scheint ein tief verwurzeltes Motiv zu sein.

Die Hallen der Götter

- Asgard ist von einer Mauer umgeben, die vermutlich von Tyr errichtet worden ist. **(Skaldskaparmal)**
- Die Tempel waren aus Holz. **(Der Ausspruch der Seherin)**
- Odins Halle „Walhalla" schimmert golden, ist mit Schilden statt Schindeln bedeckt, hat 540 Türen und über seinem West-Tor sind ein Wolf und ein Adler befestigt. **(Grimnir-Lied)**
- Odins Halle ist mit Silber gedeckt. **(Gylfis Vision)**
- In Odins Halle steht sein Hochsitz. **(Gylfis Vision)**
- Odins Halle ist mit Silber gedeckt. **(Grimnir-Lied)**
- Odins Halle ist mit leuchtenden Schilden bedeckt. **(Thjodolfi von Hvini; Skandinavien, 890 n.Chr.)**
- Odins Halle ist mit Schilden gedeckt. **(Thjodolfi von Hvini; Skandinavien, 890 n.Chr.)**
- In der Halle des Hymir (Tyr als Riese im Jenseits) stehen steinerne Säulen. **(Hymir-Lied)**
- In der Halle des Geirröd (Tyr als Riese im Jenseits) stehen steinerne Säulen. **(Thorsdrapa, Skandinavien, 985 n.Chr.)**
- In Gimle steht eine goldene Halle. **(Der Ausspruch der Seherin)**
- Die Halle Sindri ist ganz aus Gold erbaut worden. **(Gylfis Vision)**
- Odins Halle ist ganz aus Gold erbaut worden. **(Gylfis Vision)**
- In Odins Halle stehen sein Hochsitz und die zwölf Stühle der Götter. **(Gylfis Vision)**
- Freyas Halle ist groß und schön. **(Gylfis Vision)**
- Die Halle der Freya-Menglöd ist von einer Mauer mit einem Tor, das von einem Gitter verschlossen ist, umgeben. **(Fiölswin-Lied)**
- Friggs Halle ist überaus schön. **(Gylfis Vision)**
- Njörds Halle ist hoch. **(Grimnir-Lied)**
- Die Halle des Ägir ist wahrscheinlich ein Langhaus gewesen. **(Skaldskaparmal)**
- Thor bewohnt die größte Halle. **(Grimnir-Lied)**
- Thors Halle hat 540 Tore. **(Grimnir-Lied)**
- Baldurs Halle ist die schönste aller Hallen. **(Gylfis Vision)**
- Forsetis Halle hat goldene Säulen. **(Grimnir-Lied)**
- Forsetis Halle hat goldene Säulen. **(Gylfis Vision)**
- Forsetis Halle hat ein silbernes Dach. **(Grimnir-Lied)**
- Forsetis Halle hat ein silbernes Dach. **(Gylfis Vision)**
- In den Nidabergen (Unterwelt) steht eine Goldene Halle, die den Zwergen gehört. **(Der Ausspruch der Seherin)**

I 28. Die Überlieferung in den christlichen Texten

Der Blickwinkel, aus dem diese Texte in den meisten Fällen geschrieben wurden, ist entweder der historische Bericht über die heidnischen Irrtümer in früheren Zeiten oder die Beschreibung der aktuellen heidnischen Irrtümer. Trotz dieses Blickwinkels enthalten auch diese Texte etliche wertvolle Informationen über die germanische Religion, die z.T. nur aus diesen Quellen bekannt sind. So werden z.B. ansonsten Kult-Lieder nur sehr selten erwähnt und einige unspektakuläre Opfer-Formen, die den Missionaren jedoch immer wieder ein Stein des Anstoßes waren, sind nur aus solchen Quellen bekannt.

I 28. a) Die Donar-Eiche

(723 n.Chr.)

Um 723 n.Chr. hat der später heiliggesprochene Bonifatius eine den Germanen heilige Eiche bei Fritzlar in Nordhessen gefällt und aus ihrem Holz eine Petrus-Kapelle errichten lassen, um den Stamm der Chatten davon zu überzeugen, daß ihre Götter nicht wirklich real waren.
In der „Vita Bonifatii" heißt es darüber:

„*Auf ihren Rat hin legte er in Gegenwart seiner Brüder die Axt an eine Eiche von ungeheurer Größe, die von den Heiden als Jupiter-Eiche bezeichnet wurde und an einem Ort stand, der Geismar genannt wird.*"

Die Eiche wurde im Original „robur Iovis", also „Jupiter-Eiche" genannt. Der germanische Gott Thor wurde wegen seiner Wichtigkeit, aber vor allem wohl wegen seiner Blitze dem römischen Jupiter gleichgesetzt.
Einige Zeit später beklagte sich Bonifatius in einem Brief an Papst Gregor III darüber, daß einige erst vor kurzer Zeit bekehrte Männer, die z.T. zu christlichen Priestern geweiht worden waren, wieder damit begonnen hatten, dem Jupiter (Thor) und dem Merkur (Wotan/Odin) zu opfern.

Vita Bonifatii (Sachsen, 723 n.Chr.):
- Die Sachsen hatten eine dem Thor gehörende Eiche.

I 28. b)   Historia ecclesiastica gentis Anglorum

In seiner „Kirchengeschichte der Angelsachsen" berichtet der später heiliggesprochene Priester Beda venerabilis über den ehemaligen angelsächsischen Priester Coifi, der zum Christentum übergetreten war und den Tempel von Goodmanham östlich von York (evtl. mit Yeavering Bell identisch) zerstörte, dessen Priester er gewesen war, bevor er zum Christentum konvertiert war.

Daher bat er den König, ihm Waffen und ein Roß zu geben – denn bisher war es für einen Priester nicht rechtens gewesen, Waffen zu tragen oder etwas anderes als eine Mähre zu reiten.

Mit einem Schwert gegürtet und einem Speer in seiner Hand, stieg er auf das Roß des Königs und ritt zu den Götterstatuen hinauf.

Sobald er den Schrein erreicht hatte, warf er seinen Speer ohne Zögern hinein und entweihte ihn auf diese Weise. Dann befahl er seinen Begleitern, Feuer an den Schrein und seine Einfriedungen zu legen und sie zu zerstören.

So entweihte und zerstörte der Oberpriester die Altäre, die er früher selber geweiht hatte.

> **Historia ecclesiastica gentis Anglorum (England, 730 n.Chr.):**
> - ein hölzerner Tempel mit Priester, Altar, Statuen und hölzernen Einfriedungen

I 28. c)   Indiculus superstitionum et paganiarum

Von dem um ca. 780 n.Chr. im Rahmen der Missionierung der Sachen durch Karl den Großen in lateinischer Sprache verfaßten „Indiculus superstitionum et paganiarum" („Kleines Verzeichnis des Aberglaubens und des Heidentums") sind leider nur die 30 Kapitelüberschriften erhalten geblieben. Doch sie zeigen immerhin recht deutlich, welche religiösen Vorstellungen und Bräuche der Germanen die katholische Kirche damals bekämpfte.

Die Kapitel des Kleinen Verzeichnisses des Aberglaubens		
Kapitel	*lateinischer Titel*	*Übersetzung*
1. Kapitel	*De sacrilegio ad sepulchra mortuorum*	Über das Opfer an den Gräbern der Toten

2. Kapitel	*De sacrilegio super defunctos id est dadsisas*	Über das Opfer über den Toten, d.h. Totenmahl
3. Kapitel	*De spurcalibus in Februario*	Über Festmähler im Februar
4. Kapitel	*De casualis id est fanis*	Über kleine Gebäude, d.h. Heiligtümer
5. Kapitel	*De sacrilegiis per aeccelsias*	Über das Opfer an Kirchen
6. Kapitel	*De sacris siluarum quae nimidas vocant*	Über Waldheiligtümer, die sie *Nimidas* („Neumond") *nennen*
7. Kapitel	*De hiis quae faciunt super petras*	Über das, was sie an bestimmten Steinen tun
8. Kapitel	*De sacris Mercurii, vel Iovis*	Über Heiligtümer des Merkur (Odin) und des Jupiter (Thor)
9. Kapitel	*De sacrificio quod alicui sanctorum*	Über den Gottesdienst, der für einen Heiligen geschieht
10. Kapitel	*De filacteriis et ligaturis*	Über Nestelknüpfen und Fesselungen
11. Kapitel	*De fontibus sacrificiorum*	Über Quellengottesdienste
12. Kapitel	*De incantationibus*	Über Gesänge
13. Kapitel	*De auguriis vel avium vel equorum vel bovum stercora vel sternutationes*	Über Vorhersagungen aus dem Mist der Vögel, Pferde oder Rinder sowie aus dem Niesen
14. Kapitel	*De divinis vel sortilogis*	Über Göttliches und Schicksalhaftes
15. Kapitel	*De igne fricato de ligno id est nodfyr*	Über das durch ein geriebenes Holz entfachte Feuer, das Notfeuer genannt wird
16. Kapitel	*De cerebro animalium*	Über Tierhirne
17. Kapitel	*De observatione pagana in foco, vel in inchoatione rei alicujus*	Über heidnische Beobachtung in der Pfanne, oder im Anfang irgendeiner Sache
18. Kapitel	*De incertis locis quae colunt pro sacris*	Über ungenau zu lokalisierende Orte, die sie als Heiligtümer verehren

19. Kapitel	*De petendo quod boni vocant sanctae Mariae*	*Über Anrufung, die Gutgesinnte als die der Heiligen Maria bezeichnen*
20. Kapitel	*De feriis quae faciunt Jovi vel Mercurio*	*Über Feiern, die sie für Jupiter und Merkur veranstalten*
21. Kapitel	*De lunae defectione, quod dicunt Vinceluna*	*Über Mondschäden, die sie Mond-Sieg nennen*
22. Kapitel	*De tempestatibus et cornibus et cocleis*	*Über Stürme, Stierhörner und Schnecken*
23. Kapitel	*De sulcis circa villas*	*Über Ackerfurchen rund um Gehöfte*
24. Kapitel	*De pagano cursu quem yrias nominant, scissis pannis vel calceis*	*Über den heidnischen Brauch, den sie Yriae nennen mit Tüchern und Schuhen*
25. Kapitel	*De eo, quod sibi sanctos fingunt quoslibet mortuos*	*Über das, was sie unter sich als heilige Tote bezeichnen*
26. Kapitel	*De simulacro de consparsa farina*	*Über ein Opfer mit verstreutem Getreide*
27. Kapitel	*De simulacris de pannis factis*	*Über Opfer mit Tuchstücken*
28. Kapitel	*De simulacro quod per campos portant*	*Über Opfer, wobei sie etwas über die Felder tragen*
29. Kapitel	*De ligneis pedibus vel manibus pagano ritu*	*Über hölzerne Füße und Hände nach heidnischem Ritus*
30. Kapitel	*De eo, quod credunt, quia feminae lunam commendent, quod possint corda hominum tollere juxta paganos*	*Über das, von dem sie glauben, daß es die Frauen dem Mond vertrauen, daß es die Herzen der Menschen erheben kann gemäß den Heiden*

Indiculus (Sachsen, 780 n.Chr.):
- Es gab Opfergaben für die Toten an deren (Hügel-)Gräber.
- Es gab ein wichtiges Fest im Februar.
- Es gab kleine Tempel.
- Es gab heilige Orte im Wald.
- Es gab Rituale an Steinen („*högr*" = Steinaltar).

- Die Sachsen verehrten Odin („Merkur") und Thor („Jupiter") und feierten ihnen zu Ehren Feste.
- Es gab heilige Quellen.
- Es gab Kultgesänge.
- Es gab Orakel aus Tier-Innereien, beim Braten, beim Beginn einer Sache, beim Niesen u.a.
- Es gab Ritualfeuer.
- Es gab die verschiedensten heiligen Orte.
- Die Mondphasen sowie Stürme, Stierhörner und Schnecken hatten eine rituell-magische Bedeutung.
- Es gab ein Ackerfurchen-Ritual rings um Gehöfte.
- Es gab einen Ahnenkult.
- Es gab Getreide-Opferungen.
- Es gab Feld-Rituale.

I 28. d)   Adam von Bremen: Hamburgische Kirchengeschichte

Denn die Sachsen verehrten Götter, die ihrem Wesen nach nichtig waren; darunter besonders den Mercur, dem sie an bestimmten Tagen sogar Menschenopfer darzubringen pflegten.

Ihre Götter weder in Tempel einzuschließen, noch sie durch irgendein Abbild menschlicher Gestalt darzustellen, hielten sie der Größe und Würde der Himmlischen für angemessen. Haine und Wälder weihten sie und bezeichneten sie mit Götternamen, und beschauten so jenes Geheimnis der göttlichen Macht allein durch ihre Andacht.

… … …

Denn sie waren, wie beinahe alle Bewohner Germaniens, von Natur wild und dem Götzendienste ergeben und widerstrebten dem wahren Glauben, hielten es auch nicht für unerlaubt, göttliche und menschliche Gesetze zu verunehren und zu überschreiten. Denn selbst laubreichen Bäumen und Quellen erwiesen sie Anbetung. Auch verehrten sie einen hölzernen Pfahl von nicht geringer Höhe, der unter freiem Himmel aufgerichtet war, und den sie in ihrer Landessprache Irminsul nannten, das heißt Allsäule, welche gleichsam Alles trägt.

Dies habe ich im Auszuge aus Einhards Schriften über die Ankunft, die Sitten und den Aberglauben der Sachsen gegeben geben, welchen die Sclaven und Sueonen noch heutzutage nach heidnischem Brauche zu bewahren scheinen.

> **Hamburgische Kirchengeschichte (Hamburg, 1075 n.Chr.):**
> - Die Sachsen verehrten vor allem den Odin (Merkur).
> - Odin erhielt bei den Sachsen manchmal Menschenopfer.
> - Die Sachsen hatten weder Tempel noch Götterstatuen.
> - Die Sachsen benannten Heilige Haine und Heilige Bäume mit Götternamen.
> - Die Sachsen verehrten Haine, Bäume, Quellen und einen Holzpfahl mit dem Namen „Irminsul" („Gewaltige Säule").
> - Es gab einen meditativen Kult („Andacht").

I 28. e) Adam von Bremen: Hamburgische Kirchengeschichte

Jetzt wollen wir von dem Aberglauben der Schweden Einiges sagen. Dieses Volk hat einen sehr berühmten Tempel, der Ubsola (Uppsala) *heißt und nicht weit von der Stadt Sictona* (Sigtuna) *liegt.*

In diesem Tempel, der ganz mit Gold geschmückt ist, betet das Volk die Bildsäulen dreier Götter an, und zwar so, daß der mächtigste von ihnen, Thor, mitten im Gemache seinen Thron hat; rechts und links sitzen Wodan (Odin) *und Fricco* (Freyr). *Die Deutungen derselben sind folgende:*

„Thor, sagen sie, hat den Vorsitz in der Luft, er lenkt Donner und Blitz, gibt Winde und Regen, heiteres Wetter und Fruchtbarkeit. Der andere, Wodan, d. h. die Wut, führt Kriege, und gewährt dem Menschen Tapferkeit gegen seine Feinde. Der dritte ist Fricco; er spendet den Sterblichen Frieden und Lust."

Sein Bild stellen sie auch mit einem ungeheuren männlichen Gliede versehen dar. Den Wodan aber formen sie gewappnet, wie die unseren den Mars zu bilden pflegen. Thor aber scheint mit seinem Scepter den Jupiter vorzustellen.

Sie verehren auch vergötterte Menschen, die sie wegen außerordentlicher Taten mit der Unsterblichkeit beschenken, wie sie das nach dem Leben des heiligen Ansgar mit dem Könige Herich gemacht haben.

Allen ihren Göttern nun halten sie besondere Priester, welche die Opfer des Volkes darbringen. Wenn Pest und Hungersnot drohen, wird dem Götzen Thor geopfert, wenn Krieg dem Wodan, wenn eine Hochzeit zu feiern ist, dem Fricco.

Auch pflegt alle neun Jahre ein allen schwedischen Landen gemeinsames Fest in Ubsola gefeiert zu werden. In Bezug auf dieses Fest findet keine Befreiung von Leistungen statt. Die Könige und das Volk, alle schicken ihre Gaben nach Ubsola, und – was grausamer ist als jegliche Strafe – diejenigen, die bereits das Christentum angenommen haben, kaufen sich von jenen Ceremonien los.

Das Opfer nun ist folgender Art: Von jeder Gattung männlicher Geschöpfe werden neun dargebracht, mit deren Blut es Brauch ist, die Götter zu sühnen. Die Körper aber werden in dem Haine aufgehängt, der zunächst am Tempel liegt. Dieser Hain ist nämlich den Heiden so heilig, daß jeder einzelne Baum durch den Tod oder die Verwesung der Geopferten geheiligt erachtet wird. Dort hängen auch Hunde und Rosse neben den Menschen, und von solchen vermischt durcheinanderhängenden Körpern habe er, erzählte mir ein Christ, zweiundsiebzig gesehen.

Übrigens sind die Lieder, die bei der Vollziehung eines solchen Opfers gesungen zu werden pflegen, vielerlei und unehrbar, und darum besser zu verschweigen.

... ...

Rings um den Tempel führt eine goldene Kette. Sie hängt über den Giebel des Gebäudes und sendet ihr Glitzern weit fort zu denen, die sich nähern, denn der Tempel steht auf ebener Erde im Tal mit Bergen rings umher wie ein Theater.

... ...

Nahe bei diesem Tempel steht ein sehr großer Baum mit weit ausgebreiteten Ästen, der sowohl im Sommer als auch im Winter grün ist. Niemand weiß, von welcher Art er ist.

Dort gibt auch einen Teich, an denen die Heiden für gewöhnlich ihre Opferungen durchführen und in die sie lebende Männer tauchen. Und wenn der Tote nicht gefunden wird, wird der Wunsch der Leute gewährt.

Hamburgische Kirchengeschichte (Hamburg, 1075 n.Chr.):
- Uppsala-Tempel: berühmter Tempel in der Nähe von Sigtuna
- Uppsala-Tempel: überall mit Gold geschmückt
- Uppsala-Tempel: enthält Statuen von Thor, Odin und Freyr
- Uppsala-Tempel: Kult von Ahnen, die etwas besonderes vollbracht haben
- Uppsala-Tempel: jeder Gott hat seinen Priester, die die Opferungen durchführen
- Uppsala-Tempel: das Blut der Opfer (Hunde, Pferde, Menschen) ist für die Götter, die Leiber werden an die Bäume im Heiligen Hain gehängt, der nah beim Tempel liegt
- Uppsala-Tempel: 72 Leichen von Menschen und Tieren im Heiligen Hain
- Uppsala-Tempel: Lieder während der Opferungen
- Uppsala-Tempel: eine goldene Kette rings um den Tempel; hängt weithin sichtbar über den Giebeln des Gebäudes
- Uppsala-Tempel: auf einer ringsum von Bergen umgebenen Ebene
- Uppsala-Tempel: sehr großer, immergrüner (Welten-)Baum nahe beim Tempel
- Uppsala-Tempel: Menschenopfer durch Ertränken im Teich beim Heiligen Hain; wenn die Leiche unten bleibt, erfüllen die Götter die gestellten Wünsche

I 28. f) Adam von Bremen: Hamburgische Kirchengeschichte

Adalward also, der glühend vor Eifer das Evangelium zu verkündigen Schweden betrat, brachte alle, die in Sictona und in der Umgegend waren, in kurzer Zeit zum christlichen Glauben.

Auch verband er sich insgeheim mit dem Bischof von Sconien, dem sehr frommen Egino, dahin, daß sie zusammen jenen Tempel der Heiden besuchen wollten, der Ubsola heißt, ob sie etwa Christo eine Frucht ihrer Arbeit daselbst darbringen könnten; denn gerne wollten sie Qualen aller Art erdulden, wenn sie nur jenes Haus zerstören könnten, welches der Hauptsitz des Aberglaubens der Barbaren ist. Denn wenn dies niedergerissen oder besser abgebrannt wäre, so würde, meinten sie, die Bekehrung des ganzen Volkes erfolgen.

Als indes der sehr fromme König Steinkel von dieser Absicht der Bekenner Gottes unter dem Volke murmeln hörte, brachte er sie schlau von diesem Unternehmen ab, indem er versicherte, sowohl sie selbst würden sofort zum Tode verdammt, als auch er aus dem Reiche vertrieben werden, weil er solche Frevler in das Vaterland eingeführt hätte, und vielleicht würden dann auch, wie man das unlängst in Sclavanien erlebt habe, alle die, die jetzt noch gläubig wären, ins Heidentum zurückfallen.

Die Bischöfe nun pflichteten diesen Vorstellungen des Königs bei, durchreisten aber alle Städte der Goten und zerbrachen die Götzenbilder und gewannen viele Tausende von Heiden dem Christentum.

Hamburgische Kirchengeschichte (Hamburg, 1075 n.Chr.):
- Der Tempel in Uppsala ist der schwedische Haupttempel.
- Es gab in Schweden viele Götterstatuen.

I 28. g) Gesta danorum

Danach nahm Halfdan Gurid zur Frau. Doch da sie unfruchtbar war und er Nachkommen haben wollte, ging er nach Uppsala, um Fruchtbarkeit für sie zu erlangen. Ihm wurde geantwortet, daß er einen Ausgleich für seinen Bruder zahlen müsse, wenn er Kinder aufziehen wolle. Er gehorchte dem Orakel und erhielt seinen Wunsch erfüllt, denn Gurid gebar ihm einen Sohn, dem er den Namen Harald gab.

... ...

Harald, der von großer Schönheit und ungewöhnlich hohem Wuchs war, und alle in seinem Alter an Stärke und Größe übertraf, erhielt von Odin, dessen Orakel für die Ursache seiner Geburt gehalten wurde, die Gunst erwiesen, daß kein Stahl seine vollkommene Gesundheit verletzen konnte. Dies hatte die Wirkung, daß die Speere und Pfeile, die andere verwundeten, ihm keinen Schaden zufügen konnten.

Diese Gunst blieb nicht unerwidert, denn es wird berichtet, daß er Odin alle Seelen versprochen hat, die sein Schwert aus ihren Leibern warf.

Er hat auch seines Vaters Taten von einem Handwerker auf einem Felsen nahe Bleking, von dem ich schon gesprochen habe, verewigt.

Gesta danorum (Dänemark, 1200 n.Chr.):
- Odin-Orakel im Tempel von Uppsala (Bitte um Fruchtbarkeit für die Königin)

I 29. Die bildlichen Darstellungen der Tempel

Eine weitere Informationsquelle über die Tempel der Germanen sind die zeitgenössischen bildlichen Darstellungen. Von ihnen gibt es zwar nur wenige, aber sie sind eine wertvolle Ergänzung zu den Grundrissen und den Beschreibungen sowie den Rückschlüssen aus den Stabkirchen.

Im folgenden werden nur die beiden Tempel-Darstellungen auf dem Runen-Kästchen von Auzon beschrieben – die Tempel-Darstellungen auf den Wandteppichen finden sich im übernächsten Kapitel.

I 29 a) Das Runenkästchen von Auzon

Die vollständige Beschreibung des Runenkästchens von Auzon findet sich in dem Kapitel „Kiste" in Band 57.

Deckel des Runenkästchens von Auzon: Egil und Aelrun

Die Runen über dem Bogenschützen in der Burg kennzeichnen ihn als Egil, den Bruder von Wieland und Slagfid.

Rechts von ihm hockt unter einem Gebäude, von dem zwei Säulen und ein Bogendach zu sehen sind, eine Frau. Diese Frau, die sich an einem „besonderen Ort", vermutlich in einem Tempel, befindet, hält wie die germanischen Seherinnen einen Stab in ihrer Hand. Über ihr sind zwei Vogelköpfe zu sehen, die einen „Doppelvogel" bilden. Durch sie wird sie als Walküre gekennzeichnet – sie ist sehr wahrscheinlich die im Wölund-Lied genannte Aelrun. Möglicherweise wurden die beiden Vögel auch mit Hugin und Munin, den beiden Raben des Odin assoziiert.

Die Walküre Aelrun sitzt auf einem „Doppelwolf", der wohl Odins Wölfen Geri und Freki entspricht.

Falls die Verbindungslinien zwischen den beiden Vogelköpfen nicht nur aufgrund der Kuppel über Aelrun gebogen sind, könnten sie einen Regenbogen darstellen. Dieser wäre dann als die Regenbogenbrücke Bifröst eine weitere Verbindung zwischen Himmel und Erde.

Eine sehr ähnliche architektonische Struktur findet sich auf dem Runenkästchen von Auzon in der Szene, in der die Anbetung der drei Magier dargestellt wird. Es besteht anscheinend eine Analogie zwischen Aelrun und Maria.

Aelrun scheint zu meditieren oder konzentriert Magie auszuüben – was auch die passende Tätigkeit für ihren Aufenthalt in einem Tempel ist.

Offensichtlich hilft Aelrun dem Egil durch Walküren-Magie. Diese wird u.a. in der Isländersaga über Hromund Greipsson beschrieben:

Helgi der Kühne war immer siegreich gewesen und er hatte seine Siege durch Magie erlangt. Der Name seiner Geliebten war Kara – sie war bei ihm in der Gestalt eines Schwanes. Helgi schwang sein Schwert so hoch über sich (er holte aus um Hromund zu erschlagen)*, daß er die Beine seiner Schwanenfrau Kara abschlug.*

Er rammte sein Schwert bis zum Griff in den Boden und sprach (zu Hromund)*: „Mein Glück ist geflohen: Es war schlimm, daß ich Dich nicht getroffen habe."*

Hromund entgegnete: „Du hattest großes Unglück, Helgi, daß Du der Mörder Deiner eigenen Geliebten geworden bist und nun kein Glück mehr haben wirst."

Kara stürzte tot herab.

Aelrun scheint auf einem Wolf zu sitzen. Vielleicht sitzt der Wolf jedoch auch neben ihr. Der „Doppelvogel" und der Wolf betonen die enge Verbindung der Walküre mit dem Jenseits.

Oben rechts über dem Tempelbogen in der Mauerecke findet sich ein Hrungnir-Herz (Dreieck), das ein Sonnensymbol ist.

Vor der Burg befinden sich 8 Krieger, die Egil angreifen. Der oberste von ihnen gehört jedoch möglicherweise nicht zu den Angreifern, da er auf sie zu schießen scheint.

Interessant ist die glatte Fläche in der Mitte, auf der mithilfe von fünf Nägel etwas Kreisförmiges befestigt gewesen ist – evtl. ein Schild. Dieser Schild könnte die Sonne symbolisiert haben, denn es muß schon etwas sehr Wichtiges gewesen sein, da man es sonst auch hätte schnitzen statt aus Gold o.ä. hätte anfertigen können. Auch die zentrale Position auf dem Deckel zeigt, daß das, was sich dort befand, etwas Wichtiges gewesen sein muß – zumal sich auf keiner der anderen Platten etwas ähnliches befunden hat.

Auf dem Deckel ist im Gegensatz zu den vier Seiten-Platten keine Runen-Inschrift angebracht worden. An ihrer Stelle stand die vermutete Miniatur eines „Sonnenschildes".

Vorderseite des Runenkästchen: Wieland (links) und Christi Geburt (rechts)

Das Urbild der Geburt, daß der Runenmeister für dieses Kästchen ausgewählt hat, ist Christi Geburt.

Auf dem Bild sitzt rechts die schwangere Maria mit dem ungeborenen Jesus in ihrem Bauch in einem Tempel, von dem zwei Säulen und ein Deckenbogen abgebildet worden sind. Die beiden Säulen haben jeweils 9 „Querschichten", die vermutlich auf das Jenseits hinweisen, aus dem Christus, die Seele in den Neugeborenen und die Sonne am Morgen bzw. bei der Geburt in das Diesseits hervorkommen.

In der Mitte oben ist die Sonne zu sehen, die in den Kenningar der Skalden oft Gott Vater und Christus gleichgesetzt worden sind, was seinen Ursprung vermutlich in der Assoziation des ehemaligen Göttervaters Tyr mit der Sonne hat. Die 13 Strahlen sind ungewöhnlich – man sollte eigentlich 8 oder 12 erwarten.

Von links nahen die drei Weisen mit ihren Geschenken. Über ihnen steht das Wort „Magi" also „Magier, Weise". Sie tragen von links nach rechts einen Kelch (Gold), ein Gefäß mit Weihrauch (aufsteigender Rauch) und ein Gefäß mit Myrrhe (emporsteigender Rauch).

Vor dem vordersten Weisen ist ein Vogel zu sehen – evtl. Jesus' Seelenvogel. Es ist eine Gans oder ein Schwan. Dies war der wichtigste Seelenvogel der Indogermanen, der u.a. bei den Walküren als deren Schwanenhemd erscheint.

Maria ist hier vermutlich zugleich die germanische und die keltische Muttergöttin, die mit den Seelenvögeln eng verbunden war, da sie die Toten nach deren Tod im Jenseits als Seelenvögel wiedergebar. Mit Maria wurden hingegen keine Gänse und

Schwäne assoziiert.

Hinter dem hintersten Weisen ist oben ein Hrungnir-Herz zu sehen, das sowohl ein Seelen- als auch ein Sonnensymbol ist.

Die Geburt scheint hier somit auch als das Erscheinen der Seele und als Sonnenaufgang aufgefaßt worden zu sein.

Die fünf „S"-förmigen Ornamente in dem Bild könnte einfache Platzfüller sein. Es wäre jedoch auch denkbar, daß sie eine weitergehende Bedeutung haben.

Der Tempel der Aelrun und der Tempel der Maria sind sich recht ähnlich:

rechts: Aelrun im „Tempel"
links: Egil (Runen: „Agil")

rechts: Maria mit Christus in ihrem Bauch im „Tempel"
links: die drei Magier (Runen: „Magi")

Dieses Tempeltor ist noch ein drittes mal abgebildet worden:

Rückseite des Runenkästchen von Auzon: Herrscher

Auf diesem Bild ist der spätere römische Feldherr Titus bei der Eroberung von Jerusalem zu sehen – in der Mitte das symbolisch dargestellte Jerusalem, rechts die jüdische Bevölkerung und links die Römer.

Links oben töten Titus (abweichende Rüstung) und vier weitere Römer einen Juden (rechts).

Rechts oben sind Juden auf der Flucht abgebildet.

Links unten hält Titus (auf den Thron) Gericht.

Rechts unten sind die Geiseln, die die Römer gefangengenommen haben, abgebildet.

Der Bogen in der Mitte könnte das ganze Jerusalem, aber evtl. auch nur den jüdischen Tempel darstellen. Die sechs Tiere in ihm sind durch ein germanisch-keltisches Knotenornament miteinander verbunden. Unten sind zwei Pferde zu sehen, in der Mitte zwei leicht stilisierte Wölfe und oben zwei Vögel. Dies läßt vermuten, daß es sich hier um Odins achtbeiniges „Doppelroß" Sleipnir, um seine beiden Wölfe Geri und Freki sowie um seine beiden Raben Hugin und Munin handelt. Vermutlich hat der Runenmeister hier eine Verbindung zu dem damaligen germanischen Göttervater herstellen wollen.

Runenkästchen von Auzon (England, 700 n.Chr.):
- Tempel der Walküre Aelrun: zwei durch einen Bogen verbundene Säulen
- Tempel der Walküre Aelrun: je sechs „Querschichten" in jeder Säule
- Tempel der Walküre Aelrun: unter dem Bogen zwei Vögel (Hugin und Munin?)
- Tempel der Walküre Aelrun: vor dem Tempel zwei Wölfe (Geri und Freki?)
- Tempel der Maria: zwei durch einen Bogen verbundene Säulen
- Tempel der Maria: je neun „Querschichten" in jeder Säule (Jenseits?)
- Tempel der Maria: über dem Säulenbogen ist die Sonne (Tyr = Sonne = Gott)
- Tempel der Maria: Gans oder Schwan vor dem vordersten Weisen (Christi Seelenvogel?)
- jüdischer Tempel: zwei dreigeteilte Säulen mit je 12 „Querschichten" und Bogen
- jüdischer Tempel: im Tempel unten zwei Pferde (Odins achtbeiniges Doppelpferd Sleipnir), darüber zwei Wölfe (Geri und Freki) und oben zwei Raben (Hugin und Munin)

I 30. Bilder in den Tempeln

I A 1. Beowulf-Epos

So kam zum Hause / der Kämpe geschritten,
Der freudenlose. / Seinem Faustgriffe wich
Die schwere Tür / trotz geschmiedeter Riegel;
Böses sinnend / erbrach er zornig
Des Hauses Eingang. / Hurtig alsdann
Trat der Feind in den Flur, / den farbiggemalten,
Grimmigen Sinnes; / wie glühende Flamme
Schoß aus den Augen / ein scheußliches Licht.

"farbiggemalt": Das Lied „Husdrapa" beschreibt eine Reihe solcher Bilder, die innen an die Hallenwände gemalt worden sind (siehe den Band 78 „Frühe Skaldenlieder").

> **Beowulf-Epos (England, 700 n.Chr.):**
> - Die Hallen und sehr wahrscheinlich auch die Tempel der Angelsachsen waren farbig bemalt – vermutlich mit Szenen aus den Mythen und Sagas.

I 31. Wandteppiche

Es sind immerhin neun germanische Wandteppiche bekannt. Sie enthalten fast alle auch figürliche Szenen. Sie sind für die Untersuchung der Tempel der Germanen zum einen deshalb interessant, weil der schriftlichen Überlieferung zufolge in den Tempeln solche Wandteppiche hingen, und zum anderen, weil einige von ihnen auch Tempel abbilden.

Zu diesen neun erhaltenen Wandteppichen kommen noch die beiden im Beowulf-Epos und in der in der Gisli-Saga erwähnte Wandteppiche.

Wandteppiche der Germanen		
Fundort	*Anzahl*	*Zeit*
(Beowulf-Epos)	(mehrere)	700 n.Chr.
Hügelgrab von Oseberg	1	834 n.Chr.
Schiffsgrab von Rolfsöy	1	900 n.Chr.
(Gisli-Saga)	(mehrere)	ca. 950 n.Chr.
Kirche von Skog	1	ca. 1050 n.Chr.
Kirche von Överhogdal	5	1050-1170 n.Chr.
Kirche von Bayeux	1 (52cm breit, 68m lang)	kurz nach 1066 n.Chr.

I 31. a) Der Wandteppich aus dem Hügelgrab von Oseberg

Der Wandteppich von Oseberg ist der älteste bekannte germanische Wandteppich, Er wurde in dem Hügelgrab einer alten und einer jungen Frau (ca. 65 Jahre bzw. ca. 27 Jahre alt) gefunden, die um 834 n.Chr. in der Nähe des Oseberg-Hofes am Westufer des Oslo-Fjordes in einem Drachenboot („Oseberg-Schiff") bestattet worden sind, in dem u.a. auch dieser Wandbehang gelegen hat.

Ausschnitt aus dem Oseberg-Wandteppich (Rekonstruktion)

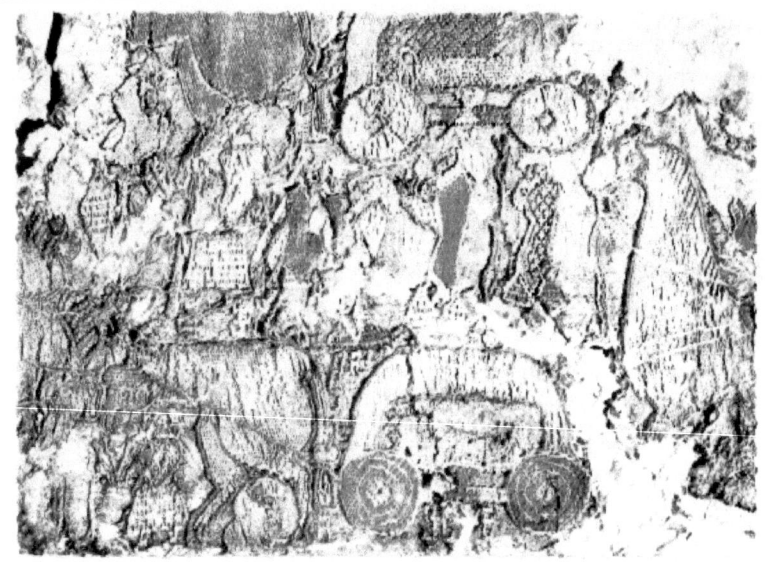
Oseberg-Wandteppich (Original – Detail rechts unten)

Oseberg-Wandteppich (Umzeichnung)

Dieser Wandteppich stellt offenbar eine Prozession dar. Auf ihm sind folgende Dinge zu sehen:

- ein Pferd mit Reiter,
- zwei Pferde ohne Reiter,
- zwei Pferde vor einem Lasten-Wagen
- ein Pferd vor einer „Kutsche" mit einem ca. menschengroßen eingehüllten Bündel
- 3 Swastikas (Sonne):
    - über einem Mann links oben,
    - vor dem Wagenrad links unten,
    - über dem Wagen rechts unten
- 10 einfache Flechtmuster aus fünf Quadraten:
    - über dem Mann links oben,
    - über dem Mann darunter,
    - unter der Gestalt vor dem schwarzen Pferd,
    - vor der Gestalt unter den Hinterbeinen des Pferdes links oben,
    - unter dem Wagen links unten,
    - zweimal unter dem Wagen rechts unten,
    - vor den Füßen des Mannes über dem Wagenpferd rechts unten,
    - unter den Füßen des Mannes über der Lücke zwischen Pferd und Wagen rechts unten,
    - vor den Füßen des Mannes über dem Wagen rechts unten,
    - unter dem Pferd rechts unten

- 3 „Fransen-Rauten":
    - zwei links oben über dem Reiter
    - eine vor dem Mann links in der Mitte
- ein Mann mit Schwert und Hörnerhelm links oben
- 15 gehende Männer (meist mit Speeren), zwei Reiter und ein Wagenlenker
- 9 gehende Frauen in langen Gewändern

Es wäre denkbar, daß dieser Wandteppich die Bestattungsprozession der Frau in dem Grab darstellt. Sie wäre dann das „Bündel" hinten in der Kutsche. Die Ladungen auf den beiden anderen Wägen müßten dann die Grabbeigaben sein.

Die Svastikas, die Flechtmuster und die „Fransen-Rauten" sind nicht wie Lückenfüller verteilt, sondern machen einen eher beabsichtigten Eindruck. Sie befinden sich bei Männern und Frauen und auch unter einem der Lasten-Wagen. Bei den Swastikas und den Flechtmustern wäre ein Bezug zur Sonne und somit zur Priesterschaft und zum Königtum denkbar.

Die Swastika ist das sich drehende Sonnenrad, das über den Himmel rollt. Das Flechtmuster hat ein Zentrum und vier Arme und könnte daher ebenfalls ein Sonnensymbol sein – eine Variante des gut bekannten Kreuz-Kreises (siehe „Sonne" in Band 48).

Beide Symbole finden sich auch auf weiteren Textilien aus dem Oseberg-Schiff:

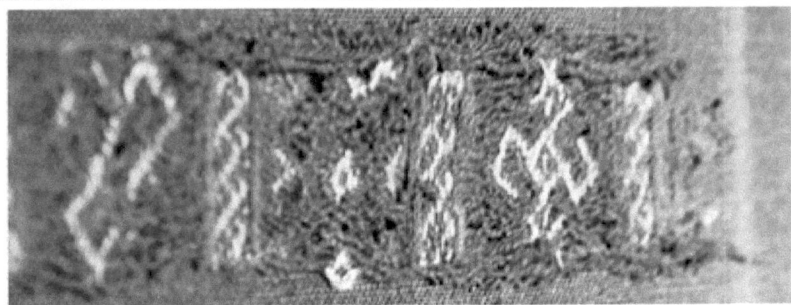

Gürtel (?) aus dem Oseberg-Schiff: Sonnenkreuz (links) und Swastika (rechts)

Oseberg-Schiff (Norwegen, 834 n.Chr.): keine Hinweise auf das Aussehen der germanischen Tempel

I 31. b) Der Wandteppich aus dem Schiffsgrab von Rolfsöy

Dieser zweitälteste Wandteppich wurde ebenfalls in einem Schiff in einem Hügelgrab gefunden. Diese Bestattung fand um ca. 900 n.Chr. in Östfold in Norwegen statt. Die Funde in diesem Grab sind leider durch Grabräuber zerstört worden, sodaß der Wandbehang nur in Bruchstücken erhalten geblieben ist.

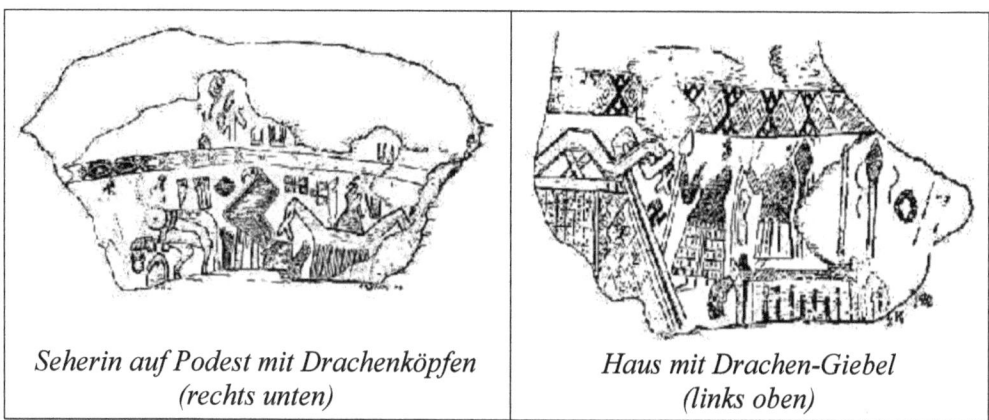

Seherin auf Podest mit Drachenköpfen
(rechts unten)

Haus mit Drachen-Giebel
(links oben)

Auf dem linken Bild ist ein Podest mit einer Frau in einem langen Gewand zu sehen. Das Podest endet in zwei Drachenköpfen – es wird wohl an allen vier Ecken einen Drachenkopf gehabt haben. Über dem linken Drachenkopf befindet sich dasselbe Flechtmuster wie auf dem Wandteppich von Oseberg. Links von dem Podest ist möglicherweise ein Adler (Seelenvogel?) abgebildet worden. Diese Podeste der Seherinnen-Zauberinnen sind aus der schriftlichen Überlieferung bekannt.

Auf dem rechten Bild ist links ein Dach mit Drachen-Giebel zu sehen. Rechts unten könnte evtl. ein weiteres Podest mit Drachenköpfen abgebildet sein.

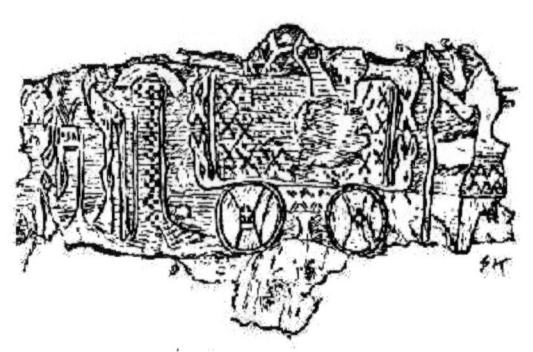

ein mit Tüchern bedeckter Wagen mit Drachenköpfen, links davor eine Frau (ohne Kopf), rechts dahinter ein Mann

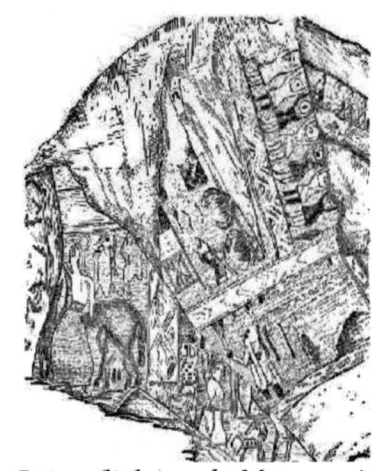

Reiter (links); acht Männer mit erhobenen Armen (rechts oben)

Beide Szenen könnte aus der Bestattungs-Prozession oder dem Bestattungsritual stammen.

Menschen, Pferd (links Mitte), evtl. Priesterin (rechts oben mit Stab o.ä.)

Kampfszene (?)

Die linke Szene ist zu schlecht erhalten, um sie sicher deuten zu können – evtl. ist der Weltenbaum mit erhängten Opfern an ihm zu sehen.

Das Bruchstück des Wandteppichs auf der rechten Seite zeigt vermutlich eine Kampfszene, von der allerdings fast nur die runden Schilde der Krieger erkennbar sind. Wenn diese Deutung zutreffen sollte, würde dies bedeuten, daß auf diesem Wandteppich auch historische Ereignisse, d.h. Teile der Biographie des Bestatteten dargestellt worden sind.

Die Wandteppich hätte dann eine ähnliche Funktion gehabt wie die Loblieder auf die Fürsten, in denen vor allem deren siegreiche Schlachten beschrieben wurden.

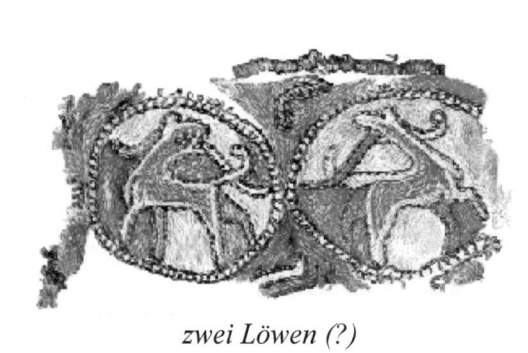

zwei Löwen (?)

Drachenschiff und Menschen

Links sind zwei Löwen in Kreisen zu sehen. Der Ursprung dieser Art von Stickerei könnte die Darstellung von Motiven aus den Mythen und Sagen auf den runden Schilden der Germanen sein (siehe „Schild" in Band 66). Die paarweise Darstellung ist insbesondere von dem Wandteppich von Bayeux gut bekannt. Möglicherweise halten die beiden Löwen (?) eine Schlange im Maul – das wäre jedoch ein für die Germanen recht ungewöhnliches Motiv. Es wäre auch eine Assoziation zu den beiden Katzen der Freya denkbar.

Auf dem rechten Bild ist der Bug eines Drachenschiffes zu sehen. Rechts daneben stehen zwei Reihen von Männern und vor ihnen jeweils eine Frau oder ein Priester.

Wandteppich aus dem Schiffsgrab von Rolfsöy (Norwegen, 900 n.Chr.):
- Dach mit Drachen-Giebel (Tempel?)
- Wagen mit Drachenköpfen (Leichenwagen bei der Bestattungs-Prozession?)
- Podest (?) mit Drachenköpfen (Podest der Seherinnen und Magier?)

I 31. c) Der Wandteppich von Skog

Auf dem Wandteppich aus der Kirche von Skog in Schweden, der um ca. 1050 n.Chr. hergestellt worden ist, ist in der Mitte eine Stabkirche zu sehen. Das mit verschiedenfarbigen Wollfäden in einfachem Kreuzstich auf weißes Leinen gestickte Bild ist ca. 40cm breit und ca. 180 cm lang.

Auf der linken Seite dieses Wandteppichs sind drei Gestalten zu sehen, die eine germanische Götterdreiheit sein könnte – vermutlich die in Uppsala verehrten Odin, Thor und Freyr.

Teppich von Skog, 1150 n.Chr., Schweden

In der Mitte ist eine Stabkirche abgebildet, in der sich Menschen versammelt haben. Einige stehen noch vor der Kirche, während im Glockenturm drei „Glöckner" zu sehen sind. Sowohl der Klang der Glocken als auch die beiden Drachenköpfe am Giebel der Stabkirche sollten die „bösen Geister" vertreiben – also die heidnischen Götter.

Von rechts nahen Pferde, auf denen teilweise Reiter sitzen. Dies können Kirchgänger sein, aber evtl. auch Feinde der Kirche. Vorne unten in dieser Schar ist ein Stier zu sehen – vermutlich weil es ein wichtiges Opfertier für den germanischen Göttervater gewesen ist.

Links sind Vierbeiner zu sehen, die evtl. Löwen sein könnten. Diese Tiere sind vermutlich die Boten der drei Gestalten auf der rechten Seite. Die Deutung der Tiere hängt davon ab, ob diese drei Männer als „gut" oder als „böse" angesehen wurden.

Die drei Männer könnten die drei heiliggesprochenen Könige Olaf von Norwegen, Knud von Dänemark und Erik von Schweden sein. Dann wären die Löwen die Symbole der Stärke dieser Könige, die die Kirche beschützt.

Diese drei Männer könnten aber auch eine Verbindung zu der Götterdreiheit sein, die in der germanischen Religion an vielen Stellen vorkommt: Odin, Wili und We; Odin, Hönir und Loki; Odin, Thor und Freyr u.a. Sie repräsentieren die drei Stände.

Vermutlich wird für die Stickerinnen dieses Teppichs die Dreiheit Odin, Thor und Freyr am naheliegendsten gewesen sein, da diese in Uppsala verehrt wurden, wie Bischof Adam von Bremen berichtet.

Diese Götterdreiheit erscheint auch in der Völsi-Saga als der heilige König Olaf und zwei Begleiter. Sie sitzen dort zunächst still im Dunkeln – wie Götterstatuen ...

Detail des Wandteppichs aus der Stabkirche von Skog

Die Gestalt auf der linken Seite hat nur ein Auge – ihr linkes Auge fehlt. Sie könnte daher Odin sein. Dazu würde auch der (Welten-)Baum links neben der Gestalt passen. Da die silberne Axt das Zeichen des St. Olaf ist, weil er angeblich mit einer Axt getötet worden ist, ist die Gestalt auf der linken Seite somit der als St. Olaf „getarnte" Odin.

Die mittlere Gestalt könnte St. Knud sein, der in einer Kirche erschlagen wurde und möglicherweise aus diesem Grund meistens ein Kruzifix in seiner Hand hält. Dem Bericht des Adam von Bremen zufolge war die mittlere der drei Statuen im Tempel von Uppsala die des Gottes Thor. Das Kruzifix des St. Knud könnte somit auch der Hammer des Thor sein.

Es bliebe somit für die rechte Gestalt St. Erik bzw. der Gott Freyr. St. Erik hat kein besonderes Attribut, an dem man ihn erkennen könnte, aber es wird über ihn berichtet, daß nach seinem Tod neben seiner Leiche eine Quelle entsprang, die sich heute neben dem neuen Dom von Uppsala befindet. Der Verdacht liegt nahe, daß es sich bei dieser Quelle um die heilige Quelle neben dem Tempel von Uppsala handelt. Dies würde St. Erik dem einstigen Hauptgott von Uppsala, also dem Freyr gleichsetzen. Dazu paßt gut, daß St. Erik in für ihn ganz untypischer Weise in seiner rechten Hand eine Kornähre hält – es ist allerdings nicht ganz sicher, ob es sich bei dem länglichen Gegenstand wirklich um einen Halm mit Ähre handelt. Eine solche Ähre würde gut zu dem Fruchtbarkeitsgott Freyr passen.

Es hat somit den Anschein, als ob die drei Heiligen Olaf, Knud und Erik die Kirche von Skog genauso beschützt haben wie die drei Götter Odin, Thor und Freyr den nur 150 km weiter südlich gelegenen Tempel von Uppsala.

Man kann aufgrund dieses Wandteppichs wohl davon ausgehen, daß man im Tempel von Uppsala wie auf dem Wandteppich von Skog Thor in der Mitte, Odin links von ihm und Freyr rechts von ihm gesehen haben wird.

Für die Deutung dieser drei Männer als Heilige oder als Götter spricht auch das Podest, auf dem sie stehen – es wird wohl zugleich das Podest der Statuen der drei Götter in Uppsala als auch das Podest für die Statuen der drei Heiligen in Skog darstellen.

Man kann sich natürlich fragen, wie die Germanen das Verhältnis zwischen den drei Göttern und den drei Heiligen gesehen haben werden. Vermutlich wird das Bild der drei Götter Thor, Odin und Freyr so prägend für die damaligen religiösen Vorstellungen der Germanen in der Nähe von Uppsala gewesen sein, daß man bei dem Gedanken an beschützende Heilige zunächst einmal dieses Bild vor Augen hatte und die drei Götter in drei Heilige verwandelte, die dann den einen oder anderen Aspekt der drei Götter bewahrt haben.

Auch die auf dem Wandteppich dargestellte Kirche ist interessant, da sie ganz den bis heute erhaltenen Stabkirchen entspricht.

Die Stabkirche

Die erkennbaren Details der Stabkirche sind der Turm-förmige Bau, die beiden Glocken, die beiden Vögel auf dem Dach und die beiden Drachen-Giebel.

Wandteppich von Skog (Schweden, 1150 n.Chr.):
- Turm-förmige Gestalt der Stabkirche
- Drachen-Giebel an der Stabkirche

I 31. d) Die fünf Wandteppiche von Överhogdal

Die fünf Wandteppiche von Överhogdal wurden den Radiokarbon-Messungen zufolge in der Zeit von 1040-1170 n.Chr. in Schweden hergestellt. Wie man an dem Stil erkennen kann, wurden alle fünf Wandteppiche in derselben „Stickerei" gestickt bzw. gewebt und gehören wahrscheinlich auch inhaltlich zusammen. Sie wurden 1909 in der Sakristei der Kirche von Overhödal entdeckt.

Auf den Bildern sind insgesamt 323 Menschen, 146 Tiere und 3 Mischwesen zu sehen. Sie bewegen sich wie auf den Wandteppichen von Oseberg und Rolfsöy fast alle nach links hin.

„Pferde und Hirsche-Wandteppich"

Auf diesem Wandteppich sind in der oberen Pferde und in der unteren Reihe Hirsche und Pferde zu sehen. In der oberen Reihe finden sich in der Mitte und rechts je ein Reiter.

Unten in der Mitte ist ein Reiter auf einem Berg (?) zu sehen.

Einige der Hirsche und Pferde haben „zuviele Beine", auch wenn man einen der senkrechten Streifen als Schweif ansieht: das zweite Pferd von unten rechts könnte der achtbeinige Sleipnir sein. In der unteren Reihe befinden sich noch 5 weitere Pferde mit anscheinend sieben Beinen …

Berg und Reiter

Interessanterweise trägt das Pferd mit dem Reiter oberhalb des „Berges" das Flechtmuster auf seiner Kruppe, das sich auch auf dem Oseberg-Wandteppich findet und vermutlich ein Sonnensymbol ist. Hinter dem Reiter mit den erhobenen Händen auf diesem Pferd ist eine Variante dieses Symboles zu sehen.

Auch der Reiter oben rechts hat seine Hände erhoben und auch das blaue Pferd oben rechts trägt das Flechtmuster-Motiv auf seinem Schweif (?).

Möglicherweise handelt es sich bei den beiden Reitern mit den erhobenen Armen um Götter – aber das ist sehr unsicher.

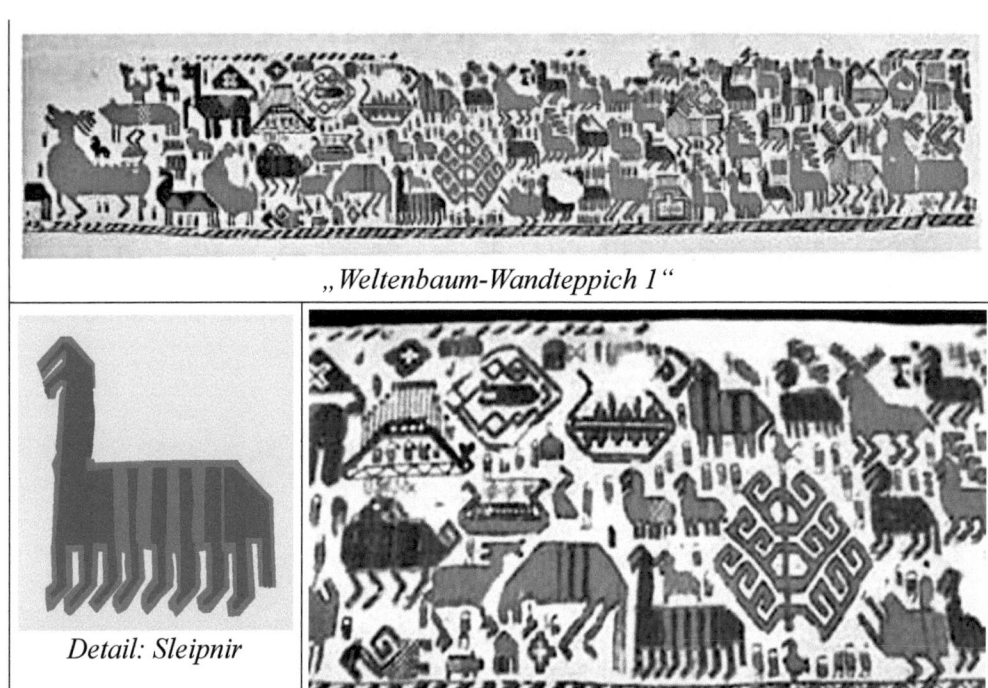

„Weltenbaum-Wandteppich 1"

Detail: Sleipnir

Details

In der Mitte dieses Teppichs ist der Weltenbaum zu sehen. Links unter ihm steht Odins achtbeiniges Roß Sleipnir. Da Yggdrasil „Roß des Ygg (Odin)" bedeutet, könnte Sleipnir eine Bestätigung dafür sein, daß dieser Baum wirklich den Weltenbaum darstellt.

Oben auf dem Baum sitzt ein roter Vogel – vermutlich der Hahn auf dem Weltenbaum, über den in den Mythen und Liedern mehrfach berichtet wird.

Links von dem Baum befinden sich zwei Drachenschiffe.

Ganz links unten steht ein großer Hirsch – insgesamt sind zehn Hirsche zu sehen.

Die Karo-förmige Struktur links oben zwischen dem „Krug" und dem „Hügel" könnte ein Toter in der Grabkammer eines Hügelgrabes sein.

Wie auf dem „Pferde und Hirsch"-Wandteppich scheint auch hier vor allem „viel von demselben" dargestellt worden zu sein. Der Hirsch könnte das für die Jenseitsreise und die Wiederzeugung des Toten benötigte Opfertier sein. Der Weltenbaum wäre dann die Verbindung zwischen den beiden Welten und Sleipnir das Roß, daß den Toten vom Diesseits nach Walhalla im Jenseits trägt.

„Weltenbaum-Teppich 2"

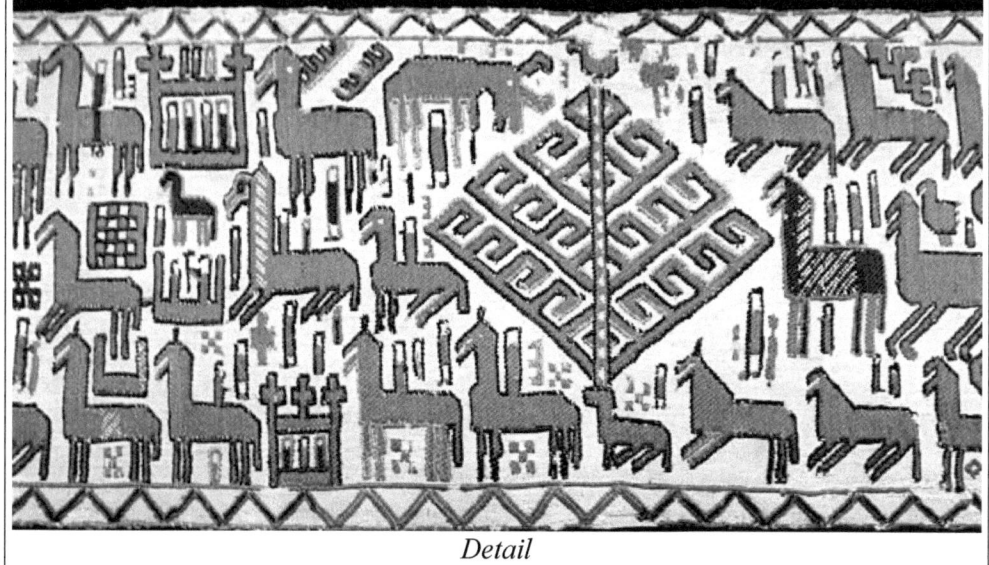
Detail

Dieser Wandteppich ist ähnlich wie der vorige aufgebaut: der Weltenbaum im Zentrum, einige Hirsche, viele Pferde und dazwischen Menschen. Das Flechtmuster, das vermutlich die Sonne symbolisiert, ist zumindestens 18-mal klar zu erkennen.

Zusätzlich sind auf diesem Wandteppich jedoch auch fünf Gebäude und ein Podest abgebildet:

- rechts in der Mitte: ein kleines Gebäude mit einem „senkrechten Inhalt" (Statue?) und einem „Aufsatz" (Tempel mit Statue?)
- links unten: eine Kirche mit drei Statuen (?), was sehr an die Götterdreiheiten in den germanischen Tempeln erinnert (der Teppich stammt aus der Zeit der Konvertierung zum Christentum)
- links neben dem Baum (rechts unter dem „Schachbrett"): ein Podest mit zwei Menschen, von denen der rechte einen Stab in seiner Hand hält und daher wohl ein Priester sein wird

- links oben: eine Kirche mit vier Menschen innen und drei Menschen obenauf
- links unten in der Mitte: ein Gebäude mit zentralem Turm und einer Gestalt im Inneren (Tempel oder Kirche)
- ganz links unten: eine Stabkirche mit Chor und Christus-Statue (links) und Hauptraum (rechts) mit Priester (groß) und Gemeinde (klein)

Auf diesem Wandteppich scheinen sich die Pferde und Hirsche von rechts nach links von der germanischen Religion zum Christentum hin zu bewegen, was eine Darstellung der Christianisierung sein könnte.

„Weltenbaum-Wandteppich 3"

Auch auf diesem leider unvollständig erhaltenen Wandteppich ist der Weltenbaum zu sehen, doch diesmal nicht im Zentrum.

Rechts unterhalb des Baumes ist ein kleines Gebäude mit einem Menschen und einer Statue (?) zu sehen. Dies stellt vermutlich wie auf dem vorigen Wandbehang einen germanischen Tempel dar.

Das größere Gebäude links oberhalb des Baumes könnte sowohl ein Tempel als auch eine Kirche sein.

Links ist ein Drachenschiff abgebildet.

Links oberhalb des Schiffes ist möglicherweise ein Priester abgebildet (langes Gewand).

Rings um die Bilder bilden abwechselnd die Swastika und das Sonnen-Flechtmuster eine Rand-Borte.

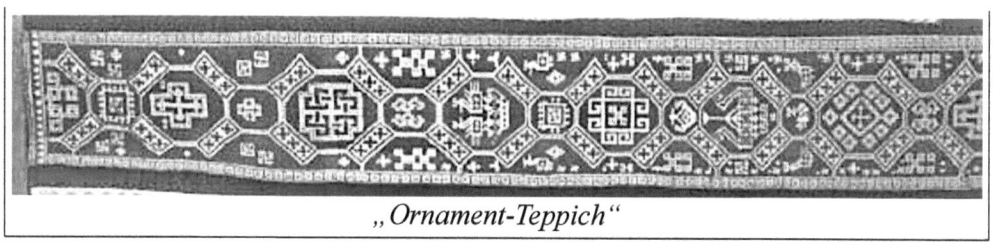
„Ornament-Teppich"

Dieser Wandteppich ist rein ornamental gestaltet worden. Sein Hauptmotiv ist die Swastika, das Sonnen-Flechtmuster und das Kreuz – vermutlich sind alle drei als in der germanischen Religion und im Christentum einheitlich benutzte Symbole mit den Bedeutungen „Gott" und „Sonne" angesehen worden. Den Motiven auf diesem Wandbehang zufolge ist er senkrecht aufgehangen worden.

Die 15 zentralen Symbole werden vermutlich eine konkrete Bedeutung gehabt haben, auch wenn diese oft nur noch schwer zu erraten ist.

Diese Symbole befinden sich in Achtecken (Germanen: 8 = Vollkommenheit), die von je vier Balken mit je drei Kreuzen gebildet werden (Christen: 3x4=12 = Vollkommenheit).

Auf der nächsten Seite werden diese Ornamente genauer betrachtet.

- Quadrat: Kreuz in einer Kirche

- in dem kleinen Achteck: Kirche oder Tempel (?)
- außen: 4 Swastikas, 2 Sonnen-Flechtmuster,

- in dem großen Achteck: Kreuz in einer Kirche

- in dem kleinen Achteck: Kreuz
- außen: 4 Swastikas

- in dem großen Achteck: Variante des Sonnen-Flechtmusters
- außen: 2 Kreuze oder Sonnen-Symbole

- in dem kleinen Achteck: Variante des Sonnen-Flechtmusters
- außen: 2 Kreuze, 2 doppelte Sonnenflechtmuster, 2 Swastikas
- in dem großen Achteck: zwei Hähne in einem Nest (auf dem Weltenbaum?)
- außen: zwei Hrungnir-Herzen (Dreiecke), 2 Sonnenflechtmuster
- in dem kleinen Achteck: Kirche oder Tempel (?)
- außen: 2 Vögel, 2 Rauten (?), 4 Swastikas
- in dem großen Achteck: Kirche oder Tempel mit Sonnen-Flechtmuster (Gott) im Innern
- außen: 2 Kreuze, 2 Swastikas
- in dem kleinen Achteck: Monstranz mit Drachenköpfen (?)
- außen: 4 Kreuze, 2 eineinhalbfache Sonnen-Flechtmuster
- in dem großen Achteck: Podest (?) mit zwei Drachen- oder Pferdeköpfen (?), in der Mitte eine Monstranz (?)
- außen: 2 große Swastikas, 4 kleine Swastikas
- klein: Sonnen-Flechtmuster (?) und ein Symbol (?)
- außen: 4 Swastikas, 2 unterschiedliche Kreuz-Paare
- in dem großen Achteck: Kreuz in Kirche; darumherum 8 Säulen (?); oben und unten je ein weiteres Karo
- außen: 6 Swastikas, 2 Kreuze
- in dem kleinen Achteck: Variante des Sonnen-Flechtmusters
- außen: 2 eineinhalbfache Sonnen-Flechtmuster
- in dem großen Achteck: Kreuz in Kirche (wie oben)

> **Die Wandteppiche von Överhogdal (Schweden, ca. 1100 n.Chr.):**
> - Tempel mit Statuen
> - Podest mit Priestern und Statue
> - Wichtigkeit der Sonne (Gleichsetzung und häufige Kombination von Kreuz, Swastika und Sonnen-Flechtmuster)

I 31. e) Gisli-Saga

Als die Spiele endeten und der Sommer begann, herrschte zwischen Thorgrimm und Gisli eine ziemlich große Kälte.

Mit „Spiele" ist eine Art besonders rabiates Rugby zwischen nur zwei Gegnern auf einer Eisfläche gemeint, das selten ohne Verletzungen geendet zu sein scheint.

Thorgrimm wollte in der ersten Winternacht ein Erntefest veranstalten und dem Freyr opfern.

Freyr scheint sehr eng mit der Ernte verbunden gewesen zu sein, wie auch schon die guten Ernten während der Herrschaft des „Königs Freyr" und des damit verbundenen „Frodi-Friedens" zeigen.

Thorgrimm lud seinen Bruder Bork sowie Eyolf, den Sohn des Thord, und viele andere Männer ein.
Auch Gisli bereitete ein Fest vor und lud seine Schwäger von der Arna-Bucht und die beiden Thorkels ein, sodaß schließlich ganze sechzig Menschen in seinem Haus waren.
In beiden Häusern sollte es ein Trinkgelage geben und der Boden in Säbol war mit Binsen aus dem Binsen-Bergsee bedeckt.
Als nun Thorgrimm und seine Leute damit beschäftigt waren, in der Halle die Wandbehänge aufzuhängen, sprach Thorgrimm plötzlich zu Thorkel: „Diese Wandbehänge würden sich gut machen – die feinen meine ich – die Vestein Dir geben wollte. Mir scheint, daß es einen großen Unterschied macht, ob Du sie für einen Tag hast oder ganz. Ich fände es gut, wenn Du sie nun holen lassen würdest."
„Der Mann," sprach Thorkel, „der weiß, wie er etwas sein lassen kann, ist der Meister aller Weisheit. Ich werde sie nicht holen lassen."

Der erste Satz des Thorkel ist offensichtlich ein Sprichwort. Die Weisheit, die in ihm ausgedrückt wird, ist recht „taoistische" und paßt bei den germanischen Göttern am ehesten zu Freyr. Dieser Spruch zeigt nebenbei, daß die Germanen auch Weisheiten besaßen, die die Qualität von Frieden, Nachgiebigkeit und Selbstbeherrschung in den Mittelpunkt stellten.

„Dann werde ich es tun," sprach Thorgrimm und wollte Geirmund losschicken, um sie zu holen.

„Ich habe Arbeit zu tun," sprach Geirmund, „und ich habe keine Lust zu gehen."

Da ging Thorgrimm zu ihm, führte einen gewaltigen Zuchthengst zu ihm hin und sprach: „Los jetzt, wenn es Dir so besser gefällt!"

„Das werde ich tun," sprach er, „auch wenn ich noch weniger Lust dazu habe – aber verlaß' Dich drauf: Ich werde versuchen, Dir die alte Mähre anstelle Deines Hengstes zurückzugeben! Dann werden wir quitt sein!"

Da ging er los. Als er jedoch zu Gislis Haus kam, waren Gisli und Auda gerade fleißig dabei, die Wandbehänge aufzuhängen. Geirmund erzählte seine Botschaft und die ganze Geschichte.

> **Gisli-Saga (Island, ca. 950 n.Chr.):**
> - Die Wandbehänge waren genauso wie die mit mythologischen Szenen bemalten oder beschnitzten Schilde hoch geschätzt.

I 31. f) Der Wandteppich von Bayeux

Dieser Wandteppich wurde kurz nach der Schlacht von Hastings um 1066 n.Chr. hergestellt und ist vor allem eine Schilderung dieser Schlacht und ihrer Vorgeschichte. Er enthält jedoch an dem oberen und unteren Rand auch einige religiöse Motive.

Ansätze zu solchen „biographischen Wandteppichen" hat es auch bei den älteren Wandteppichen gegeben. Die gestickten Bilder von Bayeux entsprechen den Lobliedern auf die Fürsten, die von den Skalden verfaßt worden sind. Wahrscheinlich wird es vor diesem einen halben Meter hohen und 68m langen Wandteppich auch schon ähnliche, deutlich kleinere Stickereien gegeben haben.

Insbesondere bei diesem Wandteppich zeigt sich, daß die Wandteppiche u.a. auch eine Fortführung der „erzählenden Schilde" mit deutlich mehr Platz gewesen sind. Man kann die Schilde, auf denen Motive aus den Mythen und Sagen dargestellt worden sind, die „biographischen" Wandteppiche und die Lobgesänge auf die Fürsten („drapas") als drei Formen derselben Sache ansehen: ein optischer und akustischer Bericht über die Taten eines Fürsten, der dessen Ruhm „unsterblich" machen sollte.

Die Kommentare unter den Bildern sind der übersetzte lateinische Text auf den Bildern.

Der gesamte Wandteppich beschreibt folgende Geschichte:

Hier reiten Harold, der Herzog der Angeln, und seine Soldaten nach Bosham.

Hier segelt Harold über das Meer ...

... und kommt mit windgefüllten Segeln in das Land des Grafen Guy.

Hier nimmt Guy Harold gefangen und führt ihn nach Beaurain und hält ihn dort fest.

Hier unterhalten sich Harold und Guy. Hier kommen die Boten des Herzogs Wilhelm ... (Turold)

... zu Guy. (Wilhelms Boten) Hier kommt ein Bote zu Herzog Wilhelm.

Hier bringt Guy Harold zu Wilhelm, dem Herzog der Normannen.

Hier kommt Herzog Wilhelm mit Harold zu seinem Palast, in dem ein Geistlicher und Aelfgyva sind.

Hier kommen Herzog Wilhelm und sein Heer zum Mont St. Michel. Hier zieht Harold sie vom Strand ...

... und hier überqueren sie den Fluß Couesnon. Und sie kommen nach Dol. Und Conan wendet sich zur Flucht. (Rennes)

Hier kämpfen die Soldaten Herzog Wilhelms gegen die Einwohner von Dinan. Und Conan übergibt die Schlüssel.

Hier gibt Wilhelm Harold Waffen. Hier kommt Wilhelm nach Bayeux, wo Harold Wilhelm den Treue-Eid leistet.

Hier kehrt Herzog Harold nach Angel-Land zurück und kommt zu König Edward.

Hier wird der Leib König Edwards zur Kirche St. Peter getragen. Hier spricht König Edwards auf seinem Bett zu seinen Getreuen ...

... und hier starb er. Hier gaben sie Harold die Königskrone, Hier thront Harold, König der Angeln. (Erzbischof Stigand) Diese Männer bewundern den Stern.

(Harold) Hier kommt ein englisches Schiff in das Land des Herzogs Wilhelm. Hier befiehlt Wilhelm, ...

... Schiffe zu bauen. Hier ...

... ziehen sie die Schiffe ans Meer. Diese da tragen Waffen zu den Schiffen und hier ziehen sie einen Wagen mit Wein und Waffen.

Hier überquert Wilhelm auf einem großen Schiff das Meer ...

... und kommt nach Pevenesy.

Hier gehen Pferde von Bord und hier eilen Soldaten nach Hastings, um Proviant zu rauben.

Dies ist Wadard. Hier wird Fleisch gekocht und hier tragen die Diener auf.

Hier bereiten sie ein Mittagsmahl und hier segnet der Bischof Speise und Trank. (Bischof Odo – Wilhelm – Robert) Der befahl, daß eine Festung errichtet werde ...

... bei Hastings. Hier wird Wilhelm über Harold berichtet. Hier wird ein Haus angezündet. Hier verlassen ...

... die Soldaten Hastings und begeben sich in die Schlacht gegen König Harold.

Hier fragt Herzog Wilhelm Vital, ob er Harolds Heer gesehen hat.

Dieser meldet König Harold Herzog Wilhelms Heer. Hier spricht Herzog Wilhem zu seinen Soldaten, ...

... daß sie sich mannhaft und klug auf die Schlacht ...

... gegen das Heer der Angeln vorbereiten sollen.

Hier fallen Leofwine und Gyrth, ...

... die Brüder König Harolds. Hier fallen sowohl Angeln als auch Franken in der Schlacht.

Hier ermutigt Bischof Odo, der seinen Stab hält, die Männer. Hier ist Herzog Wilhelm. (Eustace) Hier kämpfen ...

... und fallen die Franken, die bei Harold waren.

Hier wird König Harold getötet ...

... und die Angeln wenden sich zur Flucht.

Auf diesem Wandteppich finden sich mehrere Darstellungen von Kirchen mit Drachen-Giebeln wie bei den Stabkirchen:

Festung von Rednes

Festung von Dinan

Festung von Bayeux

Stadt an der englischen Ärmelkanal-Küste

Kirche des Apostels St. Peter

Festung von Hastings

Palast des Königs William

Die interessanteste Abbildung findet sich jedoch neben Herzog Wilhelms Palast, neben dem ein sakrales Gebäude durch zwei Säulen dargestellt wird, an deren oberen Ende sich je ein Drachenkopf befindet und die oben miteinander verbunden sind. In diesem „Tor" steht eine Frau mit dem Namen „Aelgylfa", deren Name entweder „Kornanbau-Albenfrau" oder „Albenfrau des tosenden Meeres" bedeutet.

Diese Form der Tempel-Darstellung fand sich auch auf dem Runenkästchen von Auzon. Dort waren in diesem „Tor" eine Walküre, Maria und der spätere römische Kaiser Titus abgebildet.

"Hier kam Herzog Wilhelm mit Harold zu seinem Palast, wo ein Geistlicher und Aelfgyfa waren."

Detail

Runenkästchen von Auzon: die Walküre Aelfrun im Tempel

Runenkästchen von Auzon: Maria im Tempel

Es stellt sich die Frage, was der christliche Geistliche bei der Frau Namens Aelfgylfa, die ein einem Tempel steht, will. Er streckt seine Hand nach ihrem Kopf aus und sie scheint ihm etwas zu geben – vielleicht ist sie eine Seherin und prophezeit das zukünftige Schicksal des Wilhelm. Es könnte sein, daß Wilhelm diesen Geistlichen in seinem Palast (linke Seite der Szene) beauftragt hat, die Seherin zu befragen, ob die Zeit für die Eroberung Englands günstig ist.

Eine vergleichbare Szene ist das Erscheinen des Kometen Halley (Omen) über der Kirche, in der König Harold gekrönt wird (der „Stern" in dem Text auf dem Wandteppich).

Die beiden Pfosten, durch die auf den drei Abbildungen auf dem Runenkästchen von Auzon und auf dem Wandteppich von Bayeux ein Tempel symbolisiert wird, sind die beiden Hochsitz-Pfosten, die in einem der Tempel auf Island im Inneren des Tempels gleich hinter der Tür stehen – sie sind die „Seelenweg-Säulen" („*öndvegissula*"), d.h. das Tor in das Jenseits zu den Göttern und den Ahnen.

Wandteppich von Bayeux (England, ca. 1070 n.Chr.):
- Drachen-Giebel an Kirchen/Tempeln
- Darstellung eines möglicherweise heidnischen Tempels mithilfe von zwei oben verbunden Säulen (Hochsitz-Säulen), die oben in Drachenköpfen enden

---

I 31. g)   Beowulf-Epos

Nun ward von fleißigen / Fingern Heort
Festlich geschmückt: / gar viele waren,
Männer und Weiber, / im Metsaal beschäftigt,
Das Gasthaus zu rüsten. / Goldbuntes Gewebe
Glänzt' an den Wänden, / ein Wunder zu schauen
Den Augen der Menschen.

„Heort" bedeutet „Hirsch-Halle".

Beowulf-Epos (England, 700 n.Chr.):
- z.T. mit Gold bestickte Wandteppiche in den Hallen

I 32. Kenningar

Eine weitere Möglichkeit, etwas über die germanischen Tempel zu erfahren, sind die Kenningar. Durch die in ihnen verwendeten Bilder lassen sich verschiedene Merkmale der Tempel erkennen.

1. Die Germanen besaßen Tempel:

Heiden	*Heer aus den heidnischen Tempeln*		Markus Skeggjason	Eiriksdrapa

2. Die Tempel wurden aus Holz errichtet:

Feuer	*Tempel-Wolf*	Wolf = Zerstörer	Thjodolfr von Hvini	Ynglingatal

3. Die Tempel gehörten den Göttern, die in ihnen wohnten:

Thor	*Tempel-Macht*	Macht = Gott	Tjodolfr von Hvini	Haustlöng
Asen	*Vear*	'die im Tempel'	Schmuck-Oddr	Geirvidardrapa

4. In den Tempeln standen Altäre:

König	*Wächter des Tempel-Altars*		Thjodolfr von Hvini	Ynglingatal

5. Der Himmel wurde als ein Tempel aufgefaßt:

Himmel	*Tempel der Rader*	Räder = Sonnen/Mond	Kalfr Hallsson	Katrinardrapa
Himmel	*Tempel der Flamme*	Flamme = Sonne	Gamli Kanon	Harmsol
Himmel	*Tempel der Himmels-Buge*	Bug = Schiff; Himmels-Schiffe = Sonne/Mond	anonym	Liknarbraut
Himmel	*Wind-Tempel*	Wind-Tempel = Himmel	anonym	Placitusdrapa

Himmel	*Sturm-Tempel*		anonym	Liknarbraut (3x)
			anonym	Mariugrat-Drapa
			Gamli Kanon	Jonsdrapa
Himmel	*Wolken-Tempel*		anonym	Leidarvisan
Himmel	*Tempel des Weges der Wolken*		Gamli Kanon	Harmsol
Himmel	*Tempel der Wolken-Ebene*		Gamli Kanon	Harmsol
Himmel	*Tempel des Wolken-Stalls*		Gamli Kanon	Harmsol
Himmel	*Tempels der Blitze*		anonym	Mariugrat-Drapa
Himmel	*Tempel der Erde*		anonym	Placitusdrapa
Himmel	*Tempel des Landes*		Gamli Kanon	Harmsol

6. Der Himmels-Tempel ist Gottes Wohnstatt:

Gott	*König des Tempels der Räder*		Kalfr Hallsson	Katrinardrapa
Gott	*Herr des Tempels der Himmels-Buge*	Bug = Schiff; Himmels-Schiffe = Sonne/Mond; Tempel der Sonne und des Mondes = Himmel	anonym	Liknarbraut
Gott	*gesegneter Schöpfer des Tempels der Flamme*	Flamme = Sonne	Gamli Kanon	Harmsol
Gott	*Sicherer des Schildes des Tempels des Landes*	Schild = Sonne	Gamli Kanon	Harmsol
Gott	*König des Sturm-Tempels*	Tempel des Sturmes und des Windes = Himmel	anonym	Liknarbraut
Gott	*Fürst des Sturm-Tempels*		anonym	Liknarbraut
			anonym	Mariugrat-Drapa
Gott	*Herr des Sturm-Tempels*		Gamli Kanon	Jonsdrapa
Gott	*großzügiger Herr des Sturm-Tempels*		anonym	Liknarbraut
Gott	*Herr des Wind-Tempels*		anonym	Placitusdrapa

Gott	*König des Wolken-Tempels*	Wolken-Tempel = Himmel	anonym	Leidarvisan
Gott	*ruhmreicher Schmücker des Tempels des Weges der Wolken*	Schmuck = Sonne und Mond; Tempel des Weges der Wolken = Himmel	Gamli Kanon	Harmsol
Gott	*Halter des Tempels der Wolken-Ebene*		Gamli Kanon	Harmsol
Gott	*Herr des Tempels der Blitze*		anonym	Mariugrat-Drapa
Gott	*Gnade-gewährender König des Tempels der Erde*	Erd-Tempel = Himmel	anonym	Placitusdrapa

7. Die Erde, d.h. Midgard ist der Tempel der Menschen:

Sonne	*Schild des Erd-Tempels*		Gamli Kanon	Harmsol

8. Ein Tempel kann auch die allgemeine Umschreibung eines Ortes sein:

Schlachtfeld	*Schlacht-Tempel*		Glumr Geirason	Grafeldardrapa
Schlachtfeld	*Kriegs-Tempel*		anonym	Placitusdrapa
Utgard	*weit draußen liegendes Heiligtum*	Utgard liegt jenseits des Weltmeeres	Eilifir Godrunason	Thorsdrapa
Mund	*Tempel der Sprache*		Egil Skallagrimsson	Sonatorrek

Kenningar:
- Die Germanen besaßen Tempel.
- Die Tempel der Germanen bestanden aus Holz.
- Die Tempel waren die Wohnungen der Götter.
- In den Tempeln standen Altäre.
- Der Himmel wurde als Tempel der Sonne und als Gottes Tempel aufgefaßt – was von den Germanen letztlich als dasselbe angesehen wurde.

I 33. Ortsnamen

Auch die Ortsnamen geben Auskunft über die Tempel und die heiligen Orte der Germanen.

Ortsnamen		
Name	*Bedeutung*	*Land*
Skövde	Skadi-Tempel	Västergötland, Schweden
Disevid	Disen-Tempel	Östergötland, Schweden
Järnevi	Härne-Tempel (Härne = Freya)	Östergötland, Schweden
Frösvi	Freyr-Tempel	Östergötland, Schweden
Vrinnevid	Rindr-Tempel	Östergötland, Schweden
Skedevi	Skadi-Tempel	Östergötland, Schweden
Odensve	Odin-Tempel	Närke, Schweden
Othänsäle => Onsala	Odins-Tempel	Halland, Süd-Schweden
Odensala	Odins-Saal	Uppland, Süd-Schweden
Odinsredh => Odensjö	Odins-Heiligtum	Vestmanland, Süd-Schweden
Odinsredh => Odensjö	Odins-Heiligtum	Smaland, Süd-Schweden
Othänshäret => Onsjö	Odins-Heiligtum	Schonen, Süd-Schweden
Nalavi	Njörd-Tempel	Närke, Schweden
Härnevi	Härne-Tempel (Härne = Freya)	Uppland, Schweden
Skadevi	Skadi-Tempel	Uppland, Schweden
Vebolstadr	Tempel-Bauernhof (alter Bauernhof)	Schweden
Velo	Tempel-Wiese (alter Bauernhof)	Schweden
Vesetr	Tempel-Bauernhof (alter Bauernhof)	Schweden
Vestadir	Tempel-Bauernhof (alter Bauernhof)	Schweden

Vesteinn	Heiliger Stein	Schweden
Vevatn	Heiliger See	Schweden
Veöy	Heilige Insel	Schweden
Harg	Altar	Schweden
Mjärdevi 1	Njörd-Tempel	Schweden
Mjärdevi 2	Njörd-Tempel	Schweden
Skedvi	Skadi-Tempel	Schweden
Torsvi	Thor-Tempel	Schweden
Ullevi	Ullr-Tempel	Schweden
Vedalr	Tempel-Tal (alter Bauernhof)	Schweden
Hov	Tempel	Vestfold, Norwegen
Ve	Tempel (alter Bauernhof)	Fla, Norwegen
Ve	Tempel (alter Bauernhof)	Norderhov, Norwegen
Ve	Tempel (alter Bauernhof)	Ringsaker, Norwegen
Ve	Tempel (alter Bauernhof)	Sande, Norwegen
Ve	Tempel (alter Bauernhof)	Stamnes, Norwegen
Ve	Tempel (alter Bauernhof)	Tveit, Norwegen
Ve	Tempel (alter Bauernhof)	Tysnes, Norwegen
Thorsö	Thor-Tempel (alter Bauernhof)	Torsnes, Norwegen
Thorsnes	Thor-Landzunge	Torsnes, Norwegen
Odhinssalr	Odins-Tempel	Norwegen
Torshov	Thor-Tempel	Oslo, Norwegen
Norderhov	Njörd-Tempel	Norwegen
Vyborg	Tempel-Burg	Finnland
Odense 1	Odin-Tempel	Dänemark
Odense 2	Odin-Tempel	Dänemark
Odense 3	Odin-Tempel	Dänemark

Odense 4	Odin-Tempel	Dänemark
Odense 5	Odin-Tempel	Dänemark
Hargan	Altar	Niederlande
Hoff	Tempel	Cumbria, England
Hoff-Lund	Tempel-Hain	Cumbria, England
Harrow	Altar	England
Harrow Hill	Altar-Hügel	England
Hov	Tempel	Suduroy, Faröer-Inseln
Woensele => Woensel	Odins-Tempel	Brabant, Belgien
Woedenssele => Woensel	Wodans-Tempel	Eindhoven, Niederlande
Wodenesweg	Wodens-Tempel	Norddeutschland
Wodenslag	Wodens-Altar	Norddeutschland
Hörga	Altar	Island
Hörgsdalur	Altar-Tal	Island
Hof	Tempel	Island
Hofstadir	Tempel-Bauernhof (alter Bauernhof)	Island
Helgafell	heiliger Felsen	Island (Landnahme-Buch)
Helgahvoll	Heiliger Hügel (Hügelgrab?)	Island (Landnahme-Buch)
Hofgardar	Tempel-Ort	Island (Landnahme-Buch)
Hofsfell	Tempel-Felsen	Island (Landnahme-Buch)
Hofsfellingar	Tempel-Felsen	Island (Landnahme-Buch)
Hofsmenn	Tempel-Männer	Island (Landnahme-Buch)
Hofsteigr	Tempel-Höhe	Island (Landnahme-Buch)
Hofsvogr	Tempel-Bach	Island (Landnahme-Buch)
Hörga	Tempel-Fluß	Island (Landnahme-Buch)

Anhand dieser Ortsnamen lassen sich die folgenden Merkmale der Tempel erkennen:

1. Nach konkreten Gottheiten benannte Tempel gibt es fast nur in Schweden. Die Hälfte der Tempel, nach denen ein Ort benannt worden ist, sind Odin-Tempel.

Merkmale der Tempel				
Merkmal	**Land**	**Anzahl**		
Odin-Tempel	Schweden	6	16	33
	Dänemark	5		
	Deutschland	2		
	Norwegen	1		
	Belgien	1		
	Niederlande	1		
Skadi-Tempel	Schweden	4	4	
Njörd-Tempel	Schweden	3	4	
	Norwegen	1		
Freya-Tempel	Schweden	2	2	
Thor-Tempel	Schweden	1	2	
	Norwegen	1		
Thor-Landzunge	Norwegen	1	1	
Disen-Tempel	Schweden	1	1	
Rindr-Tempel	Schweden	1	1	
Freyr-Tempel	Schweden	1	1	
Ullr-Tempel	Schweden	1	1	

2. In Norwegen und Schweden ist der Bauernhof-Tempel weit verbreitet gewesen:

Merkmale der Tempel			
Merkmal	**Land**	**Anzahl**	
	Norwegen	8	12
	Schweden	3	
	Island	1	

3. Ein wichtiges Element des Tempels war der Altar:

Merkmale der Tempel				
Merkmal	**Land**	**Anzahl**		
Altar	Schweden	1	5	11
	Niederlande	2		
	England	1		
	Island	1		
Tempel-Felsen	Island	2	2	
heiliger Felsen	Island	1	1	
heiliger Stein	Schweden	1	1	
Altar-Hügel	England	1	1	
Altar-Tal	Island	1	1	

4. Die nach Landschafts-Merkmalen benannten „Tempel-Orte" weisen keine auffälligen Häufungen auf – lediglich die Assoziation eines Tempels mit einer Anhöhe und einem Fluß erscheint zweimal, was allerdings für sich genommen noch kein tragfähiger Hinweis ist, sondern lediglich ähnliche Hinweise aus anderen Quellen unterstützen kann.

Merkmale der Tempel				
Merkmal	**Land**	**Anzahl**		
heiliger Hügel	Island	1	2	9
Tempel-Höhe	Island	1		
Tempel-Burg (hochgelegen?)	Finnland	1	1	
Tempel-Bach	Island	1	2	
Tempel-Fluß	Island	1		
heilige Insel	Schweden	1	1	
Tempel-Wiese	Schweden	1	1	
Tempel-Hain	England	1	1	
Tal-Tempel	Schweden	1	1	

Ortsnamen:
- Odin-Tempel gibt es vor allem in Dänemark und im angrenzenden Schleswig-Holstein, das früher teilweise zu Dänemark gehört hat.
- Die meisten nach konkreten Gottheiten benannten Tempel liegen in Schweden.
- Die Hälfte der Tempel-Ortsnamen bezieht sich auf Odin.
- Es gab Tempel des Odin, der Skadi, des Njörd, der Freya, des Thor, der Disen, der Rindr, des Freyr und des Ullr.
- In Norwegen und Schweden ist der Bauernhof-Tempel weit verbreitet gewesen.
- Der Altar ist ein sehr wichtiges Element der Tempel.

I 34. Personennamen

Es gibt eine ganze Reihe von Personennamen, die mit dem Wort „vi" gebildet sind, das entweder „Tempel" oder „Priester/Priesterin" bedeutet. Da es sich um Personennamen handelt, wird die Bedeutung meistens eher „Priester(in)" als „Tempel" gewesen sein, aber die Aussagen über die Priesterschaft der Tempel wird oft auch etwas über die Tempel selber aussagen.

1. Priester, Priesterinnen oder Tempel bestimmter Götter, heiliger Tiere, heiliger Gegenstände o.ä.:

Personennamen		
Namen		Bedeutung
Männernamen	Fauennamen	
	Asvi, Äsvi	Asen-Priesterin
	Asvör	Asen-Frau = Priesterin
Gudhvi, Gudvi, Gudver	Gudve	Gottes-Priester(in)/Tempel
Thorer, Thorve, Thorver, Thorvi	Thörin, Thura	Thor-Priester(in)/Tempel
Thyri, Thyrwi, Thyrvi, Tyrvi		Tempel des Donnerers (Thor)
Yngvi	Ingvi	Yngvi-Priester(in)
	Solver, Sölvi	Sonnen-Priesterin
	Heidvik	Licht/Sonnen-Priesterin
	Randvi	Schild-Priesterin = Sonnen-Priesterin
Vifinnr		heiliger Wanderer (Sonne)
	Vefreya	heilige Freya
	Vedis	Tempel-Dise, heilige Dise (Priesterin?)
Veseti, Visäte		Tempel-Vorsitzender = Oberpriester
Viälfr		Tempel-Alf, heiliger Alf (Priester?)

Vigautr		Tempel-Gote/Mann = Priester
Vifill		Tempel/Priester-Geweihter = Priester
Vigisl		Tempel/Priester-Geweihter = Priester
Viurdr		Tempel-Wächter
Hrodver, Hrodvi, Hrothiwihar	Rodhvi	berühmter Priester
Thorgisl, Thorgils		Thor-Geweihter/Priester
Tyrgisl		Donnerer-Geweihter/Priester
	Ketilve, Kjellvi, Kätilvi	Kessel-Priesterin
Arnvid, Ärnvi		Adler-Priester
Vethormr		heilige(r) Schlange/Drache
Diurver, Dyrver		Hirsch-Priester
Vebjörn, Vibjörn, Väbiorn		Tempel-Bär, heiliger Bär
Viulfr		Tempel-Wolf, heiliger Wolf
Vesteinn, Vistäinn, Väste		heiliger Stein
Vebrand, Vibrand		Tempel-Schwert, heiliges Schwert (des Tyr)
Vethorn		heiliger Dorn (Tyrs Schwert)
Gervi		Speer-Priester, heiliger Speer
Vegeir, Wiger, Vigäir		heiliger Speer
Vekell, Vikätill		heiliger Kessel
Vigrimir		Priester-Maskenhelm, heiliger Maskenhelm
Vihialmr		Priester-Helm, heiliger Helm
	Vigun	heilige Woge
	Virun, Värun	Priesterin-Rune, heilige Rune

Aus diesen Namen ergeben sich die folgenden Dinge:

- Es gab Asen-Tempel.
- Es gab Thor-Tempel, Yngvi/Freyr-Tempel, Sonnen-Tempel, Freya-Tempel, Disen-Tempel, Adler-Tempel, Hirsch-Tempel und Schlangen/Drachen-Tempel.
- Es gab Priester und Priesterinnen.
- Es gab Priester des Thor und des Yngvi/Freyr
- Es gab Priesterinnen des Thor, des Yngvi/Freyr, der Sonne, der Freya und der Disen.
- Es gab einen Oberpriester.
- Es gab Tempelwächter (= Priester?).
- Es gab heilige Tiere und Gegenstände: Adler, Schlangen, Drachen, Bären, Wölfe, (Bären- oder Wolfs-)Felle, Steine, Schwerter, Speere, Kessel, Helme und Maskenhelme.

Es ist insbesondere interessant, daß es drei Sonnentempel-Namen gibt und einen Namen mit der Bedeutung „heilige Sonne", da diese Namen einen Zusammenhang mit dem ehemaligen Sonnengott-Göttervater Tyr und dessen Tempeln haben werden.

2. bestimmte Merkmale der Tempel:

Personennamen		
Namen		*Bedeutung*
Männernamen	*Fauennamen*	
Folkvi		Volks-Priester
Häilvi		Heil-Priester
	Liknvi	Gnaden-Priesterin
Vefrid, Vifridr		Tempel-Frieden, heiliger Frieden
	Vegerdr, Vegard, Vigärdh	Tempel-Schutzort, heiliger Schutzort
Botve, Butivi, Butvid		Schutz-Priester
Vebiörg		heiliger Beschützer
Fastvi		standfester Priester

Bergvidr, Biärghvidh		Hilfe-Priester
Aulver, Auver		Edler Priester
	Ragnvi	Rat/Macht-Priesterin
Audvidr		Schatz-Priester
	Gullve	Gold-Priesterin (Gold = Sonne?)
	Holmvi	Insel-Priesterin

Aus diesen Namen ergeben sich die folgenden Dinge:

- Die Tempel waren öffentlich („Volks-Tempel").
- Im Tempel findet man Frieden, Heil, Schutz, Halt und Hilfe.
- In den Tempeln befinden sich wertvolle Schätze.
- Die Tempel stehen manchmal auf Inseln.

3. Die Tempel stehen auch mit dem Kampf in Verbindung:

Personennamen		
Namen		**Bedeutung**
Männernamen	*Fauennamen*	
	Gunnevi	Kampf-Priesterin
Slagvi		Schlag/Kampf-Priesterin
Vediarfr		heiliger Kühner
Vefastr, Vifast		Priester-Standfester
	Hedinvi, Hidinvi	Fell-Priesterin (Berserker-Bärenfell?)
Vemund, Vämund		heilige Hand
Vämodh		heilige Wut (Ekstase)

Auch die Kampf-Ekstase der Berserker, die Hand (des Tyr), das Schwert (des Tyr) und der Speer (des Odin) wurden als heilig angesehen.

4. Es bleiben noch einige Personennamen übrig, die nicht zu den vorigen Kategorien passen oder deren genaue Bedeutung unklar ist:

Personennamen		
Namen		*Bedeutung*
Männernamen	*Fauennamen*	
	Velaug	Tempel-Eid (Priesterin?)
	Hallvi	Hallen-Priesterin
Vefuss, Vifuss		Priester-Williger
Vegestr		Priester-Gast
Veleifr, Viläifr		Priesterschafts-Erbe

Wichtige Eide wurden im Tempel geschworen.

Mit „Hallvi" könnte eine „heilige Halle", d.h. ein Tempel gemeint sein.

Ein „Tempel-Williger" ist evtl. ein Priester oder jemand, der die Götter um Hilfe bitte.

Ein „Vegestr" ist vermutlich ein „Gast der Götter", d.h. jemand, dem die Götter wohl gesonnen sind.

Ein „Tempel-Erbe" könnte schließlich der Erbsohn des Besitzers eines Langhauses sein, das auch als Kultraum dient.

Personennamen:
- Es gab Asen-Tempel.
- Es gab Thor-Tempel, Yngvi/Freyr-Tempel, Sonnen-Tempel, Freya-Tempel, Disen-Tempel, Adler-Tempel, Hirsch-Tempel und Schlangen/Drachen-Tempel.
- Es gab Priester und Priesterinnen.
- Es gab Priester des Thor und des Yngvi/Freyr
- Es gab Priesterinnen des Thor, des Yngvi/Freyr, der Sonne, der Freya und der Disen.
- Es gab einen Oberpriester.
- Es gab Tempelwächter (= Priester?).
- Es gab heilige Tiere und Gegenstände: Adler, Schlangen, Drachen, Bären, Wölfe, (Bären- oder Wolfs-)Felle, Steine, Schwerter, Speere, Kessel, Helme und Maskenhelme.
- Die Tempel waren öffentlich („Volks-Tempel").

- Im Tempel findet man Frieden, Heil, Schutz, Halt und Hilfe.
- In den Tempeln befinden sich wertvolle Schätze.
- Die Tempel stehen manchmal auf Inseln.
- Auch die Kampf-Ekstase der Berserker, die Hand (des Tyr), das Schwert (des Tyr) und der Speer (des Odin) wurden als heilig angesehen.
- Wichtige Eide wurden im Tempel geschworen.
- Mit „Hallvi" könnte eine „heilige Halle", d.h. ein Tempel gemeint sein.
- Ein „Tempel-Erbe" könnte schließlich der Erbsohn des Besitzers eines Langhauses sein, das auch als Kultraum dient.

I 35. Jakob Grimm: Deutsche Mythologie

Auch bei untersuchungen über die heiligen wohnplätze der götter wird am sichersten von ausdrücken angehoben, die den christlichen benennungen tempel oder kirche vorausgiengen, und durch sie verdrängt wurden.

Das gothisch femininum „alhs" ist die Übersetzung für die jüdischchristlichen begriffe ναός und ιερόν. es muß dem Gothen ein altheiliges wort sein, weil es die anomalie ähnlicher ausdrücke theilt, und den genitiv „alhs", den dativ „alh" statt alháis, alhái bildet. ein einziges mal steht gudhus (Gotteshaus), das einfache hus hat nie die bedeutung von domus (razn). warum sollte Ulfilas (der die Bibel ins Gotische übersetzt hat) verschmähen, den heidnischen namen auf die christliche sache anzuwenden, da ja die auch heidnischen templum und ναός für den christlichen gebrauch unanstößig befunden wurden?

Dasselbe wort erscheint, möglicherweise, schon einmal bei Tacitus Germania: „apud Naharvalos antiquae religionis lucus ostenditur: praesidet sacerdos muliebri ornatu, sed deos interpretatione romana Castorem Pollucemque memorant. ea vis numini, nomen Alcis; nulla simulacra, nullum peregrinae superstitionis vestigium. ut fratres tamen, ut juvenes venerantur."

Alcis ist entweder selbst nominativ oder ein genitiv von alx (wie falcis, falx), das vollkommen dem gothischen „alhs" gleicht. ein heldenbrüderpaar wurde, ohne bildsäulen, in heiligem hain verehrt, auf sie kann der name nicht wol bezogen werden, die stätte der gottheit hieß alx. das numen ist hier der heilige wald oder ein darin ausgezeichneter baum selbst.

Vier oder fünf jahrhunderte nach Ulfilas muß den hochdeutschen stämmen das wort „alah" altväterisch heidnisch geklungen haben, gleichwol wissen wir, daß es in der zusammensetzung mit eigennamen und ortsnamen gesichert noch vorhanden war: Alaholf, Alahtac, Alahhilt, Alahgund, Alahtrût; Alahstat in pago Hassorum, Alahdorp in Mulahgöwe; den namen Alahstat, Alahdorf können mehrere örter geführt haben; an denen sich ein heidnischer tempel, eine geheiligte gerichtsstätte oder ein haus des königs befand. denn nicht bloß das fanum, auch die volksversamlung und die königliche wohnung galten für geweiht, oder in der sprache des mittelalters für frôno.

Alstidi, eine bei Dietmar von Merseburg oft genannte königspfalz in Thüringen hieß althochdeutsch „alahsteti", nominativ „alahstat".

Unter den später bekehrten Sachsen erhielt sich das wort länger lebendig. der dichter des Heliand gebrauchte „alah" (masculinum) gerade wie Ulfilas, seltner „godes hûs" (Gotteshaus) oder „that hêlaga hûs" (jenes heilige Haus), „alhn", „alh hâligne" (den heiligen Tempel), „ealhstede" (palatium, aedes regia), „ealde ealhstedas" (delubra), feminin „eolhstedas", vergleiche die eigennamen „Ealhstân", „Ealhheard", gleichsam „steinhart", „felsenhart", was auf die ursprünglichste bedeutung des worts leiten könnte.

Es mangelt den altnordischen quellen, würde aber lauten müssen „alr", genitiv „als".

Das gotische Substantiv „alhs" für „Tempel" und das althochdeutsche „alah" mit derselben Bedeutung sind der neueren Forschung zufolge nicht mit dem germanischen Wort „alcis" verwandt, das eine Vorform von „Elch" ist und die beiden Pferdesöhne des Göttervaters (Dioskuren) bezeichnet, die auch als zwei Hirsche erscheinen können.

Das gotische „alhs" findet sich hingegen in der germanischen Runen-Formel „alu" wieder, die „Zauberspruch, Magie" bedeutet. Sie entspricht dem hethitischen Substantiv „alwanzatar", mit dem um 1600 v.Chr. in der heutigen Nord-Türkei genaudasselbe bezeichnet worden ist.

Die indogermanische Wurzel dieses Begriffes lautete entweder „alu" oder „holu". Die weiteren Ursprünge dieses Wortes sind nicht bekannt, da es schon bei den ursprünglichen Indogermanen selber ein altertümliches Wort gewesen zu sein scheint, das dann nach ihrer Ausdifferenzierung in verschiedene Völkern außer bei den Germanen und bei den Hethitern durch andere Begriffe ersetzt worden ist.

Aus dem germanischen „alu" ist dann ein Adjektiv für „magisch, heilig" geworden, das sich dann in den Ortsnamen als „alah" wiederfindet und ganz unspezifisch einen heiligen Ort und somit einen Kultort bezeichnet.

Einen andern uralten ausdruck bieten die gothischen bruchstücke nicht dar, das althochdeutsche „wih" (heilig), *altsächsisch „wih" masculinum* (Tempel), *„friduwih", angelsächsisch „vih", „viges" oder „veoh", „veos" (gleichfalls masculinum), „viges"* (Statue), *vergleiche „vigveorðing"* (Kult-Bildnis), *im Beowulf „veohveorðing", „vihgild"* (Kult-Bildnis), *„veobedd"* (verehren), *„veohbedd", „vihbedd"; „veos"* (Statue), *feminin „veohas". kurzen vocal fordert der angelsächsische wechsel zwischen i und oe, und den gründen zum trotz, die ich grammatik geltend mache, scheint er auch dem altnordischen „ve" zu gebühren, das im singular „Ve" einen bestimmten gott, im männlichen plural „vear dii"* (Statue), *im neutral gefaßten plural „ve" loca sacra* (heiliger Ort) *bedeutet.*

Gutalag: „haita â hult eþa hauga, â vi eþa stafgarþa" (invocare lucos aut tumulos, idola aut loca palis circumsepta); *„trûa â hult, â hauga, vi oc stafgarþa; han standr î vi"* (stat in loco sacro).

Hier hätten wir also, wie bei „alah", einen zwischen nemus, templum, fanum, idolum, numen schwankenden begrif, dessen wurzel ohne zweifel das gotische „veiha, váih, vaíhum", althochdeutsch „wîhu, weih, wihum" ist, aus welcher auch das adjektiv „veihs" sacer, althochdeutsch „wîh" stammt, und erhellte ein bezug von „wîhan" auf opfer und gottesdienst.

In der lappischen sprache soll "vi" silva bedeuten.

Noch entschiedener ist ein drittes heidnisches wort und wird für den gang unserer untersuchung vorzüglich wichtig. das althochdeutsche "haruc" (masculinum plural: "harugâ") übersetzt in den glossen bald fanum, bald delubrum, bald lucus, bald nemus. die letzte glosse lautet vollständig nemus plantavit, forst flanzôta, "edo haruc", "edo wih". "haruc" schließt also, gleich jenem "wih", einerseits den begrif von templum, fanum in sich, andrerseits den von wald, hain, lucus.

In der lex ripuaria hat sich merkwürdigerweise "harahus" als benennung der mahlstätte, die ursprünglich ein wald war, aufbewahrt, sicher aus dem heidenthum her. angelsächsich "hearg" (masculinum pluraol "heargas") fanum. "heargträf" (fani tabulatum) im Beowulf; "ät hearge"; altnordisch "hörgr" (masculinum plural "hergir") delubrum, zuweilen idolum, simulacrum.

"hörgr hlaðinn steinom,
 griot at gleri orðit,
 roðit î nŷio nauta blôði."

Einigemal werden "hörgr" und "hof", fanum, tectum verbunden, dann scheint "hörgr" der heilige ort in wald und fels, "hof" der gebaute tempel, aula, vergleiche "hamr ok hörgr". beiden ausdrücken stände sowol der örtliche begrif zu, als auch der des numen und des bildes selbst. Unverwandt scheint das altlateinische "haruga, aruga", opferstier, woher "haruspex, aruspex". Aber das grichische τέμενος bedeutet wiederum den heiligen hain.

Synonym mit "haruc" ist endlich das althochdeutsche "paro" (genitiv "parawes"), angelsächsisch "bearo" (genitiv "bearves") welche lucus und arbor ausdrücken, heiliger hain oder baum. angelsächsisch "ät bearve", altnordisch "barr" (arbor). "barri" (nemus); "qui ad aras sacrificat, de zae dmo parawe ploazit". "ara" oder der plural "arae" steht hier für templum.

Tempel ist also zugleich wald. was wir uns als gebautes, gemauertes haus denken, löst sich auf, je früher zurück gegangen wird, in den begrif einer von menschenhänden unberührten, durch selbstgewachsne bäume gehegten und eingefriedigten heiligen stätte. da wohnt die gottheit und birgt ihr bild in rauschenden blättern der zweige, da ist der raum, wo ihr der jäger das gefällte wild, der hirte die rosse, rinder und widder seiner herde darzubringen hat.

Was ein schriftsteller des zweiten jahrhunderts vom cultus der Celten sagt, kann auf die deutschen und alle urverwandten völker angewendet werden: Κελτοὶ σέβουσι μὲν Δία, ἄγαλμα δὲ Διὸς κελτικὸν υψηλὴ δρῦς (Maximus Tyrius). man vergleiche "deos nemora incolere persuasum habent (Samogitae). habitarunt di quoque sylvas."

Damit behaupte ich nicht, daß diese waldverehrung alle vorstellungen, die sich unsere vorfahren von der gottheit und ihrem aufenthalt machten, erschöpfe; es war nur die hauptsächlichste. Einzelne götter mögen auf berggipfeln, in felsenhölen, in flüssen hausen, aber der feierliche, allgemeine gottesdienst des volks hat seinen sitz im hain; nirgends hätte er einen würdigern aufschlagen können.

Auch die verehrung der götter auf bergen ist alt und verbreitet. vergleiche „âs", „ans", die Wuotansberge, Donnersberge. drei tage und nächte wird auf einem berge der teufel angerufen. das anbeten auf dem berge ist auch biblisch, z.b. auf dem Garizim.

Zu einer zeit, wo erst rohe anfänge der baukunst statt fanden, muß das menschliche gemüt durch den anblick hoher bäume, unter freiem himmel, zu größerer andacht erhoben worden sein, als es innerhalb der kleinlichen von unmächtiger hand hervorgebrachten räume empfunden hätte.

Die lang nachher eingetretene vollendung eigenthümlich deutscher architectur hat sie in ihren kühnsten schöpfungen nicht eben gesucht, die aufstrebenden bäume des waldes nachzuahmen? wie weit hätte die unform ärmlich geschnitzter oder gemeißelter bilder von der gestalt des gottes abgestanden, den die kindliche einbildungskraft der vorzeit sich auf dem belaubten wipfel eines heiligen baumes thronend vorstellte.

In dem wehen, unter dem schatten uralter wälder fühlte sich die seele des menschen von der nähe waltender gottheiten erfüllt; welchen tiefen einfluß das waldleben von jeher auf alle verhältnisse unseres volks hatte, bewähren die markgenossenschaften, und marka, das wort nach dem sie den namen führen, bezeichnete erst wald und dann auch grenze.

Die ältesten zeugnisse für den waldcultus der Deutschen legt Tacitus ab. (siehe „Yggdrasil" in Band 53)

... ...

Bisher sind die zeugnisse berücksichtigt worden, aus welchen hervorgeht, daß der älteste gottesdienst unserer vorfahren an heilige wälder und bäume geknüpft war.

Es ist gleichwol nicht zu bezweifeln, daß schon in frühster zeit für einzelne gottheiten tempel erbaut, vielleicht rohe bildnisse darin aufgestellt wurden. Im verlauf der jahrhunderte kann auch bei einigen völkerschaften mehr, bei andern weniger, jene alte waldverehrung ausgeartet und durch errichtete tempel verdrängt worden sein.

Endlich erscheinen manche anführungen und zeugnisse so unbestimmt oder unvollständig, daß es unthunlich ist mit einiger sicherheit aus ihnen zu entnehmen, ob die gebrauchten ausdrücke den alten cultus, oder einen davon abweichenden bezeichnen.

Für die wichtigsten und bedeutendsten dieser noch hierher gehörigen stellen halte ich nachstehende:

Tacitus Germania beschreibt den heiligen hain und den dienst der mutter erde; nachdem der priester die göttin an festtagen unter dem volk herumgeführt hat, gibt er sie ihrem heiligthum zurück, „satiatam conversatione mortalium deam templo reddit." (siehe „Nerthus" in Band 28)

Tacitus annalen: „Caesar avidas legiones, quo latior populatio foret, quatuor in cuneos dispertit, quinquaginta millium spatium ferro flammisque pervastat; non sexus, non aetas miserationem attulit: profana simul et sacra, et celeberrimum illis gentibus templum, quod Tanfanae vocabant, solo aequantur." das volk, dem dieser tempel gehörte, waren die Marsen, vielleicht noch einige ihm benachbarte.

Vita sanct Eugendi, abbatis jurensis († um 510), auctore monacho condatescensi ipsius discipulo: „sanctus igitur famulus Christi Eugendus, sicut beatorum patrum Romani et Lupicini in religione discipulus, ita etiam natalibus ac provincia exstitit indigena atque concivis. ortus nempe est haud longe a vico, cui vetusta paganitas ob celebritatem clausuramque fortissimam superstitiosissimi templi gallica lingua isarnodori, id est ferrei ostii indidit nomen: quo nunc quoque in loco, delubris ex parte jam dirutis, sacratissime micant coelestis regni culmina dicata Christicolis; atque inibi pater sanctissimae prolis judicio pontificali plebisque testimonio exstitit in presbyterii dignitate sacerdos."

Wenn Eugendus ungefähr in der mitte des fünften jahrhunderts geboren, sein vater schon priester der christlichen kirche war, die an der stelle des heidentempels errichtet wurde, so mag dort das heidenthum höchstens nur noch in der ersten hälfte dieses jahrhunderts fortgedauert haben, in dessen beginn die Westgothen über Italien nach Gallien vordrangen. gallica lingua scheint hier deutsche, von den einwandernden völkern im gegensatz zur romana geredete, jene benennung ist fast gothisch (eisarnadaúri), sie könnte noch näher burgundisch sein (îsarnodori). Westgothen, Burgunder, vielleicht gar so weit eingeschrittene Alamannen, hätten in clausen und engpässen des Juragebirges den tempel angelegt? der name schickt sich zur festigkeit der lage und des baus, den die Christen zum theil beibehielten.

Eine constitutio Childeberti I um das jahr 554 enthält folgendes: „praecipientes, ut quicunque admoniti de agro suo, ubicunque fuerint simulacra constructa vel idola daemoni dedicata ab hominibus, factum non statim abjecerint vel sacerdotibus haec destruentibus prohibuerint, datis fidejussoribus non aliter discedant, nisi in nostris obtutibus praesententur."

Der Merowinger-König Childebert berichtet über einen Tempel, in dem Götterstatuen („Dämonen-Bildnisse") stehen.

Vita st. Radegundis († 587), der gemahlin Chlotars, von Baudonivia, einer gleichzeitigen nonne abgefaßt: „dum iter ageret (Radegundis) seculari pompa se comitante, interjecta longinquitate terrae ac spatio, fanum quod a Francis colebatur in itinere beatae reginae quantum miliario uno proximum erat. hoc illa audiens jussit famulis fanum igne comburi, iniquum judicans deum coeli contemni et diabolica machinamenta venerari. Hoc audientes Franci universa multitudo cum gladiis et fustibus vel omni fremitu conabantur defendere. sancta vero regina immobilis perseverans et Christum in pectore gestans, equum, quem sedebat, in antea (d.i. ulterius) non movit, antequam et fanum perureretur et ipsa orante inter se populi pacem firmarent."

Die lage des zerstörten tempels wage ich nicht zu bestimmen; Radegund zog aus Thüringen nach Frankreich, in dieser richtung könnte das fanum unweit des Rheins gesucht werden.

St. Radegundis berichtet über die Zerstörung eines Tempels vermutlich in der Nähe der Main-Mündung.

Gregor tur. vitae patr.: „eunte rege (Theoderico) in Agrippinam urbem, et ipse (st. Gallus) simul abiit. erat autem ibi fanum quoddam diversis ornamentis refertum, in quo barbaris opima libamina exhibens usque ad vomitum cibo potuque replebatur. ibi et simulacra ut deum adorans, membra, secundum quod unumquemque dolor attigisset, sculpebat in ligno. quod ubi st. Gallus audivit, statim illuc cum uno tantum clerico properat, accensoque igne, cum nullus ex stultis Paganis adesset, ad fanum applicat et succendit. at illi videntes fumum delubri ad coelum usque conscendere, auctorem incendii quaerunt, inventumque evaginatis gladiis prosequntur; ille vero in fugam versus aulae se regiae condidit. verum postquam rex quae acta fuerant Paganis minantibus recognovit, blandis eos sermonibus lenivit."

Dieser Gallus ist verschieden von dem in Alamannien ein halbes jahrhundert später auftretenden; er starb um 553, unter dem könig wird der austrasische Theoderich I gemeint.

St. Gallus berichtet über einen „geschmückten Tempel".

Vita st. Lupi senonensis: „rex Chlotarius virum dei Lupum episcopum retrusit in pago quodam Neustriae nuncupante Vinemaco (le Vimeu), traditum duci pagano (d.i. duci terrae), nomine Bosoni Landegisilo (sicher einem Franken). quem ille direxit in villa quae dicitur Andesagina super fluvium Auciam, ubi erant templa fanatica a decurionibus culta."

Andesagina ist Ansenne, Aucia hieß später la Bresle, Briselle.

Dieser Franken-Tempel stand in Ansenne in der Normandie in der Nähe der Küste.

Beda historia ecclesiastica erzählt, wie der northumbrische könig Edvine, der im jahr 627 getauft und 633 erschlagen ward, sich erst nach reiflicher berathung mit verständigen männern zu der annahme des christenthums entschloß, vorzüglich aber durch Coifi (Cæfi), seinen vornehmsten heidnischen priester selbst, in dem alten glauben wankend gemacht wurde:

„*cumque a praefato pontifice sacrorum suorum quaereret, quis aras et fana idolorum cum septis, quibus erant circumdata (vergleiche den altnordischen ausdruck stafgarðr), primus profanare deberet? respondit: ego. quis enim ea, quae per stultitiam colui, nunc ad exemplum omnium aptius quam ipse per sapientiam mihi a deo vero donatam destruam? Accinctus ergo gladio accepit lanceam in manu et ascendens emissarium regis (was alles für einen heidnischen priester unerlaubt und unanständig war), pergebat ad idola. quod aspiciens vulgus aestimabat eum insanire. nec distulit ille. mox ut appropinquabat ad fanum, profanare illud injecta in eo lancea quam tenebat multumque gavisus de agnitione veri dei cultus, jussit sociis destruere ac succendere fanum cum omnibus septis suis. ostenditur autem locus ille quondam idolorum non longe ab Eboraco ad orientem ultra amnem Dorowentionem et vocatur hodie Godmundinga hâm, ubi pontifex ipse, inspirante deo vero, polluit ac destruxit eas, quas ipse sacraverat, aras.*"

Dies ist eine ausführlichere Schilderung der Zerstörung des Tempels von Yeavering, der schon dargestellt worden ist.

Vita st. Bertulfi bobbiensis († 640): „*ad quandam villam Iriae fluvio adjacentem accessit, ubi fanum quoddam arboribus consitum videns allatum ignem ei admovit, congestis in modum pirae lignis. id vero cernentes fani cultores Meroveum apprehensum diuque fustibus caesum et ictibus contusum in fluvium illud demergere conantur.*"

Der fluß Iria läuft in den Po, die begebenheit spielt unter Langobarden.

Dieser Tempel war aus Holz erbaut worden.

Walafridi Strabonis vita st. Galli († 640): „*venerunt (st. Columbanus et Gallus) infra partes Alemanniae ad fluvium, qui Lindimacus vocatur, juxta quem ad superiora tendentes pervenerunt Turicinum. cumque per littus ambulantes venissent ad caput lacus ipsius, in locum qui Tucconia dicitur, placuit illis loci qualitas ad inhabitandum. porro homines ibidem commanentes crudeles erant et impii, simulacra colentes, idola sacrificiis venerantes, observantes auguria et divinationes et multa quae contraria sunt cultui divino superstitiosa sectantes. Sancti igitur homines cum coepissent inter illos habitare docebant eos adorare patrem et filium et spiritum sanctum, et custodire fidei veritatem. Beatus quoque Gallus sancti viri discipulus zelo pietatis armatus fana, in quibus daemoniis sacrificabant, igni succendit et quaecunque invenit oblata demersit in lacum."*

Die weiter folgende wichtige stelle wird späterhin angeführt werden, es heißt ausdrücklich: „cumque ejusdem templi solemnitas ageretur."

St. Gallus berichtet über von den Germanen verehrte Götter-Statuen in einem Tempel am Ostende des Züricher Sees in der Schweiz, in dem geopfert wurde. Dort wurden auch Omen und Orakel gedeutet.

Jonae bobbiensis vita st. Columbani († 615): „cumque jam multorum monachorum societate densaretur, coepit cogitare, ut potiorem locum in eadem eremo (i.e. Vosago saltu) quaereret, quo monasterium construeret. invenitque castrum firmissimo munimine olim fuisse cultum, a supra dicto loco distans plus minus octo millibus, quem prisca tempora Luxovium nuncupabant, ibique aquae calidae cultu eximio constructae habebantur. ibi imaginum lapidearum densitas vicina saltus densabat, quas cultu miserabili rituque profano vetusta Paganorum tempora honorabant."

An diesem burgundischen orte (Luxeuil in Franche comte, unweit Vesoul) fanden sich wohl schon römische thermae, mit bildseulen geschmückt? hatten daran die Burgunden ihren cultus geknüpft?

von demselben castrum handelt auch die Vita st. Agili resbacensis († 650): „castrum namque intra vasta eremi septa, quae Vosagus dicitur, fuerat fanaticorum cultui olim dedicatum, sed tunc ad solum usque dirutum, quod hujus saltus incolae, quamquam ignoto praesagio, Luxovium nominavere."

Es wird an der heidnischen stätte eine kirche gebaut: „ut, ubi olim prophano ritu veteres coluerunt fana, ibi Christi figerentur arae et erigerentur vexilla, habitaculum deo militantium, quo adversus aerias potestates dimicarent superni regis tirones. ingressique (Agilus cum Eustasio) hujus itineris viam, juvante Christo, Warascos praedicatori accelerant, qui agrestium fanis decepti, quos vulgi faunos vocant, gentilium quoque errore seducti in perfidiam devenerant Fotini seu Bonosi virus infecti, quos errore depulso matri ecclesiae reconciliatos veros Christi fecere servos."

In diesem Tempel scheint ein Bildnis des römischen Gottes Faunus oder seiner germanischen Entsprechung (Freyr?) gestanden zu haben.

Vita st. Willibrordi († 789): „pervenit in confinio Fresonum et Danorum ad quandam insulam, quae a quodam deo suo Fosite ab accolis terrae Fositesland appellatur, quia in ea ejusdem dei fana fuere constructa. qui locus a Paganis tanta veneratione habebatur, ut nil in ea vel animalium ibi pascentium vel aliarum quarumlibet rerum gentilium quisquam tangere audebat, nec etiam a fonte, qui ibi ebulliebat, aquam haurire nisi tacens praesumebat."

In Dänemark, Friesland und auf den friesischen Inseln wurde der Gott Fosite (Forseti) in Tempeln verehrt (siehe „Forseti" in Band 19).

Vita st. Willehadi († 739): „unde contigit, ut quidam discipulorum ejus, divino compuncti ardore, fana in morem gentilium circumquaque erecta coepissent evertere et ad nihilum, prout poterant, redigere; quo facto barbari, qui adhuc forte increduli perstiterant, furore nimio succensi, irruerunt super eos repente cum impetu, volentes eos funditus interimere, ibique dei famulum fustibus caesum multis admodum plagis affecere."
Dies geschah im friesischen pagus Thrianta (Drente) vor dem jahr 779.

Auch in Drente in Friesland stand ein Tempel – möglicherweise war auch er dem Fosite (Forseti) geweiht.

Vita Ludgeri (anfang des 9 jahrhunderts): „Paganos asperrimos mitigavit, ut sua illum delubra destruere coram oculis paterentur. inventum in fanis aurum et argentum plurimum Albricus in aerarium regis intulit, accipiens et ipse praecipiente Carolo portionem ex eo."
Vergleiche die angezogene stelle aus der lex Frisionum.

St. Ludger beschreibt um ca. 780 n.Chr. einen mit Gold und Silber geschmückten Tempel (des Fosite?) in Friesland.

Folcuini gesta abb. lobiensium (um 980): „est locus ubi intra terminos pagi, quem veteres a loco, ubi superstitiosa gentilitas fanum Marti sacraverat, Fanum martinse dixerunt."
Das ist Famars in Hennegau, unweit Valenciennes.

Dieser dem Mars geweihte Tempel, der noch im Jahre 980 n.Chr. gestanden zu haben scheint, stand in der Nähe von Valencienne in Nordfrankreich an der belgischen Grenze. „Mars" ist in der Regel die Übersetzung für den Schwert- und Kriegsgott Tyr.

Aller wahrscheinlichkeit nach war das im jahr 14 von den Römern zerstörte heiligthum der Tanfana kein bloßer hain, sondern ein aufgeführtes gebäude, bei dessen vernichtung sich Tacitus sonst schwerlich der worte ›solo aequare‹ bedient haben würde.

Dieser Tempel stand der im Siedlungsgebiet des Germanenstammes der Marser zwischen den Flüssen Rhein, Ruhr und Lippe.

Aus den drei oder vier zunächst folgenden jahrhunderten fehlen uns alle nachrichten von heidnischen tempeln in Deutschland. Im 5. 6. 7 und 8 jahrhundert kommen, wie ich dargethan habe, castra, templa, fana bei Burgunden, Franken, Longobarden, Alamannen, Angelsachsen und Friesen vor. unter fanum (wovon fanaticus) scheint man oft ein gebäude von geringerem, unter templum eins von größerem umfang verstanden zu haben; im indiculus superstitiones: de casulis i.e. Fanis.

Ich will einräumen, bei einigen zeugnissen mag bestritten werden, daß deutschheidnische tempel gemeint sind, es könnten stehngebliebene römische sein, und dann wäre ein doppelter fall möglich: das herschende deutsche volk hätte in seiner mitte einzelne gemeinden römischgallischen cultus fortsetzen lassen, oder der römischen gebäude sich für die ausübung seiner eignen religion bemächtigt.

Da bisher keine gründliche untersuchung gepflogen worden ist über den zustand des glaubens unter den Galliern unmittelbar vor und nach dem einbruch der Deutschen (ohne zweifel gab es neben den bekehrten damals auch noch heidnische Gallier); so ist es schwer sich für eine dieser voraussetzungen zu entscheiden, beide können zusammen statt gefunden haben. in dem zweiten fall hätten wir immer noch tempel des deutschen heidenthums vor uns, wenn auch erst römische gebäude in sie verwandelt worden wären.

Und sicher darf man nicht alle zeugnisse auf jene weise verstehen. so gut der Tanfanatempel von Germanen selbst errichtet wurde, läßt es sich von den alamannischen, sächsichen, friesischen tempeln annehmen, und was im ersten jahrhundert geschah, wird im 2. 3. 4 noch wahrscheinlicher geschehen sein.

Für gebaute tempel muß es frühe verschiedenartige ausdrücke gegeben haben. althochdeutsch amgelsächsisch altsächsisch altnordisch „hof" (aula, atrium); althochdeutsch „halla" (templum); angelsächsisch „heal", altnordisch „höll", vergleiche „hallr" (lapis), gothisch „hallus"; althochdeutsch „sal", altnordisch „salr", angelsächsisch „sele", altsächsisch „seli" (aula); angelsächsisch „reced" (domus, basilica).

Altsächsich „rakud", ein dunkles, den übrigen dialecten mangelndes wort; althochdeutsch „pëtapûr" (delubrum); welchen dann auch noch „pëtahûs" (Bet-Haus) minores ecclesiae" und „chirihhâ" (Kirche), angelsächsisch „cyrice" hinzutraten.

Mittelhochdeutsche dichter brauchen „bëtehûs" gern von heidnischen tempeln. mittelniederländisch „bedehûs" im gegensatz zur christlichen kirche, ungefähr wie heute die Catholiken in ihrem lande den Protestanten nur ein bethaus, keine kirche gestatten wollen.

O. umschreibt „gotes hûs" (Gotteshaus) oder „druhtînes hûs". hat kein bedenken mit „chîlechon" das lateinische „fanis" zu übertragen, wie etwa auch bischof für den heidnischen priester mitgilt.

Sehr frühe behielt man tempel bei.

Die hütte, welche wir uns unter „fanum", unter „pûr" vorzustellen haben, mag aus holz und zweigen um den heiligen baum her aufgeführt worden sein, eines hölzernen tempels der göttin Zisa wird capitel XIII meldung thun. bei halla und einigen andern namen ist man schon eher an einen steinbau zu denken genöthigt.

Wir sehen alle bekehrer eifrig das beil an die heiligen bäume der Heiden setzen und feuer unter ihre tempel legen. fast sollte es scheinen, die armen leute seien gar nicht um ihre einwilligung gefragt worden, und erst der aufsteigende rauch habe ihnen die gebrochene macht ihrer götter angekündigt.

Aus den weniger ruhmredigen erzählungen ergibt sich aber bei näherer betrachtung der umstände, daß weder die Heiden so feig und einfältig, noch die Christen so unbesonnen waren. Bonifacius entschloß sich die donnereiche nieder zu fällen erst nach gepflognem rath mit den bereits übergetretenen Hessen und in ihrer gegenwart.

So hätte auch die thüringische königstochter auf ihrem reisepferd nicht stillhalten und den befehl ertheilen dürfen, in den fränkischen tempel feuer zu werfen, wäre ihr gefolge nicht zahlreich genug gewesen, den Heiden die spitze zu bieten. daß diese sich mit den waffen widersetzten, geht aus Radegundens bitte, nachdem der hof niedergebrannt war, hervor, „ut inter se populi pacem firmarent."

In den meisten fällen ist ausdrücklich bemerkt, daß an der stelle des heidnischen baums oder tempels eine kirche errichtet wurde. auf solche weise schonte man der angewöhnungen des volks, und machte ihm glaublich, daß die alte heiligkeit der stätte nicht gewichen sei, sondern fortan von der gegenwart des wahren gottes abhänge.

Zugleich entdeckt sich hier die ursache des fast gänzlichen mangels an überbleibseln heidnischer monumente nicht allein im innern Deutschland, sondern auch im Norden, wo doch sicher solche tempel, und häufiger, vorhanden waren: der tempel zu Sigtûn, „baer î Baldrshaga" und den Nornentempel. entweder wurden sie dem boden gleich gemacht, um darauf die christliche kirche zu erbauen, oder ihre mauern und hallen selbst mit in diese verwendet. von der baukunst der heidnischen Deutschen einen hohen begriff zu fassen wird man sich zwar enthalten, doch mögen sie es verstanden haben, bedeutende steinmassen zu ordnen und fest zu verbinden.

Hierfür zeugen denn auch die in Scandinavien, zum theil noch in Friesland und Sachsen erhaltenen grabhügel und opferplätze, aus denen sich einige wichtige folgerungen für den altheidnischen gottesdienst ziehen lassen, die ich aber von meiner gegenwärtigen untersuchung ausschließe.

Das ergebnis ist: in hainen bald der berge bald anmutiger auen war des ältesten gottesdienstes sitz, da werden nachher die ersten tempel gebaut worden sein, da lagen auch die mahlstätten des volks.

Küchlin, ein geistlicher, dichtete um 1373–1391 für Peter Egen, den jungen bürgermeister zu Augsburg, der sein haus mit vorstellungen daraus bemalen lassen wollte, eine geschichte der stadt. darin heißt es capitel 2. folio 99 von den schwaben:

„sie bawten einen tempel groß darein
zu eren Zise der abgöttin,
die sie nach heidnischen sitten
anbetten zu denselben zeiten.
die stat ward genennt auch Zisaris
nach der abgöttin, das war der pris.
der tempel als lang stůnd unversert,
bis im von alter was der val beschert,
und da er von alter abgieng
der berg namen von im empfieng,
daruf gestanden was das werck,
und haist noch hüt der Zisenberck."

Die vollständige Erörterung von Jacob Grimm zu dieser Göttin und zu diesem Tempel findet sich in dem Kapitel „Zisa" in Band 29.

Jacob Grimm: Deutsche Mythologie (Göttingen, 1835):
- Das germanische Wort „alu" bedeutete „Magie, Zauberspruch, magisch, heilig" und konnte somit in Zusammensetzungen auch einen „heiliger Ort, Tempel" bezeichnen.
- Um 14. n.Chr. wurde von den Römern ein Tempel der Göttin Tanfana des Stammes der Marser, die zwischen den Flüssen Rhein, Ruhr und Lippe lebten, zerstört.
- St. Eugendus, 490 n.Chr.: Germanen-Tempel
- Merowinger-König Chidebert I, 554 n.Chr.: Tempel und Statuen der Germanen
- St. Radegundis, 587 n.Chr.: Zerstörung eines Tempels vermutlich in der Nähe der Main-Mündung
- St. Gallus, ca. 540 n.Chr.: Zerstörung eines „geschmückten Tempels"
- St. Lupi senonensis, ca. 530 n.Chr.: Tempel in Ansenne in der Normandie in der Nähe der Küste
- St. Bertulfi bobbiensis, ca. 610 n.Chr.: hölzerner Langobarden-Tempel am Ira, einem Nebenfluß des Po in Italien.
- St. Gallus, ca. 610 n.Chr.: Die Germanen verehren Götter-Statuen in einem Tempel am Ostende des Züricher Sees in der Schweiz, in dem geopfert wird. Dort werden auch Omen und Orakel gedeutet.
- St. Columban, 615 n.Chr. und St. Agili resbacensis, 650 n.Chr.: In Luxieul in

Burgund stehen steinerne Bildsäulen (von römischen Thermen?), von denen eine ein Bildnis des römischen Gottes Faunus oder seiner germanischen Entsprechung (Freyr?) gewesen zu sein scheint.

- St. Willibrordi, 789 n.Chr.: In Dänemark, Friesland und auf den friesischen Inseln wurde der Gott Fosite (Forseti) in Tempeln verehrt.
- St Willehadi, ca. 710 n.Chr.: Auch in Drente in Friesland stand ein Tempel – möglicherweise war auch er dem Fosite geweiht.
- St. Ludger, ca. 780 n.Chr.: Beschreibung eines mit Gold und Silber geschmückten Tempels in Friesland.
- Ein dem Mars geweihter Tempel, der noch im Jahre 980 n.Chr. gestanden zu haben scheint, stand in der Nähe von Valencienne in Nordfrankreich an der belgischen Grenze. „Mars" ist in der Regel die Übersetzung für den Schwert- und Kriegsgott Tyr.
- Tempel der Zisa (Dise = Göttin) auf einem Berg bei Augsburg.

II Zusammenfassung der germanischen Überlieferung

Diese Fülle von Beschreibungen der germanischen Tempeln kann zu einem recht detailreichen Bild zusammengefügt werden.

Zu diesem Zweck werden im folgenden die Aussagen über die Tempel zunächst einmal thematisch sortiert.

Die angeführten Textstellen zu den einzelnen Themen sind so gut wie möglich chronologisch geordnet.

II 1. Nachweis der Tempel der Germanen

Die frühesten Berichte über Tempel bei den Germanen finden sich bei Tacitus um 100 n.Chr. Die letzten Tempel, in denen noch der traditionelle Kult durchgeführt wurde, hat es während der Christianisierung in Skandinavien und Island bis maximal um 1200 n.Chr. gegeben.

Über germanische Tempel wird von den Langobarden in Italien, über die Franken und viele andere Germanen-Stämme in Mitteleuropa bis hin zu den Wikingern in Skandinavien, England, Island und Grönland berichtet.

Die Nachweise für die Existenz solcher Tempel umfassen archäologische Funde, die Berichte der Germanen selber, die Schilderungen der Missionare, Personen- und Ortsnamen aus dem Siedlungsgebieten der Germanen, Kenningar aus der Dichtung der Nordgermanen, bildliche Darstellungen in Schnitzereien und Wandbehängen, die nicht-christlichen Elemente der Stabkirchen sowie Berichte von umliegenden Völkern, d.h. vor allem der Römer.

Es besteht somit kein Zweifel daran, daß die Germanen für ihre Götter Tempel errichtet haben.

Es gab germanische Tempel.

II 2. Heilige Orte

Neben den Tempeln, also Kult-Gebäuden wird auch immer wieder über Altäre unter freiem Himmel, heilige Haine, heilige Bäume, heilige Quellen und andere heilige Orte in der Natur berichtet.

Der Kult der Germanen fand folglich nicht nur in den Tempeln, sondern auch an besonderen Orten in der Natur statt.

II 2. a) Heilige Haine

Es wird dreimal ein heiliger Hain als Kultort genannt. (**Tacitus; 100 n.Chr.**)

Es wird dreimal ein heiliger Hain als Wohnort der Götter genannt. (**Tacitus; 100 n.Chr.**)

Die heiligen Pferde wohnen im heiligen Hain. (**Tacitus; 100 n.Chr.**)

Der Menschenopfer-Platz liegt im heilgen Hain. (**Tacitus; 100 n.Chr.**)

Der heilige Hain wird zweimal als Aufbewahrungsort der Tier-Standarten genannt. (**Tacitus; 100 n.Chr.**)

Der heilige Hain wird zweimal als Versammlungsort angegeben. (**Tacitus; 100 n.Chr.**)

Es gab heilige Orte im Wald. (**Indiculus; Sachsen, 780 n.Chr.**)

Westlich des Tempels stand ein Opfer-Hain. (**Tempel von Lunda; Schweden, ca. 800 n.Chr.**)

Die Sachsen benannten heilige Haine und heilige Bäume mit Götternamen. (**Hamburgische Kirchengeschichte; Hamburg, 1075 n.Chr.**)

Die Sachsen verehrten Haine, Bäume, Quellen und einen hohen Holzpfahl („Irminsul"). (**Hamburgische Kirchengeschichte; Hamburg, 1075 n.Chr.**)

Die Leiber der im Tempel von Uppsala geopferten Hunde, Pferde und Menschen wurden an die Bäume im Heiligen Hain gehängt, der nah beim Tempel lag. (**Hamburgische Kirchengeschichte; Hamburg, 1075 n.Chr.**)

In dem heiligen Hain, der zu dem Tempel von Uppsala gehörte, hingen 72 Leichen von Menschen und Tieren. (**Hamburgische Kirchengeschichte; Hamburg, 1075 n.Chr.**)

In dem Teich im heiligen Hain bei dem Tempel von Uppsala wurden Menschen durch Ertränken geopfert. (**Hamburgische Kirchengeschichte; Hamburg, 1075 n.Chr.**)

Zu den Tempeln gehörte oft noch ein Stück Land sowie ein Heiliger Hain. (**Wortschatz**)

II 2. b) Heilige Bäume

Die Sachsen hatten eine dem Thor gehörende Eiche. **(Vita Bonifatii; Sachsen, 723 n.Chr.)**

In der Nähe des Tempels von Uppsala stand ein sehr großer, immergrüner (Welten-)Baum. **(Hamburgische Kirchengeschichte; Hamburg, 1075 n.Chr.)**

II 2. c) heilige Pfosten, Säulen u.ä.

Im Osten des Tempels lagen Mühlsteine in einer Reihe (Opfer oder Pfostensockel). **(Tempel von Uppakra; Schweden, 200-1050 n.Chr.)**

Eine Reihe zehn Pfosten oder zehn „Pfahlgöttern", vor denen geopfert wurde. **(Kultort von Tröndelag; Mittelnorwegen, ca. 800 n.Chr.)**

II 2. d) heilige Quellen

Es gab heilige Quellen. **(Indiculus; Sachsen, 780 n.Chr.)**:

II 2. e) heilige Inseln

Die Göttin Nerthus wohnt auf einer Insel im Meer. **(Tacitus; 100 n.Chr.)**

II 2. f) sonstige heilige Orte

Es gab die verschiedensten heiligen Orte. **(Indiculus; Sachsen, 780 n.Chr.)**

Die Sachsen hatten weder Tempel noch Götterstatuen. **(Hamburgische Kirchengeschichte; Hamburg, 1075 n.Chr.)**

Es gab Feld-Rituale. **(Indiculus; Sachsen, 780 n.Chr.)**

Es gab ein Ackerfurchen-Ritual rings um Gehöfte. **(Indiculus; Sachsen, 780 n.Chr.)**

> Der Kult fand bei den Germanen sowohl in Tempeln als auch unter freiem Himmel an besonderen Orten wie heiligen Hainen (11x), Bäumen (2x), Pfosten (2x), Holz-Säulen (1x), Quellen (1x), Inseln (1x) usw. statt.

II 2. g) Tempel-Land

Ein großer Tempel stand auf einem dreieckigen Stück Land im Osten einer Bucht. **(Lamdnahme-Buch; Island, 900 n.Chr.)**
   Zu den Tempeln gehörte oft noch ein Stück Land sowie ein Heiliger Hain. **(Wortschatz)**

> Zu den Tempeln gehörte noch ein Stück Land.

II 3. Der Aufbau der Tempel

II 3. a)   Die grundlegende Gestalt der Tempel

Die Aufbewahrung des Wagens der Göttin Nerthus und der Standarten in diesen Heiligen Hainen läßt ein kleines Gebäude vermuten. **(Tacitus; 100 n.Chr.)**
Die Angelsachsen besaßen Tempel. **(Beowulf-Epos; England, 700 n.Chr.)**
Es gab kleine Tempel. (Indiculus; Sachsen, 780 n.Chr.)
In Island wurden Tempel errichtet.**(Landnahme-Buch; Island, 900 n.Chr.)**
Es gab große und kleine Tempel. **(Landnahme-Buch; Island, 900 n.Chr.)**
Ein Priester errichtete einen Tempel. **(Landnahme-Buch; Island, 900 n.Chr.)**
Ein großer Tempel stand auf einem dreieckigen Stück Land im Osten einer Bucht. **(Lamdnahme-Buch; Island, 900 n.Chr.)**
Der Tempel war das Zentrum des Landbesitzes und der Haupt-Bauernhof wurde manchmal nach ihm benannt („Hof"). **(Landnahme-Buch; Island, 900 n.Chr.)**
Einige Bauernhöfe in Island hießen „Tempel" („hov"), weil sie auch Kultstätten waren. **(Vatnsdal-Saga; Island, 920 n.Chr.)**
Es gab Tempel mit Götterbildern in ihnen. **(Heimskringla; England, 960 n.Chr.)**
Es gab viele Tempel der Germanen. **(Saga über Olaf den Ruhmreichen Tryggva-Sohn; Norwegen, 990 n.Chr.)**
Die Tempel wurden „Opferhäuser" genannt. **(Heimskringla; Norwegen, 995 n.Chr.)**
Es gab große Tempel. **(Die Saga der Bewohner von Eyre; Island, 1000 n.Chr.)**
Es gab Tempel mit Statuen. **(Die Wandteppiche von Överhogdal; Schweden, ca. 1100 n.Chr.)**
Die Heiden hatten Tempel. (Eiriksdrapa des Markus Skeggja-Sohn; Norwegen, 1103 n.Chr.)
Die Germanen besaßen Tempel. **(Heidarviga-Saga; Island, 1130 n.Chr.)**
Es gab einen Bauernhof, der auch als Tempel diente. (**Die Saga über Thrond von Gate; Island, 1210 n.Chr.)**
Einer der isländischen Tempel war 30m lang und 18m breit. (**Kjalnesinga-Saga; Island, 1250 n.Chr.)**
Die Tempel waren die Wohnungen der Götter. **(Wortschatz)**
Die Germanen besaßen Tempel. **(Kenningar)**
Die Tempel waren die Wohnungen der Götter. **(Kenningar)**
Der Himmel wurde als Tempel der Sonne und des christlichen Gott Vaters aufgefaßt – wobei die Sonne und Gott Vater von den Germanen letztlich als dasselbe angesehen wurden. **(Kenningar)**

> Die Germanen hatten viele Tempel in deutlich unterschiedlichen Größen.

II 3. b) Hölzerne Tempel

In der Überlieferung wird völlig einheitlich von „hölzernen Tempeln" der Germanen gesprochen. Sie wurden aus Pfosten („Stäbe") errichtet, woraus sich nach der Christianisierung der Begriff „Stabkirche", also „hölzerne, aus Pfosten errichtete Kirche" abgeleitet hat.

Ein hölzerner Tempel. (**Historia ecclesiastica gentis Anglorum; England, 730 n.Chr.**)
Die Norweger nahmen bei der Auswanderung nach Island das Holz ihrer Tempel mit. (**Landnahme-Buch; Island, 900 n.Chr.**)
Die Norweger nahmen bei der Auswanderung nach Island das Holz ihrer Tempel mit. (**Die Siedler von Eyre; Island, 900 n.Chr.**)
In Island stand ein hölzerner Freyr-Tempel. (**Die Saga über Hrafnkell Freysgodi; Island, 950 n.Chr.**)
Die Tempel waren aus Holz. (**Der Ausspruch der Seherin; Island, 1000 n.Chr.**)
Die Tempel waren aus Holz und sehr hoch. (**Der Ausspruch der Seherin; Island, 1000 n.Chr.**)
Der Tempel wurde vollständig verbrannt – er bestand also fast nur aus Holz. (**Die Saga über Bosi und Herraud; Schweden, 1300 n.Chr.**)
Der Tempel ist mit großem Geschick aus wertvollen Hölzern hergestellt worden. (**Die Saga über Sturlaug den Mühen-Beladenen; Skandinavien, 1350 n.Chr.**)
Die Tempel der Germanen bestanden aus Holz. (**Kenningar**)

> Die Tempel der Germanen wurden aus Holz errichtet.

II 3. c) Zwei Grundarten von Tempeln

Die archäologischen Funde und die Beschreibungen zweigen, daß es zwei Arten von Tempeln gegeben hat: den relativ kleinen quadratischen Tempel und den recht großen Langhaus-Tempel. Als drittes gibt es noch zwei Mischform aus beiden, von denen die eine später das Vorbild für die Stabkirchen wurde.

II 3. d) Der quadratische Tempel

Der quadratische Tempel hat eine Grundfläche von 6x6m bis 12x12m. Dieser Tempel hat eine Tür in der Mitte einer Seite. Er ist ausschließlich ein Kultgebäude.

Fundamente eines quadratischen Tempels. (**Tempel von Ranheim; Norwegen, 400-950 n.Chr.**)
Fundamente eines quadratischen Tempels. (**Tempel von Lilla Ullevi; Schweden, 450-800 n.Chr.**)
Fundamente eines quadratischen Tempels. (**Tempel von Helgö; Schweden, 500-900 n.Chr.**)
Fundamente eines quadratischen Tempels. (**Ruine von Säbol; Island, ca. 1000 n.Chr.**)
Fundamente eines quadratischen Tempels. (**Tempel von Uppsala; Schweden, 800-1100 n.Chr.**)
Die Stabkirchen haben einen quadratischen oder annähernd quadratischen Grundriß. (**germanische Tempel-Elemente in den Stabkirchen**)
Manche frühe skandinavische Kirchen haben einen zu einem Kreuz erweiterten quadratischen Grundriß mit z.T. kleineren Türmen an den Enden der Arme des Kreuzes. (**Kirche St. Maria; Sigtuna**)

Die quadratischen Tempel waren zwischen 6x6m und 12x12m groß. Sie waren reine Kultgebäude.

II 3. e) Der Langhaus-Tempel

Diese Form des Tempels ist ein typisches germanisches Langhaus, das zunächst einmal zum Wohnen dient, in dem aber auch der Kult stattfindet.

Der Tempel von Uppakra wurde um ca. 200 n.Chr. an einer Stelle errichtet, an dem vorher ein ungewöhnlich großes Langhaus gestanden hat, in dem vermutlich zuvor der Kult der Bewohner dieser Siedlung stattgefunden hat. (**Tempel von Uppakra; Schweden, vor 200 n.Chr.**)
In Hov am Mjösa-See in Südnorwegen stand ein 15m langes Langhaus, das auch als Kultgebäude benutzt worden ist. (**Tempel von Hof; Norwegen, 500-700 n.Chr.**)
Fundamente einer kombinierte Wohn- und Kulthalle. (**Tempel von Helgö; Schweden, 500-900 n.Chr.**)

In der Vendelzeit fand der Kult der in Uppsala wohnenden Schweden in der Königshalle statt, was eine Verbindung zwischen dem König und dem Kult vermuten läßt. Dies entspricht der Vereinigung der militärischen und der religiösen Macht in dem neuen Göttervater Odin. Vorher sind diese beiden Stände getrennt gewesen, was sich u.a. in dem älteren Motiv der drei Götter Odin, Hönir und Loki zeigt, die die drei Stände der Fürsten und Krieger, der Priester und Heiler sowie der Bauern und Handwerker verkörperten. (**Tempel von Uppsala; Schweden, 600-800 n.Chr.**)

Ein kleines Gebäude an der Nordseite eines Langhauses mit drei Freyr-Statuetten ist der Kult-Anbau dieses Langhauses. (**Tempel von Lunda; Schweden, ca. 800 n.Chr.**)

Ein Bauernhof heißt „Tempel" („hov"), weil er auch der Kultort war. (**Vatnsdal-Saga; Island, 920 n.Chr.**)

Fundamente eines Langhauses, das der Wohnsitz eines Anführers war, der zugleich Priester gewesen ist und in seiner Halle auch die Rituale für die Menschen in seinem Bereich durchführte. (**Tempel von Hofstadir; Island, 940-1000 n.Chr.**)

Ein Bauernhof, der auch als Tempel diente. (**Die Saga über Thrond von Gate; Island, 1210 n.Chr.**)

Die Halle des Ägir ist wahrscheinlich ein Langhaus gewesen. (**Skaldskaparmal; Island, 1225 n.Chr.**)

In Norwegen und Schweden ist der Bauernhof-Tempel weit verbreitet gewesen. (**Ortsnamen**)

Bei der Beschwörung der Geister von drei Toten wird die Halle eines Langhauses mithilfe von vier in einem Quadrat aufgestellten Latten und einem Feuer in der Mitte vorübergehend zu einem Tempel. Die Fläche innerhalb der vier Latten wurde in neun Quadrate aufgeteilt. (**Die Saga über Thrond von Gate; Faröer, 1000 n.Chr.**)

Der Männername „Tempel-Erbe" bezeichnete ursprünglich wahrscheinlich den Erbsohn des Besitzers eines Langhauses, das auch als Kultraum dient – ein halbprivater Tempel. (**Personennamen**)

Die Langhaus-Tempel waren Wohnhäuser, in denen auch die Kulthandlungen stattfanden. Manchmal gab es an einer der Stirnseiten einen kleinen Kultraum-Anbau. Vermutlich wird in den Langhäusern ohne einen solchen Anbau ein bestimmter Teil des Hauses der Kult-Kernbereich gewesen sein, an dem auch die Kult-Utensilien aufbewahrt wurden.

II 3. f) Der zweiräumige Tempel

Der zweiräumige Tempel ist entweder ein „quadratischer Tempel mit überdachtem

Vorplatz" oder ein „Langhaus mit aufwendig ausgebautem Kult-Anbau" – was letztlich auf dasselbe hinausläuft. Es hat immer diese beiden Plätze gegeben: den Ort der Götter (quadratischer Tempel, Kult-Anbau) und den Versammlungs-Ort der Menschen (Langhaus, Tempel-Vorplatz). Beim Langhaus ist der Versammlungsort zugleich der Wohnbereich und beim einfachen quadratischen Tempel ist der Versammlungsplatz der nicht überdachte Vorplatz. Im zweiräumigen Tempel gibt es den „Götter-Raum" als den heiligsten Bereich und den Versammlungsraum als Vorraum zu dem „Götterraum".

Der Vorraum gehörte den Menschen, der „Götterraum" gehörte den Göttern. Sie entsprechen dem Hauptraum einer christlichen Kirche und dem Chor mit dem Altar. Diese Übereinstimmung muß aber nicht bedeuten, daß die germanischen Tempel den christlichen Kirchen nachgeahmt worden sind, da diese Tempelform schon deutlich älter als das Christentum ist und sich aus dem Motiv der Begegnung der Menschen mit den Göttern ergibt.

> Das Langhaus mit integriertem Kultraum ist eine sehr alte Form des germanischen Tempels, die sich bis ca. 200 n.Chr. zurückverfolgen läßt.
>
> Um ca. 400 n.Chr. kam der quadratische Tempel hinzu, der möglicherweise zusammen mit der Odin-Verehrung nach Norden gekommen ist. Er ist ein reines Kultgebäude.
>
> Zwischen 600n.Chr. und 800 n.Chr. dominiert wieder der Langhaus-Tempel.
>
> Ab 800 n.Chr. findet sich dann der Zweiraum-Tempel, der die beiden anderen Tempelform in der Kombination von Versammlungs-Raum und Statuen-Raum verbindet, als häufigstes Kultgebäude.

<u>II 3. g) Der zweiräumige Tempel: Der vordere „Menschen-Raum"</u>

Die Wände des Tempels sind manchmal leicht nach außen gewölbt. **(Tempel von Uppakra; Schweden, 200-1050 n.Chr.)**

Der vordere Raum diente den Opferfesten und der Versammlung der Menschen. In ihm befand sich auch die Feuerstelle. Er ist der weniger heilige der beiden Räume. **(Saga über Olaf Tryggva-Sohn; Norwegen, 990 n.Chr.)**

Der Zweiraum-Tempel ist auch die Grundform der Stabkirchen, die aus dem Gemeinde-Saal und dem Altar-Raum bestehen. **(Stabkirchen)**

> Der vordere Raum ist der Versammlungsraum, in dem sich die Feuerstelle befindet und in dem geopfert wird.

II 3. h) Der zweiräumige Tempel: Der hintere „Götter-Raum"

An den Versammlungsraum grenzt der Altarraum an, in dem dem der Altar und hinter diesem die Götterstatuen standen. (**Landnahme-Buch; Island, 900 n.Chr.**)

In den Tempeln gibt es einen „Platz der Götter". (**Saga über Olaf Tryggva-Sohn; Norwegen, 990 n.Chr.**)

Der Tempel hatte zwei Räume: Der erste diente den Opferfesten, der zweite und heiligere enthielt die Götterstatuen. (**Saga über Olaf Tryggva-Sohn; Norwegen, 990 n.Chr.**)

In den Tempeln gab es einen angrenzenden Raum, in dem der Altar stand. (**Die Saga der Bewohner von Eyre; Island, 1000 n.Chr.**)

Der Altar-Raum entspricht den Anbauten an die Langhäuser. (**Langhäuser**)

Der Altar-Raum entspricht dem Chor der Stabkirchen. (**Stabkirchen**)

Der kleinere, hintere Raum war der heiligere der beiden Räume, da in ihm der Altar und die Götterstatuen standen.

II 3. i) Der kleine, quadratische Turm-Tempel

Es gab auch einige wenige „kleine Langhäuser mit Turm", die einen zentralen Turm bzw. ein erhöhtes Dach besaß. Diese Form unterscheidet sich von dem Zweiraum-Tempel dadurch, daß er symmetrisch aufgebaut ist, d.h. nicht eine deutliche Menschen-Hälfte und eine Götter-Hälfte hat. Ein Beispiel für diese Tempel-Art ist der Tempel von Uppakra.

Das seltene „kleine Langhaus mit Turm" ist ein kleines Langhaus, das nur für den Kult verwendet wurde. Bei ihm wurde der Turm ins Zentrum gesetzt, sodaß sich im Inneren vier dicke Pfosten, die den Turm bzw. das erhöhte Dach tragen, befinden. Die Statuen und der Altar standen vermutlich in der Mitte einer der beiden Längsseiten.

II 3. j) Die „hohe Halle"

Die Tempel waren „hohe Gebäude" – das gilt allerdings nicht für die Langhäuser, sondern nur für die quadratischen Tempel und die Zweiraum-Tempel.

Die Seherinnen der Germanen leben in Türmen. **(Tacitus; Südgermanen, 100 n.Chr.)**

Der Tempel von Uppakra in der Nähe von Malmö gegenüber von Kopenhagen ist 13m x 6,5m groß und 10-13m hoch gewesen. **(Tempel von Uppakra; Schweden, 200-1050 n.Chr.)**

Der Tempel hat in der Mitte ein erhöhtes Dach oder einen Turm. **(Tempel von Uppakra; Schweden, 200-1050 n.Chr.)**

Der Tempel ist eine hohe Halle. **(Tempel von Tissö; Schweden, 500-1100)**

Die Tempel waren aus Holz und sehr hoch. **(Der Ausspruch der Seherin; Island, 1000 n.Chr.)**

Njörds Halle ist hoch. **(Grimnir-Lied; Island, ca. 1100 n.Chr.)**

Turm-förmige Gestalt der Stabkirche. **(Wandteppich von Skog; Schweden, 1150 n.Chr.)**

Die Zweiraum-Tempel hatten eine im Verhältnis zur Grundfläche hohe Bauweise, d.h. sie waren ein Turm-ähnliches Gebäude. **(germanische Tempel-Elemente in den Stabkirchen)**

Die Zweiraum-Tempel besaßen einen zentralen Turm oder ein in der Mitte aufgestocktes Dach. Beides wurde von vier dicken Pfosten im Innenraum des Tempels getragen. **(germanische Tempel-Elemente in den Stabkirchen)**

Der Männername „Hallvi" bedeutet „heilige Halle" und wird sich auf einen Tempel (speziell auf den Versammlungs-Raum) beziehen und somit den Betreffenden als einen Priester bezeichnen. **(Personennamen)**

Der germanische Tempel war eine geweihte Halle an einem heiligen Ort, der mit Türen verschlossen war. **(Wortschatz)**

Der quadratische Tempel ist ein Turm, d.h. er ist höher als breit und lang – zumindestens ohne die späteren Anbauten an das Grund-Quadrat des Turmes.

Solche Türme gab es bereits um 100 n.Chr. bei den Südgermanen, die Tacitus bekannt gewesen sind. Möglicherweise ist diese Form des Tempels erst im Zuge der Vökerwanderung ab 400 n.Chr. zusammen mit dem Odin-Kult auch zu den Nordgermanen gelangt.

Aus diesem Turm wurde der Turm bzw. das in der Mitte erhöhte Dach der Zweiraum-Tempel und der späteren Stabkirchen, die sich aus dem Zweiraum-Tempel entwickelt haben.

II 3. k) Die Umhegung

Rings um den Tempel befand sich der „heilige Bereich" der durch einen Zaun abgegrenzt wurde. Bei den einfachen quadratischen Tempeln war dieser Bereich recht klein, d.h. nur wenige Meter breit. Bei größeren Tempelanlagen umfaßte er außer dem Tempel auch noch Nebengebäude, Freiluft-Altäre und ähnliches und war dann entsprechend größer.

Ein hölzerner Tempel mit hölzernen Einfriedungen. (**Historia ecclesiastica gentis Anglorum; England, 730 n.Chr.**)

Ein großer Baldur-Tempel in einem von einer Palisade umhegten Bereich, der „Friedensplatz" genannt wurde. (**Die Saga über Fridthjof den Kühnen; Norwegen, 800 n.Chr.**)

Möglicherweise ein kleiner quadratischer Tempel in einer quadratischen Umhegung. (**Ruine von Säbol; Island, ca. 1000 n.Chr.**)

Der Tempel war von einem Zaun umgeben. (**Die Saga über Thrond von Gate; Faröer, 1000 n.Chr.**)

Die Halle der Freya-Menglöd ist von einer Mauer mit einem Tor, das von einem Gitter verschlossen ist, umgeben. (**Fiölswin-Lied; ca. 1100 n.Chr.**)

Asgard ist von einer Mauer umgeben, die von Tyr („Riesenbaumeister") errichtet worden ist. (**Skaldskaparmal; 1225 n.Chr.**)

Der Tempel war von einem Stockzaun umgeben. (**Färinger-Saga; Island, 1250 n.Chr.**)

Die Stabkirchen hatten einen überdachten Umgang mit Blick nach außen hin. (**germanische Tempel-Elemente in den Stabkirchen**)

Der Tempel war von einem umhegten Bereich umgeben. Dieser von einem Holzzaun umgebene Platz war bei den quadratischen Tempeln ebenfalls quadratisch und eher klein. Bei den großen Tempeln oder Tempel-Anlagen war er entsprechend größer.

Dieser Bereich wurde „Friedensplatz" genannt, was sich u.a. auf die Einhaltung des Friedens auf dem Kult-Gelände bezog und eine der Wurzeln des heutigen Begriffes „Friedhof" ist, der sich zunächst auf das Kirchengelände und nicht auf die Gräber auf dem Kirchengelände bezogen hat.

II 3. l)　Die vier Pfosten

In mehreren Tempeln finden sich im Innenraum die Pfostenlöchern von vier sehr dicken und somit vermutlich auch hohen Pfosten, die den Turm bzw. das erhöhte Dach getragen haben.

Der Innenraum wurde durch die vier dicken „Turmpfosten" geprägt. **(Tempel von Uppakra; Schweden, 200-1050 n.Chr.)**

In der Halle des Hymir (Tyr als Riese im Jenseits) stehen steinerne Säulen. **(Hymir-Lied)**

In der Halle des Geirröd (Tyr als Riese im Jenseits) stehen steinerne Säulen. **(Thorsdrapa; Skandinavien, 985 n.Chr.)**

Forsetis Halle hat goldene Säulen. **(Grimnir-Lied / Gylfis Vision; Island, ca. 1100/1225 n.Chr.)**

In der Mitte der Stabkirche befindet sich ein zentraler Turm oder ein in der Mitte aufgestocktes Dach, das von vier dicken Pfosten im Innenraum getragen wird. **(germanische Tempel-Elemente in den Stabkirchen)**

---

1. Phase:　Die vier dicken Eckpfosten des Turmes standen ursprünglich an den Ecken des Turm-Tempels. (Beispiel: Tempel von Tissö)

2. Phase:　Um diese Türme herum gab es eine Einfriedung, d.h. einen Zaun in geringem Abstand von dem Turm. (Beispiel: Tempel von Säbol)

3. Phase:　Diese Einfriedung ist dann in einem nächsten Schritt überdacht worden, wodurch das typische Stufen-Dach der Stabkirchen entstanden ist. (Beispiel: die um 1164 n.Chr. errichtete Turmkirche von Uppsala)

4. Phase:　Durch das Einbeziehen des überdachten Umgangs in den Tempel-Raum standen die vier Turmpfosten dann frei im Innenraum.

5. Phase:　In den Stabkirchen ist dieser Vorgang z.T. mehrfach wiederholt worden.

Die Entwicklung der Stabkirche			
1. Phase	*2. Phase*	*3. Phase*	*4. Phase*
Turm mit Einfriedung	Turm mit überdachtem Umlauf	Turm mit erweitertem Innenraum	die häufigste Form der Stabkirche: vierstelliges Dach durch die Ergänzung eines Türmchen und eines überdachten Umlaufs
graue Fläche = Innenraum			

II 3. m)   Die Außenwände

Die Statuen-Sockel sowie die Innen- und Außenwände des Tempel wurden mit Opferblut bestrichen. **(Heimskringla; Island, 1220 n.Chr.)**

Die Außenwände der Tempel werden zumindestens im unteren Bereich rot-schwarz und glänzend vom Blut der geopferten Tiere gewesen sein.

II 3. n)   Das Dach

Über die Beschaffenheit der Dächer der Tempel ist relativ wenig bekannt.

Das Dach des Tempels von Uppakra ist mit Holzschindeln gedeckt worden, was bedeutet, das es ein relativ steiles Dach gewesen sein muß. **(Tempel von Uppakra; Schweden, 200-1050 n.Chr.)**

Odins Halle ist mit leuchtenden Schilden bedeckt. **(Thjodolfi von Hvini; Skandinavien, 890 n.Chr.)**

Odins Halle ist mit Schilden gedeckt. **(Thjodolfi von Hvini; Skandinavien, 890 n.Chr.)**

Das Dach des Tempels war mit Goldplatten bedeckt. **(Saga über Olaf Tryggva-Sohn; Norwegen, 990 n.Chr.)**

Von den Giebeln ausgehend hängt weithin sichtbar eine goldene Kette rings um den Uppsala-Tempel. **(Hamburgische Kirchengeschichte; Hamburg, 1075 n.Chr.)**

Odins Halle „Walhalla" ist mit Schilden statt Schindeln bedeckt, die Tyrs vervielfätigter (goldener) Sonnenschild sind. **(Grimnir-Lied; Island, ca. 1100 n.Chr.)**

Odins Halle ist mit Silber gedeckt. **(Grimnir-Lied / Gylfis Vision; Island, ca. 1100/1225 n.Chr.)**

Forsetis Halle hat ein silbernes Dach. **(Grimnir-Lied / Gylfis Vision; Island, ca. 1100/1225 n.Chr.)**

Dies viele Gold erinnert daran, daß die Halle „Heorot" („Hirsch-Halle") im Beowulf-Epos oft als „Goldene Halle" bezeichnet worden ist. (Sie ist das Vorbild für die Halle „Meduseld" in dem Roman und in dem Film „Herr der Ringe".)

Die Dächer der Tempel sind anscheinend manchmal mit Gold oder Silber bedeckt gewesen. Zusätzlich wurden sie noch mit goldenen Ketten geschmückt, die von den Giebeln ausgingen und vermutlich die verschiedenen Giebel-Enden miteinander verbunden haben.

II 3. o) Der Vorraum, der Vorplatz und der Umgang

Vor den quadratischen Tempeln befand sich ein Vorplatz, auf dem sich die Menschen zum Kult versammelten. Auch vor den Langhäusern finden sich solche Vorplätze, die dort jedoch auch auch im Alltag verwendet wurden. Vor den Zweiraum-Tempeln wurden ebenfalls solche Vorplätze archäologisch nachgewiesen – ihre Funktion ist jedoch nicht eindeutig bestimmbar gewesen.

Im Südwesten des Tempels lag ein gepflasterter Bereich. **(Tempel von Uppakra; Schweden, 200-1050 n.Chr.)**

Der links und rechts eingezäunte Vorraum (überdacht) oder Vorplatz (nicht überdacht) mißt 12m x 6m **(Tempel von Lilla Ullevi, 450-800 n.Chr.)**

> Aus der Überdachung des Vorplatzes ist der Versammlungsraum entstanden und aus der Überdachung der Einhegung der überdachte Umlauf um den Tempel.
> Der Vorplatz diente der Versammlung der Menschen beim Kult bei den einfachen quadratischen Tempeln.

II 3. p) Der Eingang und der Eingangsraum

Eine Halle mit hölzernen Wänden hat notwendigerweise eine Tür, durch die man sie betreten kann, sowie oft auch einen schützenden Vorraum.

II 3. q) Der überdachte Eingangsbereich

Die Südwest-Tür des Tempels hatte zwei kurze Schutzmauern vor dem Eingang, die möglicherweise überdacht waren und einen geschützten Eingangsbereich bildeten. **(Tempel von Uppakra; Schweden, 200-1050 n.Chr.).**

Das auch kultisch genutzte Langhaus hatte vor dem Haupteingang zwei kurze vorspringende Mauern, die vermutlich überdacht waren und einen wettergeschützten „Windfang" bildeten. **(Langhaus von Hofstadir; Island, 940-1000 n.Chr.)**

Der Tempel hatte einen Eingangs-Raum. **(Die Saga über Sturlaug den Mühen-Beladenen; Skandinavien, 1350 n.Chr.)**

Der Eingangsbereich ist überdacht. **(germanische Tempel-Elemente in den Stabkirchen)**

II 3. r) Die Eingänge

Die Haupttür weist nach Südwesten, die zweite nach Nordwesten und die dritte nach Südosten. Dies waren die Männertür (Südwesten), die Frauentür (Nordwesten) und die Priestertür (Südosten). Für diese Türen gab es spezielle Namen – zumindestens die „Männertür" ist aus dem Sprachschatz der Nordgermanen bekannt. **(Tempel von Uppakra; Schweden, 200-1050 n.Chr.)**

Die Tempel-Halle hatte einen Eingang gegenüber dem Altar. **(Tempel von Borg;**

Schweden; ca. 800-1050 n.Chr.)

Der Tempel hat eine Eingangstür. **(Saga über Olaf Tryggva-Sohn; Norwegen, 990 n.Chr.)**

Die beiden Türen waren nah bei einer der beiden Giebelwände. **(Die Saga über die Siedler von Eyre; Island, 1000 n.Chr.)**

Odins Halle „Walhalla" hat 540 Türen und über seinem West-Tor sind ein Wolf und ein Adler befestigt. **(Grimnir-Lied; Island, ca. 1100 n.Chr.)**

Thors Halle hat 540 Tore. **(Grimnir-Lied; Island, ca. 1100 n.Chr.)**

Der Tempel hatte ein Tor im Nordwesten und eins im Südwesten. **(Die Saga über Sturlaug den Mühen-Beladenen; Skandinavien, 1350 n.Chr.)**

II 3. s) Türen

Der Tempel hatte Tore, die mit zwei Türflügeln versehen waren. **(Die Saga über Sturlaug den Mühen-Beladenen; Skandinavien, 1350 n.Chr.)**

Manche Tempel hatten ein reich geschnitztes Portal. **(germanische Tempel-Elemente in den Stabkirchen)**

Der germanische Tempel war eine geweihte Halle an einem heiligen Ort, der mit Türen verschlossen war. **(Wortschatz)**

II 3.t) Türringe

Der Tempel hatte eine Tür aus geschnitzter Eiche mit einem Goldring-Türgriff. **(Saga über Olaf Tryggva-Sohn; Norwegen, 990 n.Chr.)**

An den Türen befanden sich Türringe. **(Tempel von Uppakra; Schweden, 200-1050 n.Chr.)**

An der Tür befand sich ein Türring. **(Stabkirche von Höre; Schweden, 1180 n.Chr.)**

Die kultisch genutzten Langhäuser und die Zweiraum-Tempel hatten meistens einen nach vorne hin offenen, aber überdachten Vorraum („Windfang").

Die Eingangstüren der Zweiraum-Tempel lagen an den Längsseiten nahe der Giebelwand, die sich gegenüber dem Altar befand (der vor der anderen Giebelwand stand). Diese beiden Türen scheinen des öfteren im Westen gelegen zu haben. Die Südwest-Tür und die Nordwest-Tür waren die „Männertür" und die „Frauentür". Im

Südosten befand sich die dritte Tür, die vermutlich für den Priester gedacht war.

Die Tempeltüren der Zweiraum-Tempel waren z.T. zweiflügelig. Ob auch die kleinen quadratischen Tempel verschließbare Türen hatten, ist unbekannt.

An den Türen befand sich ein Ring, der als „Türklinke" diente.

II 3. u) Die Innenwände

Die Innenwände der frühen, kleinen quadratischen Tempel werden vermutlich eher schlicht gewesen sein. Die kultisch genutzten Langhäuser werden in der Regel höchsten den Kult-Anbau besonders gestaltet haben. Die mit viel Aufwand errichteten Zweiraum-Tempel hingegen werden auch geschmückte Innenwände gehabt haben.

An den Innenwänden des Tempels waren ca. 200 Goldgubber (Briefmarken-große, dünne Goldplättchen mit eingeprägtem Motiv) befestigt, die wahrscheinlich „Briefe an die Götter" gewesen sind. **(Tempel von Uppakra; Schweden, 200-1050 n.Chr.)**

Die Fürsten-Hallen und sehr wahrscheinlich auch die Tempel der Angelsachsen waren (nur innen?) farbig bemalt – vermutlich mit Szenen aus den Mythen und Sagen. **(Beowulf-Epos; England, 700 n.Chr.)**

Die Statuen-Sockel sowie die Innen- und Außenwände des Tempel wurden mit Opferblut bestrichen. **(Heimskringla; Island, 1220 n.Chr.)**

Der Tempel war innen wie ein Gewölbe abgerundet. Diese Aussage aus dieser erst recht spät verfaßten Sage paßt nicht zu den übrigen Befunden und wird wohl durch die romanischen Kirchengewölbe inspiriert worden sein. **(Kjalnesinga-Saga; Island, 1250 n.Chr.)**

Die Innenwände werden im unteren Bereich rot und glänzend vom Opferblut gewesen sein. An ihnen waren auch viele Goldgubber befestigt, die Votivgaben der Menschen in dem Tempel gewesen sein werden.

II 3. v) Die Fenster

Zumindestens die Zweiraum-Tempel besaßen Fenster – die Langhäuser sicher nicht. Ob die kleinen, quadratischen Tempel Fenster hatten, ist ungewiß – aber es finden sich zumindestens keine Hinweise darauf.

„Der Tempel hatte gläserne Dachfenster, weshalb es in ihm überall hell war." Diese Aussage ist wohl auch im Kontrast zu den Langhäusern zu verstehen, in denen das Feuer die einzige Lichtquelle gewesen ist. **(Die Saga über Thrond von Gate, Faröer; 1000 n.Chr.)**

„In dem Tempel war es hell, da durch die verglasten Dachfenster viel Licht hereinfiel." **(Föringer-Saga; Island, 1250 n.Chr.)**

Der Tempel hatte viele Fenster. **(Kjalnesinga-Saga; Island, 1250 n.Chr.)**

Die Stabkirchen hatten im oberen Bereich einige Fenster, durch die Licht hereinfiel. Auch der überdachte Umgang war ab ca. Brusthöhe meistens vollständig nach außen hin offen. **(germanische Tempel-Elemente in den Stabkirchen)**

In den quadratischen Tempeln wird es dämmrig gewesen sein, da sie zwar vermutlich keine Fenster hatten, aber recht klein waren und durch die Tür Licht hereinkommen konnte.

In den (kultisch genutzten) Langhäusern war es recht dunkel, da sie nur durch das Feuer erhellt wurden.

In den Zweiraum-Tempeln war es relativ hell, da durch viele Fenster Licht hereinfiel. Das viele Glas in den Fenstern muß damals eine Kostbarkeit dargestellt haben – was jedoch angesichts des Aufwandes, mit dem die Zweiraum-Tempel insgesamt hergestellt wurden, durchaus denkbar ist.

II 3. w)   Die Statik

Die diagonal gekreuzten, halb-senkrechten Balken dienten der Stabilisierung der Statik in den Türmen und befanden sich zwischen den vier dicken, freistehenden Eckpfosten des Turmes, der das Zentrum des Tempels bildete. **(germanische Tempel-Elemente in den Stabkirchen)**

Die nur aus den Stabkirchen bekannten diagonal gekreuzten, halb-senkrechten Balken dienten der Stabilisierung der Statik und werden aus den germanischen Zweiraum-Tempeln übernommen worden sein.

II 4.   Die Ausschmückung des Tempels

II 4. a)   Die Schönheit der Tempel

Mehrere Texte berichten darüber, wie schön die Tempel anzusehen gewesen sind. Es hat sich also bei den germanischen Tempeln nicht nur um große rustikale Holzhütten gehandelt, sondern um mit viel Aufwand hergestellte Kultbauten.

Ein großer und prächtiger Tempel. **(Saga über Olaf Tryggva-Sohn; Norwegen, 990 n.Chr.)**
Der Tempel war sehr schön. **(Die Saga über Thrond von Gate; Faröer, 1000 n.Chr.)**
Thor bewohnt die größte Halle. **(Grimnir-Lied; Island, ca. 1100 n.Chr.)**
Baldurs Halle ist die schönste aller Hallen. **(Gylfis Vision; Island, ca. 1225 n.Chr.)**
Freyas Halle ist groß und schön. **(Gylfis Vision; Island, ca. 1225 n.Chr.)**
Friggs Halle ist überaus schön. **(Gylfis Vision; Island, ca. 1225 n.Chr.)**

Die Hallen der Götter und auch die Tempel waren groß, schön und prächtig.

II 4. b)   Schnitzereien

Die Zweiraum-Tempel sind reich mit Schnitzereien und Einlegearbeiten verziert worden. Dieselben Schnitz- und Einlegetechniken wurden auch bei der Herstellung der Drachenschiffe, der Hochsitze der Fürsten sowie später bei den Stabkirchen und den Priester-Stühlen in ihnen benutzt.

St. Gallus zerstörte um ca. 540 n.Chr. einen „geschmückten Tempel" (Schnitzarbeiten?). **(Jakob Grimm; Zürich, 540 n.Chr.)**
Der Tempel hatte eine Tür aus geschnitzter Eiche mit einem Goldring-Türgriff. **(Saga über Olaf Tryggva-Sohn; Norwegen, 990 n.Chr.)**
Der Tempel war mit Schnitzereien versehen. **(Die Saga über Thrond von Gate; Faröer, 1000 n.Chr.)**
Die Wichtigkeit der drei Sonnensymbole (Kreuz, Swastika und Sonnen-Flechtmuster) und ihre häufige Gleichsetzung und Kombination auf den Wandteppichen, die in den Tempeln hingen, läßt vermuten, daß sich diese drei Symbole auch in den Schnitzereien befanden. **(Wandteppiche von Överhogdal; Schweden, ca. 1100 n.Chr.)**

Das Gebäude war aus beschnitztem Holz. **(Färinger-Saga; Island, 1250 n.Chr.)**

Der Tempel war mit großem Geschick aus wertvollen Hölzern hergestellt worden (Schnitzarbeiten?). **(Die Saga über Sturlaug den Mühen-Beladenen; Skandinavien, 1350 n.Chr.)**

In den Stabkirchen finden sich viele Schnitzarbeiten. **(germanische Tempel-Elemente in den Stabkirchen)**

In den Stabkirchen finden sich verschiedene Tierfiguren. **(germanische Tempel-Elemente in den Stabkirchen)**

In die Stabkirchen sind alte, sehr aufwendige Schnitzarbeiten (Pfosten, Portale, Panele) in die Außenwände eingebaut worden, die aus den früheren Zweiraum-Tempeln stammen. Sie enthalten viele Tiere, Drachen, Flechtmuster und Ranken sowie Szenen aus der Sigurd-Saga. **(germanische Tempel-Elemente in den Stabkirchen)**

Die Zweiraum-Tempel der Germanen sind reich beschnitzt gewesen. Es sind sehr aufwendig geschnitzte Türen sowie Pfosten und Bretter, die sich in dem Bereich rings um die Türen und oberhalb von ihnen befunden haben, erhalten geblieben. Der Überlieferung zufolge ist jedoch der gesamte Tempel mit Schnitzarbeiten versehen gewesen.

II 4. c)   Einlegearbeiten aus Gold und Silber

Die Wände des Tempels waren mit wertvollen Metallen und Edelsteinen geschmückt. Diese Edelsteine könnten die den Germanen gut bekannten und leicht erhältlichen Bergkristalle und Bernsteine gewesen sein. Edelsteine als Schmuck der Tempel werden jedoch nur an dieser Stelle erwähnt. **(Saga über Olaf Tryggva-Sohn, Norwegen; 990 n.Chr.)**

Der Tempel war mit Schnitzereien versehen, die mit Gold und Silber eingelegt worden waren. **(Die Saga über Thrond von Gate; Faröer, 1000 n.Chr.)**

Der Tempel von Uppsala war überall mit Gold geschmückt. **(Hamburgische Kirchengeschichte; Hamburg, 1075 n.Chr.)**

Das Gebäude war aus beschnitztem Holz, das mit Gold und Silber eingelegt worden war. **(Färinger-Saga; Island, 1250 n.Chr.)**

Der Tempel war mit Gold und Edelsteinen geschmückt und glänzte weithin sichtbar. **(Die Saga über Sturlaug den Mühen-Beladenen; Skandinavien, 1350 n.Chr.)**

Das meistens beschnitzte Holz der Tempel ist mit Einlegearbeiten aus Gold und Silber und evtl. auch Edelsteinen (Bernstein, Bergkristall) geschmückt gewesen.

> Das Gold und das Silber wurden in einer solchen Fülle verwendet, daß die Tempel weithin glänzten.

II 4. d) Die „Goldene Halle"

Es scheint das tiefverwurzelte Motiv der „Goldenen Halle" gegeben zu haben, das man durch die vielen Gold-Einlegearbeiten sowie durch die goldenen Dächer der Tempel auch konkret zu realisieren bemüht gewesen ist.

In Gimle steht eine goldene Halle. **(Der Ausspruch der Seherin; Island, 1000 n.Chr.)**
In den Nidabergen (Unterwelt) steht eine Goldene Halle, die den Zwergen gehört. **(Der Ausspruch der Seherin; Island, 1000 n.Chr.)**
Der Tempel von Uppsala war überall mit Gold geschmückt. **(Hamburgische Kirchengeschichte; Hamburg, 1075 n.Chr.)**
Odins Halle „Walhalla" schimmert golden. **(Grimnir-Lied; Island, ca. 1100 n.Chr.)**
Die drei Sonnensymbole (Kreuz, Swastika und Sonnen-Flechtmuster), die auf den Wandteppichen, die in den Tempeln hingen, sehr oft dargestellt wurden, werden vermutlich mit dem „Sonnen-Gold" der Tempel assoziiert worden sein. **(Die Wandteppiche von Överhogdal, Schweden; ca. 1100 n.Chr.)**
Odins Halle ist ganz aus Gold erbaut worden. **(Gylfis Vision; Island, ca. 1225 n.Chr.)**
Forsetis Halle hat goldene Säulen. **(Grimnir-Lied / Gylfis Vision; Island, ca. 1100/1225 n.Chr.)**
Die Halle Sindri ist ganz aus Gold erbaut worden. **(Gylfis Vision; Island, 1225 n.Chr.)**

> Die goldenen Götter-Hallen, die ganz mit Gold geschmückten Tempel und die Gold-gedeckten Tempel-Dächer zeigen, daß das Motiv der „Goldenen Halle" sehr wichtig gewesen sein muß. Das Gold wurde von den Germanen wie von fast allen Völkern mit der Sonne assoziiert.
> Die mythologischen „goldenen Hallen" stehen z.T. im Süden oben im Himmel, was die Assoziation mit der Sonne noch verstärkt.
> Schließlich erhellt Odin seine Halle mit leuchtenden goldenen Schwertern (das ehemalige flammende Sonnenschwert des Tyr) und Ägir (Tyr als Riese im Jenseits) erhellt seine Halle mit leuchtendem Gold – Gold und Sonne waren für die Germanen

offenbar untrennbar miteinander verbunden. Dies zeigt sich auch in der Umschreibung des Goldes als „Sonne im Meer" – von dieser Kenning gibt es Hunderte von Varianten.

Die „Goldene Halle" ist offensichtlich der „goldene Tempel der Sonne", d.h. die Halle des ehemaligen Göttervaters Tyr, der weitgehend der Sonne gleichgesetzt worden ist. Diese Gleichsetzung hat sich auch nach der Absetzung des Tyr durch Odin um ca. 500 n.Chr. erhalten können, wie die sehr weit verbreitete Gleichsetzung des christlichen Gottes mit der Sonne bei den Germanen zeigt: Der christliche Gott Vater war in gewisser Weise eine Wiedergeburt des ehemaligen Göttervaters Tyr – und beide waren „wie die Sonne".

Das Motiv der „goldenen Halle" reicht somit vor die Völkerwanderungszeit zurück und wird daher auch schon mit den Türmen der Seherinnen um 100 n.Chr. verbunden gewesen sein.

II 4. e)   Die kostbaren Tempel

Das viele Gold, die Schnitzarbeiten usw. machten die Tempel zu etwas sehr wertvollem.

Der Bau eines Tempels ist teuer. **(Die Saga über Fridthjof den Kühnen, Norwegen, 800 n.Chr.)**
Die Tempel enthalten viele Schätze. **(Saga über Olaf Tryggva-Sohn; Norwegen, 990 n.Chr.)**
In dem Tempel liegen viele Schätze. **(Die Saga über Bosi und Herraud; Schweden, 1300 n.Chr.)**
In den Tempeln befinden sich wertvolle Schätze. **(Personennamen)**

Die Tempel waren teuer herzustellen, wertvoll und voller Schätze.

II 5.   Die Seelenweg-Säulen

II 5. a)   Die beiden Säulen

In den Tempeln und auch in den Langhäusern standen manchmal eine, meist jedoch zwei Säulen, die eines der wichtigsten Bestandteile der Tempel waren und sowohl das Jenseitstor als auch den Weltenbaum als Verbindung zwischen dem Diesseits und dem Jenseits darstellten.

Der Tempel der Walküre Aelrun wird durch zwei Säulen, die oben durch einen Bogen (Regenbogenbrücke Bifröst?) miteinander verbunden sind, dargestellt. Die beiden Säulen sind durch je sechs „Querschichten" geschmückt. Über dem Bogen befindet sich die Sonne (Gott Vater = Göttervater Tyr). **(Runenkästchen von Auzon; England, 700 n.Chr.)**

Der Tempel der Maria wird durch zwei Säulen, die oben durch einen Bogen (Regenbogenbrücke Bifröst?) miteinander verbunden sind, dargestellt. Die beiden Säulen sind durch je 9 (Jenseits-Hinweis?) „Querschichten" in je drei Bereiche unterteilt worden. **(Runenkästchen von Auzon; England, 700 n.Chr.)**

Innen hinter der Eingangstür standen manchmal die Hochsitz-Säulen. **(Landnahme-Buch; Island, 900 n.Chr.)**

Innerhalb des Tempels standen die beiden Hochsitz-Säulen gleich hinter dem Eingang. **(Die Saga der Bewohner von Eyre; Island, 1000 n.Chr.)**

Der möglicherweise heidnischen Tempel einer Priesterin/Seherin wird mithilfe von zwei oben verbunden Säulen, die oben in Drachenköpfen enden, dargestellt. **(Wandteppich von Bayeux; England, ca. 1070 n.Chr.)**

Forsetis Halle hat goldene Säulen. **(Grimnir-Lied / Gylfis Vision; Island, ca. 1100/1225 n.Chr.)**

In dem Tempel befinden sich Holzpfosten, an denen Kleider und goldene Ringe hingen. Dies könnten sowohl Statuen als auch Säulen gewesen sein – oder eben Pfosten zur Aufbewahrung der Kleidung und des Schmuckes für die Götterstatuen. **(Die Saga über Sturlaug den Mühen-Beladenen; Skandinavien, 1350 n.Chr.)**

In mehreren Stabkirchen sind die dicken Holzsäulen, die den „Turm" tragen, mit einem stilisierten Männergesicht beschnitzt worden, das sich auch auf vielen Runensteinen findet und entweder den ehemaligen Göttervater Tyr oder den Gott Thor darstellt. **(germanische Tempel-Elemente in den Stabkirchen)**

Zwei Säulen, die oben mit einem Bogen verbunden waren, sind zumindestens in England zwischen 700 n.Chr. und 1100 n.Chr. ein Symbol für einen Tempel gewesen

(Runenkästchen von Auzon, Wandteppich von Bayeux).

In Island standen diese Säulen bei einem Tempel gleich innen am Eingang. Diese beiden Säulen mit dem Bogen über ihnen scheinen also den Eingang in den Tempel und somit auch den Eingang in die Welt der Götter, die Welt der Ahnen und das Jenseits dargestellt zu haben.

Diese beiden Säulen sind mit den Säulen in den Stabkirchen identisch, in die das Gesicht eines bärtigen Gottes geschnitzt worden ist.

Sie sind zudem auch mit den beiden Säulen hinter dem Hochsitz identisch, die im folgenden Kapitel beschrieben werden.

Vermutlich sind auch die „goldenen Säulen" in der Halle des Forseti diese „Göttertor"- und „Seelenweg"-Säulen.

II 5. b)   Der Hochsitz

Der Hochsitz ist ein leicht erhöhter Sitzplatz, auf dem der Hausherr, der Fürst und später auch der König Platz nimmt. Auch die Seherinnen und die Seher lassen sich auf solchen Hochsitzen nieder, wenn sie in die Ferne, in die Zukunft oder zu den Göttern schauen wollen. Diese Hochsitze stehen meistens vor den beiden in dem vorigen Kapitel beschriebenen Säulenpaar.

Auch Odin besitzt als Göttervater einen Hochsitz:

In Odins Halle steht sein Hochsitz. **(Gylfis Vision; Island, 1225 n.Chr.)**

In Odins Halle stehen sein Hochsitz und die zwölf Stühle der Götter. **(Gylfis Vision; Island, 1225 n.Chr.)**

Die folgende Beschreibung ist die Zusammenfassung der ausführlichen Betrachtung des Hochsitzes in Band 57.

Die Säule bzw. die Säulen hinter dem Hochsitz heißen „Weg der Seelen" und entsprechen dem Weltenbaum als der Verbindung der Lebenden zu ihren Ahnen sowie dem Jenseitstor.

Bei den Königen ist der Göttervater der Urahn. Daher ist diese Säule wie die Ahnen der Halt der ganzen Sippe und auch des Königtums.

Diese Säulen entsprachen dem Weltenbaum und der Weltensäule und waren des öfteren Eichen. In diese Säule wurde manchmal das Gesicht eines Gottes geschnitzt (Thor, evtl. Tyr). In sie wurden auch Runen geritzt – vermutlich der Stammbaum des Besitzers dieser Säule. Manche dieser Säulen waren schwarz gefärbt.

Die Hochsitz-Säulen und die Tempel-Säulen hatten dieselbe Beschaffenheit und Symbolik.

Zumindestens ein Wikinger hat den Göttern seinen Sohn geopfert, damit sie das Meer einen Baum an seinem Strand anschwemmen lassen, aus dem er seine Hochsitz-Säulen herstellen kann.

Der Drachenschiff-Mast entsprach möglicherweise der Hochsitz-Säule.

Es gab bis mindestens 950 n.Chr. bei den Germanen auch einfache Pfahl-Gottheiten, also Pfosten, die nur wenig bearbeitet worden waren und meist nur ein einfaches Gesicht und Genitalien aufweisen und die als Götterstatuen dienten. Sie könnten die Vorläufer der sorgfältiger geschnitzten Götter-Säulen hinter dem Hochsitz und im Tempel gewesen sein.

Der Turm der Seherinnen entspricht dieser Säule und auch dem Gerüst, auf das man bei der Ausübung von Magie den Hochsitz stellte.

Der Hochsitz heißt „Seelenweg-Sitz", d.h. „Sitzplatz vor der Säule, die der Weg der Seelen ist".

Folgende Gottheiten haben einen Hochsitz: Tyr-Geirröd, Tyr-Godmund, Jomali (Tyr), Odin, Thor, Freyr, Baldur (unsicher), Urd, Frigg, Thorgerdr, Freya, Gunnlöd, Irpa, Gjalp und Greip, Grid, Brünhild und Hild.

Auch Totengeister in ihrem Hügelgrab sitzen auf einem Hochsitz.

Die Hochsitz-Säule entspricht dem Weltenbaum und der Ahnenreihe und verbindet daher den, der auf dem Hochsitz sitzt, mit seinen Ahnen und mit den Göttern. Aus diesem Grund ist der Hochsitz der Platz, auf dem man die Zukunft und weit Entferntes sehen kann und von dem aus man Magie wirken kann.

Der Hochsitz der Seher und Seherinnen steht auf einem Gerüst, hat vier Pfosten, ist mit Runen beschrieben und auf seinem Sitz liegt manchmal ein Daunenkissen.

- - -

Die einzelne Säule bzw. der Durchgang zwischen den beiden Säulen, die oben durch einen Bogen miteinander verbunden waren, waren der Weg, auf dem die Seelen der Verstorbenen ins Diesseits zu ihren Nachkommen kamen, um ihnen zu helfen. Auch das Tor eines Tempel ist solch ein „Weg der Seelen", da der Tempel symbolisch und rituell die Götterwelt und somit das Jenseits ist.

Diese einzelne Säule bzw. das aus den beiden „Seelenweg-Säulen" und dem oberen Verbindungsbogen bestehende Tor macht einen Sitz zu einem Sehersitz und ein Gebäude zu einem Tempel. Dieses Tor wurde auch bei Bestattungen benutzt, um mit den gerade verstorbenen Menschen zu sprechen (siehe „Jenseitstor" in Band 49).

II 5. c) Die „Gottesnägel"

Diese „Nägel" sind nur von einer einzigen Textstelle bekannt:

Funde von Nägel unter den Opfergaben. **(Tempel von Uppakra; Schweden, 200-1050 n.Chr.)**
Innerhalb des Tores des Tempels standen die Hochsitz-Säulen, in denen „Gottesnägel" steckten. **(Die Saga der Bewohner von Eyre; Island, 1000 n.Chr.)**

Leider ist die Bedeutung der *„regin-nagl"* nicht genauer bekannt. Da sie in den Pfosten des Jenseitstores steckten, werden sie einen Bezug zu dem Eintritt in den Tempel und somit zu dem Kontakt mit der Götterwelt haben.

Vielleicht wurden sie von den Menschen, die den Tempel betraten, dort eingeschlagen und sollten sie dauerhaft mit den Göttern verbinden – aber das ist zunächst einmal nur ein Arbeitshypothese.

II 5. d) Das Tempelsäulen-Orakel

Die Norweger, die nach Island auswanderten, bestimmten ihren zukünftigen Siedlungsplatz oft dadurch, daß sie ihre Tempelsäulen in Sichtweite von Island über Bord warfen und dann ihre neue Halle und ihren neuen Tempel dort errichteten, wo diese Säulen ans Ufer getrieben wurden.

Siehe dazu auch „Hochsitz" in Band 57.

Mit den Tempel-Säulen wurde anscheinend assoziiert, daß sie „den Weg wiesen" – sie waren schließlich der „Weg der Seelen", weshalb durch sie die Götter und die Ahnen den Auswanderern zeigen konnten, wo sie ihre neue Halle errichten sollten.

II 6. Die Feuerstelle im Tempel

I 6. a) Die Feuerstelle

Die Feuerstelle ist das zentrale Element in der Mitte des Versammlungsraumes. In den Zweiraum-Tempeln und den kleinen Langhaus-Tempeln mit Turm befand sich diese Feuerstelle in der Mitte der vier freistehenden Holzsäulen, die den Turm trugen.

Eine Feuerstelle in der Mitte, vor der im Süden ein wertvoller Kelch und eine Schale vergraben lagen. **(Tempel von Uppakra; Schweden, 200-1050 n.Chr.)**

Es gab Ritualfeuer. **(Indiculus; Sachsen, 780 n.Chr.)**

In dem Tempel brannte ein großes Feuer. **(Die Saga über Fridthjof den Kühnen; Norwegen, 800 n.Chr.)**

Im ersten Raum befindet sich das Opferfeuer. **(Saga über Olaf Tryggva-Sohn; Norwegen, 990 n.Chr.)**

In der Tempelmitte brannten Feuer, über denen man auch das Fleisch der Opfertiere kochte. **(Heimskringla; Island, 1220 n.Chr.)**

Der Opferkelch wurde um das Feuer herum getragen. **(Heimskringla; Island, 1220 n.Chr.)**

Im Tempel stand ein Altar mit einer Eisenplatte, auf der ein ewiges Feuer brannte. Diese recht späte Saga hat mehrmals Elemente aus der griechisch-römischen Religion miteinbezogen wie hier das „ewige Altarfeuer". Es wird sonst weder berichtet, daß sich das Feuer auf dem Altar befand, noch daß es nie verlöschen durfte. **(Kjalnesinga-Saga; Island, 1250 n.Chr.)**

Die Feuerstelle befand sich bei den Langhäusern, bei den Zweiraum-Tempeln und bei den kleinen Langhäusern mit Turm in der Mitte des Tempels. Auf ihnen wurde das Fleisch der Opfertiere gekocht und um sie wurde das Blut der Opfertiere in einem Kelch herumgetragen.

| Langhaus mit Dach-Stützpfosten | kleiner Langhaus-Tempel | Zweiraum-Tempel mit Turm | quadratischer Tempel mit Feuerstelle im Freien |

Kreis = freistehende Säule   Dreieck = Feuerstelle

II 7.   Der Altar

Die Position des Altars ist in den Langhäusern verschieden. In den kleinen Langhaus-Tempeln mit Turm stand der Altar vermutlich in der Mitte einer der beiden Längsseiten. In den Zweiraum-Tempeln stand der Altar in der Mitte des Götterraumes – sein Gegenstück im Versammlungsraum war die Feuerstelle. Bei den kleinen, quadratischen Tempeln befand sich der Altar draußen vor dem Eingang des Tempels.

Der Altar bestand aus mehreren Steinen und war den Göttern geweiht. Es sind Altäre für die Götter Tyr-Thiazi, Thor und Jomali sowie für die Göttinnen Freya und Thorgerdr bekannt.

Siehe zu diesem Thema auch das Kapitel „Altar" in Band 57.

II 7. a)   Altäre unter freiem Himmel ohne Tempel

Altäre unter freiem Himmel. **(Tacitus; Südgermanen, 100 n.Chr.)**

Die Erwähnung von Altären, von Tier- und Menschenopfern weist daraufhin, daß in den Heiligen Hainen ein Altar stand. Die Existenz von Altäre macht wiederum die Existenz von Pfahlgötter, vor denen diese Altäre standen, recht wahrscheinlich. **(Tacitus; Südgermanen, 100 n.Chr.)**

Es gab heilige Haine, in denen sich ein Altar und evtl. ein Tempel oder ein eine kleine Hütte für die Prozessions-Wagen, die Standarten u.ä. befanden. **(Tacitus; Südgermanen, 100 n.Chr.)**

Es gab Rituale an Steinen („*högr*" = Steinaltar). **(Indiculus; Sachsen, 780 n.Chr.)**

Von den Wikingern wurde an einer Küste, an der sie überwintern wollten, ein einfacher Stein-Altar als „Freiluft-Tempel" für Odin errichtet. **(Saga über Olaf den Ruhmreichen Tryggva-Sohn; Norwegen, 990 n.Chr.)**

Ein Opferaltar für eine Göttin. **(Die Saga über Thrond von Gate; Faröer, 1000 n.Chr.)**

II 7. b)   Altäre unter freiem Himmel vor einem quadratischen Tempel

Draußen vor dem kleinen quadratischen Tempel befand sich ein kreisförmiger Opferaltar mit Bestattungen im Zentrum („Hügelgrab-Opferaltar"). **(Tempel von Ranheim; Norwegen, 400-950 n.Chr.)**

Ein Tempel der Thorgerdr wurde „Steinaltar" genannt. Damit ist möglicherweise ein Altar unter freiem Himmel gemeint – evtl. vor einem kleinen quadratischen Tempel. **(Huldar-Saga; Skandinavien, 1000 n.Chr.)**

II 7. c)   Altäre in Langhäusern

In dem Tempel befand sich ein aus Steinen aufgeschichteter Altar. **(Wortschatz)**

II 7. d)   Altäre in kleinen Langhaus-Tempeln mit Turm

Holz-Tempel mit Altar. **(Historia ecclesiastica gentis Anglorum; England, 730 n.Chr.)**
In den Tempeln standen Altäre. **(Kenningar)**

II 7. e)   Altäre in Zweiraum-Tempeln

Der Altar befand sich in der Tempel-Halle gegenüber dem Eingang. (**Tempel von Borg; Schweden, ca. 800-1050 n.Chr.)**

In einem Tempel gab es einen angrenzenden Raum („Chor"), in dem der Altar stand. **(Die Saga über die Siedler von Eyre; Island, 1000 n.Chr.)**

Um den Altar herum standen die Götterstatuen. **(Die Saga über die Siedler von Eyre; Island, 1000 n.Chr.)**

Ein Altar mit einer Eisenplatte, auf der ein ewiges Feuer brennt. Diese späte Schilderung eines Germanen-Tempels ist von den ewigen Feuern in den griechisch-römischen Tempeln inspiriert worden. **(Kjalnesinga-Saga; Island, 1250 n.Chr.)**

Vor den Statuen stehen Silber-überzogene Tische. **(Die Saga über Sturlaug den Mühen-Beladenen; Skandinavien, 1350 n.Chr.)**

Der Altar ist ein sehr wichtiges Element der Tempel. **(Ortsnamen)**

Der König wird auch „Wächter des Tempel-Altars" genannt. **(Kenningar)**

Der Altar stand in den Wohn-Langhäusern mit kultischer Nebenfunktion wahrscheinlich an einer der beiden Längsseiten neben der Feuerstelle.

In den kleinen Langhaus-Tempeln mit Turm, die eine rein kultische Funktion hatten, stand der Altar in der Mitte einer der Langswände neben der Feuerstelle.

In den Zweiraum-Tempeln stand der Altar in dem Götter-Anbau – vermutlich recht nah an dem Durchgang zwischen den beiden Räumen.

Bei den kleinen, quadratischen Tempeln stand der Altar draußen vor dem Eingang des Tempels. Auf ihm wurden sowohl Blutopfer dargebracht als auch Feuer für Brandopfer entfacht. Er war somit ein Brandaltar.

Die Altäre waren die Tische für die Götter, die hinter ihnen saßen. Sie waren aus Stein, aus Holz und z.T. mit Silber überzogen.

II 8.   Die Götterstatuen

II 8. a)   Die Statuen

Die Statuen sind in dem Kapitel „Statuen" in Band 57 beschrieben worden. Der folgende Text ist die Zusammenfassung dieses Kapitels.

Es sind Statuen und Statuetten von den folgenden Göttern bekannt: Freyr (14), Thor (8), Odin (5), Tyr (2), Sonne (1), Baldur (1), Jomali (1) und Hilgerio (1).
Von den folgenden Göttinnen sind Statuen und Statuetten bekannt: Freya (3), Thorgerdr (3), Irpa (2), Frigg (1), Nerthus (1) und Berecynthia (1).
Dies sind zusammen 33 Statuen und Statuetten von Göttern sowie 10 von Göttinnen.

Häufigkeit der Statuen und Statuetten			
Gottheit	*Häufigkeit*		
	1-5	6-10	11-15
Freyr	███████	███████	█████
Thor	███████	██	
Odin	█████		
Freya	███		
Thorgerdr	███		
Tyr	██		
Irpa	██		
Sonne	█		
Baldur	█		
Jomali („baltischer Tyr")	█		
Hilgerio	█		
Frigg	█		
Nerthus	█		
Berecynthia	█		

Diese Statuen stehen in den Tempel fast immer Dreiheiten (4), wobei in allen Fällen, in denen die Anordnung der Statuen bekannt ist, Thor in der Mitte auf dem Ehrenplatz sitzt (4). Vermutlich sind auch die meisten der Statuengruppen, deren Anzahl nicht genau bekannt ist (5), Dreiergruppen – es ist lediglich eine Vierergruppe bekannt, die zudem aus einer sehr späten Saga stammt (Thor; Odin, Frigg, Freya).

Die Fälle, in denen die Gottheiten der Statuengruppen zumindestens teilweise bekannt sind, bilden zwei Gruppen: 4x „3 Götter" (Thor, Odin, Freyr; Thor, Odin Freyr; 3x Freyr; Baldur und mindestens ein weiterer Gott) und 2x ein oder zwei Götter und zwei Göttinnen (Thor, Odin, Frigg, Freya; Thor, Thorgerdr, Irpa). Die Gruppe „Freyr und andere Gottheiten" ist zu ungenau, um sie zuordnen zu können.

Die erste dieser Gruppen bildet vermutlich die drei Repräsentanten der drei Stände ab, während die zweite Gruppe einen Gott und die zwei Aspekte der Göttin (Diesseits und Jenseits) darstellt. Die eine bekannte Vierergruppe ist möglicherweise ein Gemisch von beiden Arten von Statuen-Gruppen.

In den Tempeln mit nur einer Statue sitzt entweder Thorgerdr (1) oder eine unbekannte Göttin (1)

Es ist bemerkenswert, daß es keine Familiengruppen von Gottheiten (Vater, Mutter, Kind) gab, sondern nur thematische Gruppen: die Göttin oder die Repräsentanten der drei Stände oder ein Gott und die zwei Aspekte der Göttin.

Die Statuen sind fast alle aus Holz hergestellt worden und in seltenen Fällen mit Gold überzogen worden. Die Statuetten wurden auch aus Gold (5), Bronze (4), Silber (3), Stein (3) oder Keramik (5) hergestellt.

Es sind zwar kaum Berichte über Statuensockel bekannt, aber da es gleich zwei Fachbegriffe für Statuensockeln gab, werden solche Sockel wohl üblich gewesen sein. Diese Sockel waren möglicherweise kleine Podeste, auf denen die Hochstühle der Statuen standen. In den Texten ist lediglich von sitzenden Statuen (13), aber niemals von stehenden oder gar schreitenden Statuen die Rede. Die beiden Gottheiten, die als „Statuen mit Wagen" beschrieben werden, sind Thor und Nerthus. Die Freyr-Statuetten (6) sitzen im halben Lotussitz.

Die Pfahlgottheiten stehen zwar, aber dies ist aufgrund der einfachen Herstellungsweise dieser Statuen auch nicht anders möglich.

Die Statuen halten oft einen Ring (5: Thor, Odin, Thorgerdr, Irpa, Göttin), sind zudem bekleidet (3) und tragen Schmuck (1). Vermutlich war dies deutlich häufiger der Fall, als es in den Texten ausdrücklich erwähnt wird.

Wenn die Statuen nicht im Tempel standen, wurden sie in manchen Fällen auch auf einer Insel oder in einem Heiligen Hain aufbewahrt – der Regelfall scheint jedoch der Tempel gewesen zu sein.

Die Statuen sind vermutlich nach der Herstellung geweiht worden (3). Sie wurden durch Ölen und Sauberwischen gepflegt und sie wurden „am Feuer gewärmt" (1). Auch diese beiden Dinge werden allgemein üblich gewesen sein, auch wenn sie nur selten erwähnt werden.

Es gab Umzüge mit den Statuen von Gottheiten (5) und auch Orakel, die durch die Bewegungen der Statuen der Gottheiten gegeben wurden (2).

Es sind auch Tier-Statuen und -Statuetten bekannt; 5 Eber, 3 Hirsche und 1 Pferd. Vermutlich gab es auch Schlangen und Stiere als Statuetten, da es Bezeichnungen für sie gab.

In einem typischen Tempel steht eine Dreiergruppe von Statuen mit Thor in der Mitte auf dem Ehrenplatz-Hochsitz. Links und rechts von ihm sitzen entweder Thor und Freyr (zusammen die drei Stände) oder zwei Göttinnen (Diesseits und Jenseits), die entweder Frigg und Freya oder Thorgerdr und Irpa sind. Es gab auch Tempel, die nur einer einzelnen Göttin geweiht waren.

Die Statuen waren aus Holz gefertigt, waren bekleidet und trugen einen Ring in ihrer Hand oder an ihrem Handgelenk.

Die Statuen wurden nach ihrer Herstellung geweiht und sie wurden regelmäßig gereinigt, gepflegt, geölt und „gewärmt".

Es gab Umzüge mit den Statuen der Gottheiten. Diese Statuen konnten auch Orakel geben.

Die Statuen der Gottheiten wurden durch Statuetten von Göttern und Göttinnen sowie durch kleine Plastiken von Tieren ergänzt.

II 8. b)   Die Sockel für die Statuen

Die Statuen scheinen meistens auf Sockeln gestanden zu haben. Über diesen Brauch wird zwar nicht allzuoft berichtet, aber da dies auch kein wesentliches Detail ist, wird man die vier Erwähnungen von Sockeln wohl als Hinweis darauf werten können, daß dies weit verbreitet gewesen ist – zumal ein Sockel eine Gottheit sozusagen „verehrend erhebt". Auch der Hinweis des Königs Olaf, daß man die Sockel der Statuen mit Opferblut bestrich, klingt ganz so, als ob Sockel für die Götterstatuen allgemein üblich gewesen wären.

Opfergaben vor zehn in einer Reihe stehenden Pfosten (mit Götterstatuen?).

(Opferplatz von Hove; Norwegen, 800 n.Chr.?)
  Die Statuen stehen auf Sockeln. **(Saga über Olaf Tryggva-Sohn; Norwegen, 990 n.Chr.)**
  Die Statuen stehen auch in einem anderen Tempel auf Sockeln. (Saga über Olaf Tryggva-Sohn; Norwegen, 990 n.Chr.)
  Die Statuen standen auf Sockeln. **(Heimskringla; Island, 1220 n.Chr.)**
  Die Statuen-Sockel sowie die Innen- und Außenwände des Tempel wurden mit Opferblut bestrichen. **(Heimskringla; Island, 1220 n.Chr.)**

Die Statuen im Tempel stehen auf Sockeln. Die Statuen-Sockel werden manchmal wohl auch Hochsitze gewesen sein. Da die Statuen im allgemeinen sitzen, wird es auch Hochstühle als „Podest" für die Götter-Statuen gegeben haben.

II 8. c)   Das Götter- und Magie-Podest

Im Zusammenhang mit den Tempeln und mit den Seherinnen sowie den Magiern und Zauberinnen wird immer wieder ein Podest oder Gestell erwähnt. Die Seherinnen setzten sich auf einen Hochstuhl auf dieses Podest, um in die Zukunft zu schauen, die Magier und Zauberinnen setzen sich z.B. auf dieses Podest, um mithilfe eines Sturmzaubers die Schiffe ihrer Feinde zu versenken, und auch die Götterstatuen standen auf einem solchen Podest.

  Direkt vor dem kleinen, quadratischer Tempel stand ein ebenfalls quadratisches Podest. Wenn man in der Tür des Tempels steht, blickt man über dieses einige Meter entfernte Podest hinweg direkt auf den großen, runden, aus Steinen errichteten Opferaltar. Auch in dem Tempel selber stand ein fast identisches Podest, das für die Götterstatuen bestimmt gewesen sein wird. **(Tempel von Ranheim; Norwegen, 400-950 n.Chr.)**
  Ein Podest mit Drachenköpfen (Podest der Götter, Seherinnen und Magier?) **(Wandteppich aus dem Schiffsgrab von Rolfsöy; Norwegen, 900 n.Chr.)**
  Die Statuen standen nachts und bei Regen im Tempel und an Sonnentagen tagsüber auf einem Podest vor dem Tempel. **(Saga über Olaf Tryggva-Sohn; Norwegen, 990 n.Chr.)**
  Ein Podest mit Priestern und Statue. **(Wandteppich von Överhogdal; Schweden, ca. 1100 n.Chr.)**

In den Tempeln befanden sich Sockel oder Podeste für die Götter. Tagsüber bei gutem Wetter sowie insbesondere bei Festen wurden die Statuen herausgeholt und auf die Podeste im Freien gestellt, damit sie an den Festen teilhaben konnten.

Da auch die Seherinnen, Zauberinnen und Magier solche Podeste benutzt haben, wurden diese Podeste offenbar mit dem Kontakt zum Jenseits assoziiert. Möglicherweise stellten sie eine Art Weltenbaum dar. Von ihrer Funktion her ähneln sie dem Säulenpaar mit dem Namen „Seelenweg-Säulen".

II 8. d) Die Götter

Zum Teil sind die Götter bekannt, die in den Tempeln verehrt worden sind. Zum einen erwähnen die Germanen und die Missionare manchmal die Gottheiten, denen ein Tempel geweiht ist, und zum anderen können aus einigen Ortsnamen Rückschlüsse auf Heiligtümer bestimmter Gottheiten gezogen werden. Diese zweite Möglichkeit ist jedoch weitestgehend auf Schweden beschränkt.

In der folgenden Übersicht sind auch die Personennamen aufgeführt, die auf einen Tempel hinweisen, aber sie wurden nur dann mitgezählt, wenn es keine anderen Hinweise auf einen Tempel der betreffenden Gottheit gab, da diese Namen lediglich zeigen, daß es einen Tempel der betreffenden Gottheiten gegeben hat, aber sich nicht auf einen bestimmten Tempel beziehen.

	Die in den Tempeln der Germanen verehrten Götter		
Gottheit	*Ort*	*Zeit*	*Anmerkung*
Tyr (3)	Schweden: Tempel von Tissö	500 n.Chr.	Tissö = Tyr-See
	Schweden: Tempel von Uppsala	bis 500 n.Chr.	Der damalige Göttervater wird im Haupttempel verehrt worden sein.
	Frankreich: Tempel von Valencienne (Normandie)	890 n.Chr.	Mars = Tyr

Die in den Tempeln der Germanen verehrten Götter				
Gottheit	*Ort*	*Zeit*	*Anmerkung*	
Odin (15)	Schweden: Tempel von Uppsala	400-1100 n.Chr.	Adam von Bremen; Göttervater	
	Scheden, Odensve		Ortsname	
	Norwegen, Küste	990 n.Chr.	Olaf Tryggva-Sohn-Saga, temporärer Freiluft-Altar	
	Norwegen	990 n.Chr.	Opferungen und Verneigungen im Odin-Tempel	
	Skandinavien	vor 1100 n.Chr.	Sturlaug-Saga; zusammen mit Thor, Frigg und Freya	
	Dänemark		Ortsname 1	
	Dänemark		Ortsname 2	
	Dänemark		Ortsname 3	
	Dänemark		Ortsname 4	
	Dänemark		Ortsname 5	
	Orkney-Inseln (am Loch of Stenness?)	990 n.Chr.	Olaf Tryggva-Sohn-Saga	
	Island	vor 1100 n.Chr.	Styrbjarnar-Saga: Heerführer betet zu Odin	
	Sachsen	780 n.Chr.	Indiculus; Merkur = Odin	
	Sachsen	1075 n.Chr.	Adam von Bremen; Merkur = Odin	
	Sachsen	1075 n.Chr.	Adam von Bremen; Merkur – Odin; Menschenopfer	

Die in den Tempeln der Germanen verehrten Götter			
Gottheit	*Ort*	*Zeit*	*Anmerkung*
Thor (14)	Schweden, Tempel von Uppsala	1075 n.Chr.	Adam von Bremen; Hauptgott, zusammen mit Odin und Freyr
	Schweden, Thorsvi		Thor-Tempel, Ortsname
	Norwegen	990 n.Chr.	Opferungen und Verneigungen im Thor-Tempel
	Norwegen, Thorsö		Thor-Tempel, Ortsname
	Norwegen, Thorsnes		Thor-Landzunge, Ortsname
	Norwegen, Torshov		Thor-Tempel, Ortsname
	Norwegen	990 n.Chr.	Olaf Tryggva-Sohn 1
	Norwegen	990 n.Chr.	Olaf Tryggv-Sohn 2
	Norwegen	990 n.Chr.	Vellekla; mehrere Thor-Tempel
	Skandinavien	vor 1100 n.Chr.	Sturlaug-Saga; zusammen mit Odin, Frigg und Freya
	Island	900 n.Chr.	Landnahme-Buch
	Island	vor 1100 n.Chr.	Njals-Saga; zusammen mit Thorgerdr und Irpa
	Island	vor 1100 n.Chr.	Kjalnesinga-Saga; Hauptgott
	Sachsen	780 n.Chr.	Indiculus; Jupiter = Thor
	-	-	Männername

Die in den Tempeln der Germanen verehrten Götter			
Gottheit	*Ort*	*Zeit*	*Anmerkung*
Freyr (6)	Schweden, Lunda	vor 1100 n.Chr.	Fundamente; drei Freyr-Statuen
	Schweden, Uppsala	1100 n.Chr.	Ynglinga-Saga
	Schweden, Uppsala	1075 n.Chr.	Adam von Bremen; zusammen mit Odin und Thor
	Island	1100 n.Chr.	Kampf-Glum
	Island	950 n.Chr.	Hrafnkell Freysgodi
	Schweden, Frösvi		Ortsname
	-	-	Männername
Njörd (5 – „viele")	Schweden, Nalavi		Ortsname 1
	Schweden, Mjärdevi		Ortsname 2
	Schweden, Mjärdevi		Ortsname 3
	Norwegen, Norderhov		Ortsname 4
	Island	vor 1100 n.Chr.	Wafthurnir-Lied; „viele Njörd-Tempel"
Ullr (1)	Schweden, Lilla Ullevi		Tempel-Fundamente + Ortsname
Forseti (3)	Dänemark, Friesland, friesische Inseln	710 n.Chr.	Vita St. Willehadi; Fosite = Forseti
	Dänemark, Friesland, friesische Inseln	780 n.Chr.	Vita St. Ludger; Fosite = Forseti
	Dänemark, Friesland, friesische Inseln	789 n.Chr.	Vita St. Willibrord; Fosite = Forseti

Die in den Tempeln der Germanen verehrten Götter			
Gottheit	*Ort*	*Zeit*	*Anmerkung*
Asen (1)	-	-	Personenname
Freya (5)	Skandinavien	ca. 650 n.Chr. und später	Thorstein Vikingson
	-	-	Frauenname
	Island	vor 1100 n.Chr.	Hyndla-Lied
	Skandinavien	vor 1100 n.Chr.	Sturlaug-Saga; zusammen mit Thor, Odin und Frigg
	Schweden, Härnevi		Ortsname; Härne = Freya
	Schweden, Järnevi		Ortsname; Härne = Freya
Freya-Menglöd (1)	Island	vor 1100 n.Chr.	Fiölswin-Lied
Frigg (1)	Skandinavien	vor 1100 n.Chr.	Sturlaug-Saga; zusammen mit Thor, Odin und Freya
Skadi (5)	Island	vor 1100 n.Chr.	Lokasenna
	Schweden, Skövde		Ortsname 1
	Schweden, Skadevi		Ortsname 2
	Schweden, Skedevi		Ortsname 3
	Schweden, Skedevi		Ortsname 4
Rindr (1)	Schweden, Vrinnevid		Ortsname
Tanfana (1)	Deutschland	14. n.Chr.	Tacitus
	Italien		Inschrift: Tempel der Tamfana

Die in den Tempeln der Germanen verehrten Götter			
Gottheit	*Ort*	*Zeit*	*Anmerkung*
Hulda (3)	Skandinavien	vor 1100 n.Chr.	Huldar-Saga
	Skandinavien	vor 1100 n.Chr.	Huldar-Saga; zusammen mit ihren Töchtern Thorgerdr und Irpa 1
	Skandinavien	vor 1100 n.Chr.	Huldar-Saga; zusammen mit ihren Töchtern Thorgerdr und Irpa 2
Thorgerdr (6)	Skandinavien	vor 1100 n.Chr.	Huldar-Saga; zusammen mit ihren Töchtern Thorgerdr und Irpa 1
	Skandinavien	vor 1100 n.Chr.	Huldar-Saga; zusammen mit ihren Töchtern Thorgerdr und Irpa 2
	Skandinavien	vor 1100 n.Chr.	Huldar-Saga; Tempelname: „Steinaltar"
	Island	vor 1100 n.Chr.	Njals-Saga; zusammen mit Thor und Irpa
	Island	vor 1100 n.Chr.	Färinger-Saga; zusammen mit anderen Gottheiten
	Island	vor 1100 n.Chr.	Hardar-Saga; zusammen mit anderen Göttinnen
Irpa (3)	Skandinavien	vor 1100 n.Chr.	Huldar-Saga; zusammen mit ihren Töchtern Thorgerdr und Irpa 1
	Skandinavien	vor 1100 n.Chr.	Huldar-Saga; zusammen mit ihren Töchtern Thorgerdr und Irpa 2
	Island	vor 1100 n.Chr.	Njals-Saga; zusammen mit Thor und Irpa

__	Die in den Tempeln der Germanen verehrten Götter		
Gottheit	*Ort*	*Zeit*	*Anmerkung*
Nerthus (1)	Deutschland	100 n.Chr.	Tacitus; Wohnort der Nerthus = Tempel?
Disen (3)	Schweden, Disevid		Ortsname
	Norwegen	ca. 800 n.Chr.	Fridthjof der Kühne
	Deutschland, Augsburg	vor 800 n.Chr.	Jacob Grimm; Zisa = Dise
	-	-	Frauenname
Göttin (3)	Skandinavien	ca. 400 n.Chr.	Hervor/Heidrek-Saga 1
	Skandinavien	ca. 400 n.Chr.	Hervor/Heidrek-Saga 2
	Faröer	1000 n.Chr.	Trond von Gate; in der Mitte eine Göttinnen-Statuen, darum herum andere Gottheiten
Sonne (1)	Island (?)	vor 1100 n.Chr.; vermutlich vor 500 n.Chr.	Skaldskaparmal; nur ein poetisches Bild?
	-	-	Frauenname
Adler (1)	-	-	Personenname
Hirsch (1)	-	-	Personenname
Schlange/ Drache (1)	-	-	Personenname

Es wird über 48 Götter-Tempel berichtet: Tyr (3), Odin (15), Thor (14), Freyr (6), Njörd (5 – „viele"), Ullr (1), Forseti (3) und Asen (1).
Es sind 34 Göttinnen-Tempel bekannt: Freya (5), Freya-Menglöd (1), Frigg (1), Skadi (5), Rindr (1), Tanfana (1), Hulda (3), Thorgerdr (6), Irpa (3), Nerthus (1), Disen (3) und eine namentlich nicht genannte Göttin (3).
Hinzu kommen noch 4 unsichere Tempel: Sonne (1), Adler (1), Hirsch (1) und Schlange/Drache (1). Die Sonne könnte Tyr entsprechen, der Adler könnte der Seelenvogel des Göttervaters Tyr bzw. Odin sein, der Hirsch ist vermutlich nur das

Opfertier eines Gottes (Tyr?, Ullr?) und der Schlangen-Tempel wird vermutlich ein Ahnenschrein, d.h. vermutlich ein Hügelgrab sein.

Zu diesen 82 sicheren Erwähnungen von Göttern, die in einem Tempel verehrt wurden, sowie den vier unsicheren Erwähnungen kommen noch die insgesamt 107 weiteren Tempel, von denen nicht bekannt ist, welche Gottheiten in ihnen verehrt wurden. Das ergibt insgesamt 193 Nachweise für Götter, die in einem Tempel verehrt worden sind.

Die Reihenfolge der Götter, die in mindestens 3 Tempeln verehrt worden ist, ist:

Häufigkeit der Verehrung in Tempeln		
1. Odin (15)	5. Thorgerdr (6)	9. Forseti (3)
2. Thor (14)	6. Njörd (5 – „viele")	10. Hulda (3)
3. Freyr (6)	7. Skadi (5)	11. Irpa (3)
4. Freya/Menglöd (6)	8. Tyr (3)	12. Disen (3)

Dieses Ergebnis wird dadurch bestätigt, daß sich die Hälfte der Tempel-Ortsnamen auf Odin bezieht.

Es besteht nun die Möglichkeit, die Anzahl der Gottheiten, denen Tempel geweiht waren, mit der Anzahl der Statuen konkreter Gottheiten zu vergleichen. Die Zahlen sind in der folgenden Liste addiert worden, sofern die Statue nicht aus einem ebenfalls aufgeführten Tempel stammt. Die drei Freyr-Statuetten, die sich zusammen in einem Tempel befanden, sind nur als eine Statue gezählt worden. Auch wenn natürlich ein Rest an Ungenauigkeit in diesem Vergleich bestehen bleibt, kann er doch zu einer groben Orientierung dienen.

Die Liste ist der Anzahl der bekannten Tempel und Statuen der Gottheiten nach geordnet.

Tempel und Götterstatuen		
Tempel, die einer bestimmten Gottheit geweiht sind	*Statuen und Statuetten einer bestimmten Gottheit*	*Anzahl von Tempeln und Statuen*
Odin (15)	Odin (5)	Odin (20)
Thor (14)	Thor (8)	Thor (17)
Freyr (6)	Freyr (14)	Freyr (15)
Freya (5)	Freya (3)	Freya/Menglöd (9)
Freya-Menglöd (1)		
Thorgerdr (6)	Thorgerdr (3)	Thorgerdr (6)
Njörd (5 - „viele")		Njörd (5 - „viele")
Tyr (3)	Tyr (2)	Tyr (5)
Skadi (5)		Skadi (5)
Forseti (3)		Forseti (3)
Irpa (3)	Irpa (2)	Irpa (3)
Hulda (3)		Hulda (3)
Disen (3)		Disen (3)
Göttin (3)		Göttin (3)
Frigg (1)	Frigg (1)	Frigg (2)
Baldur (1)	Baldur (1)	Baldur (1)
Nerthus (1)	Nerthus (1)	Nerthus (1)
Ullr (1)		Ullr (1)
Rindr (1)		Rindr (1)
Tanfana (1)		Tanfana (1)
	Berecynthia (1)	Berecynthia (1)
	Jomali (1)	Jomali (1)
	Hilgerio (1)	Hilgerio (1)
	Sonne (1)	Sonne (1)
Asen (1)		Asen (1)

Odin, Thor und Freyr, die gemeinsam in dem schwedischen Haupttempel in Uppsala verehrt worden sind, sind auch die drei Götter, deren Tempel und Statuen in der Wikingerzeit, aus der der größte Teil der schriftlichen Überlieferung stammt, zumindestens am bekanntes, vermutlich aber auch tatsächlich am zahlreichsten waren.

Die zweite große Gruppe sind die Wanen Freyr, Freya und Njörd.

Schließlich ist noch beachtenswert, daß es 82 Tempel gibt, von denen bekannt ist, welchem Gott sie geweiht gewesen sind und weitere 107, wo dies nicht bekannt ist, aber nur 43 Statuen und Statuetten von konkreten Gottheiten.

Während 48 Götter-Tempel und 34 Göttinnen-Tempel bekannt sind, stehen neben den 33 namentlich bekannten Götter-Statuen nur 10 Göttinnen-Statuen.

Statuen und Tempel der Götter und Göttinnen		
	Tempel	Statuen
Götter	48 (59%)	33 (77%)
Göttinnen	34 (41%)	10 (23%)

An sich sollte man zunächst einmal denken, daß das Gott/Göttin-Verhältnis bei den Tempeln und den Statuen dasselbe ist, aber offensichtlich trifft dies nicht zu: Bei den Göttinnen haben die Germanen eher über ihre Tempel als über ihre Statuen geschrieben. Möglicherweise sind die Göttinnen stärker mit der Natur verbunden gewesen, sodaß man sie eher in der Natur als in ihrer Statue suchte – wie z.B. bei den Erdgöttinnen Rindr und Jörd oder bei der Korngöttin Sif. Dies ist jedoch nur eine Vermutung.

Die Tabelle, in der die 82 Tempel und Statuen aufgeführt sind, die einer Gottheit zugeordnet werden können, läßt sich auch graphisch darstellen. Wenn man davon ausgeht, daß die weiteren 107 Tempel und Statuen, von denen nicht bekannt ist, zu welcher Gottheit sie gehören, in einem einfachen Verhältnis zu den bekannten Gottheiten stehen, lassen auch sie sich in die Graphik einarbeiten.

Die Farben in der Übersicht bedeuten:

- dunkelgrau: Tempel mit bekannter Gottheit
- mittelgrau: Statuen mit bekannter Gottheit
- hellgrau: anteilige Verteilung der Tempel und Statuen, deren Gottheit nicht bekannt ist

Gottheit	Anzahl									
	1-5	6-10	11-15	16-20	21-25	26-30	31-35	36-40	41-45	46-50
Odin	█	█	█	█	█	█	█	█	█	
Thor	█	█	█	█	█	█	█	█		
Freyr	█	█	█	█	█	█				
Freya	█	█	█	█	█					
Thorgerdr	█	█	█							
Njörd	█	█	█							
Skadi	█	█	█							
Tyr	█	█								
Forseti	█	█	█							
Hulda	█	█	█							
Irpa	█	█								
Disen	█	█								
Göttin	█	█								
Frigg	█	█								
Baldur	█									
Nerthus	█									
Ullr	█									
Rindr	█									
Tanfana	█									
Berecynthia	█									
Hilgerio	█									
Jomali (Tyr)	█									
Sonne	█									
Asen	█									

Verteilung der Tempel auf die Gottheiten

Odin und Thor waren seit der Völkerwanderungszeit die beiden wichtigsten Gottheiten der (Nord-)Germanen. Der frühere Göttervater Tyr ist seit dieser Zeit schon in den Hintergrund getreten. In Norwegen und Island, das vor allem von Norwegern besiedelt wurde, ist Thor die mit Abstand wichtigste Gottheit gewesen. Odins Verehrungs-Schwerpunkt lag in Dänemark und Schweden.

Die drei Wanen Freyr, Freya und Njörd waren offensichtlich eine wichtige Gruppe von Gottheiten.

Die beiden Göttinnen Skadi und Thorgerdr, die in den heutigen Vorstellungen über die Götterwelt der Germanen, die vor allem durch Snorris Edda geprägt worden ist, kaum eine Rolle spielen, sind offenbar zusammen mit Freya die wichtigsten Göttinnen – von dem Namen der Skadi leitet sich die Bezeichnung „Skandinavien" ab: das „Land der Skadi".

Die Göttin Thorgerdr ist wahrscheinlich eine Variante der Gerdr, der Frau des Freyr – und somit evtl. mit Freya, der Schwester-Frau des Freyr, identisch. Ihr Beiname „Hölgabrudr", also „Braut des Helgi", zeigt, daß sie einst die Frau des Tyr gewesen ist, da „Helgi" ein Beiname des Tyr gewesen ist. Diese Göttin ist also sowohl mit dem ehemaligen Göttervater Tyr (bis 500 n.Chr.) als auch mit Thor, d.h. mit dem Gott, der die Tyr-Riesen tötet (ab 500 n.Chr.), eng verbunden.

II 8. e) Ahnenkult

Neben den Göttern wurden in den Tempeln auch die Ahnen verehrt. Siehe dazu auch „Ahnen" in Band 36.

Im Opferaltar lag unten in der Mitte eine Kiste mit einer Bestattung. **(Tempel von Ranheim; Norwegen, 400-950 n.Chr.)**

Es gab einen Ahnenkult. **(Indiculus; Sachsen, 780 n.Chr.)**

Im Tempel von Uppsala gab es auch einen Kult der Ahnen, die etwas besonderes vollbracht haben. **(Hamburgische Kirchengeschichte; Hamburg, 1075 n.Chr.)**

In den Tempeln wurden neben den Göttern auch die Ahnen verehrt.

II 9. Die Geräte auf dem Altar

II 9. a) Der Eid-Ring

Ein wichtiger Gegenstand auf dem Altar ist der Eid-Ring, auf den man bei einem Schwur seine Hand legte (siehe auch „Ring" in Band 57).

In dem Ullr-Tempel wurden 65 kleine Ringe gefunden. (**Tempel von Lilla Ullevi; Südschweden, 450-800 n.Chr.**)
Im Bereich des Tempels wurden u.a. Tierknochen und Waffen (Opfergaben), ein großer Goldring (Tempel-Ring?) und ein Glasbecher gefunden. (**Tempel von Tissö; Schweden, 500-1100**)
Neben dem Hallen-Eingang wurden 98 Ringe gefunden. (**Tempel von Borg; Schweden, ca. 800-1050 n.Chr.**)
In jedem Haupttempel lag ein Ring, auf den die Eide geschworen wurden und den der Anführer oder Gode bei jedem Thing am Arm tragen mußte. (**Landnahme-Buch; Island, 900 n.Chr.**)
In dem Tempel gab es einen angrenzenden Raum, in dem der Altar mit dem Eid-Ring stand. (**Landnahme-Buch; Island, 900 n.Chr.**)
Eine Tempel-Tür aus geschnitzter Eiche mit einem Goldring-Türgriff. (**Saga über Olaf Tryggva-Sohn; Norwegen, 990 n.Chr.**)
In dem Tempel gab es einen angrenzenden Raum, in dem der Altar mit dem Eid-Ring stand. (**Saga der Bewohner von Eyre; Island, 1000 n.Chr.**)
Besonders wichtige Eide wurden nacheinander in drei verschiedenen Tempeln auf den Eid-Ring abgelegt. (**Saga über Kampf-Glum; Island, 1200 n.Chr.**)
Ein Eid-Ring auf dem Altar. (**Kjalnesinga-Saga; Island, 1250 n.Chr.**)
In dem Tempel befanden sich Holzpfosten, an denen Kleider und goldene Ringe hingen. (**Saga über Sturlaug den Mühen-Beladenen; Skandinavien, 1350 n.Chr.**)
In dem Tempel befand sich ein aus Steinen aufgeschichteter Altar, auf dem der Eid-Ring lag. (**Wortschatz**)
Wichtige Eide wurden im Tempel geschworen. (**Personennamen**)

Auf dem Altar lag der Eid-Ring, auf den man seine Hand bei einem Schwur legte. Er wird symbolisch Odins Draupnir entsprechen, der wiederum ein Symbol für die Jenseitsreise ist. Der Eid-Ring wird daher ein Zeichen für die Verbundenheit mit den Göttern gewesen sei, die man bei einem Eid als Zeugen anrief – damit sie den Schwörenden im Falle einer Falschaussage straften …
Die vielen kleinen Ringe, die in und bei den Tempeln gefunden wurden, werden

vermutlich kleine Abbilder dieser Ringe sein, die man als Dank den Göttern brachte oder bei Eiden dort niederlegte. Sie könnten als Dank-Symbol auch den Goldgubbern entsprochen haben (dünne Briefmarken-große Goldplättchen mit eingeprägtem Motiv), die man ebenfalls in den Tempeln gefunden hat.

Es wäre auch denkbar, daß der goldene Ring an der Tür des Tempels mit diesem Jenseitsverbindungs-Ring assoziiert worden ist – doch dafür gibt es keinen direkten Hinweis.

II 9. b)   Der Blut-Kelch

Der zweite Gegenstand auf dem Altar war der Blut-Kelch, in dem das Blut der Opfertiere aufgefangen wurde.

In der Mitte des Tempels befand sich eine Feuerstelle, vor der im Süden ein wertvoller Kelch und eine Schale vergraben lagen. **(Tempel von Uppakra; Schweden, 200-1050 n.Chr.)**
In dem Tempel gab es einen angrenzenden Raum, in dem sich der Altar mit dem Eid-Ring und dem Blut-Kelch befand. Rings um den Altar standen die Götterstatuen. **(Landnahme-Buch; Island, 900 n.Chr.)**
In dem Tempel gab es einen angrenzenden Raum, in dem der Altar mit dem Eid-Ring und dem Blut-Kelch stand. **(Saga über die Siedler von Eyre; Island, 1000 n.Chr.)**
Auf dem Altar steht ein Blutkelch. **(Kjalnesinga-Saga; Island, 1250 n.Chr.)**

Auf dem Altar befanden sich der Eid-Ring und der Blut-Kelch für das Opferblut.

II 9. c)   Das Met-Horn

Als dritter Gegenstand konnte auf dem Altar das Trinkhorn für den Ritual-Met stehen.

Auf dem Tisch des Thor steht ein Trinkhorn. **(Saga über Sturlaug den Mühen-Beladenen; Skandinavien, 1350 n.Chr.)**

> Das Ritual-Trinkhorn wird zwar nur einmal erwähnt, aber wenn man z.B. an die beiden goldenen Trinkhörner, die in Gallehus gefunden worden sind, denkt, wäre der Altar sowohl von der Symbolik der Goldhörner her gesehen als auch wegen ihrem großen materiellen Wert der passende Platz für sie – zumindestens während der Rituale.

II 9. d)   Das Tafl-Spiel

Als vierter Gegenstand, der such auf dem Altar befinden kann, wird in der Überlieferung ein goldenes Tafl-Spiel genannt. Das Tafl diente zwar auch der Unterhaltung (ähnlich dem Schach), aber ursprünglich ist es ein Orakel gewesen – und hatte somit seinen angemessenen Platz auf dem Altar.

Im Tempel wurde das Tafl-Orakel benutzt. **(Der Ausspruch der Seherin; Island, 1000 n.Chr.)**

Im Tempel befand sich ein Tafl-Spielbrett mit goldenen Tafl-Figuren. **(Die Saga über Sturlaug den Mühen-Beladenen; Skandinavien, 1350 n.Chr.)**

> Das Tafl-Orakel gehörte von seiner Verwendungszweck her auch auf den Altar. Es wird jedoch nicht wie der Eid-Ring und der Blut-Kelch zur Standard-Ausstattung gehört haben.

II 10.   Der Wandschmuck der Tempel

II 10. a)   Die Bilder-Schilde und die Kreis-Bilder

Der folgende Text ist ein Teil der Zusammenfassung der Betrachtungen über die Symbolik des Schildes in dem Kapitel „Schild" in Band 66.

Die Symbolik des Schildes hat innerhalb der germanischen Überlieferung zwei Wurzeln: die Benutzung des Schildes im Kampf sowie die Symbolik der Sonne.

Die Sonne wurde seit den frühesten Anfängen der Germanen um 1800 v.Chr. als ein Kreis mit einem Kreuz in ihm dargestellt, das einem vierspeichigen Rad gleicht. Spätestens ab 1400 v.Chr. wird auch die Auffassung der Sonne als Rad dadurch deutlich, daß in der Sonnenscheibe Spiralen eingezeichnet werden. Zugleich wird die Sonne jedoch auch als eine Scheibe auf einem von einem Pferd gezogenen Wagen angesehen.

Zu dieser Vierteilung des Sonnensymboles gesellen sich manchmal noch 4, 8 oder 16 Punkte, die eine weitere Differenzierung dieses Motives mithilfe der Verdopplung bzw. Halbierung darstellt.

In dem Hügelgrab von Kivik, das um 1000 v.Chr. errichtet wurde, erscheint zweimal paarweise ein „Kreuz-Kreis", der wohl die Sonne im Diesseits und im Jenseits darstellen wird.

Aus der Zeit um 750 v.Chr. sind knapp 20 Ritualschilde mit Darstellungen eines Hügelgrabes einschließlich Eingang, Grabkammer und Totenlager bekannt. Da diese Schilde z.T. paarweise gefunden wurden, werden sie wie die ebenfalls paarweise auftreten Kreis-Kreuze in dem Hügelgrab von Kivik einen Zusammenhang mit der Sonne haben.

Um 100 n.Chr. werden zum ersten mal die Schilde selber beschrieben: Sie sind „sorgfältig", d.h. wohl mehrfarbig bemalt. Diese Tradition ist recht wahrscheinlich sehr viel älter.

Da es damals als eine sehr große Schande galt, den eigenen Schild zu verlieren, ist er möglicherweise schon damals mit dem Kriegsgott und Göttervater Tyr assoziiert gewesen, der Schwert und Schild als seine Waffen trug.

In der Völkerwanderungszeit (375-568 n.Chr.) setzte Odin unter Mithilfe von Thor den bisherigen germanischen Göttervater Tyr ab und nahm dessen Stellung ein.

Aus dem Anfang dieser Zeit stammt die erste bildhafte Darstellung des Tyr mit Schwert und Schild – auf diesem Schild ist eine strahlende Sonne abgebildet. Neben ihm befindet sich eine zweite, sehr ähnliche Männergestalt, die entweder den Mond oder die schwarze Sonne in der Unterwelt verkörpert. Diese beiden werden den paarweisen Schilden und den paarweisen Kreuz-Kreisen aus der Zeit von 1000-750 v.Chr. entsprechen – d.h. daß sie zu Beginn der Völkerwanderungszeit bereits eine 1400-jährige Tradition hatten.

Spätestens ab dieser Entwicklungsphase wurde auch die Sonne selber nicht nur als Scheibe und Rad, sondern auch als Schild aufgefaßt. Dies ist möglicherweise auch durch die vielen Kriege während der 200 Jahre dauernden Völkerwanderungszeit mitverursacht worden.

Während der ersten 200 Jahre der Wikingerzeit (516-1066 n.Chr.), also in der Zeit von ca. 600 n.Chr. bis 800 n.Chr., wurde der Sonnenschild des Tyr auf mehrere Weisen umgedeutet:

    - Er gelangte in den Beuteschatz des Odin (der Tyr abgesetzt hatte), der den Schild vervielfältigte und als Dachschindeln für Walhalla benutzte.
    - Der goldene Sonnenschild wurde im Besitz des Tyr-Riesen Ägir zu dem „leuchtendem Gold", mit dem er seine Halle erhellte: die Sonne in der nächtlichen Wasserunterwelt.
    - Der Tyr-Riese Hrungnir stellte sich bei seinem Kampf mit Thor (der Odin geholfen hatte, Tyr abzusetzen) auf seinen Schild: die am Morgen im Osten „aus der Erde" aufsteigende Sonne.
    - Er wurde zu dem Schild des Gottes Ullr, der sehr wahrscheinlich der Gott Tyr im winterlichen Jenseits ist.

Die ab dieser Zeit aus den Texten bekannten goldenen Schilde sind sicherlich Sonnenschilde – was dafür spricht, daß die ursprüngliche Symbolik des Sonnenschildes, also der Schilde des Göttervaters Tyr, noch nicht ganz in Vergessenheit geraten war.

Aus dieser Zeit sind auch die ersten verzierten Schilde bekannt: Es finden sich auf ihnen aus Metall gefertigte Beschläge, die Vögel (Adler?) und Schlangen (Drachen?, Fische?) darstellen.

In den zweiten Hälfte der Wikingerzeit, d.h. ungefähr zwischen 800 n.Chr. und 1000 n.Chr., wurden die einzelnen Motive der ersten Hälfte der Wikingerzeit zu der Darstellung von Szenen aus den Mythen und Sagas erweitert. Diese Schilde wurden in den Fürstenhallen und vermutlich auch in den Tempeln an die Wand gehängt.

Ab 900 n.Chr. wurden aus den Einzelmotiven allmählich persönliche Wappen. Aus dieser Zeit stammt auch die erste Erwähnung eines Schildes, auf dem der Besitzer die Namen aller von ihm getöteten Männer verzeichnet hat.

In den frühen Stabkirchen finden sich die früheren „Mythen-Schilder" der Fürstenhallen und vermutlich auch der Tempel als die Darstellung von christlichen Szenen in breiten runden Rahmen an der Decke und an den Wänden des Innenraumes wieder.
 Da ca. die Hälfte aller Schild-Kenningar auf die Gleichsetzung von Sonne und Schild anspielen, muß die Symbolik des Sonnenschildes in der Vorstellungswelt der Germanen sehr fest verankert gewesen sein, woran auch die Absetzung des ehemaligen Göttervaters Tyr durch Odin und Thor nichts geändert hat.

In den Tempeln werden Schilde mit bildlichen Szenen aus den Mythen und Sagen gehangen haben. Z.T. werden sie auch (wie in den Fürstenhallen und in den Stabkirchen) auf die Wände der Tempel gemalt worden sein – wobei sie weiterhin in einen runden Rahmen, also Schild-artig gemalt wurden.

II 10. b) Die Wandbehänge

Neben den Schilden hingen in den Tempeln auch Wandbehänge. Sie werden sowohl mythologische Szenen aus den Mythen der Götter als auch biographische Szenen aus dem Leben der Helden und Fürsten dargestellt haben. Die besten Beispiele für solche Wandbehänge sind vermutlich diejenigen, die in Överhogdal gefunden wurden – der bekannteste dieser Wandbehänge ist sicherlich der von Bayeux.

Die Wandbehänge waren genauso wie die mit mythologischen Szenen bemalten oder beschnitzten Schilde hoch geschätzt. **(Gisli-Saga; Island, ca. 950 n.Chr.)**:
 An den Wänden der Tempel hingen Wandteppiche. **(Saga über Olaf Tryggva-Sohn; Norwegen, 990 n.Chr.)**
 Der Tempel war innen mit Wandbehängen geschmückt. **(Kjalnesinga-Saga; Island, 1250 n.Chr.)**

An den Wänden der Tempel hingen Schilde und Wandteppiche, die Motive aus den Mythen und Sagen abgebildet haben.

II 10. c)　Die Goldgubber

Goldgubber sind dünne, Briefmarken-große Goldplättchen, in die meistens ein Mann, manchmal eine Frau und seltener auch ein Paar eingeprägt worden ist. Die schwedische Bezeichnung „Goldgubber" bedeutet „kleiner, alter Gold-Mann", also gewissermaßen „Gold-Zwerg".

An den Innenwänden des Tempels waren ca. 200 Goldgubber befestigt. **(Tempel von Uppakra; Schweden, 200-1050 n.Chr.)**
In dem Langhaus-Tempel fanden sich Goldgubber. **(Tempel von Hof; Norwegen, 500-700 n.Chr.)**
In den Pfostenlöchern lagen viele Goldgubber. **(Tempel von Märe; Schweden, 900 n.Chr.?)**

Die Goldgubber sind wahrscheinlich „Briefe an die Götter" gewesen. Sie wurden in der Nähe der Tempelwände und in den Löchern, in denen die Tempelpfosten standen, gefunden.

Man hat sie also bei der Gründung eines Tempels in die Löcher gelegt, in die man anschließend die Eck- und Turmpfosten gestellt hat. Der Tempel war somit nicht nur golden, sondern er stand auch noch auf Gold. Diese Goldplättchen sollten vermutlich den Segen der Götter für den Tempel herbeirufen.

Die Goldgubber, die man bei Ausgrabungen in der Nähe der Tempelwände gefunden hat, werden wahrscheinlich innen an den Tempelwänden befestigt worden sein – sie waren gewissermaßen „Mini-Wandbehänge". Auch mit ihnen werden wohl Wünsche an die Götter verbunden gewesen sein. Man kann sie auch als kleine Opfergabe ansehen.

Insgesamt wurden bisher 3000 Goldgubber an 30 Orten in Schweden (12), Dänemark (11), Norwegen (7) und auf Bornholm (4) gefunden. Sie stammen aus der Völkerwanderungszeit (ab 375 n.Chr.), der Vendelzeit (550-800 n.Chr.) und der Wikingerzeit (bis 1200 n.Chr.) mit dem Schwerpunkt in der Vendelzeit.

Die Hauptverbreitung der Goldgubber fällt somit mit der Phase der Langhäuser mit kultischer Nebenfunktion und den kleinen Langhaus-Tempeln mit Turm zusammen.

II 11. Gegenstände im Tempel

II 1. a) Die Einrichtungsgegenstände

Auch die Einrichtungsgegenstände wie Stühle, Bänke, Geräte und ähnliches werden aufwendig und in prachtvoller Weise hergestellt worden sein.

„Die Asen einten sich auf dem Idafelde, / Hof und Heiligtum hoch sich zu wölben. / Übten die Kräfte alles versuchend, / Erbauten Essen und schmiedeten Erz, / Schufen Zangen und schönes Gerät." **(Der Ausspruch der Seherin; Island, 1000 n.Chr.)**
An der Lehne eines Bischofs-Stuhls befinden sich Szenen aus der Sigurd-Saga. **(germanische Tempel-Elemente in den Stabkirchen)**

> Auch die Gebrauchsgegenstände in den Tempeln wie Stühle, Bänke und Geräte werden in aufwendiger und prunkvoller Weise hergestellt worden sein.

II 11. b) heilige Gegenstände

In den Tempeln gab es noch einige weitere Gegenstände, die aus verschiedenen Gründen dorthin gehörten und mehr oder weniger heilig waren.

Im Bereich des Tempels fanden sich viele Opfergaben: Fiebeln, Perlen, Topfscherben, Goldfragmente, Nägel, „Bronze-Kleeblätter" (Vorläufer des Hrungnir-Herzens), Reliefs und Statuetten von Pferden, Darstellungen von Schlangen und Drachen (Totengeist) sowie Vögeln (Seelenvögel), eine Odin-Statuette, das Relief eines Mannes mit Trinkhorn sowie diverse wertvolle Gegenstände. **(Tempel von Uppakra; Schweden, 200-1050 n.Chr.)**
Im Tempel des Ullr lagen 65 kleine Ringe. **(Tempel von Lilla Ullevi; Südschweden, 450-800 n.Chr.)**
Im Bereich des Tempels wurden u.a. Tierknochen und Waffen (Opfergaben), ein großer Goldring (Tempel-Ring?) und ein Glasbecher gefunden. **(Tempel von Tissö; Schweden, 500-1100)**
Im Tempel wurden Thor-Hämmer, Miniatur-Sensen und Amulette gefunden. **(Tempel von Lunda; Schweden, ca. 800 n.Chr.)**
Neben dem Hallen-Eingang lagen 98 Ringe. **(Tempel von Borg; Schweden, ca. 800-1050 n.Chr.)**

Über dem West-Tor von Odins Halle „Walhalla" waren ein Wolf (Fell mit Kopf?) und ein Adler befestigt. **(Grimnir-Lied; Island, ca. 1100 n.Chr.)**

Es gab heilige Gegenstände: Bären- und Wolfsfelle, Steine, Schwerter, Speere, Kessel, Helme und Maskenhelme. **(Personennamen)**

Auch die Hand (des Tyr), das Schwert (des Tyr) und der Speer (des Odin) wurden als heilig angesehen. **(Personennamen)**

Die in den Tempeln gefundenen Gegenstände bzw. die in der schriftlichen Überlieferung zu dem Tempel gehörenden Gegenstände lassen sich in etwa wie folgt einteilen:

Symbol einer Gottheit (evtl. vor oder an der Gottheit):
- Wolf (Tyr, Odin), Wolfsfell (Odin, Ulfhedin)
- Bärenfelle (Odin, Berserker)
- Adler (Seelenvogel des Tyr/Odin)
- Hammer (Thor)
- Miniatur-Sensen (Getreide-Fülle; Freyr?, Sif?)
- viele Goldringe (Tyr, Odin, Ullr)
- Nägel (Gottesnägel?)
- „Bronze-Kleeblätter" (Vorläufer des Hrungnir-Herzens; Tyr)
- Odin-Statuette
- Schwerter (Tyr)
- Speere (Odin)
- Kessel (Tyr-Hrungnir?)
- Helme/Maskenhelme (Tyr, Odin)

Amulett (von den Menschen im Tempel getragen):
- Thor-Hammer
- Miniatur-Sensen (Getreide-Fülle; Freyr?, Sif?)
- Amulette
- viele Goldringe
- Nägel (Gottesnägel?)
- „Bronze-Kleeblätter" (Vorläufer des Hrungnir-Herzens)
- Reliefs und Statuetten von Pferden,
- Darstellungen von Schlangen und Drachen (Totengeist)
- Darstellungen von Vögeln (Seelenvögel)
- Odin-Statuette
- das Relief eines Mannes mit Trinkhorn
- Schwerter

- Speere
- Kessel
- Helme/Maskenhelme

Opfergabe (von den Menschen den Göttern geopfert):
- Thor-Hammer
- Miniatur-Sensen (Getreide-Fülle; Freyr?, Sif?)
- viele Goldringe (bei einem Eid dort niedergelegt?)
- Glasbecher
- Fiebeln
- Perlen
- Topfscherben (zerschlagene Töpfe)
- Goldfragmente
- Nägel (Gottesnägel?)
- „Bronze-Kleeblätter" (Vorläufer des Hrungnir-Herzens)
- Reliefs und Statuetten von Pferden
- Darstellungen von Schlangen und Drachen (Totengeist)
- Darstellungen von Vögeln (Seelenvögel)
- Odin-Statuette
- das Relief eines Mannes mit Trinkhorn
- verschiedene wertvolle Gegenstände
- Schwerter
- Speere
- Kessel
- Helme/Maskenhelme

II 12. Tierdarstellungen in den Tempeln

II 12. a) Drachen

Ein auffälliges Element an den germanischen Tempeln sind die vielen Drachen, die sich an unterschiedlichen Stellen befanden.

Ein Dach mit Drachen-Giebel (Tempel?). **(Wandteppich aus dem Schiffsgrab von Rolfsöy; Norwegen, 900 n.Chr.)**
Ein Podest (?) mit Drachenköpfen (Podest der Seherinnen und Magier?). **(Wandteppich aus dem Schiffsgrab von Rolfsöy; Norwegen, 900 n.Chr.)**
Ein Wagen mit Drachenköpfen (Leichenwagen bei der Bestattungs-Prozession?). **(Wandteppich aus dem Schiffsgrab von Rolfsöy; Norwegen, 900 n.Chr.)**
Ein Drachen-Giebel an Kirchen/Tempeln. **(Wandteppich von Bayeux; England, ca. 1070 n.Chr.)**
Ein Drachen-Giebel an einer Stabkirche. **(Wandteppich von Skog; Schweden, 1150 n.Chr.)**
Drachen am Giebel-Ende (Drachen als Beschützer). **(germanische Tempel-Elemente in den Stabkirchen)**
Reich geschnitzte Portale, in denen oft Drachen (Totenseelen) und Vögel (Seelenvögel) enthalten sind. **(germanische Tempel-Elemente in den Stabkirchen)**
Ein Drachen-Kreuz als Halter des Tür-Ringes (Drachen als Beschützer). **(germanische Tempel-Elemente in den Stabkirchen)**

Etwas vereinfacht kann man sagen, daß sich an jeder Ecke ein Drache befand: an den Türpfosten, an den Giebeln, an den Ecken der Podeste, an den Vorderecken der Prozessionswagen, am Bugbalken der Drachenschiffe …

Offensichtlich beschützten die Drachen die Tempel, Podeste und Prozessionswagen nach außen hin.

Die Schlangen und Drachen sind sehr alte Symbole der Totengeister in der Unterwelt – es sind also die Ahnen, die den Tempel beschützen.

II 12. b) Vögel

Die Seelenvögel sind das wichtigste Symbol der Ahnen. Sie sind ebenfalls sehr häufig an den Tempeln zu finden.

Zwei Vögel (Hugin und Munin?) unter dem Bogen des Tempel der Walküre Aelrun. **(Runenkästchen von Auzon; England, 700 n.Chr.)**

Eine Gans oder ein Schwan vor dem vordersten der drei Weisen, die sich dem Tempel der Maria nähern (Christi Seelenvogel?). **(Runenkästchen von Auzon; England, 700 n.Chr.)**

Im Tempel von Jerusalem sind unten zwei Pferde (Odins achtbeiniges Doppelpferd Sleipnir), darüber zwei Wölfe (Geri und Freki) und oben zwei Raben (Hugin und Munin) abgebildet. **(Runenkästchen von Auzon; England, 700 n.Chr.)**

Über dem West-Tor von Odins Halle „Walhalla" waren ein Wolf (Fell?) und ein Adler befestigt. **(Grimnir-Lied; Island, ca. 1100 n.Chr.)**

Reich geschnitzte Portale, in denen oft Drachen (Totenseelen) und Vögel (Seelenvögel) enthalten sind. **(germanische Tempel-Elemente in den Stabkirchen)**

Es gab heilige Adler. **(Personennamen)**

Die Vögel erscheinen an den Tempeln unspezifisch als die Seelenvögel der Ahnen. Lediglich die beiden Raben des Odin und der Adler-Seelenvogel des Tyr/Odin lassen sich einer Gottheit zuordnen.

II 12. c)   Bären

Der Nachweis für die Abbildungen von Bären in den Tempeln ist ausgesprochen dürftig, da lediglich ein Tierkopf in einer Stabkirche einen Bären darstellen könnte und einige Männernamen auf einen „heiligen Bären" hinweisen.

Der Tierkopf an einem Säulensockel könnte ein Bärenkopf sein. **(Stabkirche von Borgund; Norwegen, 1180 n.Chr.)**

Es gab heilige Bären. **(Personennamen)**

Möglicherweise gab es den Tempeln auch Darstellungen von Bären. Sie wären dann sicherlich mit Odin und den Berserkern assoziiert worden – so wie die Wölfe mit Tyr/Odin und den Ulfhedin („Wolfshäuter") verbunden gewesen sind.

II 12. d)   Wölfe

Die Darstellung von Wölfen oder das Anbringen von Wolfsfellen an den Tempeln ist recht sicher. Wölfe waren die Symbole der Krieger, der Wolfs-Ekstasekämpfer („Ulfhedinn" = „Wolfsfell-Leute"), der beiden Pferdesöhne des Göttervater (Alcis) als Krieger sowie über diese auch Symbole des Tyr (Fenrir) und des Odin (Geri und Freki).

In dem Tempel der Walküre Aelrun befinden sich zwei Wölfe (Geri und Freki), die entweder konkrete Schnitzereien im Tempel oder lediglich ein Hinweise auf die beiden Wölfe des Odin bzw. auf den Göttervaters Tyr/Odin selber sind. **(Runenkästchen von Auzon; England, 700 n.Chr.)**
Im Tempel von Jerusalem sind unten zwei Pferde (Odins achtbeiniges Doppelpferd Sleipnir), darüber zwei Wölfe (Geri und Freki) und oben zwei Raben (Hugin und Munin) abgebildet. **(Runenkästchen von Auzon; England, 700 n.Chr.)**
Über dem West-Tor von Odins Halle „Walhalla" waren ein Wolf (Fell?) und ein Adler befestigt. **(Grimnir-Lied; Island, ca. 1100 n.Chr.)**
Es gab heilige Wölfe. **(Personennamen)**

Die recht wahrscheinlichen Wolfsdarstellungen und Wolfsfelle an den Tempeln sind Hinweise auf die Krieger, die Ulfhedinn, die beiden Alcis sowie den ehemaligen Göttervater Tyr und den neuen Göttervater Odin.

II 12. e) Pferde

Es gibt kaum Hinweise auf Pferde-Darstellungen.

Die heiligen Pferde lebten in den heiligen Hainen. **(Tacitus; Südgermanen, 100 n.Chr.)**
In dem Tempel von Jerusalem sind zwei Pferde (Odins achtbeiniges Doppelpferd Sleipnir), darüber zwei Wölfe (Geri und Freki) und oben zwei Raben (Hugin und Munin) zu sehen. Sie sind Hinweise auf Odin und könnten evtl. auch in den Tempelschnitzereien dargestellt worden sein. **(Runenkästchen von Auzon; England, 700 n.Chr.)**
Zu einem Freyr-Tempel in Island gehörte ein heiliges Pferd. **(Die Saga über Hrafnkell Freysgodi; Island, 950 n.Chr.)**
Darstellung von Pferden sowie Odins achtbeinigem Sleipnir. **(Wandteppich von Överhodal; Schweden, 1100)**

Zu den Tempeln gehörten manchmal heilige Pferde. In den Tempeln selber wurde anscheinend nur Odins achtbeiniger Sleipnir als deutlich erkennbares „mythologisch relevantes Pferd" dargestellt.

II 13. Die Lage der Tempel

Die Lage der Tempel ist in etlichen Fällen entweder durch Ausgrabungen oder durch die schriftliche Überlieferung bekannt.

II 13. a) Tempel im Wald

Der Tempel stand auf einer Waldlichtung. **(Die Saga über Thrond von Gate; Faröer, 1000 n.Chr.)**
Der Tempel der Huld stand in einem Wald. **(Huldar-Saga; Skandinavien, 1000 n.Chr.)**
Ein Tempel der Göttin Thorgerdr, in dem auch viele weitere Götterstatuen standen, lag in einem Wald in der Nähe des Bauernhofes, zu dem er gehörte. **(Färinger-Saga; Island, 1250 n.Chr.)**
Der Tempel steht im Wald. **(Die Saga über Bosi und Herraud; Schweden, 1300 n.Chr.)**

II 13. b) Tempel am Meer

Der Tempel war durch einen ca. 30m langen Prozessionsweg mit dem Meer verbunden. **(Tempel von Ranheim; Norwegen, 400-950 n.Chr.)**

II 13. c) Tempel auf einer Insel

Die Göttin Nerthus wohnte auf einer Insel im Meer. **(Tacitus; Südgermanen, 100 n.Chr.)**
Auf einer der Orkney-Inseln stand an einem See ein dem Odin geweihter Tempel - vermutlich am Loch of Stenness auf der Hauptinsel. **(Saga über Olaf den Ruhmreichen Tryggva-Sohn; Norwegen, 990 n.Chr.)**
Die Tempel stehen manchmal auf Inseln. **(Personennamen)**

II 13. d)   Tempel an einem Fluß

Ein Freyr-Tempel stand an einem Flußufer oben an einer Felswand. **(Die Saga über Kampf-Glum; Island, 1200 n.Chr.)**

Der Tempel steht auf einer Ebene auf der Westseite des Flusses Dvina. **(Die Saga über Sturlaug den Mühen-Beladenen; Skandinavien, 1350 n.Chr.)**

II 13. e)   Tempel auf einer Ebene

Der Tempel von Uppsala steht auf einer ringsum von Bergen umgebenen Ebene. **(Hamburgische Kirchengeschichte; Hamburg, 1075 n.Chr.)**

Der Tempel steht auf einer Ebene auf der Westseite des Flusses Dvina. **(Die Saga über Sturlaug den Mühen-Beladenen; Skandinavien, 1350 n.Chr.)**

II 13. f)   Tempel oben an einer Felswand

Ein Freyr-Tempel stand an einem Flußufer und befand sich möglicherweise oberhalb einer Felswand. **(Die Saga über Kampf-Glum; Island, 1200 n.Chr.)**

II 13. g)   Tempel auf einem Hügel

Ein Tempel stand auf einem Hügel. **(Landnahme-Buch; Island, 900 n.Chr.)**

II 13. h)   Zusammenfassung

Man kann diese Beschreibungen nun mit den Berichten über die Lage der Freiluft-Kultorte kombinieren:

Die Lage der Kultorte			
Lage	**Art des Kultortes**		
	Tempel	Kultplatz	gesamt
im Wald	4	11	15
auf einer Insel	3	1	4
an einem Fluß	2		2
auf einer Ebene	2		2
an einem Baum		2	2
an einem Pfosten		2	2
an einer Holz-Säule		1	1
am Meer	1		1
oben an einer Felswand	1		1
an einer Quelle		1	1
auf einem Hügel	1		1
gesamt	14	18	32

Zwei Drittel der Kultorte (63%) lag in einem Wald bzw. in einem Heiligen Hain (48%), vor einem Baum (6%), einem Pfosten (6%) oder einer hölzernen Säule (3%).

Ein Viertel der Tempel (25%) sind mit dem Wasser verbunden: Sie liegen auf einer Insel (13%), an einem Fluß (6%), am Meer (3%) oder an einer Quelle (3%).

Der typische germanische Freiluft-Kultort und auch der typische germanische Tempel lag somit an einem Gewässer im Wald.

II 14.   Die nähere Umgebung des Tempels

Auch die in den verschiedenen Himmelsrichtungen rings um den Tempel gemachten Funde kann man auf Regelmäßigkeiten untersuchen.

II 14. a)   Im Norden des Tempels

Im Norden und Westen des Tempels lagen vier alte Hügelgräber; **(Tempel von Uppakra; Schweden, 200-1050 n.Chr.)**
Der Hauptopferplatz lag im Norden des Tempels (Waffen, Tiere, Menschen). **(Tempel von Uppakra; Schweden, 200-1050 n.Chr.)**
Der Altar stand vermutlich an der nördlichen Längswand des Tempels (Bezug zu den Ahnen im Niflheim-Jenseits im Norden?). **(Tempel von Uppakra; Schweden, 200-1050 n.Chr.)**
Der Altar stand vermutlich an der nördlichen Längswand des Tempels (Bezug zu den Ahnen im Niflheim-Jenseits im Norden?). **(Tempel von Yeavering; England, 592-633 n.Chr.)**
Ein kleines Gebäude an der Nordseite eines Langhauses mit drei Freyr-Statuetten. **(Tempel von Lunda; Schweden, ca. 800 n.Chr.)**
Im Norden des Tempel befanden sich mehrere Backgruben. **(Tempel von Lunda; Schweden, ca. 800 n.Chr.)**

II 14. b)   Im Osten des Tempels

Im Osten lagen in einer Reihe Mühlsteine in der Erde (Opfer oder Pfostensockel). **(Tempel von Uppakra; Schweden, 200-1050 n.Chr.)**
Weiter entfernt im Osten lagen mehrere Wohnhäuser. **(Tempel von Uppakra; Schweden, 200-1050 n.Chr.)**

II 14. c)   Im Süden des Tempels

Im Süden fanden sich einige geopferte Waffen. **(Tempel von Uppakra; Schweden, 200-1050 n.Chr.)**

Der Altar stand vermutlich an der östlichen Längswand (Bezug zum Sonnenaufgang?). **(Tempel von Hofstadir; Island, 940-1000 n.Chr.)**

II 14. d)   Im Südwesten des Tempels

Im Südwesten lag ein gepflasterter Bereich. **(Tempel von Uppakra; Schweden, 200-1050 n.Chr.)**

II 14. e)   Im Westen des Tempels

Im Norden und Westen des Tempels lagen vier alte Hügelgräber. **(Tempel von Uppakra; Schweden, 200-1050 n.Chr.)**
Im Westen des Tempels stand neben einem Pflasterstein-Platz ein kleines Gebäude (Lager?). **(Tempel von Uppakra; Schweden, 200-1050 n.Chr.)**
Im Westen des kleinen quadratischen Tempels befand sich ein Podest (Bezug zum Sonnenuntergang?). **(Tempel von Ranheim; Norwegen, 400-950 n.Chr.)**
Im Westen des kleinen quadratischen Tempels befand sich ein Opferaltar (Bezug zum Sonnenuntergang?). **(Tempel von Ranheim; Norwegen, 400-950 n.Chr.)**
Im Westen des kleinen quadratischen Tempels befand sich ein Prozessionsweg zum Meer (Bezug zum Sonnenuntergang?). **(Tempel von Ranheim; Norwegen, 400-950 n.Chr.)**
Im Westen des Tempels fanden sich Feuerstellen und Tierknochen (Opferplatz?). **(Tempel von Uppakra; Schweden, 200-1050 n.Chr.)**
Im Westen des Tempels lag ein Opfer-Hain. **(Tempel von Lunda; Schweden, ca. 800 n.Chr.)**

II 14. f)   Zusammenfassung

Da sich diese Aussagen über die Himmelsrichtungen hauptsächlich auf nur drei Tempel beziehen, kann man sie nicht als allgemeingültig betrachten.

	Die vier Himmelsrichtungen in Bezug auf die Tempel			
Richtung	*Tempel von Ranheim*	*Tempel von Uppakra*	*Tempel von Lunda*	*sonstige Tempel*
Norden		- Altar an der Längswand (?) - Haupt-Opferplatz, - Hügelgräber	- Kult-Anbau - Backgruben	- Altar an der Längswand (?) (Yeavering)
Osten		- Mühlstein in der Erde - Wohnhäuser		
Süden		- geopferte Waffen		- Altar an der Längswand (?) (Hofstadir)
Südwesten		- gepflasterter Bereich		
Westen	- Götter-Podest - Opferaltar - Prozessionsweg zum Meer	- Hügelgräber - Nebengebäude - Opferplatz (?)	- Opfer-Hain	

In Bezug auf die Tempel scheint es keine klare Himmelsrichtungs-Symbolik gegeben zu haben.

Lediglich der Norden scheint einen Bezug zum Jenseits gehabt zu haben, da sich in dieser Richtung vermehrt Altäre, Hügelgräber und Opferplätze finden. Dies stimmt mit der allgemeinen Symbolik der Niflheim-Unterwelt im Norden überein.

Evtl. ist auch der Westen als das Jenseitstor der Sonne von Bedeutung gewesen.

II 15. Der religiöse Umraum des Tempels

II 15. a) Kultplätze

Es gibt einen Hinweis darauf, daß in der Nähe des Tempels ein weiterer Kultplatz unter freiem Himmel lag. In diese Kategorie lassen sich auch die Opferplätze und die heiligen Haine zählen.

In der Nähe lag ein weiterer Ritualplatz. **(Tempel von Helgö; Schweden, 500-900 n.Chr.)**

> Zu den Tempeln gehörten noch Opferplätze, heilige Haine u.ä. in der Nähe des Tempels.

II 15. b) Prozessionswege

Im Zusammenhang mit den Tempeln hat auch Prozessionswege gegeben.

Zwei sehr lange gerade Pfostenreihen. **(Tempel von Uppsala; Schweden, 400-600 n.Chr.)**
   Ein Prozessionsweg zum Meer. **(Tempel von Ranheim; Norwegen, 400-950 n.Chr.)**

> Es sind zwei Prozessionswege bekannt, weil diese durch Steine bzw. Pfosten markiert gewesen sind. Vermutlich hat es noch weitere, unmarkierte Prozessionswege gegeben. Da nur zwei solcher Wege bekannt sind, ist es schwierig, etwas über ihre Verwendung zu sagen.
> In der schriftlichen Überlieferung ist ebenfalls kaum etwas zu diesem Thema zu finden – es wird lediglich über den Umzug der Nerthus (Tacitus), des Freyr (Ögmundar Thattr) und evtl. der heiligen Sonnen-Hirsche (Sonnenlied) berichtet.
> Der eine der beiden Prozessionswege könnte ein „Hel-Weg" sein und der andere ein „Ran-Weg" – diese Wege wären dann der Weg vom Diesseits (Dorf) zum Jenseits (Tempel) und zurück.

II 15. c) Hügelgräber

Die Tempel haben einige male einen Bezug zu Hügelgräbern.

Im Norden und Westen des Tempels lagen vier alte Hügelgräber; **(Tempel von Uppakra; Schweden, 200-1050 n.Chr.)**
Ein Hügelgrab hat eine Tempel-ähnliche Funktion, da man dort von einem toten König Rat erhält. **(Huldar-Saga; Skandinavien, 1000 n.Chr.)**
Der Tempel ist in dieser Saga die Umdeutung eines Hügelgrabes. **(Die Saga über Bosi und Herraud; Schweden, 1300 n.Chr.)**

In der Nähe der Tempel lagen manchmal Hügelgräber und manche Tempel haben in den Sagas den Charakter von Hügelgräbern. Dieser Zusammenhang liegt darin begründet, daß in den Tempeln auch die Toten verehrt und um Rat und Hilfe gebeten wurden

---

II 15. d) Nebengebäude

Es könnte des öfteren Tempel-Nebengebäude gegeben haben.

Ein Aufbewahrungsort für die Tier-Standarten im Heiligen Hain. **(Tacitus; Südgermanen, 100 n.Chr.)**
Im Westen des Tempels stand neben dem Pflasterstein-Platz ein kleines Gebäude (Lager?). **(Tempel von Uppakra; Schweden, 200-1050 n.Chr.)**

Möglicherweise besaßen die Tempel manchmal kleine Nebengebäude.

II 15. e) Backgruben

In einem Fall fanden sich neben dem auch kultisch genutzten Langhaus ungewöhnlich viele und große Backgruben.

Im Norden des Tempel/Langhauses lagen Backgruben. **(Tempel von Lunda; Schweden, ca. 800 n.Chr.)**

> Zur Versorgung der Gäste wurden in den kultisch genutzten Langhäusern mehr Backgruben als bei normalen Langhäusern benötigt.

II 15. f) Mühlsteine

Es ist nur ein Fall von vergrabenen Mühlsteinen bekannt.

Im Osten des Tempels lagen in einer Reihe Mühlsteine in der Erde (Opfer oder Pfostensockel). **(Tempel von Uppakra; Schweden, 200-1050 n.Chr.)**

> Die Reihe von vergrabenen Mühlsteinen könnte sowohl ein Opfer an die Korngottheiten (Freyr, Sif) als auch die Fundamente von Pfosten an einem Prozessionsweg sein.

II 16. Vorgängerbauten der Tempel

II 16. a) Vorgängerbauten

Manchmal wurden Tempel an einer Stelle errichtet, an der sich zuvor ein Langhaus befunden hat.

Der Tempel wurde um ca. 200 n.Chr. an einer Stelle errichtet, an dem vorher ein ungewöhnlich großes Langhaus gestanden hat, in dem vermutlich zuvor der Kult der Bewohner dieser Siedlung stattgefunden hat. **(Tempel von Uppakra; Schweden, 200-1050 n.Chr.)**

> In zumindestens einem Fall wurde ein sehr großes, kultisch mitgenutztes Wohn-Langhaus durch ein kleines, ausschließlich kultisch genutztes Langhaus an derselben Stelle ersetzt (200 n.Chr.).

II 17. Hüter des Tempels

II 17. a) Der geweihte und heilige Ort

Der Ort, an dem der Tempel steht, ist heilig.

Die Priester nahmen bei ihrer Auswanderung von Norwegen nach Island außer dem Holz ihres Tempels auch einen Teil der Tempel-Erde mit. **(Landnahme-Buch; Island, 900 n.Chr.)**
  Betonung der „heilgen Erde" des Tempels. **(Egil-Saga; Norwegen, 950 n.Chr.)**
  Der germanische Tempel war eine geweihte Halle an einem heiligen Ort, der mit Türen verschlossen war. **(Wortschatz)**
  Das germanische Wort „alu" bedeutete „Magie, Zauberspruch, magisch, heilig" und konnte somit in Zusammensetzungen auch einen „heiliger Ort, Tempel" bezeichnen. **(Jacob Grimm: Deutsche Mythologie; Göttingen, 1835)**

> Der Ort, an dem der Tempel steht, ist geweiht und heilig. Dies gilt auch für die Erde selber, auf der er steht.

II 17. b) Der bewachte Ort

Der Tempel und das Land wurden bewacht.

Baldur ist der Land-Wächter des Königs. **(Die Saga über Fridthjof den Kühnen; Norwegen, 800 n.Chr.)**
  Es gab Tempelwächter (= Priester?). **(Personennamen)**
  Der König wird auch „Wächter des Tempel-Altars" genannt. **(Kenningar)**
  Der König wird auch „Land-Wächter" genannt. **(Kenningar)**

> Der Altar, der Tempel und das Land werden von den Göttern, den Priestern und dem König bewacht. Der Schwerpunkt der Götter liegt dabei auf dem Land, die Hauptaufgabe der Priester ist der Tempel und der König muß für beides sorgen.

II 18.   Die Priesterschaft

II 18. a)   Die Priester

Der Priester eines Tempels war vor allem bei den kleinen quadratischen Tempeln und bei den Wohn-Langhäusern mit Kultfunktion oft der Erbauer bzw. der Besitzer dieses Tempels bzw. Langhauses. In den großen Tempeln wird es jedoch auch hauptberufliche Priester gegeben. Im folgenden wird hauptsächlich der Priester in seinem Verhältnis zum Tempel betrachtet.
Siehe dazu auch den Band 59 „Priester – Seher – Zauberer – Schamane – Heiler".

Ein hölzerner Tempel mit Priester, Altar und hölzernen Einfriedungen. **(Historia ecclesiastica gentis Anglorum; England, 730 n.Chr.)**
Die Tempel hatten einen oder mehrere Hohepriester. **(Die Saga über Hedin und Högni; Skandinavien, 800 n.Chr.)**
Der Tempel wurde von einem Priester geleitet. **(Egil-Saga; Norwegen, 950 n.Chr.)**
Es wird über einen Priester im Tempel von Sallöv berichtet. **(Runenstein von Snoldelev; Dänemark, 850 n.Chr.)**
Der Erbauer des Tempels war auch der Tempel-Priester. **(Landnahme-Buch; Island, 900 n.Chr.)**
Ein Mann, der ein regionaler Anführer war, war auch der Priester in einem norwegischen Tempeln. **(Landnahme-Buch; Island, 900 n.Chr.)**
Ein Mann erbaute einen Freyr-Tempel und vermacht die Hälfte seines Besitzes dem Freyr bzw. diesem Tempel. Dieser Mann ist auch der Gode (Priester) der betreffenden Gegend. **(Die Saga über Hrafnkell Freysgodi; Island, 950 n.Chr.)**
Der Priester eines Tempels wurde auch Tempelwächter oder Tempelwärter genannt. **(Die Saga über die Siedler von Eyre; Island, 1000 n.Chr.)**
Der Priester leitete die Feste in dem Tempel. **(Die Saga über die Siedler von Eyre; Island, 1000 n.Chr.)**
Die Leute seines Bezirkes mußten den Anweisungen des Priesters folgen. **(Die Saga über die Siedler von Eyre; Island, 1000 n.Chr.)**
Der Priester trug die Verantwortung für den Tempel als Bauwerk. **(Die Saga über die Siedler von Eyre; Island, 1000 n.Chr.)**
In dem Tempel von Uppsala hat jeder Gott (Odin, Thor, Freyr) seinen eigenen Priester, die die Opferungen durchführt **(Hamburgische Kirchengeschichte; Hamburg, 1075 n.Chr.)**
Auf einem Podest steht ein Priester mit einer Statue. **(Wandteppich von**

Överhogdal; Schweden, ca. 1100 n.Chr.)
Es gab einen Thorgerdr-Priester. (**Die Saga über Thrond von Gate; Island, 1210 n.Chr.**)
Die Priester wurden „Tempel-Wächter" genannt. (**Wortschatz**)
In den Tempeln wohnten die Götter, deren Diener die Priester waren, die die Tempel-Rituale und die Tempel-Feste leiteten. (**Wortschatz**)
Es gab Priester. (**Personennamen**)
Es gab Tempelwächter (= Priester?). (**Personennamen**)
Es gab Priester des Thor. (**Personennamen**)
Es gab Priester des Yngvi-Freyr. (**Personennamen**)
Es gab einen Oberpriester. (**Personennamen**)

> In den Tempeln gab es Priester. Sie wurden auch „Tempel-Wächter" und „Gottes-Diener" genannt. Sie leiteten die Opfer, die Rituale und die Feste an und sie waren für den Tempel als Bauwerk zuständig. In den kleineren Tempeln war oft der Erbauer bzw. der Besitzer auch der Priester – dies war oft der regionale Anführer. In den größeren Tempeln gab es offenbar auch eine Priester-Hierarchie, da auch Oberpriester und Hohepriester bekannt sind.
>
> Es sind Thor-Priester, Odin-Priester, Freyr-Priester und Thorgerdr-Priester bekannt. Die ersten drei dieser Priester sind zu halbmythologischen Gestalten geworden: Hermod (Odin), Thialfi (Thor) und Skirnir (Freyr) (siehe auch ihre Darstellungen in Band 37).

II 18. b) Die Priesterinnen

Es gab auch Priesterinnen. Sie scheinen oft auch Seherinnen gewesen zu sein. Siehe dazu auch den Band 58 „Priesterin – Seherin – Zauberin – Hexe".

Die Walküre Aelrun wurde anscheinend auch als eine Tempel-Priesterin oder als eine Seherin und Zauberin in einem Tempel angesehen. (**Runenkästchen von Auzon; England, 700 n.Chr.**)
Seherinnen verkünden in einem „Götter-Haus" den Eltern von Neugeborenen deren Schicksal. (**Gesta danorum; Dänemark, 1000 n.Chr.**)
Kolfrosta und ihre Tochter und Nachfolgerin Hleidi waren die Hohepriesterinnen in dem Tempel des finnisch-baltischen Göttervaters Jomali. (**Saga über Sturlaug den Mühen-Beladenen; Skandinavien, 1350 n.Chr.**)
Es gab Priesterinnen. (**Personennamen**)

Es gab Priesterinnen des Thor. **(Personennamen)**
Es gab Priesterinnen des Yngvi(-Freyr). **(Personennamen)**
Es gab Priesterinnen der Sonne. **(Personennamen)**
Es gab Priesterinnen der Freya. **(Personennamen)**
Es gab Priesterinnen der Disen. **(Personennamen)**

Die Priester und die Priesterinnen konnten sowohl die „Diener(innen)" der Götter als auch der Göttinnen sein – es gab also keine Geschlechts-Bindung der Priesterschaft an die Götter und Göttinnen.

Es fällt auf, daß die Existenz von Priesterinnen fast nur durch Frauennamen bekannt ist. Das läßt darauf schließen, daß es einst deutlich mehr Priesterinnen gegeben hat und daß es zumindestens in der Wikingerzeit, aus der der größte Teil der Überlieferung stammt, vor allem Priester in den Tempeln tätig gewesen sind.

Röskwa ist wahrscheinlich die zu einer mythologischen Gestalt erhobene Priesterin der Sif (siehe „Röskwa" in Band 37).

II 19.   Das Opfer

Ein wesentlicher Aspekt des Kultes in den Tempeln waren die Opferungen. Sie werden im folgenden hauptsächlich in ihrem Bezug zu dem Tempel als Bauwerk betrachtet. Siehe dazu auch „Opfer" in Band 64.

II 19. a)   Opfer allgemein

Es gab Getreide-Opferungen. **(Indiculus; Sachsen, 780 n.Chr.)**
Vor der Tür der Tempel-Halle wurden Knochen von Opfertieren gefunden. **(Tempel von Borg; Schweden, ca. 800-1050 n.Chr.)**
In einem Langhaus, das auch als Tempel diente, wurden Opfer dargebracht. **(Saga über Thrond von Gate; Faröer-Inseln, 920 n.Chr.)**
Schaf-Opfer; Stierköpfe außen am Dach **(Tempel von Hofstadir; Island, 940-1000 n.Chr.)**
Der Priester leitete die Opferfeste. **(Die Saga der Bewohner von Eyre; Island, 1000 n.Chr.)**
Odin erhielt bei den Sachsen manchmal Menschenopfer. **(Hamburgische Kirchengeschichte; Hamburg, 1075 n.Chr.)**
Im Tempel von Uppsala wurden während der Opferungen Lieder gesungen. **(Hamburgische Kirchengeschichte; Hamburg, 1075 n.Chr.)**
Freya besaß einen Opferaltar (*„högr"*) oder einen Tempel. **(Hyndla-Lied; Island, 1100 n.Chr.)**
Die Germanen opferten jeden Sommer an einem „heiligen Ort" (Tempel) der Freya-Menglöd, damit diese sie vor Krankheiten bewahrte. **(Fiölswin-Lied; Island, 1150 n.Chr.)**
Die Statuen-Sockel sowie die Innen- und Außenwände des Tempel wurden mit Opferblut bestrichen. **(Heimskringla; Island, 1220 n.Chr.)**
In dem Tempel oder vor ihm wurden den Göttern Tiere geopfert. **(Wortschatz)**

II 19. b)   Opferungen vor Statuen o.ä.

Opfergaben vor zehn in einer Reihe stehenden Pfosten (mit Götterstatuen?). **(Opferplatz von Hove; Norwegen, 800 n.Chr.?)**
Es wurde vor einer Reihe von zehn Pfosten oder zehn „Pfahlgöttern" geopfert.

(**Kultort von Tröndelag; Mittelnorwegen, ca. 800 n.Chr.**)
In den Tempeln standen Statuen und man brachte dort den Göttern Blutopfer dar. (**Die Saga über Olaf den Ruhmreichen; Norwegen 990 n.Chr.**)
Ein Opferaltar vor einer Göttin. (**Die Saga über Thrond von Gate; Faröer, 1000 n.Chr.**)

II 19. c)   Opferungen im Tempel

Die Germanen verehrten Götter-Statuen in einem Tempel am Ostende des Züricher Sees in der Schweiz, in dem auch geopfert wurde. (**Lebensgeschichte des St. Gallus; Schweiz, 610 n.Chr.**)
Die Angelsachsen opferten in ihren Tempeln, um Hilfe zu erhalten. (**Beowulf-Epos; England, 700 n.Chr.**)
Im Tempel wird geopfert, gesessen und getrunken. (**Saga über Fridthjof den Kühnen; Norwegen, 800 n.Chr.**)
In den Tempeln standen Statuen und man brachte dort den Göttern Blutopfer dar. (**Saga über Olaf den Ruhmreichen; Norwegen, 990 n.Chr.**)
Im Tempel wurden Blutopfer durchgeführt. (**Saga über Olaf Tryggva-Sohn; Norwegen, 990 n.Chr.**)
Der Tempel hatte zwei Räume: einer für die Opferfeste; ein zweiter, heiligerer für die Götterstatuen. (**Saga über Olaf Tryggva-Sohn; Norwegen, 990 n.Chr.**)
Im ersten Raum des Tempels befindet sich das Opferfeuer. (**Saga über Olaf Tryggva-Sohn; Norwegen, 990 n.Chr.**)
Blut-Opfer in den Tempeln. (**Vellekla; Norwegen, 990 n.Chr.**)
Der König opfert den Göttern im Tempel und fragt sie um Rat. (**Vellekla; Norwegen, 990 n.Chr.**)
Im Tempel der Huld wurden Widder geopfert. (**Huldar-Saga; Skandinavien, 1000 n.Chr.**)
Im Tempel von Uppsala hatte jeder Gott seinen eigenen Priester, der die Opferungen durchführte. (**Hamburgische Kirchengeschichte; Hamburg, 1075 n.Chr.**)
In ihrem Tempel wurden der Freya Blutopfer dargebracht. (**Hyndla-Lied; Island, 1100 n.Chr.**)
Die Heiden hatten Tempel, in denen auch der König opferte. (**Placitusdrapa; Island, 1150 n.Chr.**)
In der Tempelmitte brannten Feuer, über denen man auch das Fleisch der Opfertiere kochte. (**Heimskringla; Island, 1220 n.Chr.**)
Der Opferblut-Kelch wurde um das Feuer herum getragen. (**Heimskringla; Island, 1220 n.Chr.**)

II 19. d) Opferungen vor dem Tempel

Im Bereich des Tempels fanden sich viele Opfergaben: Fiebeln, Perlen, Topfscherben, Goldfragmente, Nägel, „Bronze-Kleeblätter" (Vorläufer des Hrungnir-Herzens), Reliefs und Statuetten von Pferden, Darstellungen von Schlangen und Drachen (Totengeist) sowie Vögeln (Seelenvögel), eine Odin-Statuette, das Relief eines Mannes mit Trinkhorn sowie diverse wertvolle Gegenstände. **(Tempel von Uppakra; Schweden, 200-1050 n.Chr.)**

Vor dem kleinen, quadratischen Tempel wurde auf einem kreisförmigen Brandaltar, der in seinem Zentrum eine alte Bestattung enthielt, geopfert („Hügelgrab-Opferaltar"). **(Tempel von Ranheim; Norwegen, 400-950 n.Chr.)**

Im Bereich des Tempels wurden u.a. Tierknochen und Waffen (Opfergaben), ein großer Goldring (Tempel-Ring?) und Glasbecher gefunden. **(Tempel von Tissö; Schweden, 500-1100)**

In dem Langhaus mit kultischer Nebenfunktion waren Stiere die wichtigsten Opfertiere. **(Tempel von Hofstadir; Island, 940-1000 n.Chr.)**

Dem Freyr wurde ein Stier geopfert. **(Die Saga über Kampf-Glum; Island, 1200 n.Chr.)**

II 19. e) Opferungen in der Nähe des Tempels

Der Hauptopferplatz lag im Norden des Tempels (Waffen, Tiere, Menschen). **(Tempel von Uppakra; Schweden, 200-1050 n.Chr.)**

Im Osten des Tempels lagen in einer Reihe Mühlsteine in der Erde (Opfer oder Pfostensockel). **(Tempel von Uppakra; Schweden, 200-1050 n.Chr.)**

Im Süden des Tempels fanden sich einige geopferte Waffen. **(Tempel von Uppakra; Schweden, 200-1050 n.Chr.)**

Im Westen des Tempels fanden sich Feuerstellen und Tierknochen (Opferplatz?). **(Tempel von Uppakra; Schweden, 200-1050 n.Chr.)**

II 19. f) Opferungen im heiligen Hain

Im Heiligen Hain wurden Tiere geopfert. **(Tacitus; Südgermanen, 100 n.Chr.)**

Im Heiligen Hain wurden Menschen geopfert. **(Tacitus; Südgermanen, 100 n.Chr.)**

Westlich des Tempels stand ein Opfer-Hain. **(Tempel von Lunda; Schweden, ca. 800 n.Chr.)**

Im Tempel von Uppsala war das Blut der Opfer (Hunde, Pferde, Menschen) für die Götter bestimmt, während ihre Leiber an die Bäume im Heiligen Hain, der nah beim Tempel liegt, gehangen wurden. **(Hamburgische Kirchengeschichte; Hamburg, 1075 n.Chr.)**

Im Tempel von Uppsala wurden an einem Tag einmal 72 Leichen von Menschen und Tieren im Heiligen Hain gezählt. **(Hamburgische Kirchengeschichte; Hamburg, 1075 n.Chr.)**

II 19. g)   Opferungen im Tempel-See

In dem Teich in dem Heiligen Hain des Tempels von Uppsala wurden Menschen zu Orakel-Zwecken ertränkt: wenn die Leiche unten bliebt, erfüllen die Götter die an sie gerichteten Wünsche. **(Hamburgische Kirchengeschichte; Hamburg, 1075 n.Chr.)**

II 19. h)   Bitten beim Opfern

Ein Wikinger opferte auf dem Sommeropferfest im Tempel und betete dabei für sich sich selber und für andere für Glück. **(Egil-Saga; Norwegen, 950 n.Chr.)**

II 19. i)   Opfer-Orakel

Die Vorgänge beim Opfern im Freyr-Tempel dienen als Omen für die Erfüllung der Wünsche des Opfernden. **(Die Saga über Kampf-Glum; Island, 1200 n.Chr.)**

II 19. j)   Opferungen an Hügelgräbern

Es gab Opfergaben für die Toten an deren (Hügel-)Gräber. **(Indiculus; Sachsen, 780 n.Chr.)**

II 19. k) Menschenopfer

Die Menschenopfer fanden nicht im Tempel, sondern (soweit bekannt) an einem Hinrichtungsstein in der Nähe des Tempels statt oder gleich dort, wo sich der Opfernde gerade befand, als er die Notwendigkeit eines Menschenopfers gesehen hat (z.B. kurz vor einer Schlacht).

Siehe dazu auch das Kapitel „Menschenopfer" in Band 64.

Der Priester bzw. die Priesterin leitete die Opferungen auf dem Altar vor den Götter-Statuen oder führte sie selber durch. Bei wichtigen Gelegenheiten opferte auch der König selber.

Es wurden Schmuck, Amulette, (gefüllte?) Tongefäße, Glasgefäße, Waffen, Getreide, Tiere, und Menschen geopfert. Alle diese Dinge wurden entweder real oder symbolisch durch Zerbrechen oder Verbrennen getötet, damit sie in das Jenseits zu den Göttern gelangten.

Mit dem Opferblut der Tiere wurden die Statuen-Sockel sowie die Innen- und Außenwände des Tempels besprenkelt. Zuvor wurde der Kelch mit dem Opferblut einmal um das Tempel-Feuer herumgetragen. Während der Opferungen wurde gesungen.

Die zerbrochenen bzw. getöteten Opfergaben wurden in der Nähe des Tempels niedergelegt.

Es wurde im Tempel geopfert. Dort wurde auch das in dem Kessel über dem Opferfeuer in der Mitte des Tempels gekochte Fleisch der Opfertiere gegessen.

In den kleinen, quadratischen Tempeln wurde vor dem Tempel geopfert. Große Tiere wie z.B. Stiere werden sicherlich vor dem Tempel und nicht in dem Tempel geopfert worden sein.

Manchmal wurde auch in Heiligen Hainen geopfert. Dann wurden die Leiber der geopferten Tiere oder Menschen oft an den Bäumen aufgehangen.

Es gab auch das Ertränken von Menschen in dem See im Heiligen Hain.

Eine vermutlich sehr ursprüngliche Form der Opferungen sind die Gaben an die Ahnen an deren Hügelgräbern.

Während des Opferns wurden die Götter um Rat, Hilfe und Glück für sich selber und manchmal auch für andere gebeten.

Die Ereignisse während des Opferns wurden des öfteren als Orakel benutzt, das die Erfüllung der Nicht-Erfüllung der an die Götter gerichteten Wünsche offenbarte.

II 20.   Sonstiges

II 20. a)   Die Tempel-Feste

In den Tempeln wurde Feste gefeiert.

Der Tempel wurde nur periodisch, also nicht ständig genutzt. (**Tempel von Tissö; Schweden, 500-1100**)
Es gab ein wichtiges Fest im Februar. (**Indiculus; Sachsen, 780 n.Chr.**)
In den Tempeln wurde geopfert, gesessen und getrunken. (**Die Saga über Fridthjof den Kühnen; Norwegen, 800 n.Chr.**)
Der Tempel hatte zwei Räume: Der erste diente den Opferfesten, der zweite und heiligere enthielt die Götterstatuen. (**Saga über Olaf Tryggva-Sohn; Norwegen, 990 n.Chr.**)
In den Tempeln wohnten die Götter, deren Diener die Priester waren, die die Tempel-Rituale und die Tempel-Feste leiteten und auch die Wächter des Tempels waren. (**Wortschatz**)

In den Tempeln wurden zu bestimmten Zeiten Feste gefeiert. Sie bestanden u.a. aus Opferungen, Essen und Trinken – aber sie werden sicherlich auch Gebete, Prozessionen u.ä. umfaßt haben.

II 20. b)   Der Kult-Herr

Die Herrschaft über die Tempel bzw. die Besitzer der Tempel werden sich im Laufe der Zeit mehrmals geändert haben.

Bis 400 n.Chr. war der Kult eher gemeinschaftlich, da es keinerlei Großbauwerke gab, die auf einen König o.ä. hinweisen. Der Göttervater war in dieser Phase Tyr. (**Tempel von Uppsala; Schweden, 400-1100 n.Chr.**)
Ab 400 n.Chr., d.h. ab dem Beginn der Völkerwanderungszeit, wurden die Könige als Heerführer in dieser kriegerischen Zeit deutlich wichtiger. Dies spiegelt sich in den großen Hügelgräbern und in den beiden langen Pfostenreihen wider. In dieser Zeit trat Odin an die Stelle des früheren Göttervaters Tyr. (**Tempel von Uppsala; Schweden, 400-1100 n.Chr.**)
Der Erbauer des Tempels war auch der Tempel-Priester. (**Landnahme-Buch;**

Island, 900 n.Chr.)
Ein Mann erbaute einen Freyr-Tempel und vermacht die Hälfte seines Besitzes dem Freyr bzw. diesem Tempel. Dieser Mann ist auch der Gode (Priester) der betreffenden Gegend. **(Die Saga über Hrafnkell Freysgodi; Island, 950 n.Chr.)**

Die Tempel waren zumindestens z.T. öffentlich („Volks-Tempel"). **(Personennamen)**

Ein „Tempel-Erbe" wird der Erbsohn des Besitzers eines Langhauses sein, das auch als Kultraum dient – ein halbprivater Tempel. **(Personennamen)**

Bis 400 n.Chr. scheinen die Tempel Gemeinschafts-Besitz gewesen zu sein. Nach 400 n.Chr. hat zumindestens ein Teil der Tempel direkt dem Fürsten bzw. König unterstanden. Die Island-Auswanderer hatten vor allem Tempel, die dem jeweiligen Erbauer unterstanden.

Der Einfluß der Priester der nicht-privaten Tempel ist recht unklar.

II 20. c) Haupttempel

Es werden sowohl Priester als auch Oberpriester bzw. Hohepriester erwähnt und es gab auch Tempel und Haupttempel.

Der Tempel in Uppsala ist der schwedische Haupttempel. **(Hamburgische Kirchengeschichte; Hamburg, 1075 n.Chr.)**

Es gab Haupt-Tempel, d.h. eine Struktur innerhalb der Tempel und der Priesterschaft. **(Wortschatz)**

Zumindestens in der Wikingerzeit hat es in Skandinavien in der Priesterschaft und im Verhältnis der Tempel zueinander eine Hierarchie gegeben, die sich vermutlich parallel zu dem Königtum entwickelt hat – beides sind zentrale Strukturen.

II 20. d) Kult-Gesänge

Es gibt vereinzelt Hinweise auf Kultgesänge.

Es gab Kultgesänge. **(Indiculus; Sachsen, 780 n.Chr.)**
Es gab Zauberlieder. **(Odins Rabenzauber; Skandinavien, ca. 900 n.Chr.)**

Zur Vorbereitung der Tätigkeit einer Seherin wurden Lieder gesungen, mit denen die Götter und die Ahnen eingeladen wurden. **(Die Saga über Erik den Roten; Grönland, 990 n.Chr.)**

Im Tempel von Uppsala wurden während der Opferungen Lieder gesungen. **(Hamburgische Kirchengeschichte; Hamburg, 1075 n.Chr.)**

> Es gab Kultgesänge, gesungene Götteranrufungen und Zauberlieder.

II 20. e) Bitten um Rat und Hilfe im Tempel

Im Tempel bat man um Rat und Hilfe.

Auf dem Sommeropferfest wurde im Tempel geopfert und für sich sich selber und für andere um Glück gebeten. **(Egil-Saga; Norwegen, 950 n.Chr.)**

Der König opferte den Göttern im Tempel und frug sie um Rat. **(Vellekla; Norwegen, 990 n.Chr.)**

Es gab einen meditativer Kult („Andacht"). **(Hamburgische Kirchengeschichte; Hamburg, 1075 n.Chr.)**

Im Tempel findet man Frieden, Heil, Schutz, Halt und Hilfe. **(Personennamen)**

> Im Tempel konnte jeder, auch der König, für sich und andere von den Ahnen und den Göttern Rat und Hilfe erhalten.

II 20. f) Omen und Orakel im Tempel

Der Tempel war auch ein passender Ort für Orakel.

Es gab Orakel aus Tier-Innereien, beim Braten, beim Beginn einer Sache, beim Niesen u.a. **(Indiculus; Sachsen, 780 n.Chr.)**

Die Mondphasen sowie Stürme, Stierhörner und Schnecken hatten eine rituell-magische Bedeutung. **(Indiculus; Sachsen, 780 n.Chr.)**

Im Tempel von Uppsala gab es Menschenopfer-Orakel: Wenn die Leiche des Ertränkten unter Wasser blieb, erfüllen die Götter die gestellten Wünsche. **(Hamburgische Kirchengeschichte; Hamburg, 1075 n.Chr.)**

Ein König bittet im Odin-Tempel von Uppsala um Fruchtbarkeit für seine Frau und erhält eine Orakel-Antwort. (**Gesta danorum; Dänemark, 1200 n.Chr.**)

> Im Tempel konnte man auf die verschiedensten Weisen Orakel-Antworten erhalten. Siehe dazu auch „Orakel" in Band 71.

II 20. g)   Der Unterhalt der Tempel

Die Tempel und vermutlich auch die hauptberuflichen Priester an den großen Tempeln der Wikingerzeit wurden durch allgemeine Abgaben finanziert.

Der Tempel wurde von einem Priester geleitet und alle mußten gemeinsam für den Unterhalt des Tempels aufkommen. (**Egil-Saga; Norwegen, 950 n.Chr.**)
Der Tempel wurde durch Abgaben unterhalten. (**Die Saga über die Siedler von Eyre; Island, 1000 n.Chr.**)
Der Tempel wurde durch die Abgaben der Bauern in dem betreffenden Bezirk unterhalten. (**Die Saga der Bewohner von Eyre; Island, 1000 n.Chr.**)
Der Tempel wurde durch allgemeine Abgaben unterhalten. (**Kjalnesinga-Saga; Island, 1250 n.Chr.**)
Die Tempel wurden durch Abgaben finanziert. (**Wortschatz**)

> Die Tempel wurden durch Abgaben gemeinsam unterhalten. Daneben gab es auch privat finanzierte Tempel.

II 20. h)   Der Tempelbann

Im Tempelbereich, also vermutlich in dem Gelände innerhalb der Tempel-Umfriedung, galten besondere Regeln.

Ein Verbannter darf keine heiligen Orte mehr betreten. (**Völsungen-Saga; Mitteleuropa, 500 n.Chr.**)
Im Tempelbereich sind Verletzungen und auch die Begegnungen zwischen Männern und Frauen verboten. (**Die Saga über Fridthjof den Kühnen; Norwegen, 800 n.Chr.**)
Ein Mann findet in einem Tempel oder einem anderen heiligen Ort („ve") Asyl, nachdem er ein Verbrechen begangen hat. (**Runenstein von Oklunda; Schweden,**

850 n.Chr.)

Auf Mord an einem heiligen Ort steht als Strafe die Verbannung. **(Egil-Saga, Norwegen, 950 n.Chr.)**

Der Tempel mußte ohne Waffen betreten werden. **(Saga über Olaf Tryggva-Sohn: Norwegen, 990 n.Chr.)**

Im Bereich des Tempels durfte keine Rache genommen werden (wie z.B. nach dem Mord an Baldur). **(Gylfis Vision; Island, 1225 n.Chr.)**

Wer einen Tempel oder Götterstatuen verbrennt, gelangt nicht nach Walhalla. **(Njals-Saga; Island, 1280 n.Chr.)**

Im Bereich des Tempels durfte kein Mord o.ä. begangen werden, weshalb man dort Asyl finden konnte. **(Wortschatz)**

Der Tempelbereich war ein „Friedhof" („hov"), d.h. ein Bereich, innerhalb dessen der Friede gewahrt werden mußte.

Daher war an diesem Ort kein Mord, keine Rache, keine Verletzungen, aber auch keine „Begegnungen zwischen Frauen und Männern" erlaubt.

Einerseits durften Verbannte keinen Tempel betreten, aber andererseits durften sie dort auch nicht getötet werden und konnten daher dort Asyl finden.

II 20. i)   Die Tempel-Zerstörungen bei der Christianisierung

Bei der Christianisierung wurden viele Tempel zerstört.

St. Eugendus: Germanen-Tempel. **(St. Eugendus; Südgermanen, 490 n.Chr.)**

St. Lupi senonensis: Tempel in Ansenne in der Normandie in der Nähe der Küste. **(Jacob Grimm; Südgermanen, 530 n.Chr.)**

Merowinger-König Childebert I: Tempel und Statuen der Germanen. **(Jacob Grimm; Südgermanen, 554 n.Chr.)**

St. Radegundis: Zerstörung eines Tempel vermutlich in der Nähe der Main-Mündung. **(Jacob Grimm; Südgermanen, 587 n.Chr.)**

St. Bertulfi bobbiensis: hölzerner Langobarden-Tempel am Ira, einem Nebenfluß des Po in Italien. **(Jacob Grimm; Südgermanen, 610 n.Chr.)**

St. Gallus: Die Germanen verehren Götter-Statuen in einem Tempel am Ostende des Züricher Sees in der Schweiz, in dem geopfert wird. Dort werden auch Omen und Orakel gedeutet. **(Jacob Grimm; Südgermanen, 610 n.Chr.)**

St. Columban, 615 n.Chr. und St. Agili resbacensis, 650 n.Chr.: In Luxieul in Burgund stehen steinerne Bildsäulen (von römischen Thermen?), von denen eine ein

Bildnis des römischen Gottes Faunus oder seiner germanischen Entsprechung (Freyr?) gewesen zu sein scheint. **(Jacob Grimm; Südgermanen, 615/650 n.Chr.)**

Zerstörung von zwei Tempeln und Zwangs-Christianisierung der Bevölkerung. **(Die Saga über König Olaf Tryggva-Sohn; Schweden, 990 n.Chr.)**

Viele Tempel sind nur dadurch bekannt, daß sie bzw. ihre Zerstörung von Missionaren oder missionarischen Königen erwähnt werden.

II 20. j) Kirchen an ehemaligen Tempel-Standorten

In einigen Fällen wurden an der Stelle der früheren Tempel Kirchen erbaut.

Fundamente eines Tempels unter einer späteren Kirche. **(Tempel von Märe; Schweden, 900 n.Chr.?)**

Es gibt nur einen sicheren Nachweis dafür, daß an der Stelle eines germanischen Tempels eine Kirche errichtet worden ist.

II 21. Zusammenfassung

Der Kult fand bei den Germanen sowohl in Tempeln als auch unter freiem Himmel an besonderen Orten wie heiligen Hainen, Bäumen, Holz-Säulen, Quellen, Inseln usw. statt.

Der Tempel war von einem umhegten Bereich umgeben. Dieser von einem Holzzaun umgebene Platz war bei den quadratischen Tempeln ebenfalls quadratisch und eher klein. Bei den großen Tempeln oder Tempel-Anlagen war er entsprechend größer.

Dieser Bereich wurde „Friedensplatz" genannt, was sich u.a. auf die Einhaltung des Friedens auf dem Kult-Gelände bezog und eine der Wurzeln des heutigen Begriffes „Friedhof" ist, der sich zunächst auf das Kirchengelände und nicht auf die Gräber auf dem Kirchengelände bezogen hat.

Zwei Drittel der Kultorte (63%) lag in einem Wald bzw. in einem Heiligen Hain (48%), vor einem Baum (6%), einem Pfosten (6%) oder einer hölzernen Säule (3%).

Ein Viertel der Tempel (25%) ist mit dem Wasser verbunden: Sie liegen auf einer Insel (13%), an einem Fluß (6%), am Meer (3%) oder an einer Quelle (3%).

Der typische germanische Freiluft-Kultort und auch der typische germanische Tempel lag somit an einem Gewässer im Wald.

In Bezug auf die Tempel scheint es keine klare Himmelsrichtungs-Symbolik gegeben zu haben. Lediglich der Norden scheint einen Bezug zum Jenseits gehabt zu haben, da sich in dieser Richtung vermehrt Altäre, Hügelgräber und Opferplätze finden. Dies stimmt mit der allgemeinen Symbolik der Niflheim-Unterwelt im Norden überein.

Zu den Tempeln gehörten oft noch Opferplätze, heilige Haine u.ä. im Freien in der Nähe des Tempels.

Die Germanen hatten viele Tempel in deutlich unterschiedlichen Größen. Sie waren alle aus Holz erbaut.

Die älteste Form des Tempels scheint zumindestens bei den Nordgermanen das Wohn-Langhaus gewesen zu sein, in dem auch die Kulthandlungen stattfanden. Manchmal gab es an einer der Stirnseiten einen kleinen Kultraum-Anbau. Vermutlich wird in den Langhäusern ohne einen solchen Anbau ein bestimmter Teil des Hauses der Kult-Kernbereich gewesen sein, an dem auch die Kult-Utensilien aufbewahrt wurden. Diese Tempel sind ab 200 n.Chr. nachweisbar.

Um ca. 400 n.Chr. kam der quadratische Tempel hinzu, der möglicherweise zusammen mit der Odin-Verehrung nach Norden gekommen ist. Er ist ein reines

Kultgebäude und hatte eine Grundfläche zwischen 6x6m und 12x12m. Der quadratische Tempel ist ein Turm, d.h. er ist höher als breit und lang – zumindestens ohne die späteren Anbauten an das Grund-Quadrat des Turmes. Solche Türme gab es bereits um 100 n.Chr. bei den Südgermanen, die Tacitus bekannt gewesen sind. Aus diesem Turm wurde später der Turm bzw. das in der Mitte erhöhte Dach der Zweiraum-Tempel sowie der Stabkirchen, die sich aus dem Zweiraum-Tempel entwickelt haben.

Zwischen 600 n.Chr. und 800 n.Chr. dominierte wieder der Langhaus-Tempel.

Ab 800 n.Chr. findet sich dann der Zweiraum-Tempel, der die beiden anderen Tempelform in der Kombination von Versammlungs-Raum und Statuen-Raum verbindet, als häufigstes Kultgebäude. Der vordere Raum ist der Versammlungsraum, in dem sich die Feuerstelle befindet und in dem geopfert wird. Der kleinere, hintere Raum war der heiligere der beiden Räume, da in ihm der Altar und die Götterstatuen standen.

Das seltene „kleine Langhaus mit Turm" ist ein kleines Langhaus, das nur für den Kult verwendet wurde. Bei ihm wurde der Turm ins Zentrum gesetzt, sodaß sich im Inneren vier dicke Pfosten, die den Turm bzw. das erhöhte Dach tragen, befinden. Die Statuen und der Altar standen vermutlich in der Mitte einer der beiden Längsseiten. Dies ist eine Übergangsform zwischen den drei übrigen Tempel-Formen.

Ein wesentliches Element der Tempel sind die vier Pfosten, die den „Turm" bzw. das erhöhte Dach tragen. In den quadratischen Tempeln sind sie die Eckpfosten, während sie bei den kleinen Langhäusern mit Turm und bei den Zweiraum-Tempeln frei in der Mitte des Hauptraumes stehen.

Die Umfriedung um den quadratischen Tempel wurde in einem ersten Schritt überdacht und in einem zweiten Schritt mit in den Tempelinnenraum einbezogen, wodurch dieser deutlich vergrößert wurde. Durch einen weiteren überdachten Umlauf sowie einen zusätzlichen kleinen Turm auf dem erhöhten Dachteil ergab sich dann die Form der späten Zweiraum-Tempel und der Stabkirchen.

Aus der Überdachung des Vorplatzes ist der Versammlungsraum entstanden und aus der Überdachung der Einhegung der überdachte Umlauf um den Tempel.

Der Vorplatz diente der Versammlung der Menschen beim Kult bei den einfachen quadratischen Tempeln.

Die Außenwände der Tempel werden zumindestens im unteren Bereich rot und glänzend vom Blut der geopferten Tiere gewesen sein.

Die Dächer der Tempel sind anscheinend manchmal mit Gold oder Silber bedeckt gewesen. Zusätzlich wurden sie noch mit goldenen Ketten geschmückt, die von den Giebeln ausgingen und vermutlich die verschiedenen Giebel-Enden miteinander verbunden haben.

Die kultisch genutzten Langhäuser und die Zweiraum-Tempel hatten meistens einen nach vorne hin offenen, aber überdachten Vorraum („Windfang").

Die Eingangstüren der Zweiraum-Tempel lagen an den Längsseiten nahe der Giebelwand, die sich gegenüber dem Altar befand (der vor der anderen Giebelwand stand). Diese beiden Türen scheinen des öfteren im Westen gelegen zu haben: die „Männertür" und die „Frauentür". Im Südosten befand sich die dritte Tür, die vermutlich für den Priester gedacht war.

Die Tempeltüren der Zweiraum-Tempel waren z.T. zweiflügelig. An den Türen befand sich ein Ring, der als „Türklinke" diente. Ob auch die kleinen quadratischen Tempel verschließbare Türen hatten, ist unbekannt.

Die Innenwände werden im unteren Bereich rot und glänzend vom Opferblut gewesen sein. An ihnen waren auch viele Goldgubber befestigt, die Votivgaben der Menschen in dem Tempel gewesen sein werden.

In den quadratischen Tempeln wird es dämmrig gewesen sein, da sie zwar vermutlich keine Fenster hatten, aber recht klein waren und durch die Tür Licht hereinkommen konnte.

In den (kultisch genutzten) Langhäusern war es recht dunkel, da sie nur durch das Feuer erhellt wurden.

In den Zweiraum-Tempeln war es relativ hell, da durch viele Fenster Licht hereinfiel. Das viele Glas in den Fenstern würde eine Kostbarkeit dargestellt haben – was jedoch angesichts des Aufwandes, mit dem die Zweiraum-Tempel insgesamt hergestellt wurden, durchaus denkbar ist.

Die nur aus den Stabkirchen bekannten diagonal gekreuzten, halb-senkrechten Balken dienten der Stabilisierung der Statik und werden aus den germanischen Zweiraum-Tempeln übernommen worden sein.

Diese „Hallen der Götter" waren groß, schön und prächtig.

Die Zweiraum-Tempel der Germanen und evtl. auch die früheren kleinen, quadratischen Tempel sind reich beschnitzt gewesen. Besonders sorgfältig wurden vermutlich die Portale, die Flächen über ihnen und die beiden Türflügel geschnitzt. Die Schnitzereien sind zudem oft noch mit Einlegearbeiten aus Gold und Silber und evtl. auch Edelsteinen (Bernstein, Bergkristall) geschmückt gewesen. Das Gold und das Silber wurden in einer solchen Fülle verwendet, daß die Tempel weithin glänzten.

Die wichtigsten Motive in den Schnitzarbeiten waren Ranken, Drachen und Vögel.

Etwas vereinfacht kann man sagen, daß sich an jeder Ecke ein Drache befand: an den Türpfosten, an den Giebeln, an den Ecken der Podeste, an den Vorderecken der Prozessionswagen …

Offensichtlich beschützten die Drachen die Tempel, Podeste und Prozessionswagen nach außen hin. Die Schlangen und Drachen sind sehr alte Symbole der Totengeister in der Unterwelt – es sind also die Ahnen, die den Tempel schützen.

Die Vögel erscheinen an den Tempeln unspezifisch als die Seelenvögel der Ahnen. Lediglich die beiden Raben des Odin und der Adler-Seelenvogel des Tyr/Odin lassen sich klar einer Gottheit zuordnen.

Möglicherweise gab es den Tempeln auch Darstellungen von Bären. Sie wären dann sicherlich mit Odin und den Berserkern assoziiert worden – so wie die Wölfe mit Tyr/Odin und den Ulfhedin („Wolfshäuter") verbunden gewesen sind.

Die recht wahrscheinlichen Wolfsdarstellungen und Wolfsfelle an den Tempeln sind Hinweise auf die Krieger, die Ulfhedinn, die beiden Alcis sowie den ehemaligen Göttervater Tyr und den neuen Göttervater Odin.

Zu den Tempeln gehörten manchmal heilige Pferde. In den Tempeln selber wurde in den Dekorationen anscheinend nur Odins achtbeiniger Sleipnir als deutlich erkennbares „mythologisch relevantes Pferd" dargestellt.

Folgende Symbole der Gottheiten gehörten ebenfalls zu den Tempeln: Adler (Seelenvogel des Tyr/Odin), Hammer (Thor), Miniatur-Sensen (Getreide-Fülle; Freyr?, Sif?), Goldringe (Tyr, Odin, Ullr), Nägel (Gottesnägel?), „Bronze-Kleeblätter" (Vorläufer des Hrungnir-Herzens; Tyr), Odin-Statuette, Schwerter (Tyr), Speere (Odin), Kessel (Tyr-Hrungnir?) und Helme bzw. Maskenhelme (Tyr, Odin).

Diese Symbole sowie die folgenden Gegenstände wurden auch als Amulett benutzt und manchmal als Opfergabe den Göttern dargebracht: Nägel (Gottesnägel?), Statuetten von Pferden, Schlangen und Drachen (Totengeist) sowie Vögeln (Seelenvögel), Odin-Statuetten und Reliefs eines Mannes mit Trinkhorn.

Diese Gottheiten-Symbole und Amulette konnten zusammen mit Glasbechern, Fiebeln, Perlen, Topfscherben (zerschlagene Töpfe), Goldfragmenten und anderen wertvollen Gegenständen den Göttern geopfert werden. Das wichtigste Opfer waren jedoch die Tieropfer.

Die goldenen Götter-Hallen, die ganz mit Gold geschmückten Tempel und die Gold-gedeckten Tempel-Dächer zeigen, daß das aus den Liedern und den Sagas bekannte Motiv der „Goldenen Halle" sehr wichtig gewesen sein muß. Das Gold wurde von den Germanen wie von fast allen Völkern mit der Sonne assoziiert. Die mythologischen „goldenen Hallen" stehen z.T. im Süden oben im Himmel, was die Assoziation mit der Sonne noch verstärkt.

Odin beleuchtet seine Halle mit leuchtenden goldenen Schwertern (das ehemalige flammende Sonnenschwert des Tyr) und Ägir (Tyr als Riese im Jenseits) erhellt seine Halle mit leuchtendem Gold – Gold und Sonne waren für die Germanen offenbar untrennbar miteinander verbunden. Dies zeigt sich auch in der Umschreibung des Goldes als „Sonne im Meer" – von dieser Kenning gibt es Hunderte von Varianten.

Die „Goldene Halle" ist offensichtlich der „goldene Tempel der Sonne", d.h. die

Halle des ehemaligen Göttervaters Tyr, der weitgehend der Sonne gleichgesetzt worden ist. Diese Gleichsetzung hat sich auch nach der Absetzung des Tyr durch Odin um ca. 500 n.Chr. erhalten können, wie die sehr weit verbreitete Gleichsetzung des christlichen Gottes mit der Sonne bei den Germanen zeigt: Der christliche Gott Vater war in gewisser Weise eine Wiedergeburt des ehemaligen Göttervaters Tyr – und beide waren „wie die Sonne".

Das Motiv der „goldenen Halle" reicht somit vor die Völkerwanderungszeit zurück und wird daher auch schon mit den Türmen der Seherinnen um 100 n.Chr. verbunden gewesen sein.

Die Tempel waren teuer herzustellen, wertvoll und voller Schätze.

Möglicherweise besaßen die Tempel manchmal kleine Nebengebäude.

Zwei Säulen, die oben mit einem Bogen verbunden waren, sind ein Symbol für einen Tempel gewesen. In Island standen diesen Säulen bei einem Tempel gleich innen am Eingang. Diese beiden Säulen mit dem Bogen über ihnen scheinen also den Eingang in den Tempel und somit auch den Eingang in die Welt der Götter, die Welt der Ahnen und das Jenseits dargestellt zu haben. Diese beiden Säulen sind mit den beiden Säulen hinter dem Hochsitz identisch und auch mit den „goldenen Säulen" in der Halle des Gottes Forseti identisch. Die beiden Säulen waren das Tor zur Welt der Götter.

Die Säule bzw. die Säulen hinter dem Hochsitz heißen „Seelenweg-Säulen" und entsprechen dem Weltenbaum als der Verbindung der Lebenden zu ihren Ahnen. Bei den Königen ist der Göttervater der Urahn. Daher ist diese Säule wie die Ahnen der Halt der ganzen Sippe und auch des Königtums.

Diese Säulen entsprachen dem Weltenbaum und der Weltensäule und waren des öfteren Eichen. In diese Säule wurde manchmal das Gesicht eines Gottes geschnitzt (Tyr, Thor). In sie wurden auch Runen geritzt – vermutlich der Stammbaum des Besitzers dieser Säule. Manche dieser Säulen waren schwarz gefärbt.

Der Turm der Seherinnen entspricht dieser Säule und auch dem Gerüst, auf das man bei der Ausübung von Magie den Hochsitz stellte. Der Hochsitz heißt „Seelenweg-Sitz", d.h. „Sitzplatz vor der Säule, die der Weg der Seelen ist".

Folgende Gottheiten haben einen Hochsitz: Tyr-Geirröd, Tyr-Godmund, Odin, Thor, Freyr, Baldur (unsicher), Jomali, Urd, Frigg, Thorgerdr, Freya, Gunnlöd, Irpa, Gjalp und Greip, Grid, Brünhild und Hild. Vermutlich werden jedoch alle Götter solche „magischen Throne" gehabt haben. Auch Totengeister in ihrem Hügelgrab sitzen auf einem Hochsitz.

Die Hochsitz-Säule entspricht dem Weltenbaum und der Ahnenreihe und verbindet daher den, der auf dem Hochsitz sitzt, mit seinen Ahnen und mit den Göttern. Aus diesem Grund ist der Hochsitz der Platz, auf dem man die Zukunft und weit

Entferntes sehen kann und von dem aus man Magie wirken kann.

Der Hochsitz der Seher und Seherinnen steht auf einem Gerüst, hat vier Pfosten, ist mit Runen beschrieben und auf seinem Sitz liegt manchmal ein Daunenkissen.

Die einzelne Säule bzw. der Durchgang zwischen den beiden Säulen, die oben durch einen Bogen miteinander verbunden waren, waren der Weg, auf dem die Seelen der Verstorbenen ins Diesseits zu ihren Nachkommen kamen, um ihnen zu helfen. Auch das Tor eines Tempel ist solch ein „Weg der Seelen", da der Tempel symbolisch und rituell die Götterwelt und somit das Jenseits ist.

Diese Säule bzw. dieses Tor macht einen Sitz zu einem Sehersitz und ein Gebäude zu einem Tempel. Dieses Tor wurde auch bei Bestattungen benutzt, um mit den verstorbenen Menschen zu sprechen.

Die Bedeutung der Gottesnägel („regin-nagl") ist nicht genauer bekannt. Da sie in den Pfosten des Jenseitstores steckten, werden sie einen Bezug zu dem Eintritt in den Tempel und somit zu dem Kontakt mit der Götterwelt haben. Vielleicht wurden sie von den Menschen, die den Tempel betraten, dort eingeschlagen und sollten sie dauerhaft mit den Göttern verbinden – aber das ist zunächst einmal nur eine Arbeitshypothese.

Die Feuerstelle befand sich bei den Langhäusern, bei den Zweiraum-Tempeln und bei den kleinen Langhäusern mit Turm in der Mitte des Tempels. Auf ihnen wurde das Fleisch der Opfertiere gekocht und um sie wurde das Blut der Opfertiere in einem Kelch herumgetragen.

Der Altar stand in den Wohn-Langhäusern mit kultischer Nebenfunktion – wahrscheinlich meistens an einer der Langseiten neben der Feuerstelle. In den kleinen Langhaus-Tempeln mit Turm, die eine rein kultische Funktion hatten, stand der Altar in der Mitte einer der Langswände neben der Feuerstelle. In den Zweiraum-Tempeln stand der Altar in dem Götter-Anbau – vermutlich recht nah an dem Durchgang zwischen den beiden Räumen. Bei den kleinen, quadratischen Tempeln stand der Altar draußen vor dem Eingang des Tempels. Auf ihm wurden sowohl Blutopfer dargebracht als auch Feuer für Brandopfer entfacht. Er war somit ein Brandaltar. Die Altäre waren die Tische für die Götter, die hinter ihnen saßen. Sie waren aus Stein, aus Holz und z.T. mit Silber überzogen.

Auf dem Altar lag der Eid-Ring, auf den man seine Hand bei einem Schwur legte. Er wird symbolisch Odins Draupnir entsprechen, der wiederum ein Symbol für die Jenseitsreise ist. Der Eid-Ring wird somit ein Symbol für die Verbundenheit mit den Göttern gewesen sei, die man bei einem Eid als Zeugen anrief – damit sie den Schwörenden im Falle einer Falschaussage bestraften …

Die vielen kleinen Ringe, die in und bei den Tempeln gefunden wurden, sind vermutlich kleine Abbilder dieser Ringe, die man als Dank den Göttern darbrachte oder sie bei Eiden ablegte.

Es wäre auch denkbar, daß der goldene Ring an der Tür des Tempels mit diesem Jenseitsverbindungs-Ring assoziiert worden ist – doch dafür gibt es keinen direkten Hinweis.

Neben dem Eid-Ring befand sich auf dem Altar auch der Blut-Kelch für das Opferblut.

Das Ritual-Trinkhorn wird zwar nur einmal erwähnt, aber wenn man z.B. an die beiden goldenen Trinkhörner, die in Gallehus gefunden worden sind, denkt, wäre der Altar sowohl von ihrer Symbolik her als von ihrem großen Wert her gesehen der passende Platz für sie – zumindestens während der Rituale.

Das Tafl-Orakel gehörte von seiner Verwendungszweck her auch auf den Altar. Es wird jedoch nicht zur Standard-Ausstattung wie der Eid-Ring und der Blut-Kelch gehört haben.

In den Tempeln werden Schilde mit bildlichen Szenen aus den Mythen und Sagen gehangen haben. Z.T. werden sie auch (wie in den Fürstenhallen und in den Stabkirchen) auf die Wände der Tempel gemalt worden sein – wobei sie weiterhin in einen runden Rahmen, also Schild-artig gemalt wurden.

An den Wänden der Tempel hingen auch Wandteppiche, die Motive aus den Mythen und Sagen abgebildet haben.

Die Goldgubber sind wahrscheinlich „Briefe an die Götter" gewesen. Sie wurden in der Nähe der Tempelwände und in den Löchern, in denen die Tempelpfosten standen, gefunden.

Man hat sie also bei der Gründung eines Tempels in die Löcher gelegt, in die man anschließend die Eck- und Turmpfosten gestellt hat. Der Tempel war somit nicht nur golden, sondern er stand auch noch auf Gold. Diese Goldplättchen sollten vermutlich den Segen der Götter für den Tempel herbeirufen.

Die Goldgubber, die man bei Ausgrabungen in der Nähe der Tempelwände gefunden hat, werden wahrscheinlich innen an den Tempelwänden befestigt worden sein – sie waren gewissermaßen „Mini-Wandbehänge". Auch mit ihnen werden wohl Wünsche an die Götter verbunden gewesen sein. Man kann sie auch als kleine Opfergabe ansehen.

Die Hauptverbreitung der Goldgubber fällt mit der Phase der Langhäuser mit kultischer Nebenfunktion und den kleinen Langhaus-Tempeln mit Turm zusammen.

Auch die Gebrauchsgegenstände in den Tempeln wie Stühle, Bänke und Geräte werden in aufwendiger und prunkvoller Weise hergestellt worden sein.

In einem typischen Tempel steht eine Dreiergruppe von Statuen mit Thor in der Mitte auf dem Ehrenplatz-Hochsitz. Links und rechts von ihm sitzen entweder Thor und Freyr (die drei Stände) oder zwei Göttinnen (Diesseits und Jenseits), die entweder Frigg und Freya oder Thorgerdr und Irpa sind. Es gab auch Tempel, die nur einer einzelnen Göttin geweiht waren.

Die Statuen waren aus Holz gefertigt, waren bekleidet und trugen einen Ring in ihrer Hand. Die Statuen wurden nach ihrer Herstellung geweiht und sie wurden regelmäßig gereinigt, gepflegt und „gewärmt". Es gab Umzüge mit den Statuen der Gottheiten. Diese Statuen konnten auch Orakel geben. Die Statuen der Gottheiten wurden durch Statuetten von Göttern und Göttinnen sowie durch kleine Plastiken von Tieren ergänzt.

Die Statuen im Tempel stehen auf Sockeln. Die Statuen-Sockel werden manchmal wohl auch Hochsitze gewesen sein. Es ist von keiner Statue ausdrücklich bekannt, daß sie gestanden hat, aber von einigen wenigen, daß sie gesessen haben. Man kann daher zumindestens vermuten, daß die sitzenden Statuen üblicher gewesen sind.

Von den folgenden Gottheiten ist bekannt, daß ihnen Tempel geweiht gewesen sind: Odin, Thor, Freyr, Freya, Freya-Menglöd, Thorgerdr, Njörd, Tyr, Skadi, Forseti, Irpa, Hulda, Frigg, Baldur, Nerthus, Ullr, Rindr, Tanfana, sowie den Disen und einigen namentlich nicht genannten Asen und Göttinnen.

Von den folgenden Gottheiten sind Statuen bekannt: Odin, Thor, Freyr, Freya, Thorgerdr, Tyr, Irpa, Frigg, Baldur, Nerthus, Berecynthia, Jomali, Hilgerio und der Sonne.

Odin und Thor waren seit der Völkerwanderungszeit die beiden wichtigsten Gottheiten der (Nord-)Germanen. Der frühere Göttervater Tyr ist seit dieser Zeit in den Hintergrund getreten. In Norwegen und Island, das vor allem von Norwegern besiedelt wurde, ist Thor die mit Abstand wichtigste Gottheit gewesen. Odins Verehrungs-Schwerpunkt lag in Dänemark und Schweden.

Die drei Wanen Freyr, Freya und Njörd waren offensichtlich eine wichtige Gruppe von Gottheiten.

Die beiden Göttinnen Skadi und Thorgerdr, die in den heutigen Vorstellungen über die Götterwelt der Germanen, die vor allem durch Snorris Edda geprägt worden ist, kaum eine Rolle spielen, sind offenbar zusammen mit Freya die wichtigsten Göttinnen – von dem Namen der Skadi leitet sich die Bezeichnung „Skandinavien" ab: das „Land der Skadi".

In den Tempeln wurden neben den Göttern auch die Ahnen verehrt.

In den Tempeln befanden sich Sockel oder Podeste für die Götter. Tagsüber bei gutem Wetter sowie insbesondere bei Festen wurden die Statuen herausgeholt und auf die Podeste im Freien gestellt, damit sie an den Festen teilhaben konnten.

Da auch die Seherinnen, Zauberinnen und Magier solche Podeste benutzt haben, wurden diese Podeste offenbar mit dem Kontakt zum Jenseits assoziiert. Möglicherweise stellten sie eine Art Weltenbaum dar. Von ihrer Funktion her ähneln sie dem

Säulenpaar mit dem Namen „Seelenweg-Säulen".

Es sind zwei Prozessionswege bekannt, weil diese durch Steine bzw. Pfosten markiert gewesen sind. Vermutlich hat es noch weitere, unmarkierte Prozessionswege gegeben. Da nur zwei solcher Wege bekannt sind, ist es schwierig, etwas über ihre Verwendung zu sagen – vermutlich sind sie Jenseitswege gewesen.

In der schriftlichen Überlieferung ist ebenfalls kaum etwas zu diesem Thema zu finden – es wird lediglich über den Umzug der Nerthus (Tacitus), des Freyr (Ögmundar Thattr) und evtl. der heiligen Sonnen-Hirsche (Sonnenlied) berichtet.

In der Nähe der Tempel lagen manchmal Hügelgräber und manche Tempel haben in den Sagas den Charakter von Hügelgräbern. Dieser Zusammenhang liegt darin begründet, daß in den Tempeln auch die Toten verehrt und um Rat und Hilfe gebeten wurden.

Zur Versorgung der Gäste wurden in den kultisch genutzten Langhäusern mehr Backgruben als bei normalen Langhäusern benötigt.

In zumindestens einem Fall wurde ein sehr großes, kultisch mitgenutztes Wohn-Langhaus durch ein kleines, ausschließlich kultisch genutztes Langhaus an derselben Stelle ersetzt (200 n.Chr.).

Die Reihe von vergrabenen Mühlsteinen könnte sowohl ein Opfer an die Korngottheiten (Freyr, Sif) als auch die Fundamente von Pfosten an einem Prozessionsweg sein.

Der Ort, an dem der Tempel steht, ist geweiht und heilig. Dies gilt auch für die Erde selber, auf der er steht.

Der Altar, der Tempel und das Land werden von den Göttern, den Priestern und dem König bewacht. Der Schwerpunkt der Götter liegt dabei auf dem Land, die Hauptaufgabe der Priester ist der Tempel und der König muß für beides sorgen.

In den Tempeln gab es Priester. Sie wurden auch „Tempel-Wächter" und „Gottes-Diener" genannt. Sie leiteten die Opfer, die Rituale und die Feste an und sie waren für den Tempel als Bauwerk zuständig. In den kleineren Tempeln war der Erbauer bzw. der Besitzer meistens auch der Priester – dies war oft der regionale Anführer. In den größeren Tempeln gab es offenbar auch eine Priester-Hierarchie, da auch Oberpriester und Hohepriester bekannt sind.

Es sind Thor-Priester, Odin-Priester, Freyr-Priester und Thorgerdr-Priester bekannt. Die ersten drei dieser Priester sind zu halbmythologischen Gestalten geworden: Hermod (Odin), Thialfi (Thor) und Skirnir (Freyr).

Die Priester und die Priesterinnen konnten die „Diener(innen)" sowohl der Götter als auch der Göttinnen sein – es gab also keine Geschlechts-Bindung der Priesterschaft an die Götter und Göttinnen.

Es fällt auf, daß die Existenz von Priesterinnen fast nur durch Frauennamen bekannt ist. Das läßt darauf schließen, daß es einst deutlich mehr Priesterinnen gegeben hat und daß zumindestens in der Wikingerzeit, aus der der größte Teil der Überlieferung stammt, vor allem Priester in den Tempeln tätig gewesen sind.

Röskwa ist wahrscheinlich die zu einer mythologischen Gestalt erhobene Priesterin der Sif.

Bis 400 n.Chr. scheinen die Tempel Gemeinschafts-Besitz gewesen zu sein. Nach 400 n.Chr. hat zumindestens ein Teil der Tempel direkt dem Fürsten bzw. König unterstanden. Die Island-Auswanderer hatten vor allem Tempel, die dem jeweiligen Erbauer unterstanden.

Der Einfluß der Priester der nicht-privaten Tempel ist recht unklar.

Zumindestens in der Wikingerzeit hat es in Skandinavien in der Priesterschaft und im Verhältnis der Tempel zueinander eine Hierarchie gegeben, die sich vermutlich parallel zu dem Königtum entwickelt hat – beides sind zentrale Strukturen.

Der Priester leitete die Opferungen auf dem Altar vor den Götter-Statuen oder führte sie selber durch. Bei wichtigen Gelegenheiten opferte auch der König selber.

Es wurden Schmuck, Amulette, (gefüllte?) Tongefäße, Glasgefäße, Waffen, Getreide, Tiere und Menschen geopfert. Sie wurden alle entweder real oder symbolisch durch Zerbrechen oder Verbrennen getötet, damit sie in das Jenseits zu den Göttern gelangten.

Mit dem Opferblut der Tiere wurden die Statuen-Sockel sowie die Innen- und Außenwände des Tempels besprenkelt. Zuvor wurde der Kelch mit dem Opferblut einmal um das Tempel-Feuer herumgetragen. Während der Opferungen wurde gesungen.

Die zerbrochenen bzw. getöteten Opfergaben wurden in der Nähe des Tempels niedergelegt.

Es wurde im Tempel geopfert. Dort wurde auch das in dem Kessel über dem Opferfeuer in der Mitte des Tempels gekochte Fleisch der Opfertiere gegessen.

In den kleinen, quadratischen Tempeln wurde vor dem Tempel geopfert. Große Tiere wie z.B. Stiere werden sicherlich generell vor dem Tempel und nicht in dem Tempel geopfert worden sein.

Manchmal wurde auch in Heiligen Hainen geopfert. Dann wurden die Leiber der geopferten Tiere oder Menschen oft an den Bäumen aufgehangen.

Es gab auch das Ertränken von Menschen in dem See im Heiligen Hain.

Eine vermutlich sehr ursprüngliche Form der Opferungen sind die Gaben an die Ahnen an deren Hügelgräbern.

Während des Opferns wurden die Götter um Rat, Hilfe und Glück für sich selber und manchmal auch für andere gebeten.

Die Ereignisse während des Opferns wurden des öfteren als Orakel benutzt, das die Erfüllung oder die Nicht-Erfüllung der an die Götter gerichteten Wünsche offenbarte.

In den Tempeln wurden zu bestimmten Zeiten Feste gefeiert. Sie bestanden u.a. aus Opferungen, Essen und Trinken – aber sie werden sicherlich auch Gebete, Prozessionen u.ä. umfaßt haben.

Es gab Kultgesänge, gesungene Götteranrufungen und Zauberlieder.

Im Tempel konnte jeder, auch der König, für sich und andere von den Ahnen und den Göttern Rat und Hilfe erhalten.

Im Tempel konnte man auf die verschiedensten Weisen Orakel-Antworten erhalten.

Die Tempel wurden durch Abgaben gemeinsam unterhalten. Daneben gab es auch einige privat finanzierte Tempel.

Der Tempelbereich war ein „Friedhof", d.h. ein Bereich, innerhalb dessen der Friede gewahrt werden mußte.

Daher war an diesem Ort kein Mord, keine Rache, keine Verletzungen, aber auch keine „Begegnungen zwischen Frauen und Männern" erlaubt.

Einerseits durften Verbannte keinen Tempel betreten, aber andererseits durften sie dort auch nicht getötet werden und konnten daher dort Asyl finden.

Viele Tempel sind nur dadurch bekannt, daß sie bzw. ihre Zerstörung von Missionaren oder missionarischen Königen erwähnt werden.

Es gibt nur einen sicheren Nachweise dafür, daß an der Stelle eines germanischen Tempels eine Kirche errichtet worden ist.

III Tempel in der indogermanischen Überlieferung

Das Grundmuster der indogermanischen Tempel ist sehr einheitlich und entspricht dem einfachen germanischen Tempel, der aus einem in etwa quadratischen kleinen Haus mit einem überdachten Umgang bestanden hat, dessen Dach innen auf der Hausmauer und außen auf Säulen ruht. Dieses Gebäude liegt in der Mitte eines kleinen heiligen Bereichs, der von einem Zaun umgeben ist. Der Eingang in diesem Zaun liegt auf derselben Seite wie der Eingang zum Gebäude.

Hethiter

Perser

Inder

Griechen

Thraker

Man wird davon ausgehen können, daß das „Haus mit Säulen-Umgang" auch die ursprüngliche Form der germanischen Tempel gewesen ist.

IV Die Tempel in der Jungsteinzeit

Bei den Völkern, die wie die Indogermanen von den frühen Ackerbauern in Mesopotamien abstammen, gibt es vier Arten von Tempel:

    1. das von einer überdachten Säulenreihe umgebene Haus (wie bei den Indogermanen),
    2. den heiligen Hügel, der oft vier Aufgänge hat und teilweise zu einer Pyramide weiterentwickelt worden ist (Ägypten, Sumer, Babylonien u.a.),
    3. der Steinkreis, zu dem eine Steinallee führt (Megalithkultur), und
    4. die Höhle.

Der Ursprung dieser vier Tempelformen sind die Tempel von Göbekli Tepe aus der frühen Jungsteinzeit.

Diese Tempel stellen den Bauch einer schwangeren Mutter dar:

    1. In der Mitte befindet sich eine kreisförmige Mauer – das ungeborene Kind.
    2. Um diese Mauer herum befindet sich in geringem Abstand eine zweite Mauer – der Bauch der Mutter.
    3. An einer Stelle berührt die äußere Mauer die innere Mauer oder ist durch eine kurze Mauer mit ihr verbunden – die Nabelschnur.
    4. Zu dem Raum, der durch die äußere Mauer gebildet wird, führt ein kurzer Gang – die Vagina.
    5. Am Anfang des Ganges befindet sich ein steinernes Tor – die Scham.

 *mehrere Tempel (Rekonstruktion)*	*ein Tempel (Rekonstruktion)*
 *der Eingang (Rekonstruktion)*	 *die Nabelschnur (Rekonstruktion)*
die Mittelpfeiler (Rekonstruktion)	*die Mittelpfeiler (Rekonstruktion)*

Die Tempel von Göbekli Tepe enthalten noch mehrere weitere architektonische und bildhauerische Elemente:

    1. Die Mittelpfeiler, die sehr wahrscheinlich einen Menschen und seine Seele darstellen.

    2. Die Pfeiler in der inneren und in der äußeren Mauer – sie sind vermutlich die Ahnen.

    3. Das Panther-Tor – die beiden Panther sind die Tiere der Muttergöttin, die auf einer Steinplatte dargestellt worden ist. Diese Panther sind die Kraft, die sich die damaligen Menschen von der Göttin und von ihren wünschten, um „wie ein Panther" jagen zu können.

    4. Das halbkugelförmige Dach über der inneren Mauer gehört zu dem „Kind".

    5. Das halbkugelförmige Dach über der äußeren Mauer gehört zu der „Mutter".

    6. Die steinerne Totempfähle stellen die Anrufung der Ahnen, die Muttergöttin und den Seelenvogel, die aufsteigende Kundalini-Schlange und ähnliche Themen dar.

Die vollständige Darstellung dieser Tempel findet sich in meinem Buch „Göbekli Tepe".

Die vier Tempelformen der Jungsteinzeit leiten sich wie folgt von den Tempeln von Göbekli Tepe ab:

    1. Die Tempel-Form „Haus mit überdachtem Umgang" ist die Reduzierung dieses Tempels auf die innere Mauer mit Dach („Haus") und den Umgang, von dem nur die Säulen (Ahnen-Steine in der äußeren Mauer) das Dach tragen.

    Diese Form stellt in vereinfachter Form das Bild „Kind im Bauch der Mutter" dar.

    2. Die Tempel-Form „Heiliger Hügel" ist die Reduzierung dieses Tempels auf die Form des Gesamt-Tempels, die wie ein Hügel ausgesehen hat.

    Auch die Hügelgräber sind eine Ableitung von dieser Form: die Grabkammer ist das „Kind" (innerer Raum) und der Hügel selber ist die „Mutter" (äußere Mauer); der Gang in die Grabkammer ist die „Vagina".

    Diese Tempel-Form hat sich schon in der frühen Jungsteinzeit auch zu dem Tempel-Turm entwickelt („Turm von Jericho"), der vermutlich den Weg zur

Sonne symbolisiert hat.

Die Bilder der Tempel von Göbekli Tepe sind nach der Symbolik der Sonne ausgerichtet worden: Osten = Geburt, Süden = Diesseits, Westen = Tod, und Norden = Jenseits. Auch der Treppenaufgang in dem Turm von Jericho ist bereits auf den Aufgangspunkt der Sonne zur Sommersonnenwende ausgerichtet gewesen.

3. Die Tempel-Form „Steinkreis mit Steinallee" ist die Reduzierung dieses Tempels auf die Ahnensteine in der inneren und in der äußeren kreisförmigen Mauer sowie in dem Gang.

Auch diese Tempelform stellt daher das Bild „Kind in seiner Mutter" (plus „Vagina") dar.

4. Die Tempel-Form „Höhle" ist die Reduzierung dieses Tempels auf das Innere des Ganges („Vagina") und des Inneren des äußeren Raumes („Bauch der Mutter").

V Die Tempel in der Altsteinzeit

In der Altsteinzeit hat es zwei bekannte Formen des Tempels gegeben:

    1. die Schwitzhütte und
    2. die Höhle.

Die Schwitzhütte ist das Urbild für die Tempel von Göbekli Tepe. Die Schwitzhütte besteht aus einer halbkugelförmigen Hütte aus Ästen und Fellen, die den Bauch der Großen Mutter darstellt.

Zu ihr führt manchmal ein kurzer Gang, der dazu dient, die Wärme in der Hütte zu halten („Iglu-Bauplan"). Er entspricht der „Vagina".

Die Äste, die senkrecht im Kreis in die Erde gesteckt werden und auf denen die Felle liegen, entsprechen den Ahnensteinen der Tempel von Göbekli Tepe. Diese Äste werden auch noch in den heutigen Schwitzhütten-Zeremonien oft als die Ahnen angesehen.

Zu den Schwitzhütten gehörten auch die hölzernen Totempfähle, die die Vorläufer der steinernen Totempfähle von Göbekli Tepe waren und von denen letztlich auch die beiden mit einem Gottes-Gesicht beschnitzten Säulen des Jenseitstores der Germanen („Seelenweg-Säulen") stammen. Die Totempfähle stellen vor allem einen Menschen zusammen mit seinem Seelenvogel dar und verkünden daher die zentrale religiöse Botschaft: „Du hast eine Seele!"

Eine ausführliche Darstellung findet sich in meinen Bücher „Schwitzhütten" und „Totempfähle auf fünf Kontinenten".

Die Höhlen aus der späten Altsteinzeit, die mit Bildern vor allem von Tieren bemalt worden sind, werden wie die Schwitzhütten und wie die späteren Hügelgräber als das Innere des Bauches von Mutter Erde angesehen worden sein.

- - -

Die Tempel haben zu allen Zeiten eine sehr einheitliche Symbolik gehabt: die Rückkehr in den Bauch der Großen Mutter.

Genau das drückt auch das Wort „Religion" aus: „Wiederanbindung" – womit die Nabelschnur gemeint ist …

VI Die Geschichte der germanischen Tempel

Altsteinzeit

600.000-50.000 v.Chr.

Der Ursprung der Tempel ist die Schwitzhütte in der Altsteinzeit, die vor ungefähr 600.000 Jahren vom Homo erectus entwickelt worden sein wird, als er in das von der Eiszeit geprägte, kalte Nord-Eurasien gezogen ist. Die Schwitzhütten-Zeremonie ist im Wesentlichen die Rückkehr in den Bauch der Großen Mutter.

Die damaligen Hütten und auch die Schwitzhütte ist ein halbkugelförmiger Bau aus Ästen und Fellen, zu dessen Eingang manchmal ein kurzer Gang führt („Iglu-Bauweise").

späte Altsteinzeit

50.000-10.500 v.Chr.

Als der Homo sapiens vor 50.000 Jahren von Afrika aus Eurasien besiedelt hat, hat er die Kunst zu der Religion hinzugefügt, wodurch dann die Mutter-Statuetten, die hölzernen Totempfähle und die Höhlenmalereien die Inhalte der Religion auch optisch sichtbar gemacht haben.

Die ersten Totempfähle waren ein einfacher „Vogel auf einem Stab". Dieses Symbol stellte das Erlebnis der eigenen Seele („Astralkörper"), die bei einem Nahtod den materiellen Körper verläßt, dar.

frühe Jungsteinzeit

10.000-8.500 v.Chr.

Am Ende der Eiszeit um 10.500 v.Chr. kam in Göbekli Tepe zu der Religion und zu der Kunst als neues Element die deutlich verbesserte Steinbearbeitung hinzu.

Das Fundament der Schwitzhütten wurde nun aus Steinen aufgeschichtet und das Bild „Kind in der Mutter" deutlich detaillierter ausgeführt.

Die Totempfähle wurden jetzt zu Steinsäulen, die in den Mauern der Tempel standen. Von diesen Säulen gab es schon ein reichhaltiges Repertoire: Mann, stilisierter Mann, Panther-Mann, Aufsteigen der Kundalini, Göttin und Seelenvogel, komplexe mythologische Szenen usw. Diese Vielfalt zeigt deutlich das große Alter dieser Totempfähle, deren Tradition bis in die Altsteinzeit zurückreicht.

In der Mitte der Tempel standen zwei besonders hohe Steinsäulen – vermutlich der Mensch und seine Seele.

Wenn ein Tempel nicht mehr benutzt worden ist, wurde er mit Erde und Steinen zugeschüttet – er wurde sozusagen bestattet.

Die Indogermanen

7.000-2.800 v.Chr.

Um 8.500 v.Chr. begann der Ackerbau eine zunehmend größere Rolle für die Ernährung der damaligen Menschen zu spielen. Die dadurch wesentlich sicherere Ernährungsgrundlage führte zu einer deutlichen Vergrößerung der Population und diese wiederum zu einer Ausweitung des besiedelten Gebietes.

Um 7.000 v.Chr. besiedelte ein Teil dieser Ackerbauern die südrussische Steppe nördlich des Schwarzen Meeres und des Kaspischen Meeres. Sie entwickelten sich im Laufe der nächsten 4.200 Jahre zu den Indogermanen.

Als sich um 6.000 v.Chr. die Regenfälle deutlich verringerten, wurden die Indogermanen zu halbnomadischen Viehzüchtern.

Ihre Tempel waren, wie die späteren indogermanischen Völker zeigen, von einem Säulen-Umgang umgebene Hütten für die Götter.

Auch die Totempfähle sind weiterhin hergestellt worden.

Aus den nach dem Ende ihrer Benutzung mit Erde zugeschütteten Tempeln von Göbekli Tepe entwickelte sich das Hügelgrab, das wie die ersten Tempel noch immer eine Kammer war, zu der ein Gang führte – der Tote in seinem Hügelgrab war das Kind im Bauch von Mutter Erde.

Die frühen Germanen

1.800 v.Chr. - 100 n.Chr.

Aus dieser Zeit sind keine Kultbauten der Germanen bekannt – vermutlich sind sie einfache Holzbauten gewesen, die keine sicher erkennbaren Spuren hinterlassen haben.

Die allen Indogermanen gemeinsame Form des „Säulen-Haus"-Tempels, der sich später auch bei den Germanen findet, zeigt jedoch, daß es diese Form der Tempel auch in dieser Zeit gegeben haben muß.

Die Germanen haben weiterhin Hügelgräber errichtet.

Die Totempfähle wurden z.T. zu einfachen Pfahlgöttern. Es ist jedoch denkbar, daß es auch aufwendiger hergestellte Totempfähle gegeben hat.

Die mittleren Germanen

100-400 n.Chr.

Der erste Bericht über einen germanischen Tempel ist der Bericht des Tacitus über den „Turm der Veleda". Vermutlich ist dies eine Form des „Säulen-Hauses" gewesen, das schon deutlich höher als nur „eine Etage" gewesen sein muß, da es sonst von Tacitus nicht als „Turm" bezeichnet worden wäre. Es muß also zumindestens bei den Südgermanen, die ab 750 v.Chr. von ihrer Heimat in Skandinavien allmählich nach Süden gezogen waren, eine Weiterentwicklung des einfachen „Säulen-Hauses" gegeben haben.

Bei den Nordgermanen sind in dieser Zeit nur Altäre in den Langhäusern, die vor allem Wohnhäuser gewesen sind, nachweisbar. Es könnt jedoch auch bei ihnen die einfachen „Säulen-Häuser" gegeben haben, die man auch für die vorchristliche Zeit vermuten kann.

Aufgrund der fehlenden archäologischen Funde ist die Entwicklung der Tempel bei den Nordgermanen zwischen ihrer Ankunft in Skandinavien um 1800 v.Chr. und den ersten nachweisbaren Kultstätten um 200 n.Chr. unsicher.

Spätestens aus dieser Zeit, in der der Sonnengott-Kriegsgott Tyr noch der Göttervater der Nordgermanen gewesen ist, muß auch das Bild des Tempels als „Goldene Halle" stammen, die ein „Sonnen-Tempel" gewesen ist.

Das Ende des Tyr

500 n.Chr.

Im Verlauf der Völkerwanderungszeit wurde der ehemalige nordgermanische Göttervater Tyr durch den südgermanischen Göttervater Odin abgesetzt. Möglicherweise haben die Südgermanen auch den quadratischen „Säulen-Haus"-Tempel mit zu den Nordgermanen gebracht.

Die späten Germanen I

600-800 n.Chr.

In den 200 Jahren zwischen dem Ende der Völkerwanderungzeit und dem Beginn der Wikingerzeit dominierte wieder der Langhaus-Tempel. Der Grund dafür ist vermutlich die Entstehung des Königtums bei den Germanen – die Könige neigen stets zu der Errichtung von größeren, repräsentativen Bauten.

Die späten Germanen II

800-1050 n.Chr.

Während der Wikingerzeit wurde das Langhaus mit Altar-Anbau mit dem „Säulen-Haus" kombiniert und zu dem hohen Zweiraum-Tempel weiterentwickelt, der aus einem Versammlungs-Raum und einem Statuen-Raum bestand.

Sein markanteste Merkmal sind die vier freistehenden Säulen im Inneren, die das erhöhte „Turm-Dach" in der Mitte des Tempels tragen.

Die mit einem Göttergesicht beschnitzten „Seelenweg-Säulen" sind eine Fortführung der Totempfahl-Tradition. Ihre Zweizahl, durch die sie ein Jenseits-Tor gebildet haben, könnte auf die beiden hohen Steinsäulen in den Tempeln von Göbekli Tepe zurückgehen – so wie auch die beiden hohen „Tor-Steine" in den Megalith-Anlagen ihren Ursprung in diesen beiden Säulen haben.

Stabkirchen

1050-1200 n.Chr.

Die Stabkirchen haben die Architektur der Zweiraum-Tempel der Germanen kaum verändert übernommen. Sie sind lediglich durch einen neuen Umgang und ein weiteres Dach ausgebaut worden.

VII   Im Tempel

Der folgende Text ist die Schilderung eines (imaginären) Besuchs in einem nordgermanischen Tempel in Schweden um ca. 890 n.Chr.

Sie faßt einen großen Teil der Informationen (aus Band 56-60) zusammen, um ein möglichst vollständiges und durch die Form des Erlebnisberichtes etwas lebendigeres Bild eines nordgermanischen Tempels zu erschaffen.

- - -

Möwen flogen schreiend über den Fyrisan-Fluß oberhalb des Mälar-Sees. Im Osten stiegt die blasse Sonne im Morgennebel auf. Eyvinds Drachenschiff lagt mit gerefftem Segel am Ufer vertäut und die Wikinger trugen Kisten auf das Schiff, strichen des Teiles des Rumpfes mit Teer und einige kochten am Ufer über einem Feuer in einem Kessel Fleisch.

„Komm Thorstein, laß uns zu meinem Vetter Hrafnaketil gehen. Ich will mit ihm noch einmal in den Tempel gehen."

„Ja, Vater."

Sie gingen den Strandweg zur Stadt hinauf. Rauch stieg aus den Häusern auf und es herrschte schon überall ein reges Treiben.

Das diesjährige Disen-Thing war beendet und auch der Disen-Markt. Die meisten Händler brachen wieder auf – einige mit Pferde-Gespannen, doch die meisten mit ihren Handels-Schiffen, die neben Eyvinds Schiff am Ufer vertäut lagen.

„Wohin willst Du in Uppsala, Vater? Der Tempel liegt doch außerhalb."

„Ich will noch zum Schmied. Sieh, dort drüben ist ist sein Haus – und dort steht er mit seinen beiden Helfern an seiner Esse."

Funken stoben, als der Schmied mit seinem Hammer auf das glühende Eisen schlug, daß es durch die Morgenluft dröhnte.

„Möge Wielands Segen mit Dir sein, Schwarz-Rock!" grüßte Eyvind, als er näher kam.

„Und möge Njörd Dir immer einen vollen Geldbeutel gewähren! Warte einen Augenblick, ich habe das Hufeisen gleich fertig."

Thorstein sah zu, wie die Helfer mit den beiden Blasebälgen das Eisen in der Esse zum Glühen brachten und der Schmied das heiße Eisen mit kundigen Schlägen formte.

Als der Schmied fertig war, wandte er such an Thorsteins Vater: „Nun, Eyvind, willst Du das Gold, daß Du beim Markttag erhandelt hast, bei mir ausgeben? Nur zu!"

„Ich brauche nicht viel – aber etwas Gutes. Hast Du eine Freyr-Statuette für mich? Du warst doch immer ein geschickter Gold-Gießer."

„Das bin ich auch noch immer. Kommt herein."

Sie traten in das Haus, in dem es dämmrig war. In der Feuerstelle glimmten noch ein paar Holzreste. Der Schmied holte ein kleines Kästchen und stellte es auf den langen Tisch, der aus dicken Bohlen gezimmert worden war.

Er öffnete es und Eyvind und Thorstein blickten hinein. Der Schmied nahm einige Statuetten heraus, die ungefähr so groß wie Thorsteins Daumen waren.

„Das ist Freyr und das auch."

Der Schmied hielt schmunzelnd eine andere dem Thorstein hin: „Schau, das ist Thor – nach ihm hat Dich Dein Vater benannt, damit Du unter seinem Schutz stehst."

Thorstein nahm die Bronze-Statue und betrachtete sie. Thor saß mit untergeschlagenen Beinen und hielt seinen Hammer in seiner Hand.

Eyvind betrachtete die Statuette und frug dann den Schmied: „Hast Du noch andere Freyr-Statuetten?"

„Ja, schau hier, diese sind aus Bronze und diese hier aus Silber. Ja, nach den Freyr-Statuetten wird am häufigsten gefragt – die Bauern und die Händler brauchen alle seine Hilfe."

„Ich nehme diese goldene Statuette."

„Freyr war wohl sehr großzügig mit seinem Segen an diesem Markt?"

„Ja das war er."

„Sie kostet zweimal ihr Gewicht an Gold."

„Gut – ich will nicht feilschen, wenn es um Freyr oder Njörd geht."

Der Schmied holte eine Waage herbei und wog zweimal die Statuette gegen die gehackten Goldstückchen ab, die Eyvind aus dem Beutel an seinem Gürtel holte.

Nachdem sie fertig gewogen hatten, frug Thorstein den Schmied: „Und welche Götter sind dies?"

„Dieser hier mit dem einen Auge ist Odin. Und dies ist Njörd der Reiche. Was meinst Du, wer diese Göttin auf dem Hochsitz sein mag?"

„Freya?"

„Ja, das ist sie, die Göttin der Liebe – na, dafür bist Du noch ein bißchen zu jung ... Und dies ist Skadi und dies Thorgerdr. Diese silberne Statuette mit dem Horn ist Heimdall. Und diese goldene mit Schild und Schwert? Sie war einst einmal sehr beliebt, wie man unter den Schmieden erzählt. Weißt Du, wer das ist?"

„Hm – Tyr?"

„Na, ich sehe, Du kommst aus einer Familie, in der es viele Priester und Priesterinnen gegeben hat. Willst Du auch ein Priester werden?"

„Ich werde Händler wie mein Vater."

„So ist es auch richtig."

Eyvind wollte aufbrechen und erhob grüßend die Hand und sprach: „Möge sich das Eisen stets nach Deinem Willen formen!"

„Und mögest Du stets guten Wind auf Deinen Fahrten haben!"

Sie verließen das Haus und gingen über den Platz zu einem anderen Haus hinüber. Hinter ihnen dröhnten nun wieder die Hammerschläge des Schmiedes.

Eyvind klopfte an die Türe eines recht neuen Hauses. Ein Mann mit einem rotblonden Bart öffnete ihm.

„Da bist Du ja schon, Eyvind. Immer frühauf – schon als Kind bist Du so gewesen, Sohn meiner Mutter-Schwester. Damals sind wird in der Frühe auf die Jagd gegangen – und nun jagst Du Gold und Silber. Du bist von Ullr zu Freyr gewechselt ..."

„Und Du von Ullr zu Hönir, mein alter Freund und Verwandter!"

„Laß uns gleich losgehen – es gibt für mich noch viel zu heute."

„Was steht denn an, Hrafnaketil?"

„Heute Abend ist ein Opferfest im Tempel, das ich leiten werde."

„Ah, ja, ich habe davon gehört. Dann laß uns gehen."

Sie gingen Richtung Norden los.

Da frug Thorstein: „Liegt der Tempel nicht im Osten von hier?"

„Ja, aber wir gehen zum Anfang des Hel-Weges und ihn entlang zum Tempel."

Eyvindr sprach: „Das ist mir sehr recht. Ich tue alle Dinge gerne auf die richtige Weise."

„Ich kenne Dich doch, Eyvind. Doch erzähle mir, was weißt Du Neues?"

„Viel ist drüben in Europa geschehen, seit Karl der Große gestorben ist."

„Das kann man wohl sagen – und er selber hat auch schon alles verändert – er hat die Christen geholt und die alten Götter vertrieben ... Und er hat das Frankenreich groß gemacht und nun wollen alle Könige und Kaiser werden. Sieh nur unseren König Björn, der Schweden geeint hat! Es scheint, als ob das Ende der alten Zeiten gekommen sei, in der die Männer frei waren und nach Ehre und Ruhm gestrebt haben. Nun gibt es selbst hier bei uns nur noch König Björn von Uppsala ..."

„Sag das mal nicht zu laut – der König hört das nicht gern!"

„Das ist mir egal. Was ist denn neu drüben auf dem Festland? Vor gut achtzig Jahren ist Karl der Große gestorben, dann kam Ludwig der Fromme, der jetzt auch schon vierzig Jahre tot ist und dann haben dessen Söhne sein Reich unter sich aufgeteilt – Karl der Kahle, Lothar I und Ludwig der Deutsche. Aber inzwischen lebt von denen auch keiner mehr."

„Ja, und das Westfrankenreich hat auch nicht gehalten – die Söhne Karls des Kahlen haben sich zerstritten und das Reich ist weiter zerfallen."

„Hat nicht vor vier Jahren Karl der Dicke das Frankenreich wieder vereint?"

„Hat er. Aber es hat nicht gehalten ... Und daran haben wir kräftig mitgewirkt."

Thorstein blickte seinen Vater an und frug: „Wir? Was haben wir denn mit dem Frankenreich zu tun?"

„Eigentlich nichts, aber wir und die Norweger und die Dänen haben so viele Raubzüge zu den Franken unternommen, daß Karl der Dicke ständig gegen die Wikinger kämpfen mußte und keine Zeit hatte, sein Reich zusammenzuhalten. Inzwischen ist

Odo von Paris, der Sohn von Robert dem Tapferen, westfränkischer König geworden – seit ewigen Zeiten der erste Franken-König, der nicht von den Karolingern stammt."

Hrafnaketil sagte zu seinem Vetter: „Ich habe davon gehört. Selbst die Karolinger haben nicht in alle Ewigkeit die Macht …"

„Bei den Ostfranken herrscht inzwischen Arnulf von Kärnten – aber vor vier Jahren ist ein Teil seines Heeres am italienischen Fieber gestorben. Gut, daß Menglöds Mägde mich beschützt haben – ich war damals auch im Rheinland, wo dieses Fieber so viele dahingerafft hat."

„Nun, mal sehen, wie lange Odo noch herrschen wird – die drei Frankenreiche wanken an allen Enden!"

„Aber Odo von Paris hat vor zwei Jahren die Wikinger in der Normandie besiegt. Der ist ein Krieger-König. Auch Arnulf hat ein Wikinger-Heer besiegt. Die Franken sind noch nicht ganz am Ende … Auch deshalb bin ich lieber Händler als Krieger."

„Aber Du bist trotzdem ziemlich geschickt mit dem Bogen und dem Schwert, wenn ich mich an früher erinnere. Wer ist denn eigentlich König von Italien? Hast Du darüber etwas gehört, Eyvind?"

„Seit drei Jahren Guido von Spoleto – nachdem er Berengar I besiegt hatte. Und Formosus ist letztes Jahr der Nachfolger von Papst Stephan V geworden."

„Nunja, mit diesem neuen Papst brauchen wir nicht zu rechnen – der wird auch kein großer Kriegsherr sein. Weißt Du sonst noch Neues?"

„Eine Flotte von Drachenschiffen ist letztes Jahr den Rhein hinaufgesegelt und hat Bingen geplündert und zerstört und dieses Jahr waren sie in Köln und in Bonn und bei dem Kloster Prüm in der Eifel und haben reiche Beute gemacht – aber davon wirst Du schon ja wohl schon gehört haben."

„Ja, aber kaum etwas über Britannien."

„Was gibt es da zu erzählen? Alfred der Große ist seit einundzwanzig Jahren König der West-Sachsen und seit sechs Jahren auch der König der Angelsachsen. Er wird immer mächtiger, der Sohn des Aethelwulf … Und er macht den Wikingern ernsthaft Schwierigkeiten, wenn sie bei ihm Schätze holen wollen. Und im Norden, in Schottland? Dort hat Donald II seinen Onkel Giric besiegt und seinen Mitregenten Eochiad verbannt und ist nun König von ganz Schottland."

„Das waren noch Zeiten als die Ragnars-Söhne in London geherrscht haben! Wie lange ist das jetzt her?"

„Das müssen jetzt gut 25 Jahre her sein, als Halfdan Weißkittel und seine beiden Brüder Ubbo und Ivar der Knochenlose dort gewesen sind. Die Christen in England nennen das jetzt 'das große heidnische Heer'. Halfdan war vier Jahre lang Herr von London und sie haben Northumbrien erobert und Schottland geplündert – nachdem zuvor in Paris nach ihren Besuchen nicht mehr viel zu holen war. Als sie vor 15 Jahren von Alfred dem Großen vertrieben worden sind, haben sie stattdessen die

Normandie, Flandern, das Rheinland, Aachen und Konstantinopel überfallen. In der Normandie heert jetzt vor allem Rollo der Wanderer. Aber nach Spanien fährt inzwischen kaum noch ein Wikinger – wieso eigentlich?"

„Das müßtest Du doch eher wissen als ich! Vor sechzig Jahren war Spanien recht beliebt."

„Hast Du Neues von Norwegen gehört – von Harald Struwelkopf?"

„Ja, der Sohn von Halfdan dem Schwarzen ist inzwischen ja König von Norwegen und heißt jetzt Harald Schönhaar. Mittlerweile gehören auch die Orkney-Inseln zu seinem Reich."

„Dieses ganze Streben nach Königtum und großen Reichen … damit haben die Franken angefangen mit ihrem riesigen Reich von der Nordsee bis an die Adria und vom Atlantik bis zur Elbe! Jeder kleine Fürst will es ihnen nachmachen! Am liebsten wären sie alle wie Cäsar! Wie soll das gutgehen?"

„Vetter Eyvind – manchmal klingst Du überhaupt nicht wie ein Wikinger!"

„Mir ist Freyr lieber als Thor und Odin – das war doch schon immer so, Hrafnaketil. Und meine eigene Freiheit möchte ich mir auch bewahren – und wie soll das mit all' diesen Königen möglich sein, die immer alle unterwerfen wollen?"

„Die Zeiten ändern sich, Eyvind. Immerhin kommen diese Christen nicht zu uns in den Norden. Dann würde sich alles noch sehr viel mehr verändern als es das jetzt schon tut."

„Waren nicht schon einige von ihnen bei den Dänen?"

„Ja, aber die sind auch schnell wieder gegangen. Wer herrscht dort jetzt eigentlich? Gorm Frotho-Sohn?"

„Nein, der ist gestorben. In Dänemark herrscht Sigurd III, in Jütland Helge Frotho-Sohn und auf Seeland Harald III."

„Hundert Jahre ist es schon her, daß wir das Kloster Lindisfarn an der Nordseeküste von England überfallen haben. Viel haben wir erobert – wir … die Dänen und Schweden und Jüten und Norweger und Gotländer. Es würde mich nicht wundern, wenn wir in hundert Jahren alle nur noch ein- und denselben König haben, wenn das so weitergeht! Ein König aller Wikinger."

„Nunja, für den Handel wäre das vielleicht besser, Hrafnaketil, aber sonst … ich weiß nicht … In Norwegen wandern viele Wikinger wegen der Herrschaft des Harald nach Island aus …"

„Bist Du eigentlich schon einmal in das Land der Balten und Slawen gefahren?"

„Ich war einmal bei dem Svantevit-Orakel auf Rügen – wie viele andere auch."

„Was weißt Du über die Wikinger-Reiche dort im Osten?"

„Die Rus leben dort noch immer im Königreich Kiew und im Königreich Nowgorod. Das haben vor fünfundzwanzig Jahren Askold und Dir mit ihrer Flotte gegründet. Dann hat dort Rjurik geherrscht – aber der lebt auch schon eine Weile nicht mehr. Ich weiß nicht, wer dort jetzt König ist – ich bin schon lange nicht mehr dort gewesen."

„Und wer ist in Byzanz König? Noch immer Leo VI?"

„Ja, er ist jetzt schon seit sechs Jahren Kaiser von Konstantinopel."

„Womit hast Du eigentlich in den letzten Jahren gehandelt? Sklaven sind doch noch immer das Lohnendste – oder?"

„Mit Sklaven habe ich noch nie gehandelt – Du kennst mich doch, mein Weg ist der Weg der Wanen ... der des Njörd und des Freyr und der Freya und des Hofund ... Ich habe Dörrfleisch und Räucherfisch in meinem Schiff, Stoffe, Felle, edle Hölzer, Elfenbein, Schmuck, Waffen – vor allem die kleineren, edlen Dinge wie Schmuck, kostbare Kessel, wie ich Dir einen für den Tempel mitgebracht habe ... solche Dinge."

„Schaut, da ist der Helweg – er führt zum Tempel hinüber. Der Pfad des Odin, der Reitweg des Hermodr, die Wanderung des Skirnir, Menglöds Tor, der Weg der Sonne – das alles sind seine Namen und noch viele mehr."

Thorstein blickte den langen, geraden Weg entlang, an dessen Nordseite immer im Abstand von gut zehn Schritten viele gleichhohe Pfosten standen.

Er frug Hrafnaketil: „Was sind diese Pfosten?"

„Das sind die Ahnen. Oder die Schritte des Riesen Hrungnir. Oder die Bäume des Düsterwaldes. Die Stangen in der Furt des Wimur, den Thor durchwatet hat. Und nun Dein Weg zum Tempel. Schweigt jetzt, wenn wir diesen Weg gehen."

„Schweigen?"

„Ja, schweigen. Nur in der Stille kannst Du zu den Göttern reisen. Ohne die Stille in Dir gehst Du nur über Gras und Steine, aber nicht auf dem Helweg."

Thorstein blickte seinen Vater fragend an und dieser nickte ihm zu.

Thorstein schaute den grasbewachsenen Weg entlang. Wieviele Pfosten mochten dort stehen? 150? 200? Und sie waren mehr als dreimal so hoch wie sei Vater.

Hrafnaketil ging voran, Eyvind und sein Sohn folgten ihm.

Schweigend schritten sie an den Pfosten vorüber, die so weit auseinanderstanden wie sie hoch waren – vollkommen gleichmäßig, einer so hoch wie der andere und einer von dem anderen so weit entfernt wie der andere.

Die Sonne war inzwischen ein gutes Stück am Himmel emporgestiegen und es fing an, warm zu werden. Einige Hummeln summten zwischen den Blüten am Wegrand, ein Rabe krächzte am Waldrand und vom Fluß schallte der Schrei eines Seeadlers herauf. In der Ferne hörte man die Hammerschläge des Schmiedes.

Thorstein schaute auf die Pfosten. Was waren diese hohen Stämme? Blickten sie auf ihn herab? Waren sie Menschen wie die Pfahlmänner am Rand der Moore? Wie die Statuen im Tempel? Waren sie die Ahnen, die den Weg in das Jenseits bewachten? Waren sie der Jenseitswald, der Düsterwald?

Thorstein gingen die Mythen durch den Sinn, die die Skalden bei den Festen erzählten – die Fahrt des Skirnir durch die Waberlohe und durch den dunklen Wald, der in das Jenseits zu Gerdr Gymir-Tochter führte. Gerdr ... die Göttin, die am Morgen die Tore des Himmels für die Sonne öffnete ...

Hermodr ist diesen Weg auf Sleipnir geritten, um Baldur aus der Hel zurückzuholen – durch dunkle Täler ist er geritten, über die Gold-bedeckte Gjallar-Brücke ... Baldur, den Asen des Sommers und der Sonne.

Auch Sigurd ist diesen Weg auf seinem Roß Grani geritten ... und Grani ist ein Ururuenkel des Sleipnir ... und Sleipnir der Sohn des Svadilfari, der das Roß des Tyr gewesen ist. Sigurd ist wie Skirnir durch die Waberlohe geritten, durch das Feuer, das Diesseits und Jenseits trennt ... das Opferfeuer, das Bestattungsfeuer, das Sonnenuntergangsfeuer – das Abendrot, das Sonnenaufgangsfeuer – das Morgenrot ... und hier gehe nun ich jetzt selber zu dem Tempel, zu den Ahnen, zu den Göttern ...

Thorstein ging den Hel-Weg hinter Hrafnaketil entlang, Schritt für Schritt ... und er spürte trotz der Sonne die Kälte in dem dunklen Tal, durch das Hermodr geritten ist, er ahnte das Flackern der Flammen, durch die Skirnir geritten ist ... die Schritte waren wie ein leiser, gleichmäßiger Rhythmus, wie das Schlagen der Trommeln der finnischen Schamanen, die er einmal auf den Fahren mit seinem Vater nach Osten gehört hatte ... Was riefen die Trommeln? Klang da Gesang? Tiefe Männerstimmen und eine hohe Frauenstimme ... Thorstein verstand die Worte nicht, aber sie riefen Bilder in ihm hervor ... eine schwarze Sonne in der Nacht des Jenseits ... eine Schwarzsonne, die lautlos durch die Nebel schwebte ...

Da hörte Thorstein in sich Verse, von einer festen Männerstimme gesprochen ... sie klang in sich gekehrt und wie wartend:

„Die Sonne sah ich
blutrot scheinen,
Als ich mich von der Welt wandte;
Doch heller schien sie mir
und herrlicher
Als ich sie je gesehen hatte."

Nach einer Weile begann sich die schwarze Sonne allmählich rot zu färben und die Nebel begannen sich zu lichten ... und wieder sprach die feste Männerstimme, doch diesmal voller Kraft und Freude:

„Ich kenne ein fünfzehntes Lied,
das der Tyr-Priester
an jedem Morgen singt
damit die Asen Stärke erhalten
und den Ahnen alles glücklich gelingt,
und Sonnen-Tyr am klaren Himmel erscheint."

Die rote Sonne, die er vor sich sah, wurde immer deutlicher und der Weg, auf dem er lief, verblaßte, wurde zu einem Schemen im Hintergrund ... er ging ohne daß er den Weg noch richtig sah ... aber er ging mit sicherem Schritt ... die Sonne begann zu glühen ... und wieder hörte er dieselbe Stimme in sich sprechen:

„Auf dem Berge stand Tyr mit blankem Schwert,
Den Helm auf dem Haupt.
Da hub Mimirs Haupt an weise das erste Wort
Und sagte wahre Stäbe."

Die glühendrote Sonne begann immer mehr zu strahlen und färbte sich allmählich golden und Thorstein sah, daß die Sonne ein Schild war, ein goldener Schild, ein goldenes Kreuz in einem goldenen Kreis und je ein Punkt in jedem Viertel ... und der Schild wurde von einem Mann gehalten ... und er hielt in seiner Rechten ein goldenes Schwert, das wie die Sonne leuchtete und auch der Helm auf seinem Haupt schien strahlend hell ... und er sah, daß das die Stelle zwischen seinen Beinen rot glühte und wie ein Feuer in dem Mann emporloderte und er sah, daß das ganze goldene Licht aus der Mitte seiner Brust geflossen kam ... dort leuchtete die innere Sonne dieses Mannes, sein Herz ...

Da hörte Thorstein eine andere Stimme ... Wer war das? Er kannte die Stimme ... es war die Stimme seines Vaters ... Wo war sein Vater? Thorstein sah die Kontur seines Vaters hinter all dem glühenden Feuer und all dem goldenen Licht ... allmählich verblaßte das Licht und die Gestalt seines Vaters und auch die des Hrafnaketil wurde deutlicher.

Hrafnaketil blickte Thorstein an: „Junge, Du bist wirklich den Hel-Weg gegangen. In Dir fließt das Blut des Hönir ... Du könntest ein Priester und ein Seher werden, wenn Du das willst. Den Göttern wärest Du willkommen."

„Was war das?"

„Du hast den Hel-Weg gesehen und die Dinge, die auf ihm geschehen. Was hast Du erlebt?"

„Da war Skirnir und eine Waberlohe und Hermodr und ein tiefes, dunkles Tal und dann hat da eine Stimme gesprochen ... Verse, die ich schon einmal gehört habe ... Sonnen-Verse ... und dann, dann war da eine glühende Sonne, die golden geworden ist und dann war sie der Schild eines großen Mannes mit einem goldenen Schwert und er hat geglüht und geleuchtet ... ... Wer ist das gewesen?"

Hrafnaketil sah Thorstein einen Augenblick lang schweigend an. Dann sprach er: „Du hast Tyr gesehen – nicht so, wie die Skalden jetzt über ihn singen, sondern so, wie ihn kaum noch jemand sieht, so wie er früher gesehen worden ist ... und ich glaube, Du hast die Morgenlieder gehört, die die Priestern früher für Tyr gesungen haben, der morgens in der Sonne wiedergeboren wird. ... Siehst du öfter solche Dinge?"

„Nein, nur manchmal sehe ich die Pukis, die Landgeister – oder manchmal auch die Geister von Pflanzen ... aber nicht oft ..."

„Hm, ich glaube, dieser Keim wird noch zu einem Baum anwachsen. ... Wir werden sehen, was Wyrd Dir bestimmt hat."

Hrafnaketil wandte sich zu Eyvind und beide gingen nach rechts weiter. Thorstein folgte ihnen und blickte sich dabei um. Dort vorne lagen drei große Hügelgräber – von ihnen hatte ihm sein Vater erzählt. Man sagte, daß dort die drei ersten Könige von Uppsala begraben liegen würden – aber das wußte niemand mehr so ganz genau ... das war schon sehr lange her.

Rechts lagen zwei langgestreckte Plateaus und auf einem von ihnen sah er die Ruinen einer großen Halle. Es sah aus wie eine der Hallen der Könige aus früherer Zeit ...

Und dort vorne ... Da stand der Tempel! Thorstein blieb wie angewurzelt stehen – so etwas hatte er noch nie gesehen!

Er war aus Holz errichtet worden, seine Dächer waren hoch und glänzten von Gold, das in der Morgensonne hell erstrahlte. Drachen rissen an jeder Ecke des Tempels schützend ihre Mäuler auf. Eine goldene Kette hing rings um den Tempel von Giebelecke zu Giebelecke – sie flammte im Sonnenlicht wie die Waberlohe, die Diesseits und Jenseits trennt, sie glänzte wie die Gold-bedeckte Gjallar-Brücke!

Sie kamen dem Tempel allmählich näher, der ringsum von einem Zaun umgeben war. Die Balken des Tempels und die Planken, aus denen die Wände gefügt waren, waren über und über beschnitzt und sie glänzten von dem Gold und dem Silber, mit dem sie eingelegt worden waren und hier und da funkelte hell ein Bergkristall oder strahlte warm ein Bernstein in den Schnitzereien.

Der untere Teil der Wände war mit dem Blut von Opfertieren besprenkelt worden und glänzte rötlich-schwarz.

Langsam näherten sie sich dem Tempeltor, an dem ein Bronzering glänzte, der von Drachen gehalten wurde. Hoch ragte der Tempel über ihnen empor ... Giebel über Giebel, Drache über Drache, Goldschindel über Goldschindel – die Goldene Halle der Götter!

Neben dem Tor stand ein Wächter mit einem Speer in seiner Hand. Er grüßte Hrafnaketil und Eyvind und öffnete die Tür, doch Thorstein war stehengeblieben und blickte auf die Schnitzereien rings um das Tor. Vergoldete Ranken aus Holz stiegen an der Wand empor – hoch wie die Weltesche ... und in den Ranken, auf den Zweigen Yggdrasils saßen Vögel ... die Seelen der Ahnen ... hinter dem Stamm kam ein Drache hervor, der sein Maul aufriß – bereit, jeden Feind anzugreifen! Unten an dem Stamm des Baumes stand zwischen den Wurzeln ein Bär und dort hinten kamen Wölfe herbei ...

Thorsteins Blick wanderte den Baum empor und er sah in der Krone des Baumes, in den Ranken über dem Tor einen weiteren Drachen, größer und furchtbarer als der am

Stamm des Yggdrasil – und der Drache schaute ihn an, blickte ihm in die Augen und Thorstein konnte nicht mehr von ihm fortsehen. Er spürte das Feuer in dem Drachen, die Sonne in seinem Herzen, er spürte seine uralte Weisheit, seine gewaltige Kraft, den Wandel aller Dinge, und er begann zu ahnen, was dieser Drache alles gesehen hatte.

Da begann der Drache sich zu bewegen und die Schnitzereien über dem Tor begannen sich aufzulösen und der Drache wurde immer deutlicher und immer lebendiger. Er wand sich hin und her und die ganze Zeit blickte er auf Thorstein. Da begann sich der Drache zu verwandeln und wurde zu einem Mann mit goldenem Schild und goldenem Schwert. Dann verwandelte sich der Mann wieder in den Drachen und dann wieder zurück in den Mann ... immer weiter, endlos ...

Doch dann nahm er eine neue Gestalt an und wurde zu einem riesigen Wolf, der nur still dastand und Thorstein anblickte. Da sprach der Wolf zu Thorstein ohne daß er sein Maul bewegte: „Ich kenne Dich. Ich habe auf Dich gewartet. Willkommen."

Dann wurde er wieder zu dem Mann und zu dem Drachen, die sich ständig ineinander verwandelten. Allmählich wurde das Bild blasser und Thorstein sah wieder die Schnitzereien rings um das Tor und Hrafnaketil, Eyvind und den Wächter, die vor ihm standen und ihn anblickten.

„Was hast Du gesehen?" frug Hrafnaketil.

„Der Drache dort oben ... er war ganz lebendig und er war golden! Und er hat sich in den Mann mit dem Sonnenschild und dem Sonnenschwert verwandelt, in Tyr ... und dann wurde er zu einem riesigen Wolf und hat mich willkommen geheißen ..."

„Du scheinst wirklich unter dem Schutz des Tyr zu stehen, Thorstein. Auch der Wolf war Tyr – Tyr ist der Gott der Ulfhedinn, der Wolfs-Krieger ... und Tyr selber ist einst der größte aller Wolfskrieger gewesen, der größte aller Wölfe ... Fenrir. Doch auch das weiß heute kaum noch jemand. Du solltest wirklich Priester oder Seher werden, mein Junge."

Thorstein schwieg und folgte Hrafnaketil und Eyvind in den Tempel. Gleich innen stand ein Tor – zwei hölzerne Säulen, die mit einem Gesicht beschnitzt waren. Thorstein erschrak, denn dies war das Gesicht des Mannes, den er noch eben mit Schild und Schwert gesehen hatte ... doch die beiden Gesichter auf den beiden Säulen blickten freundlich auf ihn ... aber sie strahlten auch eine große Kraft und Wärme aus, die alles zu durchdringen schien.

Thorstein blickte empor und sah den gebogenen Balken, der die beiden Pfosten oben miteinander verband – dies war das Jenseitstor, dies waren die Seelenweg-Säulen, dies war die Regenbogenbrücke Bifröst, dies war die Gjallar-Brücke ... hier betrat er die Welt der Götter ...

Thorstein lief ein Schauder über den Rücken, als er Eyvind und Hrafnaketil durch das Tor folgte.

Es war ein wenig dämmrig in dem Inneren des Tempels, aber Thorstein konnte alles erkennen. Oben fiel Licht durch Fenster und in der Mitte brannte ein kleines Feuer zwischen vier dicken Säulen, die bis oben in das Dach hinaufreichten und die Erhöhung auf dem Dach trugen. Diese Säulen waren hoch oben durch je zwei diagonal gekreuzte Balken verbunden.

In dem großen Raum standen zwei lange Tafeln und neben ihnen Bänke. Auch diese Tafeln und Bänke waren mit vielen Tieren und Ranken beschnitzt.

Thorstein blickte sich um. Auch hier innen waren die Wände unten mit dem Blut der Opfertiere besprenkelt worden und glänzten dunkel.

An der Giebelwand hingen drei Schilde, die beschnitzt und bemalt worden waren. Er ging näher zu ihnen hin und schaute sie an. Auf dem Schild links waren Thor und Hrungnir zu sehen und Sigurd mit dem Drachen, Jörmunreks Tod, und Thiazi und Loki. Auf dem Schild rechts sah er Thor und Geirröd, Thor und Jörmungandr, Idun unter ihrem Apfelbaum und Asgard.

Unter dem mittleren Schild hingen Adlerfedern. Dieser Schild sah anders aus – er war offenbar schon sehr, sehr alt … Er hatte einen Rand aus Bronze und eine Linie durchzog ihn von oben nach unten und eine von links nach rechts und der Schildbuckel in der Mitte, wo sich diese beiden Linien kreuzten, war vergoldet und sah aus wie die Sonne – Thorstein zählte sechzehn Strahlen, die von ihr ausgingen. In dem linken unteren Viertel sah Thorstein wieder den Drachen und in dem oberen rechten Viertel Tyr mit seinem Schwert und seinem Schild. In den beiden anderen Viertel war das Seelenweg-Tor zu sehen.

Er blickte sich weiter um und sah an der Seitenwand einen langen Wandbehang und ging näher zu ihm hin. Er sah eine Prozession zu einem Hügelgrab, auf dem ein Reiter auf einem Roß mit acht Beinen stand. Der Reiter hatte zwei Augen – es war nicht Odin, sondern Hermodr.

Daneben hing noch ein zweiter Wandbehang. Auf ihm sah Thorstein den Tod des Baldur, seine Ankunft im Jenseits, wo er aus einem Horn den Nornen-Met trank, und er sah auch seine Rückkehr ins Diesseits. Ganz am Rand war Odin zu sehen, der mit Loki Tafl spielte – das Orakel, das zeigte, ob Baldur zurückkehren würde.

Auf der anderen Seite des Tempels waren viele kleine Goldplättchen mit Birkenteer an der Wand befestigt worden – die Bitten von vielen Menschen und der Dank von vielen Menschen.

Er blickte sich nach seinem Vater um. Er stand zusammen mit Hrafnaketil und einer Priesterin in einem langen weißen Gewand und einem langem blauen Umhang an der anderen Seite des Tempels. Thorstein ging zu ihnen hinüber.

„Du möchtest Freyr ein Opfer bringen?" frug die Priesterin Eyvind.

„Ja, ich möchte mich für den guten Handel bedanken. Und ich möchte drei Goldringe für den Tempel geben."

Eyvind reichte der Priesterin die Taler. Thorstein schaute die Priesterin an und sah, daß sie sehr alt war – aber sie wirkte sehr kräftig. Sie hatte langes, weißes Haar. Sie blickte Thorstein einen Augenblick lang an und sprach dann zu ihm: „Komm her zu uns."

Thorstein trat zu ihnen und blickte in den Raum, der sich hier an die Halle mit den Bänken anschloß.

Dort blickten ihn die Götter an. In der Mitte saß Thor mit seinem silberglänzenden Hammer in seinem Streitwagen, der von zwei Ziegen gezogen wurde. Thors Haare glänzten von Gold; sein rotes Gewand war mit einem Gürtel zusammengehalten. Die Räder seines Streitwagens waren vergoldet und Thorstein sah, daß Runen in die Felge des Streitwagens und in die Hufe der Ziegenböcke geritzt worden waren. Die Hörner der Ziegen, ihre Zähne und ihre Hufe waren aus Silber und glänzten im Schein des Feuers in der Feuerstelle zwischen den vier hohen Säulen.

Links neben Thor saß Odin in seinem Hochsitz. Der Hochsitz stand wie Thors Streitwagen auf einem Podest, das an jeder seiner vier Ecken von einem Drachenkopf geschützt wurde. Eines der Augen des Odin war blind. Links und rechts neben ihm saßen seine beiden Wölfe Geri und Freki und auf der Lehne seines Hochstuhls saßen seine beiden Raben Hugin und Munin. Odin trug ein graues Gewand, doch darüber wie die Priesterin einen blauen Umhang.

Auf der rechten Seite des Thor saß Freyr mit seinem spitzen Hut. Er saß mit untergeschlagenen Beinen da. Thorstein war ein bißchen erschrocken über das riesige, aufgerichtet Glied des Freyr ... aber Freyr blickte sehr freundlich.

Er schaute weiter. Rechts neben Freyr saß Freya auf einem Hochstuhl. Sie trug ein grünes Gewand und ihr Brisingamen glänzte golden an ihrem Hals. Thorstein schien, daß sie ihn anlächelte und ihm war, als ob ein Duft wie von Blüten von ihr zu ihm herüberwehte. Unsicher lächelte er zurück und schlug dann die Augen nieder.

Doch dann blickte er weiter in dem Raum umher. Links neben Odin saß Sif, die Göttin der Erde und des Getreides. Sie trug ein gelb-braunes Gewand und hielt eine Korngarbe in ihren Händen.

In der Mitte des Raumes und in der Mitte der Götter stand ein Altar. Er war oben mit Silber bedeckt und auf ihm lag ein Goldring und zwei goldene Trinkhörner, die über und über mit Bildern bedeckt waren. Auf einem kleineren Tisch auf der linken Seite sah er zwei Opfergefäße und auf einem anderen Tisch auf der rechten Seite sah er ein Tafl-Orakel.

Da trat die Priesterin vor den Altar und sprach:

„Heil Dir Tag, Heil euch Tagessöhnen,
Heil Dir Nacht und nährende Erde:
Mit unzornigen Augen schaut auf uns
Und gebt uns Midgard-Menschen Sieg.
Heil euch Asen, Heil euch Asinnen,
Heil Dir, fruchtbares Feld!

*Wort und Weisheit gewährt uns allen
Und immer heilende Hände!"*

Dann trat sie in den Götter-Raum und stellte die kleine Freyr-Statuette, die Eyvind von dem Schmied gekauft hatte, auf einen kleinen Tisch neben Freyr und sprach:

„Eyvindr dankt Dir für Deinen Segen,
Eyvindr freut sich über Freyrs Hilfe;
Freund der Menschen, füge Freundliches zu seinem Leben,
Bitten-Erfüller der Bauern, begleite ihn!"

Thorstein schaute nun genauer, was auf diesen kleinen Tischen bei den Göttern lag – kleine silberne Hämmer bei Thor, kleine Sensen bei Freyr und bei Sif, ein kleiner Kessel bei Freyr, eine Sleipnir-Statuette, ein kleiner Speer und ein Bronze-Vogel bei Odin, Fibeln bei Sif und auch bei den anderen, bei fast allen lagen kleine Ringe und Stücke von Gold … Thorstein sah auch einige Glasperlen und verschiedene Schmuckstücke, die den Göttern geschenkt worden waren … als Bitte oder als Dank.

Eyvind berührte Thorstein leicht an der Schulter. „Komm, ich möchte noch zum Disen-Tempel gehen."

Thorstein folgte Eyvind und Hrafnaketil aus dem Tempel hinaus. Sie gingen nun nach links. Thorstein blickte sich mehrmals nach dem Tempel um und sah dessen Dach, das in der höher steigenden Sonne immer heller erstrahlte.

Hrafnaketil sprach zu Thorstein: „Dort drüben ist der Opferwald und der See der Orakel. Aber dorthin gehen wir heute nicht. Und hier rechts auf diesem Plateau stand einst die Halle des Königs, in der auch die Götter ihr Heim in Midgard hatten. Aber ich möchte Dir etwas anderes zeigen. Komm' mit."

Sie bogen nach links in einen kleinen Pfad ab, der zu einer Gruppe von Eichen führte.

„Schau diese Steine – sie sind vor fünfhundert Jahren hier aufgerichtet worden. Siehst Du hier in der Mitte die Sonne? Und hier oben den Mann und den Drachen? Das ist Tyr, den vorhin gesehen hast – er ist die sonne … wenn er über den Himmel zieht, ist er ein Ase; wenn er durch die Unterwelt reist, ist er ein Drache."

Staunend blickte Thorstein auf den Stein. „Solch ein Bild habe ich noch nie gesehen – nur Runensteine für die, die in der Ferne getötet worden sind."

Lächelnd blickte Hrafnaketil Thorstein an: „Ich glaube, Tyr wird Dich in Deinem Leben leiten."

Thorstein wußte nicht, was er dazu sagen sollte – bisher hatte er nicht viel über Tyr gewußt – nur die Geschichte mit dem Fenris-Wolf … und es schien, als ob in den älteren Geschichte Tyr selber dieser Wolf gewesen wäre … und nicht Tyrs Feind, wie er es bisher gehört hatte …

Da sprach Eyvind: „Kommt, laßt uns weiter zu dem Disen-Tempel gehen."

Sie gingen an den beiden langgestreckten Hügeln vorüber und Thorstein schaute zu den Ruinen auf dem südlichen der beiden Hügel hinauf.

Schließlich kamen sie kurz hinter diesen beiden Hügel zu einem kleinen, schlichten Holzhaus, das von einem Zaun umgeben war.

Sie betraten das Haus und Thorstein sah auf einem Podest eine einzelne, kleine, hölzerne Statue stehen. Es war eine freundliche Göttin, die weder alt noch jung war.

Eyvind trat zu ihr und sprach zu ihr: „Danke, Dise – Danke, Mutter – Danke, Wyrd, daß Du meine Wege mit Wohlwollen betrachtest und mein Leben gedeihen läßt!"

Dann legte er eine aus gebranntem Ton gefertigte Spindel vor dem Podest nieder und sprach dann erneut: „Ich bitte Dich, schaue auch weiterhin mit freundlichen Augen auf mich und auf meine Frau und auf meinen Sohn Thorstein und auch auf meinen Vetter Hrafnaketil. Danke, Wyrd!"

Eyvind verneigte sich vor der Statue und ging dann zusammen mit Hrafnaketil und Thorstein wieder hinaus.

Draußen sprach Eyvind: „So, jetzt habe ich aber Hunger! Laßt uns zum Schiff hinuntergehen, dort wird es etwas zu Essen geben. Willst Du nicht mitkommen, Hrafnaketil?"

„Nein, ich habe noch viel zu tun für das Opferfest heute Abend. Sehen wir uns noch bevor ihr fahrt?"

„Wir fahren morgen früh, wenn sich die Flut zurückzieht."

„Dann können wir morgen früh Abschied nehmen."

Dann lächelte Hrafnaketil Thorstein zu: „Mögen Freyr und Tyr mit euch sein!"

Eyvind antwortete: „Möge Hönir Dich stets beschützen!"

Verzeichnis der Themen

(die Zahl ist die Nummer des Bandes, in dem sich das Thema findet)

1 47	540 47	Alius 32	Aur 55
2 47	700 47	Alraune 45	Aurboda 35
3 47	800 47	Alsvatr 5	Aurgelmir 5
4 47	900 47	Alswid 34	Aurgrimnir 5
5 47	1.200 47	Althiof 7	Aurnir 34
6 47	10.000 47	Alvor 35	Aurvandil 20
7 47	432.000 47	Alwis 7	Aurwang 7
8 47	1+8=9=8+1 47	Alwit 31	Aurwang 48
9 47	**Adler** 40	Ama 35	Austri 32
10 47	Adler auf dem	Amboß 67	Auzon => Kiste
11 47	Weltenbaum 41	Amgerdr 28	Axt 66
12 47	Adler bei der	Ampfer 45	**Bafur** 32
13 47	Einweihung 40	Andad 34	Bakrauf 35
14 47	Adlergestalt:	Andhrimnir 39	Baldrian 45
15 47	- des Franmar 40	Andvari 7	Baldur 9
16 47	- des Hraesvelgr 40	Angantyr 39	Bara 35
17 47	- des Odin 40	Angeyja 35	Bari 6
18 47	- des Thiazi 40	Angrboda 26	Bari 20
20 47	Adler-Traum der	Ann 32	Baugi 5
22 47	Kostbera 40	Annar 20	Bär 43
23 47	Aelrun 31	Arm-Wunde 63	Bärenfell 62
24 47	Affe 44	Arngrim 6	Barke 49
28 47	Agdai 39	Apfel 45	Bärlapp 45
30 47	Ägir 10	Asen 36	Basilikum 45
32 47	Agnar 39	Asgard 52	Beifuß 45
33 47	Ahnen 36	Ask 39	Beinvidr 34
36 47	Ai 32	Aslaug 31	Bekkhild 31
37 47	Aki 6	Asperan 34	Beleidigungs-
40 47	Aki 16	Astralreise 50	Wettstreit 73
41 47	Alban 32	Asvid 6	Beli 5
46 47	Alberich 7	Atem 64	Beowulf 39
48 47	Albewin 7	Atla 35	Bergdis 28
72 47	Alcis 12	Atli 37	Bergelmir 6
80 47	Alf 6	Atward 20	Bergriese 6
90 47	Alf 32	Auchoff 34	Berg-Zwerge 32
99 47	Alfarin 34	Aud 20	Berling 32
100 47	Alfen 36	Auerhahn 40	Bertha 28
120 47	Alfhild 31	Auge 63	Berserker 62
300 47	Alfrigg 32	Augenbraue 63	Bertram 45

Bertramsgarbe 45	Bragi 19	Diurnir 7	Eiche 53
Besen => Stab	Bragi-Riesin 35	Dofri 34	Eicheln 45
besonderer Schrei 64	Brak 16	Dolgtrasir 32	Eichhörnchen 44
Bestattung 64	Brana 35	Donnerrebe 45	Eid 68
Bestla 35	Brandingi 5	Dori 32	Eik 28
Betonica 45	braun 46	Dorn => Schlafdorn 55	Eikinskjaldi 32
Beyla 39	Brenner 39		Eimer 67
Biber 44	Brezel-Ornament 64	Drachen 41	Eimgeitir 35
Biene 40	Brimir 33	Drachenblut => Drachen	Eimyria 35
Bifröst 49	Brisingamen 60		Einäugigkeit 63
Bifur 32	Brokk 32	Drachenschiff 55	Einheer 34
Bikki 16	Brombeere 45	Drasian 6	Einweihung 50
Bil 29	Brücke 49	Draupnir (Zwerg) 32	Eir 29
Bild 7	Bruderkampf 55	dreifarbiger Stein 67	Eir 31
Billing 5	Brüngerd 35	dreiköpfiger Riese 5	Eis 52
Billing 7	Brünhild 31	drei Riesinnen 35	Eisa 35
Bilsenkraut 45	Bruni 5	drei wahre Worte 64	Eisen 55
Birkhuhn 40	Bruni 32	Drifa 35	Eisenkraut 45
Biört 29	Brünne 66	dritter Bruder 55	Eisriesen 34
Björgolfr 6	Brunnen 49	Dröfn 35	Eistla 35
Björgulfr 34	Buri 34	Drossel 40	Eisurfala 35
Blain 33	Bryja 35	Drudgelmir 5	Eiymyria 35
Blapthvari 34	Bryla 34	Duf 32	Ekstase-Kieger 62
Blasebalg 67	Bryngerd 28	Dufa 35	Elch 42
blau 46	Buri (Zwerg) 32	Dufr 32	Eldhrimnir 57
Blau-Menschen 36	Buseyra 35	Dulin 32	Eldir 39
Blau-Riesen 36	Byggvir 39	Dumbr 6	Eldr 34
blau-schwarz 46	Byleist 20	Dunneir 32	Elefant 42
Blick 63	Bylgia 35	Durathor 32	Elendshaut => Hel-Haut
Blid 29	**Comandion** 7	Durin 32	
Blidur 29	**Dag** 48	Durnir 32	Else 35
Blind 16	Dagfinnr 32	Durnir 34	Erde 52
Blindheit 63	Dain 32	Düsterwald 49	Embla 28
Blodughadda 35	Dalar 32	Dwalin 32	Embla 39
Blutsbrüder 55	Dalr 32	**Eber** 42	Ente 40
Bödhild 28	Delling 20	Eberesche 45	Erce 20
Bogen 66	Delling 48	Edda (vollständig) 77	Erdbeben 55
Bömbur 32	Dellingr 32	Efeu 45	Erste Ursache 55
Bölthorn 5	Delphin 44	Egdir 5	Eschenholzkasten => Kiste 57
Borr 34	Dietwarta 29	Egil 39	
Botewart 7	Disen 36	Ei 40	Esel 42
Both 20	Distel 45	Eibe 45	Estroval 39

Eugel 7
Eule 40
Eyrgjafa 35
Faden 55
Fafnir (Zwerg) 32
Fährmann 49
Fala 35
Falkenkleid:
- der Freya 40
- der Frigg 40
Falke 40
Fallar 32
Farbauti 6
Farn 45
Farseti 6
Faulheit =>
Feuersitzen 55
Feima 35
Fenchel 45
Fenja 28
Fenrir 6
Fenrir 43
Fernhypnose 64
Ferse 63
Fessel 66
Fessel-Zauber 64
Feuer 55
Feuersitzen 55
Feuerzauber 64
Fialar 32
Fid 32
Fieberkraut 45
Fili 32
Fimafeng 39
Fimbulwinter 55
Finger 63
Finnalf 5
Finnar 32
Finnmark-Riese 34
Fiölkald 34
Fiölmor 39
Fiölnir 20

Fiölvör 35
Fiörgyn 20
Fiörgyn 23
Fisch 44
Fjölverkr 34
Fjötra 29
Flachs 45
Flegda 35
Fleur-de-lys 55
Fleggr 34
Fliege 40
Fluch 68
Flügel des Wieland 40
Flügelschuhe 67
Flugschuhe des Loki 40
Fluß 49
Frägr 32
Franmar 37
Frar 32
Freki 43
Freya 22
frühe Skaldenlieder 78
Freyr 15
Fried 29
Friedenszauber 6
Fridr 29
Frigg 21
Folde 20
Fonn 34
Forat 35
Forelle 44
Fornjotr 6
Forseti 19
Frosti 32
Frosti 34
Fruchtbarkeit 64
Fuchs 43
Frauenhaarfarn 45
Frühling 54

Frühlingstagund-nachtgleiche 54
Fulla 29
Fullas Haarreif 60
Fullafle 34
Fundin 32
Fuß 63
Fylgia 50
Fynir 6
Fynir 34
Galar 32
Galarr 34
Galdr 64
Gallapfel 45
Gandalf 32
Ganglati 34
Ganglot 6
Gangr 34
Gangr 33
Gans 40
Gänsefuß 45
Garm 43
Gautan 39
Gautrek-Saga => Snotra
Geban 20
Geburts-Orakel 64
Gefäße 57
Gefion 20
Gefion-Geliebter 6
Gefiun 20
Gefjon 20
Geist 50
Geier 40
Geirahöd 31
Geiravör 31
Geirdriful 31
Geirönul 31
Geirröd 5
Geirrota 31
Geirskögul 31
Geitir 6

Geitla 35
Geitir 35
gelb 46
Geliebter der Gefion 6
Gerber-Schaber 67
Gerdr 28
Geri 43
Gespenst 50
Gestaltwandel => Verwandlung
Gesang 68
Gestilja 35
Getreide 45
Gewöhnlicher Flachbärlapp 45
Geysa 35
Gialar 32
Gift 70
Gifur 43
Gigas 6
Gilling 6
Gillings Frau 28
Ginnar 32
Ginnungagap 49
Gjalp 35
Glamr 34
Glatundshundr 43
Glaumar 34
Glaumarr 34
Glaumr 6
Glenr 48
Glitni 5
Glöd 35
Gloi 32
Glück 64
Glückstrank 70
Glumra 35
Glymra 35
Gna 29
Gneip 35
Gnepja 35

Goi 34
Gold 55
Goldalter 55
Goldemar 7
golden 46
Goldhelm 66
Goldhörner von Gallehus 57
Göll 31
Golnir 5
Göndul 31
Gorr 34
Görsemi 29
Götter 36
Götterdämmerung 55
Götterkampf 55
Göttermet 69
Götter-Tiere 44
Gottesurteil 64
Gurgelbiß 55
Grab 49
Grani 6
grau 46
Grendel 5
Grendels Mutter 35
Greppur 34
Grer 32
Grid 28
Grid 35
Grim 5
Grim 39
Grima 35
Grimhild 31
Grimling 5
Grimnir 5
Grim Struppig-Wange 79
Grip 35
Gripir 34
Grissa 35
Groa 28
Grottintanna 35

Grotunagard 52
grün 46
Gryla 35
Gudr 31
Gudrun 31
Gudmund 5
Gullnir 5
Gullveig 29
Guma 35
Gundelrebe 45
Gunn 31
Gunnlöd 28
Gunnthinga 31
Gürtel 60
Gusir 6
Gygr 35
Gylfaginning 77
Gyllir 5
Gyllir 34
Gyma 20
Gymir 5
Haarband 60
Haare 63
Habicht 40
Hafle 34
Hafli 5
Hafthi 39
Hagen 16
Hahn 40
Hala 35
Halfdan 39
Halfdan Brana-Ziehsohn 79
Halfdan Eisteinson 79
Hamdir 39
Hamingja 50
Hammer 66
Hand 63
Handschuhe 60
Hanf 45
Hannar 32
Hantel-Symbol 55

Har 32
Hära 35
Hardbeen 6
Hardgreip 35
Hardgreipir 34
Hardverkr 34
Harek Eisenkopf 6
Harfe 57
Harz 45
Hase 44
Hasel 45
Hastingi 34
Hati 5
Hati 43
Hattatal 77
Haudr 20
Haugspori 32
Haym 34
Hecht 44
Hedin 39
Hedin und Högni 79
Hefring 35
Heid 35
Heiddraupnir 5
Heide 49
Heidrek 39
Heidungi 6
Heilige Hochzeit => Wiederzeugung 55
Heiliger Hain = Weltenbaum 52
Heilung 64
Heilziest 45
Heimdall 8
Heimir 39
Heinir 34
Heith 35
Heithdraupnir 5
Hel 26
Helblindi 20
Helgi 39
Helgi Thorisson 79

Hel-Haut 49
Helidi 27
Hellebarde 66
Helreginn 5
Helm 66
Hengikefta 35
Hengiköpt 6
Hengjankapta 35
Hepti 32
Herbst 54
Herbsttagundnachtgleiche 54
Herche 20
Herdentiere 42
Herdentierfell 42
Herfjötur 31
Hergrim Halbtroll 5
Hergunnur 35
Heri 32
Herja 31
Herkir 6
Herkja 35
Hermodr 37
Hertha 28
Hervor => Heidrek
Hervor und Heidrek => Heidrek
Herz 63
Hexe 58
Hianka 31
Hidde 34
Hild 31
Hildolf 5
Hildolf 20
Himingläva 35
Himmel 52
Himmelsrichtungs-Mandala 54
Himmelsträger-Zwerge 32
Hirsch 42
Hjaltrimul 31

Hjortrimul 31
Hjötra 28
Hjuki 29
Hläwang 32
Hlebard 6
Hleidr 35
Hler 10
Hlidolf 32
Hlif 29
Hlifthursa 29
Hlin 29
Hlodyn 20
Hlödyn 20
Hloi 34
Hlöll 31
Hlora 35
Hnoss 29
Hochsitz 57
Hochsitzsäulen 57
Hoddraupnir 5
Hoddrofnir 5
Hödur 19
Hofund 19
Höggstari 32
Högni 16
Högni 39
höhere Mächte 36
Holmgang =>
Zweikampf 55
Holunder 45
Homöopathie 64
Honig 40
Honigtau 45
Hönir 18
Horn 57
Horn (Riesin) 35
Hörn 29
Hörn 35
Horn-Neb 35
Hornbori 32
Hraesvelgr 6
Hrafnhild 35

Hraudnir 6
Hraudungr 5
Hrede 29
Hreidmar 7
Hremsa 35
Hrimgerdr 28
Hrimgerdr 35
Hrimgrimnir 34
Hrimnir 34
Hrim-Riesen 34
Hrimthurs 34
Hringi 5
Hringvölnir 5
Hripstodr 34
Hrist 31
Hrist 29
Hrisungr 6
Hroarr 5
Hrod 35
Hrodwitnir 5
Hrodwitnir 43
Hrökkvir 6
Hrönn 35
Hrossthjofr 34
Hrotti 5
Hruga 28
Hrungnir 5
Hrungnir-Herz 67
Hryggda 35
Hyria 35
Hrym 34
Hrund 31
Hügelgrab 49
Hugin 40
Huhn 40
Huldar 28
Hund 43
Hundalfr 6
Hunding 16
Hvalr 6
Hvedra 35
Hvedrungr 16

Hymir 6
Hymnen an die Götter 80
Hyndla 26
Hypnose 64
Hyrrokkin 26
Idi 34
Idun 25
Igel 44
Illugi Grid-Ziehsohn 79
Ilmr 29
Ima 35
Imd 35
Imgerdr 35
Imr 6
Imsigul 34
Imth 35
In 20
Ingibjörg 29
Ingibiörg 31
Intuition 64
Inzest 51
Irmin 20
Irpa 29
Istwas 20
Itrek 5
Itreksjod 5
Itreksjod 20
Ividja 35
Iwaldi 5
Iwalt 5
Iwiedie 29
Jari 32
Jamtaland-Zwerg 7
Jarngerdr 28
Jarnglumra 35
Jarnhauss 6
Jarnnef 34
Jarnsaxa 28
Jarnvidja 35
Jenseits 49

Jenseitsbarke 49
Jenseitsberge 49
Jenseitsbrücke 49
Jenseitsfährmann 49
Jenseitsfluß 49
Jenseitsgrenzen-
Landkarte 49
Jenseitshalle 49
Jenseitsinsel 49
Jenseitsleiter 49
Jenseitsmauer 49
Jenseitsreise 49
Jenseitstor 49
Jenseitstor-Gitter 49
Jenseitstor-Hund 49
Jenseitswächter 49
Jenseitswald 49
Jenseitswasser =>
Wasser 49
Jenseitsweg 49
Johanniskraut 45
Jokul 34
Jokul Eisenrücken 34
Jörd 23
Jomali 20
Jörmungandr 41
Jörmunrek 39
Jorunn 29
Jötunn 6
Jotunbjorn 6
Julnacht 54
Käfer 40
Kaldgrani 34
Kamille 45
Kampfmagie 64
Kannibalismus 55
Kara 31
Karabin 34
Kari 6
Katze 43
Kausalität 55
Keila 34

Keiler 42	**Lachanfall** 64	Luchs 43	Miötwitnir 32
Kenningar 75	Lachen 55	Lutr 34	Mjoll 34
Kerbel 45	Lachs 44	Lyngheid 35	Modgudr 29
Kessel 57	Landgeister 36	**Magni** 19	Modgudr 31
Keule 66	Lauch 45	Malseron 34	Modi 19
Kiebitz 40	Laufey 26	Mana 35	Modrädnir 32
Kili 32	Laurin 7	Managarm 43	Modsognir 7
Kisi 34	Laus 40	Mannus 20	Mögthrasir 6
Kiste 57	Leber 63	Mardalla 27	Moin 32
Kjallandi 6	Leib 63	Marder 43	Mökkurkjalfi 6
Kjallandi 35	Leidi 34	Margerdr 35	Molda 35
Klaufi 34	Leifi 6	Margerthur 35	Mona 20
Klee 45	Leifnir 6	Mangold 45	Mond 48
Kleima 35	Leikn 35	Mantel 67	Mondul 32
Knochen 67	Leimrute 66	Mantel der Nanna 67	Moosfrau von Saalfeld 32
Knoten 64	Leiter 49	Marnar 29	Moosleute von Arntschgereute 32
Kobolde 36	Leirvör 35	Märzviole 45	
Kol der Bucklige 39	Leopard 43	Maske => Helm	
Kolfrosta 28	Lerche 40	Maus 44	Mörn 35
Kolga 35	Lidskialf 20	Meer 49	Möwe 40
Kopf 63	Liebestrank 70	Meer der Zeit 55	Mühle 66
Kormoran 40	Liebeszauber 64	Meer-Menschen 36	Mundilfari 6
Korn 45	Lif 39	Mehlbeere 45	Munin 40
Körperteile 65	Lifthrasir 39	Mehltau 45	Munnharpa 35
Köttr 34	Litr 6	Meili 9	Münze 67
Kraftgütel => Gürtel	Litr 32	Meise 40	Muspel 6
Krähe 40	Ljod 29	Menglöd 22	Muspelheim => Feuer 52
Kraka 31	Ljota 35	Menja 28	
Kranich 40	Lodin 6	Menschenopfer 64	Myrkrida 35
Kräuter 45	Lodinfingra 35	Messer 66	Myrkvid 49
Kreppvör 35	Lodur 16	Midgard 52	**Nabbi** 32
Kriegerin 62	Lofar 7	Midgardschlange 41	Nacktheit 60
Kreuzblume 45	Lofn 29	Midi 6	Nadel 55
Kreuzkraut 45	Lofnheid 35	Midjungr 34	Nägel 55
Krönung 64	Logi 34	Midwitnir 6	Naglfar 49
Kröte 44	Loki 16	Mimir 6	Nain 32
Kuckuck 40	Loni 32	Mist 31	Nali 32
Kuril 6	Lopthoena 28	Mistel 45	Namensgebung 64
Kult 55	Lori 35	Mistkäfer 40	Nanna 21
Kundalini 64	Loricus 6	Mittelpfeiler => Yggdrasil	Nauma (Hel) 35
Kwasir 20	Löwe 43		Nar 32
Kyrmir 6	Löwenmäulchen 45	Mittsommer 54	Narfi 6

Nari Loki-Sohn 19	Nyi 32	Priester 60	Ringkampf 55
Nati 6	Nyr 32	Priesterin 58	Rist 31
Naudir 36	Nyrad 32	Prolog (Edda) 77	Robbe 44
Nebel 64	**Oddrun** 31	Prophezeiung 71	Rögnir 7
Nefia 35	Odin 13/14	Pukis 36	Rose 45
Nehalennia 29	Odr 20	**Rabe** 40	Röskva 37
Neri 30	Ofoti 5	Rad 67	rot 46
Neris Schwester 30	Öflugbarda 35	Radgrid 31	rota 31
Nerthus 28	Öflugbardi 6	Radvör 35	Rotkehlchen 40
Nepr 20	Ogautan 39	Ragnar Lodenhose 39	Rücken 63
Nessel 45	Ogladnir 6	Ragnarök 55	Rud 35
Netz 67	Ogn 35	Ran 27	Rudent 6
Neuentstehung aus den Knochen 55	Ohr 63	Randalin 31	Rudi 34
	Oin 7	Randgnid 31	Runa 35
neun Heimdall-Mütter 35	Olius 32	Randgrid 31	Runen 72
	Ölwaldi 5	Rangbeinn 5	Runenkästchen von Auzon => Kiste
neun Schwestern 35	Omen 71	Rasereitrank 70	
Niblung 7	Onarr 48	Raswid 32	Runenstein 64
Niblung 39	Öndudr 6	Rätsel 76	Runenstein von Ardre 64
Nicor 34	Onn 32	Raud 34	
Nid 64	Opfer 64	Raugnir 34	Rußland-Riese 6
Nidi 32	Orakel 71	Raum 6	Rütze 35
Nidr 28	Oregano 45	Reck 32	Rygi 35
Nidud 16	Ori 32	Regenbogenbrücke 49	**Saemdill** 6
Nieswurz 45	Örnir 6		Saga 28
Niflheim => Eis 52	Ortnit 34	Regin 7	Sährimnir 42
Niping 32	Ösgrui 5	Reginleif 31	Säkarsmuli 6
Nirdir 10	Öskrudr 34	Reiher 40	Salbei 45
Niola 48	Ostara 29	Rentier 42	Salfangr 6
Njola 48	Osten 54	Riesen auf der West-Insel 6	Sam 34
Njörd 10	Otr 32		Sämingr 39
Njörun 29	Otter 44	Riesen-Baumeister 6	Sanngrid 31
Nölvi 10	Otunfaxe 39	Riesen von Feldkirchen 34	Sati 51
Norden 54	**Penis** 55		Säule => Weltenbaum 52
Nordosten 54	Perchta 28	Riesen von Lichtenberg 35	
Nordri 32	persönliches Glück 64		Saxnot 20
Nordwesten 54	Pfeil 66	Rifingalfa 35	Sceaf 20
Nori 32	Pferd 42	Rifingöflu 35	Schachtelhalm 45
Nornen 30	Pferdezwillinge 12	Rigingöflu 35	Schädelschale 63
Norr 34	Pflug 67	Rind 42	Schadenszauber 64
Norr 48	Phol 9	Rindr 20	Schaf 42
Nott 48	Polygamie 55	Ring 57	Schafgarbe 45

401

Schaumkraut 45	Siar 32	Skorpion 40	Sternbild 55
Schierling 45	Sichel => Sense	Skrati 34	Stigandi 5
Schild 66	sieben Schwestern 28	Skrymir 5	Storch 40
Schlafdorn 55	Siegfried 38	Skrimnir 5	Storkvid 34
Schlangen 41	Sieglind 31	Skuld 30	Stoverkr 34
Schlangenauge 63	Siegstein 67	Slagfid 39	Strahlen-Breitsame 45
Schlangengrube 49	Sif 24	Sleggja 35	
Schlangenzunge 63	Sigdrifa 31	Snae 34	Strudel 49
Schleifstein => Wetzstein	Sigurd 38	Snotra 29	Struthan 34
	Sigi 39	Solbiart 5	Stumi 5
Schmetterling 40	Sigrlami 39	Sohn der Freya 19	stumm 63
Schmied 4	Sigrun 31	Sohn des Freyr 19	Süden 54
Schmied 55	Sigyn 28	Solblindi 5	Südosten 54
Schnecke 44	silbern 46	Sölfn 29	Sudri 32
Schneeweiß-Goldschöne 28	Simul 31	Sommer 54	Südwesten 54
	Sinmara 28	Somr 5	Surtur 6
Schuh 63	Sindri 32	Sonne 48	Suttung 6
Schutzgeist => Fylgja/Hamingja	Sinthgunt 29	Sonnengöttin 48	Svada 5
	Sivör 35	Sonnenhymne 64	Svadi 5
Schutzzauber 64	Sjuld 31	sonstige Magie 64	Svaf 7
Schwalbe 40	Skadi 20	Sörli 39	Svarangr 5
Schwan 40	Skafid 32	Spatz 40	Svasudr 6
Schwanenkleider der Walküren 40	Skalden 61	Specht 40	Svatr 6
	Skaldatal 77	Speer 66	Sveid 31
Schweden-Riese 6	Skaldenlieder 78	Sperber 40	Sveipinfalda 35
Schwein 42	Skaldinnen 61	sprechende Tiere 41	Svidi 6
Schwert 66	Skalli 34	Sprichworte 74	Svip 5
Schwitzhütte 64	Skalmöld 31	Spindel 55	Svipul 31
sechsköpfiger Riese 6	Skadskaparmal 77	Spinnerin 55	Svivör 31
Seehund 44	Skärir 5	Spiritus familiaris 36	Swaf 20
Seekuh 44	Skeggiöld 31	Sprettingr 5	Swanhild 31
Seelenvogel 40	Skidbladnir 49	Stab 67	Swanwit 31
Seelenvogel 50	Skimsli 5	Starkad 6	Swawa 31
Segen 68	Skirnir 37	Starkad 39	Swior 32
Seher 60	Skirkjar 35	Stärketrank 70	Swipdag 20
Seherin 58	Skirwir 32	Statue 57	Syn 29
Seidelbast 45	Skjalf 29	Stein 64	Syr 29
Seidr 64	Skjalv 34	Steine und Edelsteine 64	**Tafl** 57
Sel 6	Skjellinefja 29		Tal 52
seltsamer dritter Bruder 55	Skjöldr 39	Steinigung 55	Tamfana 29
	Skögul 31	Stern 48	Tarn-Kappe 67
Sense 67	Sköll 43	Sternbild 48	Tarn-Umhang 67

Tasche 60	Thrungva 29	Uri 20	- in Fuchs 65
Tätowierungen 55	Thrym 6	Utgard 52	- in Geier 65
Tattoo 60	Thulur 77	Utgardloki 6	- in Habicht 65
Tau 52	Thundr 6	Ungeheur 41	- in Hecht 65
Taufe 64	Thundr 29	Utiseta 50	- in Hirsch 65
Teer 45	Thurbiörd 35	**Vagnhöftdi** 34	- in Hund 65
Telemark-Riese 5	Tiere 44	Valbrandur 5	- in Krähe 65
Telepathie 64	Tiere der Götter 44	Vali Loki-Sohn 19	- in Lachs 65
Teller 57	Tierfelle 60	Valthögn 31	- in Löwe 65
Tempel 56	Tierfelle bei Hinrichtungen 67	Vandil 5	- in Mücke 65
Teufelsabbiß 45		Vandlir 5	- in Otter 65
Thagnar 31	Tor 49	Var 29	- in Pferd 65
Theck 32	Torfa 35	Vardrun 28	- in Rabe 65
Thialfi 37	Tote wiederbeleben 64	Vardrun 35	- in Rind 65
Thiazi 5		Vardruna 35	- in Robbe 65
Thing 73	Tragestange 67	Vasad 6	- in Schlange 65
Thiodwitnir 34	Trana 35	Vatermord 55	- in Schwalbe 65
Thistilbardi 34	Traum 71	Velle 5	- in Schwan 65
Thjodrerir 7	Traumdeutung 71	Venus 48	- in Seekuh 65
Thögn 31	Traumfrau 31	Verbene 45	- in Spinne 65
Thökk 35	Trima 31	Verdandi 30	- in Tier 65
Thor 17	Trolle 36	Vervielfältigung von Körperteilen 65	- in Vogel 65
Thora 28	Trona 35		- in Wal 65
Thorgerdr Hölgabrudr 29	Tuch 57	Vergessenheitstrank 70	- in Walroß 65
	Tuisto 20		- in Widder 65
Thorin 7	Tuisto 33	Verirren auf der Hirschjagd 55	- in Wolf 65
Thorir 6	Turm 56		- in Ziege 65
Thorn 5	Tyr 3	Verr 34	- in Ziegenbock 65
Thorstein Haus-Macht 79	Tyr-Riesen 5	Verwandlung:	Vidblindi 5
	Udr 35	- einer Frau in einen Mann 65	Viddi 34
Thrain 32	Uffe 39		Vidgreipr 34
Thrasir 6	Ulfhedinn 62	- einer Frau in eine andere Frau 65	Vidgymir 5
Thrigeitir 5	Ulfrun 35		vier Riesen-Ritter 34
Thrivaldi 5	Ullr 11	- eines Mannes in eine Frau 65	vier Stier-Riesen 34
Thröng 29	Umhang => Mantel 60		viertüriges Haus 52
Thror 7		- in Adler 65	Vifflöd 29
Thror 20	Uni 20	- in Bär 65	Vignir 34
Thror 32	Unn 35	- in Drache 65	Vikarr 6
Thorri 34	Unsichtbarkeit 64	- in Eber 65	Vilja 20
Thrud 31	Unsichtbarkeits-Stein 67	- in Falke 65	Vindr 34
Thrudgelmir 5		- in Fliege 65	Vingnir 6
Thrudr 29	Urd 30	- in Floh 65	Vingrip 34

Vipar 34	Wegwarte 45	Winter 54	Zwerge 32
Vogel 40	Weig 32	Winteranfang 54	Zwerge:
Vogelsprache 64	Weihung => Segen	Wirwir 32	- im Berg 32
Volkrast 7	Weinen 55	Witr 32	- im Gebirge 32
Vör 29	weiß 46	Witwen-Selbstmord 51	- Kuttenberg 32
Vörnir 34	Weisheiten 74		- Untersberg 32
Vulkan-Riese 34	Weisheitstrank 70	Wolf 43	- Blankenburg 32
Waage 64	Weißstern 39	Wolfsfell 62	- Bonikau 32
Waberlohe 49	Weltenbaum 53	Wortschatz Magie 64	- Dardesheim 32
Wächter 49	Weltesche 53	Wohlstandszauber 64	- Eilenburg 32
Wafthrudnir 6	Wespe 40	Wucherblume 45	- Elbogen 32
Wagen 67	Westen 54	Wurzel 45	- Glaß 32
Wagnhofde 6	Westri 32	Wyrd 30	- Hohenstein 32
Wal 44	Wetter 64	**Yggdrasil** 53	- Heilingsfelsen 32
Wälder =>	Wettlauf 55	Ymir 33	- Nünberg 32
Weltenbaum 52	Wetttrinken 55	Ymis 33	- Osenberg 32
Wald-Riesin 35	Wetzstein 67	Yngvi 32	- Plesse 32
Wali 19	Wichte 36	**Zahlen** 47	- Rosenberg 32
Wali 32	Widar 19	Zähne 63	- Selbitz 32
Walküren 31	Widfinnr 5	Zauberer 59	- Sion 32
Walnuß 45	Wiedergeburt 51	Zauberin 58	Zwerg:
Walroß 44	Wiederholungen 55	Zaubersprüche 68	- Gebirge 32
Waltam 20	Wiederzeugung 51	Zeh 63	- Kyffhäuser 32
Wandteppich => Tempel	Wieland 4	Ziegen 42	- Hohenstein 32
	Wiesel 43	Zisa 29	- Dresden 32
Wanen 36	Wig 32	Zunge 63	- Hoia 32
Warkald 6	Wigrid 55	Zweikampf 73	- Lützen 32
Warr 20	Wili 20	zweiköpfige Riesen 34	- Ralligen 32
Wasser 52	Wili (Zwerg) 32		- Rantzau 32
We 20	Wind (Magie) 64	zwei Zwerge 32	- Scherfenberg 32
Weberin 55	Wind 52	Zwerg auf dem Felsen 32	- Thorgau 32
Wegdrasil 20	Windalf 32		Zwillinge 55
Wegerich 45	Windloni 6	Zwergberg zu Aachen 32	
Wegetritt 45	Windswal 6		